电视广告创意与制作

Creation of Television Advertisements

张印平　马持节 ◆编著

暨南大学出版社
JINAN UNIVERSITY PRESS
中国·广州

图书在版编目（CIP）数据

电视广告创意与制作/张印平，马持节编著.—广州：暨南大学出版社，2009.7（2019.8 重印）

ISBN 978 - 7 - 81135 - 122 - 4

Ⅰ. 电…　Ⅱ.①张… ②马…　Ⅲ.①电视—广告—设计 ②电视—广告—制作　Ⅳ. F713.8

中国版本图书馆 CIP 数据核字（2009）第 123941 号

电视广告创意与制作

DIANSHI GUANGGAO CHUANGYI YU ZHIZUO

编著者：张印平　马持节

出 版 人：徐义雄
责任编辑：张仲玲　武艳飞
责任校对：郑晓玲　周玉宏
责任印制：汤慧君　周一丹

出版发行：暨南大学出版社（510630）
电　　话：总编室（8620）85221601
　　　　　营销部（8620）85225284　85228291　85228292（邮购）
传　　真：（8620）85221583（办公室）　85223774（营销部）
网　　址：http：//www. jnupress. com　http：//press. jnu. edu. cn
排　　版：广州市天河星辰文化发展部照排中心
印　　刷：佛山市浩文彩色印刷有限公司
开　　本：787mm×960mm　1/16
印　　张：20. 25
字　　数：420 千
版　　次：2009 年 7 月第 1 版
印　　次：2019 年 8 月第 8 次
印　　数：14001—16000 册
定　　价：43. 00 元

目　录

1 绪　论 ▶

本章要求

◎了解电视广告的基本特征。
◎了解电视广告的基本功能。
◎了解电视广告的分类。

1.1　电视广告的基本特征（传播优势与局限）

1.1.1　广告的特性

广告作为一种独具功能的传播现象，古已有之。它是商品经济的伴生物，随着社会经济生活的日益丰富，广告自身也在发生着变化，且在不断地变幻出各种迷人的色彩。其基本属性如下：

1. 广告是一种商业性的、付费的信息传播活动，具有强烈的功利色彩

这是广告区别于诸如新闻、宣传等传播活动的最明显的标志。广告因特定目的而发起，或为了推销商品，或为了出卖服务，或为了树立观念等，具有强烈的功利色彩。这也决定了广告传播必须追求效益。为了达到这一目的，就需要通过一定的媒体将广告信息传播至接收者。这种通过媒体传播信息的过程是要付出代价的，需由发起者付费购买时间与空间才能够进行。

2. 广告是一种说服艺术

就其最终目的而言，广告是要说服接收者接受发起者所传达的信息。因而，广告的传播目的就是要劝服接收者，使之愉快地接受发起者所传递的信息，从而或不知不觉，或若隐若现地产生预期的效果。所以，有人说广告是一种说服艺术。这就决定了广告必然要借助艺术的表现手法，使其传播更具说服力和感染力。

3. 广告是一种重复进行的非人际传播活动

广告的功利性使广告不能"见好就收"。重复多次、经年累月，才是广告的属性所在。一个企业，一种产品，一种观念，一个形象，一种风格等，要想广为人知，并达到让受众接受、认同的目的，必须要反复地传播。这种传播，不是主要靠人与人之间的面对面交流，而是要借助具有一定传达能力的媒体来进行。所以，在广告活动中，媒体的作用相当大。成功的广告活动，离不开成功的媒体策划与传播。

4. 广告内容的广泛性

现代广告早已突破单纯商业信息传递的范畴，其传播的内容涉及政治、经济、文化等各个领域，只要是有利于发起者的内容，都可以借助广告来传播。这有助于广告创作者扩展视野，根据各方面的需要来选择适当的信息，从而使广告产生最大的效益。

1.1.2　电视媒介特性

电视与广播同属电子媒介，都是利用电子技术设备，通过无线电波或导线来传输信息的。因此，电视除了本身应有的特点外，也兼具广播的传播快速性、受众广泛性和声音生动性等特点。但是，广播是用音频技术构成的通道进行传播的，是给人听的；电视则是用视频技术和音频技术两条通道进行传播，声画并茂，让人既看又听，这种区别使电视具有了自己的特性。

1. 符号系统的兼容性

因为电视具有视、听"双通道"，因而可以兼容世间大多数的信息传播形式，如兼具新闻、知识、文艺、服务、教育、娱乐等全方位的传播功能。电视的综合能力比报纸、广播都要强。报纸传播信息的符号是文字；广播传播信息的符号是声音；电视传播信息的符号除了声音和文字外，还有图像。电视依靠声音和画面直接地同时作用于人们的视听器官。声音和画面还可以依靠电子设备，灵活便捷地变化合成。播文稿时，可以借鉴报纸、广播的写作和编排手法；用声音时，可以交叉运用播音员或主持人镜前讲述、旁白解说、语言对白和实况音响、配乐音响等手段；用画面时，既可以运用摄像、电影、构图和色彩的技巧，还可以运用放大、缩小、叠画、翻转、定格、慢动作等各种特技画面和文字字幕等特殊处理手段。电视节目制作者就像一个交响乐队的指挥，可以全盘调试和安排视听诸因素，把空间艺术、时间艺术和其他艺术有机地、合理地协调在一起，奏出最华美的"乐章"。电视多种符号综合传播的优势，使之具有艺术的美感性和接收过程的愉悦性。这是电视所特有的魅力。

2. 纪实形象的直观性

报纸可以通过文字的描述，广播可以通过声音的记录，去再现人物活动和现场场景，但"活动和场景"再生动、再逼真，也需要读者和听众发挥想象力和利用感性经验才能认知。而电视通过动作、形、声一体化的纪实手段，再现社会生活的本来状态，把宏大的场景、细微的变化、动态的人物，如人物的衣着打扮、动作、情绪、神态、气氛等，还有一些难以用语言表达和形容的形象，都通过荧屏清清楚楚地展现给观众，使观众如同身临其境，不用靠联想和经验就能一一了解。电视纪实形象的直观性，为观众提供了由形象、声音、环境氛围和心理情绪所组成的全方位信息，使他们有足够的自由去观察和思考，这种传播手段符合人类感受客观事物的习惯，因此最容易也最快速地为人们所理解和接受。

3. 面对面传播的接近性

面对面传播的接近性是指出现在电视上的主持人、播音员、记者、参与节目的各界人士都是类似于面对面地与观众谈话。比如，电视记者的现场采访报道，既可以是一种与采访对象面对面的接触，也可以是通过电视屏幕把这一过程面对面地展现给观众。这种近距离、看得见的面对面交流，能提高观众的接受兴趣，激起观众的参与欲。从心理学的角度看，这种传播形式更能引起观众的重视，引起感情效应和神经兴奋。所以有人说"电视是一种高情感的媒体"。也正是由于这一原因，电视比广播更能抓住受众。早在20世纪80年代，苏联新闻学家就认为，面对面思想是电视这种表现手段肯定的长处，那么讲话在报道中就占有重要的位置，由于这点（还由于有了屏幕），新闻人格化在电视里比在其他新闻工具里具有更多的特殊意义。电视面对面的传播，虽然是间接的，只是听得着、看得见，还不能直接对话，但电视所产生的接近感和亲切感，已胜于静止的报纸和听声不见影的广播。

但是应当指出，电视咄咄逼人的发展趋势，是电视自身各种优势带来的结果，但优势背后也有一些与生俱来的短处，如线性传播的局限性、信息稍纵即逝的暂时性、表现的理论性、较强的专业性、题材的局限性等。例如，电视在为广告所利用时，能传达的信息较少，对产品的功能性难以进行详细的说明，保存性较差等。这样一来就使得很多广告信息难以利用电视媒体进行传播。如一些需要附加详细说明内容的房地产物业信息、旅行社的组团旅行信息和保险付款信息等。

此外，值得注意的是，电视是一种感性媒体，而非理性的媒体。我们必须承认，与文字媒体相比，电视在理性诉求上并不具有优势，电视更能发挥作用的是在对人所进行的感性诉求上。这一点我们通过对电视中大量的广告稍微加以分析就不难发现，电视更多的是在通过视觉、听觉来调动人的感觉、触觉甚至味觉；通过声音、画面、色彩和所有这些因素所构成的感觉来对受众形成影响。由于电视的强加性，以及它对受众更多的只能是感性诉求，所以电视在劝诱和说服人的深度上只能是有限的。

1.1.3　广告与电视的结合——电视广告

理解了广告与电视的特性，我们就不难明白在媒体的选择上，电视为何如此受到广告商的青睐。因为若将电视的传播优势有效地纳入广告这种商业性的信息传播活动中，在与其他媒体广告竞争时，电视广告便能显露出它特有的优势，发挥良好的传播效果，最终为广告商带来最大的利益。因此，将广告的特性与电视的特性相结合，我们便能找到电视广告的特性。此外，值得注意的是，从广义上来说，电视广告也是一种电视节目，我们在谈到电视广告的特殊个性时，无法不涉及电视节目的共性。如何从电视节目的共性中找出电视广告特有的个性，这是值得我们深入探究的一个问题。

电视广告与其他媒体广告相比，虽然起步较晚，但它很快就以声、形、色兼备的特点和生动活泼的形式获得广大消费者和广告主的青睐。20多年来，我国电视广告不仅在数量上和营业额上增长速度很快，而且在广告创意和制作质量上也有了极大的进步。电视的逐渐普及，使其在传播领域中发挥着越来越大的作用，已成为广告传播的四大媒体之一，且在许多国家和地区，电视已成为第一位的广告媒体。电视广告的特性可以概括为如下四个方面：

1. 传播符号的综合性

电视广告是视听兼备、声画统一的广告形式。从符号的角度考虑，电视广告集视觉符号与听觉符号于一身。与其他的广告媒体相比较，电视广告所使用的传播符号要多得多（电影和现场演示除外），视觉符号与听觉符号分别诉诸人的眼睛与耳朵，使人产生不同的感觉效果。视觉符号与听觉符号在传播功能和效果上是不同的。有关资料表明：人们若同时接受视听符号，3小时后能记忆传播内容的90%，3天后能记忆内容的75%；若只接受视觉符号，3小时和3天后能记忆的传播内容分别是70%和40%；只接受听觉符号，3小时和3天后能记忆的传播内容分别是60%和15%。电视广告是一种视听双重艺术，电视广告的视觉形象包括人物形象、动作形象、动画形象以及商标形象等。一则成功的电视广告，首先是在视觉形象上给人以强烈的刺激，才能给人留下深刻的印象。电视广告的听觉形象包括语言形象、音响形象和音乐形象。听觉形象是通过接受者的想象力构造的，它虽然不可见，但富有感染力。电视广告传播符号的综合性也表现为语言符号和非语言符号的兼容。符号学家朗格把传播符号分为语言符号和非语言符号两大类。语言符号就是文字和言语（人们讲的话），除此之外的所有符号都是非语言符号。语言符号是最基本的符号形式，是其他类型符号的基础，除了语言符号，人们在日常生活中大量接触的是非语言符号。据有关调查分析，大多数人实际上每天所讲的话仅仅只有十一二分钟。在一般的两个人的会话中，语言所表达的意义平均不到该环境的社会意义的35%，有65%的社会意义是用非语言符号传递的。电视广告中非语言符号的成分要比语言符号多，因此，在电视广告中，作为非语言符号的画面要放在首要地位，也就是电视广告的画面优先设计制作，广告词不能太多。

此外，电视传播符号的综合性使电视广告具有鲜明的形象性，虽然其他电视节目也要求形象生动，但显然不及电视广告对形象的要求高。形象是模仿自然的产物，具有客观真实性和具体可感性的特征。电视广告以形象的形式传播商品信息，正是借助了这两个特征。广告形象可以把商品的外形、色彩、质感、气质、风采等真实地表现出来，如摩托车的风驰电掣、服装的潇洒气派、巧克力的香滑诱人等。形象还可以把无形的东西形象化，如把消费者使用商品时的满足感、幸福感展现出来。电视广告往往运用夸张的形象刺激消费者的感官，以达到激发其浅层的物质需求和深层的精神需求的目的。电视广告还能创造意境，引发消费者的美好联想。

2. 传播范围的广泛性

电视广告的传播范围是相当广泛的，尤其是电视跨入太空传播时代后更是如此。据日本广播协会广播文化调查研究所统计，在全世界 169 个国家和地区中，有 151 个开办了电视台，电视接收器达 583 亿台。从理论上讲，只要通过卫星进行电视广告传播，这 151 个国家和地区的观众都能看到播出的电视广告。例如，成立于 1990 年的香港卫星电视（STAR TV），其覆盖范围超过 38 个国家的 27 亿人口。香港卫星电视声称，它至少拥有 6 500 万观众。这就是说，香港卫星电视播出的广告可传送到 6 500 万观众。由此不难看出，电视广告的传播范围是相当广泛的。然而，电视广告传播范围的广泛性也是相对的。从世界范围看，电视传播所到之处也就是电视广告所到之处，但就某一具体的电视台（网）或某一则具体电视广告而言，其传播范围又是相对狭窄的。如成都电视台播出的广告就局限于成都市区及周边地区这一相对狭小范围内的观众。电视广告传播范围的广泛性同时也就衍生出传播对象构成的复杂性。不论性别、年龄、职业、民族、修养等，只要看电视者都可成为电视广告的传播对象。这些对象中，有些（也可能是绝大多数）不可能成为买主或客户。这种状况就造成了电视广告诉求对象不准确，针对性不强，形成"广种薄收"的局面。从广告传播角度讲，对于不可能成为买主或客户的那部分人，就没必要进行广告宣传。一可减少广告成本，二可免除无用功。而事实上正是由于电视广告传播范围的广泛性，使得受传者众多，而转化为现实的买主或客户者有限。这也带来了电视广告在预测和效果评估上的困难。

值得注意的是，"广泛性"曾经是电视最突出的特点，现在看来，它已不是电视唯一拥有的特性了。因而，在电视广告的实际传播过程中，可以从其传播密度看广度，从而可看出其对受众的影响之大。电视广告都很短，一般只有 60 秒、45 秒、30 秒、15 秒等几种，现在大多只有 30 秒，而且有向更短发展的趋势。电视广告的传播密度大，有利于不断地加深印象。电视广告虽然短小，但它是一种视听兼备的广告，又有连续活动的画面，能够逼真地、突出地从各方面展现广告商品的个性。广告商品的外观、内在结构、使用方法以及效果等都能在电视中展现，观众如同身临其境，会留下明晰深刻的印象。而电视广告通过反复播放，就能不断加深印象，巩固记忆，从而刺激消费者潜在的购买欲望。

3. 传播对象的被动受传性

绝大多数观众看电视不是为了看广告，不是为了去接受电视广告的传播。大多数情形下，观众既不想要广告，也不喜欢广告，甚至讨厌广告。电视观众经常报怨"广告太多了"。观众在看电视时，对电视广告的接受是被动的，缺乏选择性。不像其他的媒体，如报纸、杂志上面的广告，读者想看就看，不想看就可以翻过去或撇开，在选择上他们有很大的主动性。而对于电视观众，这种主动性就差得多。电视是时间和空间的艺术形式。既然是时间的，它的存在就具有顺序性和不可逆转性。这一点是任何人的意志都无法改变的。正是由于电视这种强制性的存在，才促成了在出现广告时观众想要更换频道的普遍心态。也正是电视这一其他媒体所不具备的强制性，才使得电视广告的到达率最高，进而出现了电视成为广告利用的首选媒体。观众收看电视节目，就不得不被动地甚至不情愿地收看该节目前后或中间插播的广告。中央电视台《新闻联播》的观众是相当多的，《新闻联播》后有《天气预报》，这两个节目之间经常插播广告。只要观众收看《新闻联播》和《天气预报》，就必定要经过这段广告时段。大多数情况下，两个节目之间插播广告，这段时间几乎成了观众转换频道的时间，使得遥控器的使用频率大增。这反映了观众在接受电视广告时是被动的，但又不是始终被动的，观众并不愿意长时间地被外来力量所支配。这充分体现了被动中的主动。

被动受传性给电视广告带来的困境是，如何使遥控器不发挥作用，或至少使其使用频率降低。当然，在一个高收视率的电视节目之前或中间做广告，这种困境是有较大改善的。但是我们也应注意到不是所有广告都可以放在前面。如果广告不幸被放在收视率高的节目后面，首先要做的就是要如何留住观众，不让他（她）按动遥控器。

被动受传性并非总是件坏事。观众在接受传播时主动选择性相对较差，对于电视播出的节目内容事先并不知晓，顺序如何也并不清楚，他（她）总是会带着些许期待来观看下面的内容或下一个节目，这时他（她）并未在心理上构筑一条防线——因为在大多数时候，人们对待广告总持些许不信任和怀疑的心理，不由得就有一种自我保护和防卫的心理——这个时候，电视广告可以乘机打入观众的心中，在他（她）尚未来得及建立防备时，已使其不得不接受广告信息。当然，如果广告定位不准，设计制作太差也还是无济于事的。

4. 传播效果的一次性

电视广告在传播中是以时间为结构的。一次传播，过而不返。不论看清看不清，听懂听不懂，都无法让其再看再听。不像纯视觉的广告，如报刊广告、摄影广告、路牌广告等，可以反复看，直到完全看清为止。电视广告具有一次性，稍纵即逝，不可逆转。

电视广告绝大多数都是反复播出，以弥补一次性不易记清楚的不足，从而起到加强印象的作用。反复播放当然有许多优点，但实在是一种不得已而为之的手段。如果观众第一次没有对一则广告留下什么印象，他（她）多半因为种种原因而不会看到这则广告以后的播出了。当然，如果每天在固定的时段和频道收看同一节目，例如新闻节目或连续剧，重复遇到相同广告的机会就会很大。现在国内电视节目的套数相对来说可供选择的还较少（但也有十几套），观众对某一电视广告重复接收的概率还较大。一旦电视节目套数越来越多（这是必然趋势），这种概率就很小了。因此，不能总是寄希望于重复播出、增加播出次数来影响观众。

针对这种情况，策划制作电视广告时，应强调突出某一信息，让观众产生过目不忘或过耳即留的效果。例如青岛海尔公司的系列电视广告，不论它的广告推出什么样的产品，它都始终强调突出"海尔，真诚到永远"，始终都要让观众记住它的品牌"海尔"。M&M巧克力的广告当观众第一次看过后，都不会忘记这样一句话"只溶在口，不溶在手"。第一印象很重要，一定要让观众第一次看后，就记住广告中某一难忘的东西，不要一股脑儿把太多信息强塞给观众，那样反而会使他（她）什么都记不住。

同时，电视广告传播效果的一次性也带来了其对创意的苛求性。电视播出时间短暂，稍纵即逝，过而不返。这就要求广告制作者充分发挥自己的创意，以使电视广告在第一时间吸引观众的注意力。在电视屏幕上众多广告接二连三地快速演播和受众厌倦的情况下，电视广告就要靠创意的出奇制胜和震撼力来给观众留下深刻的印象。那么，如何在众多广告中脱颖而出？这就对广告制作者的独创性和想象力提出了非常高的要求。

多次重复播出的好处应当这样认识——每次播出都是新的观众接收，对于电视而言，该次播出也许不是第一次了，但众多的观众是第一次看到——这一次的观众与上一次的观众不同。事实上，第一次播出的广告往往没有给观众留下印象。我们不妨回忆一下留在记忆中的电视广告，凡留下印象的，多是有那么一句话、一个名称或一个画面使人一遇而难忘，由此就不难明白这个道理了。

可以看到，电视广告重复的几率比一般的电视节目要大。电视广告在播出时，如果第一次就能抓住注意力，那么观众对重复播出就会有期待心理，尽管第一次完全是在无意注意下看到的。这样就突破了时间单位内一次性的局限，变劣势为优势。反之，只能不断加深积累反感的情绪。

5. 电视广告具有特殊的审美性，是实用与审美的统一

现代广告的一个重要特征，就在于它的艺术性，即其对于审美方式的追求。广告的艺术化已成为世界的潮流。在这一点上，电视广告将其发挥到了登峰造极的地步。同时，广告也具有明确的功利性，它从诞生之日起，其基本使命就是推销商品。从古到今，随着时代的发展，广告的内容不断丰富，表现形式更加多样。特别是电视广告，综合了电影、音乐、戏剧等多种艺术形式，具有其他广告方式不可媲美的审美性。但是，这并不意味着电视广告等同于纯艺术，电视广告的艺术形式和表现手段是为塑造独特、新奇的商品形象服务的。因此，功利性对电视广告具有本质的意义，电视广告是一种实用艺术。电视广告的审美价值在于实用，是实用和审美的统一。实用是它最基本的功能，其次才是它的审美功能。离开了传递商品信息的基

本功能，电视广告的审美功能就无所附丽；没有审美功能，电视广告传递商品信息的基本功能就难以充分发挥。所以说，电视广告具有实用与审美相统一的特殊的美学属性。因此，电视广告在设计制作时，要考虑到其特殊的审美性，给受众以美感是电视广告形象表达的首要任务。必须运用摄影或绘画技巧将商品形象表现得精美无比，使人感到亲切和信任。不能设想，一则画面看起来毫无吸引力的电视广告，会给观众留下好印象，会打动观众，从而有效地宣传其商品。因此，许多广告制作者运用多种广告技法和表现手段，力求将广告画面制作得美轮美奂，吸引观众注意，观众在得到美妙的视觉享受的同时，也对广告产品留下了深刻的印象。

电视广告的特性不仅是上面论述的五个方面，有些方面的特性是可以由上面的特性派生出来的，有的则与之在内涵上交叉混淆。比如，传播范围的广泛性和传播效果的一次性都与电视广告的传播密度存在着某种程度上的联系。在电视广告的特性方面，以上所讲的五个方面还是很不完善的，还有许多方面值得我们去深入思考和研究。我们研究电视广告的特性，目的是掌握并利用这些特性为电视广告的设计制作服务。

1.1.4　正确认识电视广告

1. 电视广告的传播优势

如果能够在电视实践中对电视广告的特性有意识地加以注意，因势利导地加以使用，就可以在其传播的各个环节之中将特性转化为优势。那么电视广告的特性可以转化为哪些优势呢？

（1）形象生动、感染力强

电视广告是一种视听兼备的广告形式，它有连续活动的画面，以独特的技巧，集声色之美，兼视听之乐，能够逼真、突出地从各个方面展现广告商品的个性。它已经成为集形象、色彩、音乐、语言、表演艺术为一体的广告媒体。电视广告的这一特点，为广告创作提供了广阔的舞台，大大增强了商品信息传播的效果。形式多样的电视广告，富有强烈的表现力和感染力，给观众以美的享受，并在某种程度上不知不觉地说服人们去购买某种商品。

（2）直观真实、理解度高

电视能够直观地、真实地传播信息，既可演示，又可解说，具有其他广告媒体所不能比拟的、强烈的心理感染力。这种图像的真实感为企业展示产品特色、建立商标形象提供了良好的条件。如一则汽车广告中，一组画面着力渲染了汽车本身和零部件的光洁锃亮以及性能的优异超群，使观众禁不住发出声声赞叹。恰在此时，一只手拿着柔软的清洁布细心地擦拭着品牌，从而突出了品牌，加深了人们的印象。因此国外将电视广告形象也称为"无人的家庭推销员，商品模特的表演员，使用商品示范动作的解说员"。

（3）深入家庭、影响面广

随着电视机的普及，观看电视节目已成为人们文化生活的组成部分。由于电视广告形象逼真，就像一位上门的推销员一样，把商品展示给每个家庭成员，让观众在欣赏电视节目之余有意或无意地对广告商品进行比较和评论，以引起注意，诱发兴趣，统一购买思想，这就有利于促使消费者作出购买决定。因此，许多商品，尤其是日常生活用品，采用电视媒体发布广告，容易引起消费者的关心和兴趣，效果较好。

（4）播出频率高、强化信息

对于电视观众来说，电视广告播出具有不确定性。广告主可随节目收视率的高低及观众对象的差别，灵活选择播出时段，使广告更具有针对性。同一个电视广告可以在不同的时间闯入电视观众的视野，从而使电视观众被动接受电视广告信息，久而久之强化电视观众的记忆，潜移默化地影响消费者或潜在消费者，实现理想的广告目标。如果电视节目的收视率高，广告安排密集播出，可快速得到宣传效果。传播迅速、表现力强、吸引力大等特点，使电视广告具有很强的竞争力，加之在播放的时间安排上具有灵活性、必要性，可以实施"密集轰炸"方式，增强传播力度，使产品迅速占领市场。

2. 电视广告的传播局限

（1）时间短促、干扰较大

电视广告时间一般有 5 秒、10 秒、15 秒、20 秒、30 秒、45 秒、60 秒等多种，多数广告为 30 秒，广告画面在观众眼前一闪即逝，难以再现和记忆。另外，在同一时间里播放多则广告，相互干扰较大，一则广告如果没有好的创意，不能引人入胜，就难以给受众留下深刻的印象，更不用说达到宣传其商品的理想效果了。

（2）强制接受，观众厌烦

电视广告以插播的方式播出，经常影响电视观众的收看情绪，易使观众产生逆反心理。电视观众在被迫接受广告信息时，受收看节目影响的情绪越高涨，产生的逆反心理就越强烈。被强制接受信息超过一定的限度，电视观众"忍无可忍"，就可能转换频道了。针对电视广告播出的这一劣势，为保证广告信息较高的到达率，应该做到插播的电视广告的长度尽量不超过广播电视广告播放管理暂行办法中规定的时长，以减少其负面效应。另外，运用巧妙的创意引起观众的兴趣，更是减少观众的厌烦情绪，变"强制"为"自愿"的根本方法。

（3）广告制作、发布费用昂贵

所谓费用昂贵，一是指电视广告片本身的制作成本高、周期长，二是指发布的费用高。就制作费而言，电影、电视片这种艺术形式本身就以制作周期长、工艺过程复杂、不可控制因素多（如地域、季节、天气、演员等）而著称，而电视广告片又比一般的电影、电视节目要求高得多。广告片拍的片比通常是 100∶1，所以国际上拍一万尺胶片，最后只选45尺（30秒）的事情就不足为奇了。可见，仅是胶片一项，电视广告片的费用就比同等长度的普通电影、电视节目超出不知多少倍了，而且为广告片专门作曲、演奏、配音、剪辑、合成都需要花费大量的金钱。

就广告的发布而言，电视台的收费标准也很高，黄金时间的广告费用甚至达到"一寸光阴一寸金"的程度。如目前 18：00 至 20：00 的黄金时间，香港无线电视台平均每播放 30 秒要收费 3 万港币左右，平均每秒约为 1 000 港币。中央电视台 A 特段（指天气预报之后，焦点访谈之前的这一段时间）30 秒的广告收费是人民币 4.5 万元，而根据中央电视台官方网站在 2001 年年初公布的广告价目表，中央电视台第一套节目黄金时段的广告费用最高可达到每秒 8 000 元人民币。而国外一些电视频道黄金时段播出费用比这还要高得多，如美国的电视广告每 30 秒要 10 万～15 万美元，在特别节目中插播广告的费用更高，有的竟高达几十万美元。如此昂贵的广告费用令许多中小企业主难以承担，只能望而却步。

1.2 电视广告的基本功能

1.2.1 电视广告基本功能的两个层面

电视广告直接传播的是商业、产品、服务方面的信息，满足人们的某种生活需求。电视广告传播的功能包括两层含义：第一层含义主要是指物质上的，即商业方面的导向作用，这是显而易见的，通常可以用量化的指标来测试衡量；第二层含义主要是指精神上的，即伴随着广告商品信息的传播，它同时向人们传递着一定的价值观念、道德规范、社会准则、生活方式等潜在的文化信息，在社会和文化领域里对人的价值观、世界观产生着内在的深刻影响，潜移默化地影响着人们的价值取向、生活观念以及行为准则。

电视广告传播的作用一方面可以是积极向上的，能引导人们树立正确的人生态度和价值观念（这一特点在一些公益广告中比较明显）。它对社会的正面影响，是促进经济的发展，改变人们的消费方式和生活习惯，建构人们的现代生活观念，并引导人们在获得物质享受的同时，在精神上理解产品、鉴赏产品、陶冶生活、美化生活，影响人们对真善美的追求。而另一方面，电视广告传播的作用也可以是消极的，广告中那些潜在的不良价值观、意识形态、生活方式，常常给人以负面的影响，引导人们片面地追求物质享受，抵消社会对人们的正面教育。当人们接受广告的同时，总会或多或少、或明显或潜在地也接受了它所传递和倡导的规范意识和社会价值观。

百帝广告（中国）有限公司主席兼执行创意总监 Mike Fromowitz 先生说过："我希望这些广告不仅能感动人们的心，而且能够让人们去思考，去反思他们的生活、他们生活于其中的社会以及他们所拥有的社会价值观。"这在一定程度上反映了众多广告人所追求的理想的广告传播效果。

1.2.2 电视广告多元价值的影响

电视广告置身于社会文化、经济背景之中，其多元价值之间的关系错综复杂，效果评估标准不一，自我评价与社会评价的结论可能截然相反，种种因素对节目创作的价值取向和最终实际效果都有直接的影响。

广告是一种带有明显的商业性功利化性质的传播活动，其最终目的在于传达商业信息，为广告主创造有利条件，并诱使广告对象采取行动，即一般所谓的销售商品或劳务。电视广告所追求的首先是其直接的显性的功利目标，其商业价值是毋庸置疑的，这是广告与生俱来的属性。广告大师大卫·奥格威说过，"在现代商业社会里，除非你能把所创作的东西卖出去，否则，创意、独具匠心都是毫无价值的。"因此，从本质上讲，广告就是获取利润的工具，是为实现商业利益而进行的经济活动。广告虽然同时带有文化属性，但它是建立在营销功能之上的，是一种依附于商品的价值观念，或者说，是一种以附加值形式体现在商品上的广告文化，受制于商业逻辑，无可避免地带有急功近利的本性。

考察电视广告的现状，例如，为什么制作水平不低，节目质量却普遍不高？为什么许多广告被评价为庸俗、格调低下，霸道式的洗脑广告仍然泛滥成灾？为什么在实现商业价值的同时又不断产生不良影响和负面作用？种种的脱节和矛盾，究其原因，无不与其商业化的利益属性有关。

广告是一种追逐传播效果的收费的传播活动，它同时具有信息价值。在信息化社会中，广告信息扑面而来，电视广告充斥荧屏，与人们不期而遇。资料表明，我们平均每人每年大约要看上千条广告，或许，一生中要看几十万条广告。广告传播有一个行之有效的策略，就是利用高密度的反复强化传播，培养受众的倾向性注意力。电视，可以说就是实施这一市场策略的最佳媒介，电视媒介追求收视率、到达率，实质上是在租用受众注意力卖给广告商。借助先进的制作技术和表现手段，电视每天将大量的、近乎饱和的广告信息投放到视听领域，对受众形成强制性传播，甚至构成记忆重压，受众基本上没有选择余地，无意中已在收看电视节目的同时打包接受了广告信息的海量轰炸。然而，信息量的增加并不意味着人们分析能力、判断能力也能自然提高；广告制作投入、技术水平与节目质量之间也不能简单地画上等号。置身于一个追求明显的功利和效用的社会，信息与技术本身并无过错，关键在于广告制作者和传播媒介以及受众能否对信息作出有效的控制、过滤和反省。

应该看到，技术的进步，电视制作手段的丰富，人们生活方式和价值观念的变化等等，是我们面临的社会现实。电脑的普及，网络的盛行，技术、技巧的泛化所带来的影响不仅仅是广告制作技术方面的进步和制作手段的提升，它还将信息和文化传输给社会的每一个成员，给人们生活形态的选择乃至思维方式、价值观念的形成带来深刻的影响，并渗透到人们的生活方式、学习和阅读方式、欣赏习惯和审美态度之中，让人们切实感受到生活所发生的翻天覆地的变化，考验着每一个人对信息的承受能力和驾驭能力，并随时检阅着每一个人的社会价值观。

美国市场营销专家菲利普·科特勒把人们的消费行为大致分为三个阶段：第一是量的消费阶段，第二是质的消费阶段，第三是感性消费阶段。在第三阶段，消费者所看重的已不是产品的数量和质量，而是与自己关系的密切程度。广告引导受众追求的是一种情感上的渴求，是一种商品与理想的自我概念的吻合。① 然而，广告商为了达到销售目的、保持市场份额，他们会利用一切行之有效的手段，无论针对哪一个层面的消费，都不遗余力地将电视的传播特性发挥到极致。铺天盖地的各类广告展现在受众的注意力范围内，直接利益诉求的、融入情感消费的都在试图不断激发人们的消费欲望，助长享乐主义、消费主义的盛行，让人们追求更多脱离生活实际需要的物质满足感和精神"需求"。借助科技的翅膀，广告带领我们超越现实，展现一个虚拟的世界；广告的主题则不断创造着人们的需求或幻想，它所勾勒的日常生活图景模糊了与现实生活的距离，使人们逐渐远离现实。

电视媒介更以其特有的传播魅力，通过动人的画面、靓丽的形象、生动活泼的歌曲、极尽讨好的语言，把几近完美无缺的物质享受下的生活规范不知不觉地灌输给人们，提升人们的生活标准和欲望。尤其是各类示范性广告大行其道，充斥于黄金时段的电视荧屏，对受众构成强烈的吸引力和冲击力，引导受众模仿广告范式以跟上时代步伐。它所带有的"炫耀性消费"，甚至是"腐败性消费"的示范性倾向对社会道德规范的负面影响是不容忽视的，是与大众传播的社会责任相背离的。特别是对于青少年来说，他们心智尚未成熟，缺乏判断力，对这些虚拟的生活幻想是非常容易接受和愿意相信的，于是成为广告商主攻的最薄弱一环。面对五花八门的诱惑，青少年不善辨别和分析是否需要，广告无形中扩大了他们的需求。电视广告就是这样乘虚而入，占领人们的生活空间，消解了虚幻与真实之间的界限，模糊了现实与想象之间的区别。

1.3 电视广告的分类

分类是人们认知事物的重要工具或途径，而同类的事物具有相同的属性和特点。事物的意义总是与人们对与其有关的属性或预期的结果作出的分类假设联系在一起的。分类也是人们认知事物过程的一个基本环节，人们要认识某一事物，就要先将其归入某一类别，使之概念化。

科学的分类有助于我们更好地认识电视广告的特点和意义，更好地认识其创作规律。参照分类，是为了给广告主题或目标制定出创意思考方向，确立广告的基本

---

① 传媒观察，http：//www.chuanmei.net。

框架结构，为创意定调，就如同写文章首先要考虑选择体裁、格式或表现形式一样；同时也可指导我们在广告创作过程中遵循相应的创作规律和方法，以执行并落实广告创意。

一直以来，对电视广告形式的分类标准或表述各不相同。有把广告的表现形式和诉求形式结合起来进行分类的。如：理性诉求（包括商品提示型、示范型、推荐型及证明型、生活资料型、TPO 型等）；感情诉求（包括恐怖型、幽默型、人情味型、戏剧型、感化型、讽刺型等）；问题意识的唤起（包括否定型、挑战型等）。[①] 同样是按照广告的创意表现形式划分的有：形式简介、介绍产品、示范、问题与解决、生活片段、商品介绍人、持续的角色、证言、集锦、故事、人物/叙述、讽刺、音乐、人格化、象征/类比、摘要等。[②] 而在各种表现形式中首先按照风格来确定广告特性的有：理性的、感性的、严肃的、幽默的、真实的、夸张的等。[③] 有按照广告的点子呈现方式来划分的，如：播报员推荐、名人见证、消费大众的真实反映与意见、生活片段、动画、以音乐为优先、以文案为优先、以图像为优先、展示与比较、异类联想、以影音特效强化标语等。[④] 分类必须按照事物的属性和特点进行，科学的分类才具有现实指导意义。在分类过程中，如果划分的标准不统一，就会造成分类过多、过细仍无法涵盖所有表现形式，或者杂乱、互相重叠交叉，造成概念上的混乱，难以参照运用。因此，应提倡采取通用的方法、科学的原则和基本统一的标准进行分类，给广告创作以参照和运用，具备同类属性和特点的类别，在创作过程中就必须遵循相同的要求和规律。

归纳以上分类，将电视广告表现形式按照不同的分类标准大致划分为：

①按诉求方式分类，最简要的划分是理性诉求和感性诉求两大类型。

理性的诉求形式，是从商品的质量、作用等方面，直接诉求产品或服务的优点，引导消费者购买和使用。其也称为直接诉求方式，在广告中直接陈述、示范、说明商品特点、性能、质量等信息。这种诉求方式通常适用于新产品或产品的开拓期以及服务的导入，例如常在药品、洗发水、洗涤用品等广告中运用。在制作上，采用传统的广告摄影表现手法，以广告对象的造型、特点等为主题，通过人物、形象、图画、文字等方式对商品信息作出明确的介绍，直接刻画产品的形态、结构、包装、色彩等外观特征，简洁易懂。

感性的诉求形式，是采取利用感觉、情感等打动人的感性的说服方法，向消费者诉之以情，使他们对广告产品或服务产生好感，从而产生购买欲望。其也称间接诉求方式，往往通过故事、情节、生活片断或以情感气氛感染等方式向观众间接传递商品信息。较多运用比喻、夸张、对比、幽默等手法作出情景式描述，引出广告

① 樊志育. 广播电视广告. 北京：中国友谊出版公司，1995
②③ Huntley Baldwin. 如何创造有效的电视广告. 周贤欣译. 台北：茂昌图书有限公司，1997
④ ［美］霍珀·怀特. 如何制作有效的广告影片. 邱顺应译. 广州：企业管理出版社，1999

主题或衬托品牌印象。在广告制作中，往往超越广告对象的性能、造型等特点，从更深更广的范围表现商品，讲求艺术吸引力，将广告主题融入生活场景情节和人物的感情心理表现中，使人心领神会。

②按创意呈现方式分类，最常用的形式有：示范验证型、名人佐证型、解决难题型、悬念疑问型、气氛渲染型等。

③按体裁结构分类，可划分为故事式、戏剧式、散文式、新闻报道式等。

④按修辞手法分类，可划分为比喻、夸张、象征、拟人、对比、联想等。

⑤按表现要素分类，可划分为形象优先，图画或动画优先，文字或文案优先，语言优先，音乐、音响或歌曲优先等。

在电视广告的诸多表现形式的运用中，应该遵循以下原则：

①在符合主题表现的前提下，可以不拘一格地灵活运用。例如，同时采用多种形式的交叉运用等。

②注意分析、比较各类形式的差异和地区差异，把受众的文化程度、欣赏习惯和接受心理等因素作为参考依据。

③把握创新的尺度。无论是借鉴、模仿、活用还是标新立异都应以现实为前提，也就是说，必须符合消费者的物质需求和心理需求；必须让消费者能够明白、接受并有所触动；必须符合社会道德规范，避免带来不安情绪和不良影响。

1.4 电视广告溯源与展望

电视广告是一门新兴的边缘性学科，广告学等学科丰富的理论研究为其发展奠定了基石。只有从理论上关注和深入研究，才能透过纷繁复杂的现象，认识其特点、规律和本质，使之朝健康有序的方向发展，从而有力地促进电视广告的发展。

电视广告作为一种经济活动，其理论研究一直与市场学、营销学密切相关。其中围绕诉求方式和创意表现而展开的理论研究成果丰硕，其主要内容都离不开把商品功能诉求和营销作为终极目标的研究核心。可以说，营销是广告活动的本质功能。

电视广告作为一种传播活动，其理论研究也一直与传播学理论密切相关，如受众研究、消费心理研究、广告传播效果研究、广告媒介研究等，但更多的是传播学将广告传播现象、广告实证研究纳入其研究范畴。20世纪90年代以来，整合营销传播理论的出现和发展，标志着广告传播研究进入了现代广告理论的发展阶段，营销学和传播学被确立为广告理论的两大基石。现代广告传播理论更加强调对传播效果和沟通功能研究的重视，更加强调对各类传播主体、传播媒介功能的发挥，更加关注广告传播环境的变化以及对社会经济、文化的深远影响。

我们对电视广告的研究，既要强调"走进广告"，又要突出"走出广告"。"走进广告"是指注重广告自身的传播目标、传播规律，从广告的形式特征、审美特征出发来探讨研究；"走出广告"就是注重广告与电视等多学科的广泛结合，重要的是要把握与电视媒介的紧密联系，找到广告与电视在传播途径、传播特性、外部形式、制作手段、运用技巧等方面存在的众多契合点。同时，电视广告研究要注重与传播学、经济学、营销学、社会学、心理学等学科的联系，从综合的、全面的、立体的角度来考察电视广告。

本章小结

　　广告是伴随着商品经济产生的一种独具功能的信息传播活动，而电视是一种在当今非常普及的大众传播媒体，电视已成为最受广告商青睐的广告媒体之一，也是最有影响力的广告媒体，电视广告是现今最有冲击力的广告形式。我们学习电视广告，就离不开对广告与电视的研究，必须对广告与电视传播特性有一个比较全面而清晰的认识，因为这两者是电视广告的根本所在。在此基础上，我们就可以看出电视对广告的目的性，即如何利用电视这一大众传播媒体的特性来提高广告的传播效果。

　　正确认识电视广告，还必须了解其传播优势与局限。应在独特的创意和定位基础上，充分利用电视媒体的传播优势，运用电视思维，制作出精良的电视广告，将信息尽快地传播给观众，以期达到良好的传播效果。

　　电视广告传播的功能表现在物质上即商业方面的导向作用，伴随着广告商品信息的传播，它同时传递着精神层面上的价值观念、道德规范、社会准则和生活方式等潜在的文化信息。电视广告置身于社会文化、经济背景之中，其多元价值之间的关系错综复杂，效果评估标准不一，自我评价与社会评价结论可能截然相反，种种因素对节目创作的价值取向和最终实现效果都有直接的影响。

　　一直以来，对电视广告形式的分类标准或表述各不相同，科学的分类有助于我们更好地认识电视广告的特点和意义，更好地认识其创作规律。参照分类，能为广告创意确立方向，同时也有助于我们遵循相应的创作规律和方法，以执行并最终落实广告创意。

思考与练习

　　1. 电视广告的基本特征是什么？
　　2. 电视广告有什么基本功能？
　　3. 电视广告如何分类？

2 电视广告创意 ▶

本章要求

◎理解广告创意及电视广告创意。

◎认识电视广告创意的独特性及其创意原则。

◎了解电视广告创意的思考方法。

◎了解电视广告的诉求方式及表现手法。

◎思考电视广告创意与制作的关系。

2.1 电视广告创意的概念与特征

2.1.1 广告创意的概念

说到广告，人们马上就会联想到广告创意。"创意是广告的灵魂！""创意是广告的生命！"如果说广告是一门艺术，那它就是一门创意的艺术；如果说广告是一门文化，那它就是一种创意的文化。那么，究竟什么是广告创意？有关广告创意的定义，许多学者从不同的角度进行了阐述。

美国广告界颇负盛名的詹姆斯·韦伯·杨曾说："广告创意是一种组合，组合商品、消费者以及人性的种种事项。"进行行销与广告创作，眼光应放在人性方面。创意要巧妙地利用表面平缓与内里激荡的张力关系，创造意味深长的平淡之美。变化（万千事物）加真相（根据市场调查）再加了解群众的心理（走进群众圈），则等于（产生）适合消费者、能为消费者接受之最新广告创意。[1] 创意，英文为 idea，直译就是"主意、想法"。广告创意，是指广告工作者在孕育广告文稿时的构思，根据广告主的意愿和广告文稿的主旨，在进行了一系列市场调查、消费者心理研究等工作后，经过一番精心思考和策划，最后塑造成一个商品和劳务的形象或意念的全过程。[2]

创意是以传播信息为根本原则，以创造性思维为先导，寻求独特、新颖的意念表达方式和表现形式，以独特而清晰的阐释方式说明信息内容，以独具匠心而新异的形象和画面引人关注、受到感染，使之发生兴趣并留下深刻印象，从而使观众不得不接受广告信息。[3]

综合上述看法，创意，简而言之，就是创造一种说服观众购买的意境，即广告创作者基于市场调查资料、产品目标市场、目标消费者心理、媒介特性等因素，用一种新颖的、奇特的、有趣的方式来传达商品的营销理念，打动消费者，促使其购买的策划过程。

2.1.2 对电视广告创意的理解

1. 从创意到制作

在《新华词典》中，收录了"创意"一词，其解释是："①有创造性的、独到的想法等。②提出有创造性的、独到的想法等。"那么，具体到电视广告中，创意可以理解为是创意与制作的结合，是赋予创新的意念以一定的形态，通过电视的手段把它表现出来。

电视广告创作与电视媒介特性有着密切的关系。电视拥有最丰富的表现形式和构成元素，其外部形式特征和内部结构要素共同构成了电视广告的必要因素。熟练地把握这些形式与要素，就拥有了丰富的表现手段，拥有了创意施展的广阔空间。

电视广告创作以电视的技术特性作为先决条件。创作必须拥有手段，运用手段本身就是一种创作。创意不是虚幻的空中楼阁，它不能脱离由各种元素、表现手段构成的形式载体。作为一种创造性的思维方式，创意在构思时已隐含了某种形态的存在，通过电视把它表现出来，无形的创作意念就拥有了外化的形态。所以，选择一种形式也是创作的过程，是创作的一部分；运用视听综合要素来表现，同样是一种创作。可见，电视广告创作包括了从创造性的意念、思维到创意的表现、实施乃至制作成型的全部内容，是包括了从策划阶段、思维阶段到制作阶段在内的全过程的广告活动。

对广告活动来说，创意不仅仅是指那些灵光一闪的点子或招数，而是建立在一

---

① 樊志育. 广播电视广告. 北京：中国友谊出版公司，1991
② 黄升民，丁俊杰. 现代广告战略. 北京：知识出版社，1994
③ 朱健强. 广告视觉语言. 厦门：厦门大学出版社，2000

系列营销活动基础之上的，包括从市场调查研究开始，然后以市场调查为依据确定市场定位，接着是战略战术确立，以及价格制定、分销渠道和推广策略的确定等在内的整个营销系统中的一环。对企业来说，研究创意，制定策略，其实质就意味着企业之间的利益争夺，意味着思考如何在有限的市场内争取更多的销售份额。即使已处于市场领先地位，拥有了绝对优势，也要千方百计地保住领导者的地位，其竞争的激烈程度丝毫不亚于一场真正的战争，众多的策略、创意模式由此而生；对于消费者来说，面对太多的品牌和同质化的商品，他们只相信品质最好的，但他们中的大多数并不是专家，辨别产品质量好坏的能力不高，消费经验也不一定充足，在很多情况下，他们只是先入为主地认可心目中的名牌，一旦认可了一个牌子，自然而然就会把它作为首选，形成购买惯性，根本不需要太多的理由。因此，研究消费者心理，顺应他们的心理模式，就显得十分重要。创意，就是在这样的背景下催生的。

由此，我们可以这样理解电视广告创意：它是一种创造性的意念或构想，与思维方式有关，它不仅仅是意念，更不是孤立的概念，它与电视的表现形式、表现元素融为一体，贯穿于电视广告创作的全过程，成为创作的代名词；在营销活动中，作为营销系统的其中一环，它是广告的核心与灵魂，与营销策略的制定有着密切的关系，它建立在市场调查、对消费经验和消费心理研究分析的基础上，是实现商业化目标的重要手段。

2. 创作源于销售

与其他类型的艺术创作相比，电视广告创作同样具有创新性、创造性，具有创作主体与创作对象等基本要素，遵循共同的创作规律，然而，电视广告创作又是一个独特的创作领域。

从创作动机来说，一般的艺术创作通常来源于作者的创作需要或欲望，当这种创作需要或欲望指向某一特定的艺术活动的对象时，就构成了创作的基础和条件。一般来说，艺术创作的动机包括满足自我实现的动机、满足道义感需要的动机、满足名与利需要的动机与满足情感需要的动机。而对电视广告来说，其创作动机基本上不是从这些内在的需求出发，而是直接指向广告对象，为产品这一目标物服务的。对艺术家而言，他们的创作来源于生活或情感体验积累而成的由量到质的原创力的激情爆发，相比而言，广告制作者却往往缺少这种创作的内在动力，而是出于任务式的创作要求，并非自发性或自觉性地指向广告对象，因而也就难以体现从动机到创作这一过程的积累与转化。

从创作过程来说，一件艺术品的诞生，需要有一个较漫长的沉淀过程，然后走向成熟，需要经过意志的、心境的锤炼，然后形成个性；而一个广告作品的出现，通常无法等待这样一个较长时间的积累过程，而往往讲究速成、以实现功利为动力。所以，电视广告创作与一般的艺术创作虽然在其创作过程和创作方式、表现手法上存在很多相同之处，遵循多方面的共性要求，但是，两者在作者的动机、生活的积累、激情的强烈到艺术的功力等方面的差异都是显而易见的。很多优秀的电视广告具有艺术性，但艺术性并不是广告的原创目的。如果我们从广告理论的发展历程上去探寻广告创作的指导思想，可以发现在广告的科学性与艺术性、理性与感性之间的较量，一直以来存在着分歧和差异，并由此给广告创作实践带来了深刻的影响。

3. 目标制约创意

电视广告与其他类别的电视作品具有创作的共性，但其创作目标是为商业利益服务的，即存在相同的表现途径但具有不同的创作方向。我们可暂且称之为"殊归同途"。也就是说，电视广告传播本身并不是目标，其创作目的是商业性的。考察电视广告创作现状，在很多情况下，其目标性并不明确，或者说，目的与手段、形式表现之间的界限是模糊的，有时候，创意本身就成了目的，成为一种被夸大、放大了作用的手段、形式，而在评价或衡量广告好坏时，也把那些只要能达成即时销售目标的广告看作最佳的创意。于是，创作者一方面不遗余力地追求广告形式和手段的丰富，一方面又以目的性给形式表现以限制，从而制约着广告人丰富的思维意念的发挥，使广告直达目标而毫无灵性可言，最终也就颠覆了创意。

正是因为电视广告与其他创作形式比较而言表现为不同的创作目标，而这会影响电视综合要素和表现能力的发挥，所以，在电视表现的方式、方法运用上掌握分寸就显得十分重要。

4. 创意的分寸

在现实创作中，我们不难看到这样的例子，或听到过广告界人士针对这种现象作出的评论，那就是在形式和内容、创意和销售之间很多时候的确难以找到平衡，创作的概念常常让人产生迷惑。

一方面，随着电视科技发展的突飞猛进，如今已没有人再会怀疑电视视觉和听觉诸元素加上广告人无穷创意的奇幻组合所呈现的威力，以及它为广告创作带来的无限空间，广告人在电视手段的运用中正不懈地挑战着创意发挥和表现的极限。

另一方面，大卫·奥格威先生这段诤言恰如其分地道出了广告创作的方向："我们一起走过那段广告疯狂的岁月，你我先是经历了以自我意识、赢取奖项、暧昧不清、不易解读及以艺术为标志的广告制作时期，而这些广告也赢得了所有的广告奖项。然后这种年代消逝了，广告又回归到为销售而制作的年代。""我们的目的是销售，否则便不是做广告。"奥格威的这一名言一直以来被广告人奉为圭臬，体现销售观的广告也由此成为我国主流广告的显著特征。

我们认为，电视广告既然同时作为一种销售工具和艺术形态，在创造意境、感染人、照亮人物内心等方面也应遵循创作的原则和规律。在电视广告创作中，对电视媒介的特性、传播方式、制作手段和创作技巧等必须予以准确的把握和运用，恰到好处地发挥电视媒介的传播优势，多一分则喧宾夺主，容易在工具和技巧的运用中迷失了传播的方向，让工具和技巧的铺张掩盖了广告的本来目标，使传播形式大于传播内容；而少一分则又容易造成浅显直白，内容得不到形式的有效包装和美化，商业化的功利目标就会暴露无遗，极易招致受众的反感。掌握分寸就是说，既不能让创意否定目标，也不能让目标消解创意。

2.1.3　电视广告创意的特征

电视广告创意就是根据目标商品（或服务）、诉求对象以及市场特征等诸多因素，依靠电视媒介来传播产品的营销理念，实现其营销目标的艺术性构思。电视广告创意必须符合电视的本质特征，因为一种商品选择什么样的媒介才能获得最好的广告效益，媒体的性质是决定因素，了解电视媒介的特质，有助于电视广告创意者更好地利用电视的特性进行创意。电视作为一种广告媒体，广告创意人员要抓住其优点，避开或弥补其缺点，在创意上力求达到最佳效果，使消费者对其产生生动、永久的印象。电视广告的创意相对其他广告来说有以下明显特征：

1. 内容视觉化

电视广告是一种靠视觉形象来传达信息的媒体。广告作家路易斯·雷德蒙说："内容视觉化是所有电视广告作家都应该遵循的一条准则。因为视觉化是通向大脑的康庄大道，在电视广告里要求你把所要说的话表演出来，同时也要求把你所要表现的内容加以说明。判断电视广告成功与否的一个方法就是：盖上文字，看画面是否可以说明意图和诉求点。"

2. 创意要有震撼力

DDB 广告公司总裁威廉·伯恩巴克指出："要使观众在一瞬间发出惊叹，立即明白商品的优点，且永不忘记。"

3. 把握快节奏

电视广告是商品化的昂贵的广告，通常以秒来计算长度，每秒钟的"含金量"远远高于其他电视节目。一则电视广告片一般都在 60 秒以内，以 30 秒、15 秒的居多。因此电视广告一定要短小精悍，形成节奏。

4. 强化商品品牌

电视广告往往因突出了形象，而容易忽视品牌，加上屏幕图像稍纵即逝的特点，更加大了突出品牌的难度。必须要通过反复、凸现、特写等手段将品牌牢牢刻在观众的脑海里。当然，最好的方法是使品牌与情节恰到好处地融合，使品牌的出现达到"画龙点睛"的效果。

5. 技法综合运用

随着现代科技的发展，电脑等技术也可以广泛地运用到电视广告创意的表现中来，有了这些技术的帮助，创意人员的空间更大。创意人员要懂得这些技术的使用，并把它们运用到自己的创意中来。

6. 音响效果的运用

音响是视觉形象表达的主要辅助手段。音响应与形象表达过程配合默契，达到描绘和渲染相统一的效果。

2.2 电视广告创意的基本要求和原则

2.2.1 如何才是一个好的创意

一则成功的广告能使消费者感受不到他们是受广告的推动而决定购买行动的。因为消费者对广告的推动力是有抗拒心理的，受过高等教育的人更是如此，他们总是认为自己的购买行为是由自己的理智所决定，不受外力所驱使。那么，对电视广告创意来说，有哪些基本要求呢？

国际广告协会认为，具备以下五个方面才能算是创意新颖的优秀广告：

①能给消费者以愉快的感受。

②要能显示出具有独创、革新、改进的精神。

③摆出商品或服务的优点，能为消费者解决实际问题。

④要有明确的承诺。

⑤要有潜在的推销力量。

2.2.2 电视广告的一般创意原则

创意似乎可以天马行空，可以漫无边际，但是广告创意永远是"戴着枷锁"的舞蹈。如果一个广告，消费者看不懂，绝不是消费者的无知，而是广告创意人和制作人的无知。广告创意永远不是纯粹的艺术，而需要一经发布，就能引起消费者的共鸣；它是用于行销的手段，而不是最终的目的，最终的目的是让产品的目标消费者明白广告的意图，对产品产生购买的欲望。因此，广告创意还是有其规则需要遵循的。总结广告创意原则如下：

1. 首创性原则

"在广告业里，与众不同就是伟大的开端，随声附和就是失败的起源。"首创精神是广告创意最鲜明的特征。"首"是广告创意最根本的一项素质；"创"就是创造，在原先一无所有的情况下，创造出新的东西。我们崇尚广告要出新出奇，但不是一味地哗众取宠。它要以传达特定的信息为前提，否则，任何新颖的创意都是毫无意义的。

2. 实效性原则

广告创意如果不能给广告主带来利益，就不是创意。广告创意的实效性原则有两层含义：一方面，要注重广告的实际效果，能够为广告主带来实际的好处，创造销售的奇迹；另一方面，它要具有实际的可操作性。不具备可操作性的创意，再好的构思也只能是空中楼阁，不可能付诸现实。

3. 理解原则

广告的创意固然要追求新颖性和独特性，但这种新颖性和独特性不能超越消费者的理解力。广告的创意要求简洁明了，传递的信息要单一、具体。让消费者去理解晦涩难懂的广告只会浪费广告主的金钱。

4. 印象原则

广告作品不但要引起消费者的关注和理解，而且要给他们留下美好的印象，打下过目难忘的深深烙印，以使消费者能够经常回忆起广告中提到的美好内容，加深对企业和商品的印象，促成消费者的购买行为。

2.2.3 电视广告的独特创意原则

电视广告因为媒介性质的特殊性，因此在创意上也有其独特的一面。电视的每一个画面必须足以说明故事——电视是一种视觉媒体，所以我们将坐在电视机前的人们称为电视观众，他们会记得的主要是他们所看见的。要紧紧抓住观众的注意力——广告的前 5 秒是决定性的时刻。电视广告创意的独特原则如下：

1. 画面

电视广告的画面要力求净化和美化，即重视简洁美。广告工作者应明白，接受者的渠道即消费者的大脑对信息的记忆容量是有限的。全球最大的广告集团——英国萨奇广告公司就明确提出，其广告只有一个相同的元素——在既定的目的下，生动地表现"单一意念"。我们表达的意念必须"单一"，因为我们确信广告只表达一个意念是最有效的，只有这样才会在市场上最受瞩目。消费者从一个广告里只记得一件事情——一个强烈的信息。

"卖什么"正是我们所要寻找的，并在广告中最终要突出并强化的信息。噱头并不能使广告有效果。广告的内容比表现内容的方法更重要，它应该把广告诉求对象的注意力引向产品。

从心理学效果看，广告所传达的信息必须是具有说服力和清晰的信息。要具有说服力，就必须传达给消费者独创的、与众不同的信息——极易说明、简单易懂。熟悉的事物比陌生的事物更能激发出人的信心。只有利用购买时因熟悉感所产生的微小影响才能使广告生存，产生出某些效果。

2. 音响

必须用悦耳动听的音乐和歌曲来陪衬画面。如世界名曲片断的录用或通俗民谣的技巧改编，都不失为可行的方法。鼓励专家为广告谱曲，也是今后应努力的方向。广告词要简单有力，不可高声嘶喊、怪声怪调，否则会招致反感，同时，对于男声、女声或童声的运用，以及对话等的搭配，都应巧加安排。

3. 措辞

措辞要诚实，不夸张，如：简约通俗、情画意的巧妙搭配，运用得当可收到扣人心弦之效。

4. 表情动作

广告演员的高雅动作、愉快表情，将是观众模仿的对象；滑稽可笑的动作，若能产生幽默的效果，不但能引起一时的兴趣，也可给观众留下深刻的印象。多用日常生活中自然的一面，不可矫揉造作，牵强附会。

5. 制作观念

要寓广告于娱乐，避免说教式广告的枯燥乏味。应发挥广告的教育功能，提高电视广告的道德水准，以免对观众心理造成不良影响，有损社会效益。

2.2.4　广告创意原则应与时俱进

回顾广告发展历史，我们可以看到广告创意观念和原则经历的演变：

20世纪20~30年代是广告发展的初期，所奉行的是以劝诱和推销为核心的广告观念。40~50年代，广告开始在主题上大做文章，如罗瑟·瑞夫斯提出的"独特销售主张（Unique Selling Proposition，USP）"，强调产品的独特功能和给消费者带来的独特好处。这一广告策略此后一直被普遍推广，衍生出许多脍炙人口的优秀创意。这一时期，广告观念经历了从"硬推销"到"软推销"再到"USP"的发展，其核心概念都是围绕充分有效地实现产品推销功能而展开的。

20世纪60年代是广告创意理论发展的重要时期。随着商品市场的发展，生产技术的提高，广播电视等大众媒介的逐步普及，通过广告来争取消费者注意力的竞争越来越激烈，在这一背景下，催生了大卫·奥格威的品牌形象理论。这一理论着眼于产品形象的塑造，更注重消费者的心理感受，标志着广告观念的重大转变。在这一时期，大卫·奥格威、威廉·伯恩巴克和李奥·贝纳被并称为美国广告"创意革命"时代的三大旗手。与奥格威同时代的以及后来的其他广告大师虽然形成过不同的广告流派，如DDB广告公司的创始人之一伯恩巴克的"说服"观，李奥·贝纳的"戏剧性"理论等，但他们的核心理论仍属销售观范围。

20世纪60~70年代，莱斯和屈特提出了"定位"的概念，让产品定位在进入未来的潜在顾客的心中，为广告定出了一种新的传播沟通方法。广告理论发展进入了为产品定位，为企业树立形象的"形象广告时代"，以适应社会商品化发展和产品更新换代快以及同质化的激烈竞争。

20世纪80年代以后，随着电子媒介的飞速发展与普及，电子计算机在广告设计、广告策略中的运用，使广告活动更加趋向多元化。企业识别系统理论（Corporate Identity System，CIS）在这一时期渐趋完善，它突出强调企业形象的个性、差异性和可识别性，标志着广告观念从产品到品牌形象再到企业形象定位的发展转变。

20世纪90年代，舒尔茨等人提出了整合营销传播，强调企业营销传播诸要素的系统整合。在创意运用中，尽管已经从不同角度强调了消费者的重要性，但广告的根本目的仍然是如何推销产品。体现销售观的广告形成了20世纪主流广告的显著特征。

进入21世纪，在向现代信息社会演进的过程中，广告开始逐渐体现人本观的价值观念，人本观广告是对销售观广告的改革和超越。人本观是现代广告的灵魂和核心，它在重视人的合理物质需求的同时，高度重视人的精神需求和人的价值，反对用物化的价值、异化的价值遮蔽和压抑人的价值，用物欲的膨胀挤压人的精神空间，以人为本的广告观即广告以人为主体和目的，其宗旨有利于人的全面发展的观念。

广告发展与时代同步，我们今天已处于"无广告，不社会"的环境之中，广告创意原则亦在不同的时代展现出新的面貌，我们必须不断地在广告观念、广告手法和经营方式上进行革新，促使广告经营向现代化方向迈进。

2.3 电视广告创意的一般过程

有关创意的过程也是众说纷纭。英国心理学家约瑟夫·华莱士认为创造过程分为四个阶段：①准备；②沉思；③启迪；④求证。詹姆斯·韦伯·杨是美国广告界泰斗，对广告创意很有经验并作过深入研究，他也提出自己的创意过程：①收集资料；②品味资料；③孵化资料；④创意诞生；⑤付诸实践。一则成功的广告创意来自于千锤百炼的思考和丰富翔实的材料。它的产生常常是一种"山重水复疑无路，柳暗花明又一村"的境界的体现。总结前人的看法，我们可以大致将广告创意过程具体分为以下几个步骤：

1. 制定目标

广告创意的艰难往往在于形成一个好的主题，因此对于广告创意而言，首先就要确定目标，明确整个广告创意的宗旨和目的，避免使广告创意为了新奇而背离广告的目标和目的。制定目标是在整个市场定位后，综合市场信息，明确广告传播效果，确立广告要求。

2. 燃烧创意的热情

好的创意并不是在所有目标下的思考都能得到的，它需要广告创造者全身心地投入，在广泛的题材中去提炼主题，采取各种思考方法。现在大多数公司一般都采取脑力激荡法。

3. 培养良好的心理状态和思维

一个好的创意人平时就善于训练自己的思维，同时积累各种素材及偶得的灵感。广告创意的立足点就是要充分把握社会大众的心理需求、价值取向，这样才能找到较好的创意点子，运用适合主题的方式更好地展示主题，引导受众的心理。

4. 提炼广告主题

广告主题是通过各种形式表现的广告内涵之所在，是广告创意的灵魂。广告主题的提炼虽没有一成不变的模式，但也有一般的规律可循。广告主题应该吸引目标受众，引起其关注和兴趣；应能激发受众接受的动机；应与商品的品牌、企业形象和公关活动相一致。广告主题是广告创意的核心，采取适当的表现形式也十分重要，不同的表现形式取得的效果往往也不一样。

5. 选择广告主题表现形式

很难判断什么样的广告形式是最好的，且随着广告业的不断发展，广告主题的表现形式也不断丰富。本章后面将就如何选择广告创意的诉求方式作出探讨。

2.4　电视广告创意的思维方式

2.4.1　一般创意的思维方式

有人说，只有天才人物才能拥有创意，它根本就无章可循。有人说，创意是一个精灵，它存在于每个人的心中。广告创意，这个广告的灵魂，让人觉得有点可遇而不可求。可是众多广告界顶尖创意人物仍然认为广告创意是有其思考方法的。广告创意思维中主要涉及了想象中的比喻、寓意、比附、夸张以及联想等。不同的人对于思考方法有不同的见解，本节着重阐述脑力激荡法和水平思考法。

1. 脑力激荡法

它是目前各广告公司进行广告创意时普遍采用的方法。或者将它称为"头脑风暴法"或"动脑会议"，是由 BBDO 公司的阿力克斯·奥斯朋始创的。它是靠互补思考的个性集合而产生构思的创造方法。这是基于几个成员共同提出和选取构思，然后再将其向更高立场推动的工作态度。

（1）脑力激荡法的主要特点

① 场合要正式。动脑会议最有效的特色之一，就是要正式。但是这个会议的目的其实是要激发出非正式的想法，这听起来有点矛盾。但正是因为这个会议很正式，所以非正式的资讯使用才可以在其中蓬勃发展。进入动脑会议时，可以戴上一顶特别的"想象帽"，让你可以自由地用不同方式去思考，等到离开会议时，再把帽子脱下来。动脑会议给大家提供了一个特别的假日，即脱离日常琐事的僵硬逻辑。要让动脑会议很正式，可以给它一个特别的名称、明确的目的，并在特定时间内举行。会议进行的正式结构并不那么重要，重要的是会议举行的正式范围。

② 把评估想法和激发新想法分开。把评估想法和产生想法分开来，是所有创意思考方法的共同特色。动脑会议必须秉持这样的区分，一直到得出逻辑结论为止。会议的目的只是在于产生新想法，评估想法的工作则留给后续的会议。在动脑会议中，绝对禁止评估想法。一旦参与动脑会议的人了解他们的任务只是产生想法，而不是下判断，就比较容易放开思路，这样他们更能大展所长。这种做法使他们不需要害怕要担负提出错误想法的责任。即使如此，动脑会议最困难的部分，还是在于防止人们下判断。

③ 相互交流以及刺激想法。脑力激荡是一种团体活动。团体的好处在于某人提出的想法，可以激发其他人不同的想法。不同的人有不同的看事情的方法；不同的人用不同的方法整合资讯。某人产生一个想法，以某种方式发展它；同时，另一个

人却会以完全不同的方法来发展同一个想法。

（2）运用脑力激荡法要遵循的原则

① 会上禁止批评和反驳别人的创意，保持良好的创造气氛。

② 对创意的数量不加限制，而是要求创意越多越好。参与者可自由联想，任意发挥，毫无限制地发表见解。

③ 可以利用别人的创意激发自己的联想，组合产生新创意。这种动脑会议因为具备集体创造的人员结构和创造气氛，更能发挥每个人的创造力，在相互启发中扩展思维的变通性，使之产生 $1+1>2$ 的合力效果。

在动脑会议之后，由会议记录员将记录整理，会议主席将这些创意分类，再让有关人员评定，取其精华，成为进行下一步创意的基础，最终产生实际执行操作的广告创意。这是一种行之有效的集体创造的方法。

2. 水平思考法

水平思考法又叫侧向思考法，是由英国心理学家戴勃诺（Edward De Bono）博士提出的一种创造的方法。他认为我们平时的思维方式是偏重于以往的经验和模式，受到思维定式的影响，而跳不出旧框框。所谓思维定式是指人在思考时的倾向性。思维定式常常会影响到思维的变通性。例如，问你这样一个问题：小李进房间后，没有开灯就找到了放在桌子上的黑手套，这是为什么？通常情况下，当听到"没有开灯"时就会有一种倾向认为这是在晚上发生的事，因为晚上和灯之间有一种符合常规的固定的联系。因而，在解决这个问题时，由于有"没有开灯"这一条件暗示你进入一种习惯的思维中，使你的思维往"在晚上如何照明找物"这一方面去思考。遵循已有的经验，按常规思考的方式，戴勃诺把它称为垂直式思考。而如果突破一贯的思考方向，不受定式的影响，不认为这件事发生在晚上，问题就迎刃而解了。答案是：在白天进房间，当然不用开灯也十分容易找到东西。这种不受常规约束，摆脱旧经验、旧意识的思考方式被戴勃诺称为水平式思考。水平思考法的精髓是从一个概念转移到另一个概念，从一种看事情的方法转移到另一种，它的创造力来源于"转移"。水平思考法并不去认定哪种解决方案才最适当，而总是在寻找更好的方案。水平思考法总是带有希望，希冀可以经由重新组合达到更好的模式。水平思考法绝对不是要尝试证明什么，而只是要探寻、引发新想法。

（1）水平思考法的主要特点

以下这些特点是同传统的垂直思考法的特点相比较而得出的：

① 水平思考是在是与非之外运作的，水平思考不去寻求"什么是对的"，而是在寻找"什么是不同的"。水平思考运用资讯的方法和垂直思考截然不同，在水平思考过程中，也许要用到每个人甚至连自己都认为是错的想法。使用这个想法并不是因为它也许终究会被证明是对的，在水平思考里，是对是错都没有关系。

② 水平思考具有启发性。水平思考感兴趣的是：一个想法会引导出什么，然后尝试看怎么用这个想法，即使他知道现在这个想法还不成熟，他也不会去想为什么

这个想法有错，而是想该如何应用它。水平思考把想法当作催化剂，激发出新的想法。

③ 水平思考是跳跃性的。它试图引进不连贯性，作出完全不合理的跳跃，你并不一定要做这样的跳跃，但大可以放心地这么做，完全不需要任何理由，不需要判定是否合理，不需要逻辑严密，甚至有时要刻意制造缝隙，以跳出原来想法的窠臼。

（2）运用水平思考法要遵循的原则

① 摆脱旧意识与旧经验，破除思维定式，更好地体现发散思维的特点。

② 找出占主导地位的关键点，例如，在前面的例子中，关键点是"找手套"，而不是"如何照明"。

③ 全方位地思考，大胆革新，找出问题的新见解。

④ 抓住头脑中的"一闪念"，深入把握新观点。

应该说明的是，水平思考法能够产生有创见的想法，因而是广告创意时常用的思维方法，然而水平思考法并不排斥垂直思考法，两者常常是互为补充、取长补短的。

2.4.2　电视广告创意的思维方式

由于电视广告在故事情节的展开中可以借助镜头、音响等视觉、听觉途径，因此它的创意与平面广告有很多不同之处。日本 CM 策划在经过长期的实践后，总结了很多有系统性的电视广告构思方法，下面介绍其中典型的六种：

1. 形象物构思法

形象物构思法指将广告诉求内容中的一个要素拟人化或使用形象物的方法，使其个性更加突出，给人以深刻印象。例如，某方便面公司，为凸显其炒面正派的形象，运用了一个代表正义的外形，有点儿像美国超人的人物形象，围绕着该人物形象，设计了系列故事，做了系列广告，获得了成功。运用形象物的构思方法在 15 秒的广告中，可以进行 2～3 个要素的诉求，除了形象物本身代表的要素外，还可以再加上 1～2 个诉求要素。比如，该炒面很有韧性或汤料鲜美等。

2. 幽默构思法

幽默是人类相互沟通的捷径，不需要过多的语言，就会被理解，而且幽默是被人接受的好方法，也是现在广告界运用较多的构思法。幽默构思法的出发点是"3S"，即 Smile，Simple，Surprise，也就是有新鲜的笑料，故事情节简洁，结局出乎意料，让人产生"咦，怎么会是这样"的想法。

3. 广告歌曲构思法

运用广告歌曲进行诉求的好处，在于能够避免广告的平淡，创造一种氛围和情调，突出广告主题。好的广告歌曲还可以很快成为流行曲，增强广告传播效果。广告歌曲有两种，一种是原创型，即针对广告作品而制作的歌曲；另一种是改编歌词型，这种要在知识产权法的范围内进行运作。加入幽默要素的广告歌曲一般比较受欢迎。

4. 技术型构思法

这是借助于现代电脑技术进行的广告创作。例如，日本流行一种运用世界名画进行的广告创意：一辆漂亮的汽车行走在日本浮世绘的雪山和村落之间，使原来静止的画中景物和人物随着汽车的行走而动起来；有世界名画中的人物按照广告的需要做出各种动作等；还有纯粹是电脑制作出来的虚构的环境和场景，如天堂、地狱和外星球等。技术型构思法借助先进的电脑绘画和合成技术，娴熟的技术可以使之达到浑然天成、天衣无缝的境界，取得奇特的视觉效果。

5. 情感型构思法

情感型构思法指广告将洋溢在商品周围的情感巧妙地加以利用，使人产生情感上的共鸣，达到让人感动的效果。该方法的前提是商品都是为人服务的，而人是有情感的，这种创意就是广告让商品与人的某种感情联系在一起，烘托使用商品时散发的人类情感。比如，一个贺卡制作公司在广告中运用一个小女孩意外地收到天天住在一起的妈妈寄来的贺卡时激动的表情，诉求贺卡在人们进行感情交流中的作用，达到让人感动的目的。

6. 纪实构思法

有两种方法，一种是利用历史上发生的重大历史事件的图像、声音等作为广告的背景，将广告商品和广告人物用先进的技术"缝合"在一起。比如，日本日清食品公司运用该技术做的一系列广告：在"和平号"宇航站里，在摧毁柏林墙的时刻，在宣布苏联解体的瞬间，都有一个小伙子在旁若无人地吃着日清碗面。这种方法直接利用历史事件的轰动性提高广告诉求效果。还有一种是直接表现商品功能的纪实手段，真实再现商品功能。比如，为了说明一种胶水的黏合作用起效快，广告中将胶水滴在一个钟表指针的连接处，在秒针走过 7 秒后就被黏住不动了，简单平实的镜头直接诉求了胶水在短时间内起效，使人印象深刻。

2.5　电视广告创意的诉求方式

创意的诉求方式是千变万化的。在不同的时代、人文、技术环境中，诉求方式截然不同。同一类产品，同一个时代，因为产品所在的地域、产品的定位、产品的生命周期不同，其诉求方式也会不同。本节以啤酒广告为例阐述电视广告创意的诉求方式。

2.5.1　影响诉求方法选择的因素

只有正确的广告诉求方式才能准确地传达商品的营销理念。创意人员在做创意之前，应该考虑以下因素：

①广告目标。广告目标是影响选择诉求方式最直接的因素，具体的企业目标、营销目标，决定着广告目标，最后会直接影响到诉求方式。

②商品本身的特点。商品本身的特点制约着诉求方式的选择。

③商品的生命周期。商品在不同的销售时期，因其销售目的不同，从而诉求方式也会不同。

④目标对象的教育程度和审美趣味倾向等各种特征会对诉求方式产生影响。

⑤社会经济文化的变迁给诉求方式的选择带来间接但又强烈的影响。社会潮流不时地在变迁，顺应潮流是制定广告策略时的一大要求，只有灵活选择诉求方式，才能更有把握地成功发展。

⑥竞争者的广告表现风格会影响广告诉求方式的选择。

⑦广告主自家的广告风格或广告政策对广告诉求方式的选择有重要影响。

2.5.2　感性诉求方式和理性诉求方式

大道无术，真正的广告创意大师是不会局限在广告创意的诉求方式上的，而是寻求能够同消费者沟通，打动消费者的一种途径。因此，广告创意人应该先有创意的内核（即诉求点），然后采用最能打动消费者的一种方式。广告创意主要针对人们的四大心理现象：①注意；②兴趣；③理解；④记忆。一则广告首先要引起消费者的注意，然后让消费者明白广告的内涵，对广告产品产生兴趣，这样他们才能记住广告的内容，在内心形成积累效应，从而在购买时会想起该广告，购买该广告的产品。因此，尽管各广告学者对于广告的表现形式有不同的分法，但按电视广告创意的诉求方式（即诉求所针对的心理特点）来分，可以将其分为两大类：感性诉求方式和理性诉求方式。

1. 感性诉求方式

感性诉求方式不是从商品本身的特点出发，而是运用商品所固有的或人为附加的情感，来引发消费者的共鸣。以此种方式为指导的广告就是感性诉求广告。感性诉求方式挖掘或赋予商品某种价值观及情感，使消费者产生同样的感受，进而产生购买行为。现代社会已进入了过剩消费时代，因此消费者的要求已从量、质的满足过渡到了感性满足。所谓感性满足，并不是购买商品时不讲质量，而是在讲质量的同时，更多地从商品的形象出发，根据个人的口味、好恶和心理要求去挑选商品。此时，最为重要的已不是商品本身，而是商品的附加值，即商品给予消费者的感受，这是这个时代的重要消费特征。电视广告的特点决定了它最富有人情味，它最擅长于表现故事或生活片断式的广告，运用声、光、色彩来烘托气氛、渲染环境，力求使形象个性化，充分表现人物之间最为细腻的感情交流，足以打动人心。因此，在电视广告中，感性诉求方式运用较多，尤其在品牌广告方面。

（1）感性诉求广告的特点

① 通用性。几个国家或地区的语言、风俗可以相异，不同民族的审美观、价值

观是不同的，但是情感可以相通。把一个极富温情的电视片除去语言，在世界各地巡回放映，仍然会得到相似的认同。

② 轰动性。正因为人类有着极为丰富的感情并日益被激发，所以感性诉求广告一定具有很大的轰动性。如果运用得当，它所导致的购买力是惊人的。

③ 冲动性。感性诉求广告所力求达到的效果，是通过激发性、冲动性的宣传，来达到一种即刻性的购买。

④ 非商业性。感性诉求广告利用人们的情感来促进销售，在很大程度上减少了广告的商业味，使消费者自觉自愿地掏钱购买商品。

⑤ 美感性。感性诉求广告要激发人们的情感必须符合人们的审美观，不美的东西是不可能引发人们的联想和欲望的。

（2）感性诉求方式运用的三个原则

① 必须有目的性。在运用这一表现形式之前，创意人要明白广告要达到的目标是什么，这种形式运用能否达到自己的要求。

② 必须明确对象。感性表达形式的运用旨在创造一种意境，与消费者进行心灵沟通，因此，创意人要针对广告的目标消费者的特点来运用具体的表现形式。

③ 善于发掘商品内在的情感：第一，善于认识商品所代表的情感；第二，善于发挥商品所蕴涵的情感；第三，善于赋予商品适合的情感。

（3）感性诉求广告的分类

从感性诉求形式所运用的方法和手段来说，又可以分为以下九类：

① 比喻含蓄的表达方式。在现代广告中，优秀广告创意很多是运用比喻含蓄的表达方式。比喻含蓄和直述式告知截然不同，它常常隐晦曲折，"婉而成章"。比喻是借助事物的某一与广告产品的内涵有一定契合相似关系的特征，"引譬连类"，营造一种生动活泼的形象感。含蓄也是一种婉转表达，是将所要表达的意向隐含在形象里，使人通过感受领悟到一种深沉的意味。这两种方式具有相似特征，是悬念式广告的基本方法，也受到了观众的欢迎，因为现代消费者都越来越注重广告的内涵。这类广告要求重点在于设置悬念，突出主题，准确切入，原创性要强，取像近而意旨远。

这一表现形式在啤酒广告中的运用很多。国外很多啤酒广告都是以美女喻啤酒。比如，蓝妹（BLUE GIRL）啤酒，单从名字上来看就是将啤酒比作女孩。其中一则广告表现了年轻小伙的悠闲自在生活：他们骑着马到郊外旅游，来到了湖边，一边把啤酒放到湖里冰镇，一边弹着吉他，唱道"我在等待，一个像你一样的女孩……"最后是年轻小伙喝啤酒嬉戏惬意的画面。整个广告表现了一种浪漫情怀，将年轻小伙对女孩的爱喻为对啤酒的爱。

② 夸张烘托的表达方式。广告必须真实，但并不排斥夸张，相反，夸张是广告表现的又一重要形式。这里有一个生活真实和艺术真实的问题。生活真实是指广告对指称对象真实存在的描述和说明，艺术真实指艺术表现要符合包括夸张在内的艺

术表现手法。因此，艺术尽管夸张，却恰恰符合艺术真实。广告夸张就是指运用艺术手法夸大指称对象的某一特征。烘托则是一种对指称对象的存在环境和条件进行渲染，以衬托指称对象的某一特征。运用夸张和烘托表现形式的电视广告，有很大的视觉、听觉冲击力，广告词相对来说高度凝练，但要注意在用词上不要运用极端的写实性词语，也不要贬低竞争对手的产品。夸张和烘托在很多广告中都有运用，而运用得恰如其分的电视广告却并不多见。有些过分夸大了产品的性能，有些人物的表情过于夸张让人觉得不舒服。啤酒广告中运用夸张和烘托的手法也很常见，光明冰爽啤酒的一则广告就是其中一例。这则广告首先表现的是紧张而有序的制作过程，在啤酒出现的时候，运用了窗户破裂的夸张场景来表现啤酒的速冻冰爽。整个广告只有一句广告词："光明冰爽啤酒，瞬间就冰爽。"

③ 情节性表达方式。情节性表达方式受到电视广告创意人的青睐，也是电视广告相对其他广告的一个最大的优点，即能够通过画面的叙述来向观众表述广告产品的卖点。这类广告是采取带有情节的故事片断（有些甚至有矛盾冲突），使人们在引人入胜的情节中认知、感受商品，接受广告信息。在使用情节表达方式时要注意将情节同所要表达的主题密切结合起来，情节丰富且要单一，力求生活化。朝日啤酒就巧妙地运用了这种方式来做广告：一名男士为了追求一名女士，尾随她到了商场的朝日啤酒专柜，两人因为买朝日啤酒而认识，以这种啤酒贯穿其恋爱、求婚、结婚的整个过程。而最后见证这一切的另一名男士也采取同样的方式认识了另一名女士。广告词是："新的开始来自 ASAHI，朝日啤酒"。百威啤酒也同样运用过这种方式，而且非常有趣。百威的很多广告都运用了蚂蚁的形象。在一则蚂蚁观看世界杯的广告中，巧妙地把有趣的情节和啤酒结合在一起：在足球场地下的蚂蚁窝里，一群蚂蚁正在一边喝啤酒，一边通过大屏幕彩电看世界杯。突然，足球场上一阵震动。电视画面上显示出一支倒插在足球场上的百威啤酒被踢倒了，而这支啤酒正是蚂蚁们通过导管在享用的啤酒，所以蚂蚁窝里才产生了巨大的震动。此时，在蚂蚁窝里的电视画面上，一名球员和教练正在大惑不解地研究着这个现象。

④ 情感性表达方式。情感性表达方式是通过各种艺术手段对受众进行感情诱发，使受众产生情感共鸣。这种广告一般都富于人情味，对此方式运用比较多的是日常生活用品广告，尤其是软性商品，如服装、面料和女性用品等。这类商品消费量十分大，购买率高，消费者购买意愿的形成不需要像购买家电产品时那样经过严密的理性思考，而主要从情感喜好出发。运用这类方式要使广告所创造的情感氛围符合消费者的情感心理，切忌无病呻吟，要追求一种深藏若虚的方式，即蕴藏极丰而表露甚少。

力波啤酒广告的诉求点是力波啤酒悠久的历史。广告以一名上海中年人的成长经历为线索来阐述力波在同上海一起发展，其主题为："我在上海，力波也在。力波啤酒，喜欢上海的理由。"这一广告在运用情感性表达方式上是比较成功的，整个广告一气呵成，触动上海消费者对生活、对岁月嬗变的怀想，也让更多的观众把产品与上海这个美丽城市独有的味道联系在一起。

⑤ 感受通感表达方式。广告可以这一方式传达人的感受和体验。感受表达是对消费者使用商品过程中的感受和体验的情态描述，使受众从中受到感染。通感是受众将广告形象的视觉刺激通过心理联觉作用转换为对商品的其他感官感受。感受通感类表达在现代广告中很受重视，其原因是现代消费者都很注重自我价值，对自身感觉十分在意，广告采取这种表达方式，与受众的这种心理很合拍，因此，这种方式很快发展起来，形式多样，色彩纷呈。

运用这种方式表达广告，应该注意准确表现主客体在感受通感上的结合点，感受要诚挚真切，通感表达要与人们日常生活相关联，指称对象选择要得当，要突出图像视觉作用。如虎啤（Tiger 啤酒）的一则广告就是运用通感的方式：在音乐的衬托下，出现青年男女的各种浪漫画面，最后的广告词是"我心中有一只虎"。不言而喻，广告是要使观众在浪漫的感受中领略到啤酒给人的感觉。而青岛华东啤酒广告则将男人对啤酒的喜爱感受等同于对女人的爱：男孩在女孩窗下想大声喊出"我爱你"，可是没有勇气，这时他看到巨大的啤酒广告牌，于是就大声喊了出来，啤酒也从天而降，倾倒在男孩的脸上。女孩把头伸出窗外，笑了。

⑥ 性感表达方式。性感表达是一种以表现性为特征、以性心理为手段的具有一定审美价值的广告表达方式。性感是人类最基本、最强烈的情感之一，运用这种方式以求使观众形成积极心理并领会广告意图，早为广告人所重视并广为运用。但是，性的问题向来是人类伦理道德的敏感区，广告中的性感表达因此而常常受到争议，波折迭起。随着人类性观念逐渐变化带来的宽容和广告人性感表达技巧的提高，这一类广告越来越体现出社会责任心，性感广告呈现"细水长流"的态势，每年广告大奖中总有几则该类作品获奖。我国广告也不乏性感表达的作品，但是在表现上相对而言还有一定欠缺。这类广告要求健康高尚，具有一定美学价值，也必须符合国情人情，紧扣指称对象的功能效用。万力啤酒就是运用了这一手法：在海滩上，一群穿着性感的美女风姿绰约，一名男子看着这一切，心动不已，而美女对他不屑一顾，后来男子喝起了万力啤酒，一边喝啤酒一边冲海浪，最后美女主动走到他身边与他共享啤酒。

⑦ 回归表达方式。回归表达方式是指以表现现代人返璞归真的情绪为手段突出商品形象或企业形象的广告方法。经过工业革命后几百年的发展，在如今的信息时代，人类创造的"第二自然"已无限膨胀起来，并不断地蚕食本来属于我们的"第一自然"（自然界）。尤其是信息时代，大量的知识加工和符号化生产更加使人们远离了自然界，环境保护、绿色运动在今天这个地球上成为人类面对未来的强烈呼唤，返璞归真、重返大自然已成为世界范围内人们的审美情感和需求心理的新主题。这类广告要求表现人的情感追求，达到情境合一。三得利啤酒的"跳水篇"就是通过展现一名青年男子在翠绿的树林里跳入清澈的泉水中，然后在小溪边的岩石上喝三得利啤酒的画面，表达了三得利啤酒用天然的纯净水酿造的信息。雪花啤酒的一则

广告中，六名青年男子在峡谷中划着橡皮艇，因为水流太急，河流弯弯曲曲导致雪花啤酒从艇上掉入水中。一名男士跳入水中想捡回啤酒，其他人在旁边协助，几经拼搏后，终于捡了回来，大家喝雪花啤酒庆祝。这则广告把产品与人类不畏困难、勇于追求的精神境界结合了起来。

⑧ 谐趣表达方式。谐趣表达方式是指运用理性倒错、寓庄于谐的表现手法，造成诙谐幽默的效果，引发观众乐趣，并在此心态中认知广告意图的广告形式。这类广告在国外比较普遍，我国改革开放以后，它也越来越多地被人们所重视。谐趣表达是现代广告表达中十分重要的一种，许多不同类型表达手段中都有谐趣的成分。它之所以能广泛引起观众注意和喜爱，是因为它符合现代人在紧张的工作生活压力下寻求心理轻松和平衡的精神需求。谐趣表达广告的美学价值在于它给观众带来了轻松愉快的心理情绪，这种情绪是一种生动而积极的美感效应。谐趣表达方式是电视广告较为常用的方式。

谐趣表达广告应与观众的文化背景相贴近，不可偏离主题，要有美感、内涵，追求出其不意而不媚俗的效果。百威啤酒的众多广告中都用了蚂蚁做广告的主角，基本都属于谐趣的广告方式。其中，"情侣篇"是其中较为出色的一则广告。一对坐在充气沙发上喝百威啤酒的男女含情脉脉，互诉情怀。调皮的蚂蚁在充气沙发上刺了个洞。沙发漏气，情意浓浓的男女没有注意到，且借助沙发的推动越靠越近，把啤酒放在了一边。蚂蚁趁机把啤酒偷走。等激情男女回过神来时，啤酒不见了。

⑨ 荒诞刺激表达方式。工业革命以后，人类生产力陡然扩大，人类所创造的客观世界五光十色、千姿百态，对人们形成了无穷无尽的刺激。到了今天，人类的感官对外界刺激早已疲顿。而受众在铺天盖地的广告面前，这种状态更为明显。广告必须增强刺激力度，以引起受众关注，这便产生了专以强刺激为艺术手法引起受众接受广告诉求的荒诞刺激表达方式。荒诞是与人们常见的事物形象完全相悖的一种怪诞状态，刺激是与人们常见的事物形象具有较大差异的极端状态，这两种状态都会使人吃惊、诧异和激动。在西方发达国家，荒诞刺激表达非常多，是感性诉求中十分重要的一种。在我国，随着广告的发展，这种手法的运用也越来越多。这种方式追求的是惊心动魄、时空错位，但是一定不能超过观众的道德伦理和心理承受的阈限，否则就会招致观众的反感。生力清啤运用荒诞的方式做过一系列以"生力清啤，有点野哦！"为主题的广告。在这一系列广告中，都是以清啤动画人物为主角，描写他们在生活的各种场所里表现出的怪诞荒谬行为。例如，在一则广告中，"清啤仔"在马路上突然把大衣解开，似乎在向路人展示他的裸体，把路旁的女子吓得四处逃窜。在另外一则广告中，八月十五，天上圆月当空，"清啤仔"自己脱光裤子，坐在复印机上，用复印机复印自己的屁股当贺卡上的月亮。生力清啤也采用了刺激的方式来做以"这样才是新鲜的"为主题的广告。广告以香港著名影星周星驰为主角，沿用其一贯的"无厘头"形式。在其中一则广告中，周星驰在网上认识了一个叫如梦的网友，当网友深情款款地走来时，周星驰如痴如醉，但是美女突然掀

开脸上的伪装，变成了一个满脸横肉的粗野男子，说如梦是网名，真名叫如花，吓得周星驰目瞪口呆地说："这样才是新鲜的。"

2. 理性诉求方式

理性诉求方式强调消费者对产品或服务实际的、功能性的或实用性的需求，并且强调产品或服务的特征和消费者拥有或使用某一具体品牌的好处或原因。这些信息的内容强调了事实、认识和说服的逻辑性。理性诉求方式倾向于信息化，使用理性诉求方式的广告创意者通常是试图使消费者认知自己的某种需求，而广告产品恰恰就具有能满足这种需求的具体用途和优点。他们的目标是说服目标受众购买这种品牌，其理由是该产品是现有"最好的"或者是该产品能最大限度地满足消费者一个或多个需求。

许多理性动机都能作为广告诉求的基础，包括舒适、方便、经济、健康以及诸如触觉、味觉和嗅觉等感官上的好处。广告中常用的其他理性动机或购买标准还有质量、依赖度、耐久性、效率、功效和使用情况等。

（1）理性诉求方式的特点

① 信息量大。采取了说理的方式来阐述广告的内涵，自然要涉及产品诸多的信息，这样才能说服观众来购买。

② 内容较为枯燥。说理涉及产品的一些翔实的资料。

③ 一般用在高科技产品以及人们购买前需要反复衡量的大件商品的广告中。这些产品，人们付出的金额较大，使用时间较长，因此决策都较为谨慎，需要了解较多的资料之后才会作出决定。理性诉求方式满足了人们这种需要。

④ 往往运用权威或实验来说明这些产品值得信赖。

⑤ 理性诉求方式并不是电视广告的强项，这也是为什么现在房地产广告主要集中在报纸上的一个重要原因。

（2）理性诉求方式的分类

① 哲理性表达方式。有许多广告的寓意饱含着哲学的意味。哲理性表达方式的特点是用一种简明的形象或广告词，将一个深刻的思想哲理或人生道理向受众进行诠释，让受众在接受哲理的过程中认识和感受商品。对哲理的探寻和思考是人的本质力量实现的过程。每征服一个深度，伴随着的是一种愉悦和美感，这是人类积极的心理情绪，运用到广告中会产生奇效。尤其是现代消费者都非常注重追求思想内涵和理性深度，即使鉴赏感性艺术，也非常关注通过感性表达所传递的深层哲理。

使用这种表达方式时要让哲理与所广告的产品紧密地结合起来，形象地加以表达，要有一定的视觉美感。这类形式多用于药品、电子设备、机械仪器、日用品等产品的广告中，在啤酒这种功能性不突出的产品中较为少见。偶有为之，也有些显得非常牵强，如××啤酒的广告词"让爱天长地久，满足您的品味要求"。也有好一点的，如无名啤酒广告，它运用了歌曲的形式来表达："甘泉深埋本无名，吹尽黄沙始到金。"把歌曲所蕴涵的哲理同产品名称所含的意义巧妙地结合起来了。

② 说理性表达方式。说理性表达方式是广告表达中历史较悠久的一种，现代产品科技性很强，功能多样，尤其是消费者对现代产品需求心态的复杂性，使得现代说理广告已远非以往的说理广告。现代说理性广告必须熟谙指称对象的功能特性和技术特点，尤其要把握消费者微妙的需求动机，形式也多种多样，而且一般都要讲求审美效果。对于电视来说，这种方式若发挥得好就能很好地表现出产品的特性。在运用的过程中，一定要根据指称对象和目标消费者来准确定位，表达要有逻辑性，理中能有情，塑造理性美，但又不能过分修饰。

百威啤酒的一些广告就较好地运用了说理性诉求的方式，宣扬其啤酒制作过程的严格和考究。例如，展现总裁到武汉的啤酒厂视察的过程，说明百威啤酒制作的精细，百威在世界各地的啤酒都是源自其百年传承的配方，百年来其良好的传统得到了很好的继承。

燕京啤酒两则关于啤酒制作过程的广告也采取了说理的方式，其中一则谈到了选料的精细；另一则说明了其制作工艺和制作设备的先进。最后的广告词都是："好啤酒，真享受。"

理性诉求方式往往可以使消费者了解到产品的相关信息，从而更加认同和接受品牌。

③ 劝诱提示表达方式。劝诱提示也是一种历史悠久的直接劝说性广告表达方法。劝诱是劝说诱导受众接受广告信息；提示是提醒、示意受众接受广告信息。两者有着明显的共同点，即用商品的功能和优点满足受众的需求或引发受众的动机，促进认知和购买，因此将其归为一类。这类广告通常围绕产品或服务的功能特性进行诉求，它需要受众有一定的理性认知，尽管在表现手段上可能采用感性渲染，但主要还是理性沟通。因此，将其归入理性表达比较适宜。在现代广告中直接劝说和提醒已很难引起受众的注意和兴趣，一般都在创意上下很多工夫。

采用这种方式的广告定位要准确，理由要充分，以感受和体验感染观众，让观众觉得所说理由诚挚可信；语言的运用要点到为止，以免过犹不及。

这类形式的广告在啤酒广告中也比较常见。例如，2002 年世界杯期间，有很多啤酒广告就利用奖品、奖金或观赏世界杯赛事旅程等奖项来诱使观众购买啤酒。另外，啤酒的选料也是诱发观众购买的一个原因，力波全麦芽啤酒的广告在电视画面中展示了金黄的麦子，然后变成了金黄的啤酒，让观众确信这种啤酒的确是全麦做的。

创意的表达方式从诉求的情感来划分，一般通用的划分是感性诉求和理性诉求两大类。每一类下面又分为若干类，各自又有不同的表述方式，这些分类只是粗略的，细分下去，还有更多，是不可能穷尽的，而且随着时代的发展，新的更引人注意的广告表达方式也将出现。在实际运用中，感性诉求和理性诉求两种方式并不是截然分开的，只是一些广告诉诸感性的成分较多，一些诉诸理性的成分较多。在表达形式上，未来的电视广告创意将更多地倾向于将理性诉求通过感性的方式来进行包装，情理结合，使受众更容易、更深刻地接受广告信息和意图。

2.5.3　直接诉求方式和间接诉求方式

鉴于目前中国内地电视广告中真正属于理性诉求的成分还比较欠缺，大量广告仍是停留在直白的告知式或强销类型，距离以劝服、说理为目标进而引导观众作出理性判断和思考的广告方式还有较大的差距，因此，与其把"要想皮肤好，早晚用大宝"、"花一样钱，补五样"和"怕上火，喝王老吉"等这些耳熟能详的广告归类为理性诉求，倒不如将其称为直接诉求方式更为准确。把电视广告诉求方式按照直接诉求和间接诉求两大类来划分则较为贴近广告现实。

直接诉求方式就是在广告中直接陈述事实的形式，它明确陈述商品信息，证明产品或服务的好处，因此又称为情报性广告。直接诉求方式通过人物、形象、图画、文字等电视要素对商品作出明确的介绍，直接陈述、示范、说明商品的特点、性能、质量等信息。拍摄时通常运用传统的广告摄影表现手法，广告产品往往直接出现在画面上，以广告对象的造型、特点等为主题，直接刻画其形态、结构、包装、色彩等外观特征，简洁易懂。其文体格式类似说明文、议论文等。在药品、洗发水、洗衣粉等日用品以及一些高档消费品广告中较为常用。

间接诉求方式就是在广告中引入想象空间的形式，它将观众的品牌使用经验与心理状态结合起来，在广告中对这些使用情景或品牌印象作出描述，因此又称为变换性广告。间接诉求方式较多通过故事、情节、生活片断或以情感气氛等方式向观众间接传递商品信息。拍摄时通常采用寓意表现手法，广告产品可以出现也可以不直接出现在画面上，它超越广告对象的性能、外观造型等特点，而从更广的范围去表现商品，通常以生活场景情节或人物的感情心理为主题，巧妙引出广告主题或衬托品牌形象，使人心领神会。其文体格式类似记叙文，较多运用描写、抒情和比喻、夸张、对比、幽默等手法作出情景式描述，讲求艺术吸引力。在品牌形象广告中常用。

当然，分类的目的是帮助我们更好地认识事物的特点和规律，为广告创意定出思考的方向和创作的参照，而在实际应用中，间接诉求并非不讲产品，而是将产品或品牌的优点以巧妙含蓄的方式带出，缩短与观众的心理距离；直接诉求也并非枯燥无味地说教，也需要融入一些感化沟通的技巧，如果一味强调硬性的灌输，甚至刻意拔高产品性能与效果，只能招致受众的反感，欲求直接反而加大了与消费者的距离感，最终抵消了广告的传播效果。

2.6　电视广告创意与制作的关系

2.6.1　电视广告的制作

电视广告制作就是通过电视手段将广告创意视觉化的过程，是将设定好的构思通过图像和文字转换成视觉化图像信息的过程。其作用是广告制作的成果是人们直接了解到的广告信息，也是企业同消费者沟通的主渠道。广告制作关系到企业的成本费用和经济效益。

电视广告的设计与制作相对于其他广告来说是一个工序复杂的艰巨过程。它涉及自然科学和人文科学两大领域以及电视学和广告学两大系统的知识和机能，前后要经过企划（设计）和制作两大阶段，每个阶段又分为若干步骤。现将美国李奥·贝纳公司及我国国内公司的制作规范简介如下：

1. 美国李奥·贝纳公司体系

第一步：创意概念构思。

第二步：广告公司内部对创意概念进行的检讨。

第三步：向广告主提案。

第四步：挑选制作公司。

第五步：制作估价。

第六步：评估制作公司的议价案。

第七步：拍摄前的准备。

第八步：开拍。

第九步：检视毛片。

第十步：剪辑。

第十一步：粗剪，音影同步配合，音效混合。

第十二步：加视觉效果。

2. 国内体系

我国现阶段电视广告的设计与制作已经从媒体独揽走向由广告公司承揽，分工更细致，并且实行了设计公司与制作公司的分离制度。目前我国的广告制作体系在实质上是同美国一致的，只不过各自的表述在不同侧重点上有详有略而已。

第一步：产品分析。广告公司明了广告主产品的优劣势，发现产品存在的问题以及市场中存在哪些同类的产品。

第二步：市场研究。广告公司明了产品的消费特征及市场上的竞争状况，竞争产品的广告情况、营销策略。这一步为产生创意和制定策略寻找依据。

第三步：行销目标。明了目标消费者、目标市场和销售目标。正确把握行销目标是创意的基础。

第四步：广告策略。确定产品卖点、产品定位、广告定位、广告主题。卖点一定要清晰，定位要准确，要体现出销售力。

第五步：广告创意。写出文案、创意说明，画纲。要成熟、新颖，可召开动脑会议。

第六步：提案。向广告主讲解策略和创意，不遗余力地推销广告人员的发现和创造，让客户诚服。

第七步：拍摄准备。这一般由制作公司来完成，主要包括演员、服装、道具、棚景、外景、广告音乐、歌曲等。

第八步：拍摄。

第九步：后期制作。这包括冲印、转磁、合成、录音、剪接、编辑以及看样、修改。这是充分表现出创意思想的一点，也是对创意思想的一个再创作。

2.6.2 广告制作影响电视广告创意的因素

中国十大策划人之一的叶茂中，在他的《谈创意》一书的开篇中指出了广告与创意的关系：创意与设计从某种意义上讲犹如"纸上谈兵"，影视制作才是真枪实弹。一条好的电视广告创意如果没有考究的制作，那么它最多也就是一部平庸的广告片。也就是说，创意与创作密不可分。

广告作品的产生乃是一个同时探索内容和寻求表现形式的过程。一个成功的广告作品，除了要有明确的广告主题和卓越的广告创意外，还要有能够被广大消费者所认同的视觉语言沟通能力、新颖巧妙的表现方式和具有感染力的画面形象。

广告制作影响电视广告创意的因素主要有：

1. 制作技术与广告创意

从1936年11月2日英国广播公司（BBC）在世界上首先开展电视传播，到现在大屏幕高清晰度彩电的普及，电视本身经历了不断完善的过程。电视广告创意随着电视制作技术的发展而不断完善。在电视广告的初期，电视广告基本上是画面的广播化，播音员通常手拿着稿子在麦克风前念广告词，或是由歌手边弹吉他边说商品的好处，可以说没什么电视创意可言。随着摄像设备的更新和技术的改进、录像带制片公司设计与制作水平的提高，录像带和胶片开始受宠，以制作周期短、成本低和画面层次丰富、影调和谐等优点吸引着广告主和广告公司；紧接着，发达的电脑技术被广泛运用到电视广告中，现在的电视广告创意水平相较以前有了很大的飞越。

科技的发展推动着电视广告创作的发展，同时也给了广告创意人更广阔的创意空间。数字化技术的革新带来了几乎不再受限的视觉表达形式，艺术指导对一系列影像创作的欲望也变得难以在极短的时间内得到满足。结果是，许多广告公司的艺术指导成了创意制作小组的领导角色。文案人员依旧想着创新点子，但点子的呈现方式通常已由艺术指导来掌管。

2. 广告预算与广告创意

电视广告的一个重大特征是它的制作费用很高，创意人员在考虑一个创意的时候，还需要考虑到广告主的广告预算。在实践中，有时往往因为预算的问题，导致一个好的创意最终胎死腹中。制作成本固然重要，但它只是一个影响因素而非绝对因素，我们看到许多低成本的广告制作，其中也不乏上乘之作。

3. 广告制作公司与广告创意

广告创作人员拿到一个创意，在如何表现出创意上要反复同创意人员沟通，充分了解创意的重要表现点。其实就是对创意的一个重新理解，是一个再创作的过程，不要太拘泥于原有的创意。因此一般来说，广告制作公司和广告创意公司是各自独立的两个公司。

本章小结

著名广告大师李奥·贝纳曾说过，伟大的创意或平面广告，总是出其不意地单纯，触动人心而不凿斧痕。创意是广告的灵魂，如果说广告是一门艺术，那它就是一门创意的艺术；如果说广告是一门文化，那它就是一种创意的文化。电视广告创意就是根据目标商品（或服务）、诉求对象、市场特征等诸多因素，同时依靠电视媒介来传播产品的营销理念，来实现其营销目标的广告内容的制作理念与表现。电视广告的创意应符合电视的本质特征，创意应注意动态的独特性。

广告创意不是纯粹的艺术，它是用于行销的手段，其最终的目的是让产品的目标消费者了解并接受广告信息，对产品产生购买的欲望。广告创意是有其规则的。电视广告因为介质的特殊性，因此在创意上有其独特的一面。另外，广告创意也是有其思考方法的。广告创意思维中主要涉及了想象中的比喻、寓意、比附、夸张以及联想等。不同的人对于思考方法有不同的见解，本章着重阐述了脑力激荡法和水平思考法以及电视广告创意的思考方法。

创意的诉求方式是千变万化的。在不同的时代，不同的人文、技术环境中，诉求方式截然不同。同一类产品，同一时代，因为产品所在的地域、产品的定位、产品的生命周期不同，其广告诉求方式也会不同。按诉求心理来分，电视广告创意的诉求方式主要有感性诉求方式和理性诉求方式两种，而这两种诉求方式又分别有多种表现手法。按照现时广告状况，电视广告创意诉求方式可以划分为直接诉求方式和间接诉求方式。

创意与制作密不可分，广告作品的产生乃是一个探索内容和寻求表现形式的过程。再好的电视广告创意，如果没有考究的制作，那么它最多也就是一部平庸的广告片。一个成功的广告作品，除了要有明确的广告主题和卓越的广告创意外，还要有能够被广大消费者所认同的视觉语言沟通能力、新颖巧妙的表现方式和具有感染力的画面形象。

思考与练习

1. 什么是创意？怎样理解电视广告创意？
2. 你认为什么才是好的创意？
3. 一般的创意原则有哪些？你认为还有哪些？
4. 电视广告的创意原则有哪些？
5. 电视广告创意的思考方法有何特别之处？
6. 詹姆斯·韦伯·杨的创意方法是什么？
7. 创意的诉求方式的限制因素大致有哪些？
8. 创意的诉求方式有哪些？
9. 对电视广告诉求方式的运用作出考察。
10. 怎样理解电视广告创意与制作的关系？

3 电视广告创意的表现 ▶

本章要求

◎掌握电视广告创意与表现的关系。

◎掌握电视广告画面的表现方式。

◎掌握电视广告声音的表现方式。

◎掌握电视广告镜头的表现方式。

◎掌握电视广告蒙太奇理论及其表现方式。

电视传媒固有的传播优势赋予电视广告无穷的魅力。要窥探电视广告的魅力所在，必须掌握"语言"这把钥匙，进入画面语言、声音语言及声画蒙太奇的广阔空间，感受电视广告语言的构成、组合、特色及应用规则等。

3.1 电视广告的画面

画面也就是电视广告的视觉性语言部分，它包括画面造型语言、景别和镜头。

3.1.1 画面的造型语言

电视广告的信息，就商业广告来说，从画面表现来看，主要由两部分构成：

1. **核心信息**

核心信息是指体现商品属性、特点、功能及品牌标志的信息，也就是商品信息。核心信息的传播要注意结合商品本身的特性。

2. **背景信息**

背景信息是指广告核心信息以外的所有其他画面信息，如广告演员的表演、人物对话、环境的设置与转换、布景道具、色彩、光影等各类非独特元素，在电视广告中通称为背景信息。背景信息是由核心信息所统率并为其服务的。但同时，背景信息对核心信息的传播起着重要的作用，背景信息的优劣甚至会直接影响到核心信息传达的成败。

在影视语言中，传播背景信息的语言元素主要是演员、环境、色彩、光影、线条等用来表现特定的信息形象的元素，这些元素并非影视语言所独有的，其他的艺术如戏剧、绘画和舞蹈等也会采用。因此，我们称这些语言元素为影视语言的"非独特元素"，在电视广告中，可以用"造型语言"来表述。传播学者黄匡宇把电视语言非语言符号中的造型语言归结为七大类别，涵括了以活动图像为主、静态图像为辅的动静两大类造型语言。结合电视广告的信息传播特性和要求，现将电视广告对造型语言的应用列表（如表3-1所示）如下：

表3-1　电视广告对造型语言的应用

造型语言	语言释义	在电视广告中的应用
形体语言	人的动作、姿势等最基本的语言要素，是人们感知事物、表达信息的手段，有丰富的语言意蕴	主要用于反应式（含夸张手法）情景中，表达惊讶、喜好、默契、不满等情绪
表情语言	人的面部运动和表情细节，如皱眉、笑、怒等，具有真情实感	广告中可充分利用表情细节作为一种传达商品信息的手段。如麦当劳广告中摇篮里的婴儿对窗外"M"标志的变化性表情，信息含义是很丰富的
着饰语言	人的着饰打扮。体现出文化、场景、气质等差异，传播出某种情绪和意图	用于突出广告演员的个性，进而表达由商品带来的品牌特征和气氛。如表达送礼场合的商品广告中的喜庆气氛，就可以通过人物服饰来展示
色彩语言	不同色彩的象征寓意使影视画面有着强烈的现实感，既能表达主观心理，又能描摹客观物理现象，还可以表示文化意义	色彩的色相、冷暖不同可用来表达不同个性的商品，形成品牌的主色调，便于记忆。如麦当劳黄、红的主辅色调，夏日饮料广告外景的碧海蓝天等，都传达出主客观的色彩意义
空间语言	画面中人与人、人与环境（背景）之间的关系表达。如人际交往的接触距离、时空中的主客体关系等	用于传达广告中商品作为人与人关系的桥梁，人与商品的密切关系等，如房地产、家居广告中表达的温馨家庭，日常用品与家庭主妇的关系

造型语言	语言释义	在电视广告中的应用
图表语言	通过表格、图形等对数据、信息进行整合、条理化，便于人们获取相关的内容	主要用于实证性的资料传达中，进而突出商品的意义，作为一种静态画面出现，对引起观众注意亦有帮助。如某钙类保健品就用图表数据显示中国人缺钙的现实，为商品找到现实依据，使广告更具说服力
特技语言	指慢动作、淡入淡出、定帧、淡变、划变、键控、电脑作图、电子动画等技巧	用于对广告画面的某些细节进行时空的压缩或延伸等。如章子怡主演的"南方高科"手机中的飞速画面所传达的人物和手机形象

　　电视广告中的这些非独特语言元素——造型语言，为广告的创意提供了广阔的思维空间。电视广告的信息传播，从本质上说，是通过作用于观众的视听心理，将对广告的无意注意轻换为有意注意，使之产生较为深刻的记忆和理解，进而激发他们的购买欲望和行为。所以，电视广告对造型语言的运用必须注意消费者的接受心理，各类造型语言的表现都要从吸引观众注意、强化记忆和加深说服效果出发，切忌为了追求图像的完美而忽视了广告信息的传播效果。

3.1.2　景别和镜头

　　电视广告的拍摄、制作十分重视景别、拍摄方向、角度等语言元素的运用。电视意义上的画面是构成镜头的基础元素，即一帧画格。它是电视传媒的最大优势所在，也是电视广告作品胜于其他媒体广告的魅力依托。因而，对画面的传播功能的发现和挖掘尤为关键。

1. 景别

　　景别是指画面范围和构图对象在画面中所占比例的大小，由视距或镜头焦距变化而形成。视距就是从不同视点到被摄主体的距离。视距远，景别范围大；视距近，景别范围小。视距不变，镜头焦距短，景别大；视距不变，镜头焦距长，景别小。不同景别的有机组合，能带给观众不同感受，形成画面的外部节奏感。不同的景别运用在电视广告中的表现和要求是不同的（如表 3 - 2 所示）。

表 3-2　景别运用在电视广告中的表现和要求

景别	概念和特点	在电视广告中的应用
远景	从较远的距离观察和拍摄时所形成的景别，又称大全景。用来交代事情发生的地点、环境等	由于不能表现细节，很少用于理性诉求广告，多用于感性诉求广告、企业形象广告以及公益广告中，以渲染气氛，营造气势，或用于隐喻、象征性镜头。如宁波"大红鹰"集团的企业形象广告，主体画面都是远景的蓝天、山谷、海面、飞机雄姿等，"大红鹰"自信、豪迈的理念得到很好的表现。"孔府宴酒"广告中俯拍的万里长城、一只手从空中往下倒酒的远景画面等也是例证
全景	表现人物主体对象全部或事情场景概貌的景别，用于表现被摄主体完整的形态以及所处的部分背景，人物成像为全身镜头	全景在电视广告中展示商品的整体外观特征以及人与商品、周围环境、自然景物的关系，人与人的关系等，是不可或缺的景别。如"百事可乐"运动员篇中对人物的嘴唇上黏着百事可乐空罐的描写，以及很多手机品牌的广告等，都运用了全景来表现商品的特征
中景	包括画面主要被摄对象或主体的主要部分，人物成像在膝部以上，用于表现事件的主要事物和主体的形状特征	常用来表现商品的关键部位，展示商品的使用过程和使用效果，以及人与商品的关系等。在一些气氛型、情节型广告中，宜于表现人与人之间的情感交流和亲密关系，体现商品在人际交往中的重要意义和人文价值。如"非常可乐"少男少女舞蹈篇中，大多数画面都采用了中景去表现少男少女的着装、神采和蓬勃的朝气，商品与青少年的关系表现得恰到好处
近景	人物成像在腰部以上，用于突出人物情绪神态的特征和幅度不大的动作，描写人物情感和事物细节	近景能让人真切地看清商品，易使消费者与商品产生近距离的情感交流，是广告中常用的景别。如在"南方黑芝麻糊"电视广告中，近景镜头就用了七个，传达了男孩跑出门、喝芝麻糊、舔碗，还有妇女盛碗、接待客人、给男孩加勺、抚摸和女孩掩口微笑等画面，传神地表现了"一股浓香、一缕温暖"的广告主题
特写	主要对象或主体的某一局部充满画面，人物成像在胸部以上的景别，有利于刻画人物心理活动，表现强烈的情绪特点，揭示人物内心世界或事物的本质	特写可以把商品、服务的特点、质地、细微处真切地展示出来，具有放大、凸现商品亮点的效果，是电视广告的重要景别。多用于食品、服装、洗发水、美容品等商品广告中，通过画面细节来表现外观、质感、性能等。如牛仔裤的很多品牌都采用大特写来突出商品的品牌、商标等，让人留下深刻印象

　　电视广告画面不但要重视单个的、独立景别语言的使用，还要通过景别的不同组合变化来创造出特定的视觉节奏。景别是控制节奏快慢强弱和观众情绪变化的重要因素。例如，运用中景、近景、特写景别，内容调子上升快，对观众的心理冲击

强，情绪影响就快；而运用全景镜头和长镜头的方式，内容调子上升慢，对观众的心理冲击较弱，情绪影响就慢。画面景别的发展也是形成节奏的重要手段，画面句型运用中相邻镜头景别相差小，可形成渐变式的画面节奏；景别相差大，则构成突变式的画面节奏。如果将全景和特写这两种景别相接，会带来画面节奏十分紧张的感觉。电视广告时间较短，通过景别的组合变化创造波澜起伏的画面节奏，有针对性地引导观众注意相关的信息，显得尤为重要。

2. 镜头

镜头是画面语言的基本构成单位，两个分切画面之间就是一个镜头。单个镜头可以表达某个简单的意思，也可以表达多层的含义。而多个镜头的有机组合，能表达一个完整的意思，形成画面的蒙太奇效果。

电视广告画面对镜头的运用是多样的。既有对画面拍摄方式的追求，又有现代特技摄影的运用，还需重视镜头组接的传播效果。尤其是运动拍摄中运动镜头的运用，在丰富广告视觉效果、传达商品信息方面的作用不可低估。

运动拍摄是电视媒体特有的表现方式。在拍摄过程中，拍摄三坐标（物距、高度、方向）或拍摄角度的改变，形成镜头的外部运动，这种在运动中拍摄的方式叫做"运动拍摄"。运动拍摄的画面镜头就称为"运动镜头"。运动镜头的表现形式也是多种多样的。表3-3分述了各种运动镜头对电视广告画面的创造作用。

表3-3　运动镜头对电视广告画面的创造作用

运动镜头	概念和特点	在电视广告中的运用
推镜头	画面效果表现为同一个对象由远至近或从一个对象到另一个对象的变化，使观众有视线向前移的感觉。可以在一个镜头内了解到整体与局部的关系，主体与背景、环境的关系	多用于情节性、情绪型或生活片断型的广告中，表现人物意识的变化，突出商品的特性或与环境的关系。如"百事可乐"沙滩篇中人物与海景的关系展示、可乐及热闹人群的反应等。还可用于视觉引导型的电视广告中引出品牌的标志
拉镜头	画面产生逐渐远离被摄主体或从一个对象到更多对象的变化，使观众有视点向后移的感觉。逐渐扩展视野范围并可在同一镜头内，渐次了解到局部与整体的关系，造成悬念、对比、联想等效果	用于广告中揭示背景、展示气势、解释缘由、证实相关信息，多用于情节性和生活片断型广告，以及汽车品牌广告等。如在"大众"汽车广告中，汽车从远处环山马路开来，近景展示汽车品牌后，缓慢地向前拉开镜头，表达了汽车的豪迈风格、速度以及开阔的环境所象征的品位
摇镜头	摄影机位置不变，对拍摄对象进行左右或上下的摇动拍摄。逐一展示、逐渐扩展景物，产生巡视环境的视觉效果，行动摇摄还可以突出人物行动的意义和目的	用来逐一展示较大商品的不同部位，引导观众从细部到整体了解产品全貌和品牌特征。在房地产、旅游胜地广告中运用较多，展示其构造、陈设、环境、位置及自然风光等。还可用于情节性广告中表达悬念的引发、高潮和解决等

（续上表）

运动镜头	概念和特点	在电视广告中的运用
移镜头	被摄主体不动或不改变运动方向，摄影机沿水平方向作横向或纵深移动的镜头。能较好地表现空间，展示环境，表达人物的行动，渲染恢弘浩大的场面，营造紧张的节奏等	主要用于汽车、摩托车等产品的电视广告中。于企业形象广告或情感表达型的电视广告中渲染恢弘浩大的场面以及人物的行动。这类镜头的运用往往还突出广告演员（多是明星）的个人风采与商品个性的结合
跟镜头	摄像机跟随运动对象，连续拍摄某运动过程及周围环境，视点不断移动。能突出运动中的主体，交代主体的运动方向、速度、体态及与环境的关系	可以展示运动物体或人在不同场景、位置中的运动状态、运动方向、运动速度和性能、人的行为意图等，让观众全面地把握相关信息。如在一则国外企业形象广告中，经理由办公室出来，走到街上，再到郊外，整个过程不断有企业员工加入，最后到达峭壁旁的擂台上，都是采用跟镜头的拍摄表达方式，画面情节吸引力极强
长镜头	各种拍摄手段综合运用，长时间地连续拍摄，以保持画面的连贯和完整性。时空的完整给人以真实感	由于时间的限制，电视广告较少用长镜头拍摄。但在个别品牌的广告运动期间或较长时间的企业形象广告、专题广告中会采用

此外，电视广告画面还有其他镜头类别的运用，如升降镜头和甩镜头、主观镜头和客观镜头的运用，也可以通过变焦镜头来实现以上镜头的运动。关键是有利于准确有效地传播广告信息，实现广告的诉求目标。

3.2 电视广告的声音

电视是视听合一的媒介。视与听共同构筑起电视节目的大厦，缺少听觉要素的电视语言将是不完善的，其信息传递也是不完整的。在电视广告制作中，掌握运用声音语言的能力和掌握画面语言表达能力同样重要。

在信息传播的过程中，声音语言是表达、交流思想内容的主要手段之一，它同文字语言一样，具有叙述、描写、抒情等基本功能；在电视广告中，声音语言更具备丰富的表现形式和表现要素，活用各种表现要素，能为形象化的广告传播增添更加清晰、准确、真实的信息含量，使观众不但能耳闻目睹，而且感同身受。

随着电视录音技术的迅速发展和人们对声音语言认识的不断深化，在电视广告制作过程中，对声音语言的运用和处理已不单纯局限于各种后期配音的方式，而对前期拍摄现场同期声的收录提出了更高要求，为各种声音元素综合效能的发挥创造了更为广阔的天地。

3.2.1 电视广告声音分类

从声音作为电视广告语言中的一个综合性的概念来看，可以作出如下的分类：

1. 按其使用的功能来划分，有写实声和写意声两类

（1）写实声

写实声是指在拍摄现场、拍摄过程中能直接收录到的真实的声音。这些声音的声源是现实中客观存在的，是由画面中的发声主体直接产生的，如说话的语言、现场音响效果等，在电视广告中，多称为现场声。运用写实声音能增强画面形象的真实感。写实声在电视广告中的出现有四种情况：①同期声：在画面中可见其声源的声音。②前延声：在表现其声源的画面之前出现的声音。③后延声：表现声源的画面已经转换但仍然持续着的声音。④画外声：只出现声音，不出现其声源的画面，如广告的解说词、广告中以消费者角色所作的旁述等。前延声是转换为同期声之前的画外声；后延声则是由同期声转换而来的画外声。

（2）写意声

写意声是指后期制作时配录到画面上的声音，如音乐或某些特殊的效果声。这些伴随画面出现的声音，是通过想象、虚构产生的，观众并不能看到发音主体的声源画面出现，但它与画面所表现的场景、情节、对象又有某种内在的紧密联系，符合内容特征，能为广告增加一定的意境，启发人们产生联想，从而对广告传播的意图心领神会。

2. 按其运用的形式来划分，有平行声和对照声两类

（1）平行声

声音的出现与其相对应的画面同步进行，即在画面上既出现发声主体，又同时听到其发出的声音，这种声画合一、声画共同表现同一观念的声音，称为平行声。

（2）对照声

声音的出现并不单纯重复画面中已经表达清楚的内容，而是声画分离，各自独立发展，形成对列关系。表面看来，这种不同步的声画关系并非客观存在，却保持了一种主观上的内在联系，声画互相对照，表现更深刻的内涵。这种与画面表现不同观念的声音称对照声。运用对照声的方法叫声画对位法。

3. 按其表现的地位作用来划分，有主体声和非主体声两类

（1）主体声

主体声是指用来表现主题思想、传达主要信息内容，并在广告中起主要作用的声音。

（2）非主体声

主体声之外的各种声音即非主体声。

就像我们日常所处的各种声音并存的语言环境一样，电视广告在一定的时间空间范围内所表现的声音也是多种多样的。例如，伴随人物讲话的声音，还存在各种环境声或自然声，这些声音有的是广告所必需的效果声，对表现主体内容起重要的作用，有的却是起干扰作用的噪音。在拍摄和编辑过程中，都必须分清哪些是主体声，哪些是非主体声，遵循录音规律中的主次律、互易律，突出主体声，减弱或排除非主体声。

4. **按其声音语言的总体构成来划分，有抽象声音语言和具象音响语言两类**

关于此部分的内容在后面将具体阐述。

3.2.2　电视广告的抽象声音语言

抽象语言是指电视广告信息传播中明晰地传达广告内容的声音语言，包括画外旁白和现场语言。

1. **画外旁白**

画外旁白是指电视广告用以传达企业、产品或服务等信息，后期编辑附加上去的声音语言。它也称为画外音，能有效地通过暗示引发观众的联想，交代画面不宜表现的场面、内容。在电视广告中，画外旁白还可以在节约有限的声画时空的同时突出主题，以达到延伸画面表现力的效果。

2. **现场语言**

现场语言是指电视广告图像里的人物对话语言和独白，主要是广告模特、演员或专家等对企业、产品或服务信息的阐述。

（1）对话语言

对话语言是指两人或两人以上的广告演员在广告场景（家庭、厂房、实验室、商场、户外等）中的双向沟通，通过恰到好处的对话语言来阐述产品的特性、用途和体验等。这种对话语言形式能形成一种平等的、和谐的交流效果，易于为消费者接受，说服效果好。通常用于情节性、故事型、证明式的电视广告表现。

（2）独白

独白是指广告片中人物独自表述或倾诉自己内心活动的人声语言，也就是人物在画面中对内心活动的自我表述形态。电视广告把握好独白的心理契机和情绪脉络，对表现广告主题意义重大。

3. **画外旁白与现场语言的共同作用**

画外旁白与现场语言一起，构成了电视广告的解说内容，是电视广告信息传达的主体语言元素之一。电视广告解说因其明晰的叙述性和抽象表达功能而成为广告的抽象语言符号。电视传媒的线性传达、稍纵即逝的传播特性使得电视观众在信息接受中必须处于有意注意的收看状态才能较好地接受信息。而事实上，一方面，观众在很大程度上是处于一种等待（收看节目的到来）的散漫状态，对电视广告有较强的抵触心理；另一方面，电视的家庭群体收看方式更加强化了观众对电视广告的无意注意程度。面对这些情形，电视广告语言务必在转化观众的无意注意为有意注意上下足工夫，变观众的被动接受为对信息的主动索取。这里，电视抽象的解说语言的作用尤其突出。

电视广告的解说内容，即电视广告的广告词，其突出的功能在于通过抽象的听觉元素（画外解说和现场语言）与视觉元素（字幕广告词）的联袂，配合画面图像及其他视听手段，充分体现广告创意，塑造广告形象，揭示广告主题，使广告信息得到更全面、更清晰、更完善、更鲜明的表达。尤其是那些精辟、独到、新颖的广告语，在吸引观众注意、强化观众记忆和引起观众共鸣以唤起购买欲望等方面发挥了重要的作用。

比如，"车到山前必有路，有路必有丰田车"、"风度，来自万宝路的世界"、"金利来——男人的世界"、"飞利浦，让我们做得更好"、"蒙古王酒，来自大草原的问候"、"雀巢咖啡，味道好极了"等，这些广告语几乎家喻户晓，妇孺皆知，给人的印象深刻，起到了很好的传播效果。

电视广告解说主要是针对图像内容的抽象语言说明，但这种语言说明不应仅仅是对电视画面的简单"看图说话"，而应该是对画面内容画龙点睛式的重点强调和意蕴深化。如运动服的电视广告，当画面中出现滑雪、跑步、打球的镜头时，解说就不能只是单调地解说运动的状态，而是要解说其实质——"健康、动感、活力"等。

也就是说，电视广告的抽象语言必须能表达超越画面内容的更为丰富的信息，凸现抽象语言的超越时空的叙述魅力。例如，利用名人形象的电视广告在传达品牌的信息时，既要将名人的现场语言表述与品牌的相关图像结合，又要运用画外旁白解释视觉变化无法表现的内容（如消费者使用某种品牌的保健品之后的状态变化等），还可以描绘具象化的无形的意蕴（如驾驶某品牌轿车的高雅"情趣"和身份象征等）；独白性的语言还可以表达广告演员或拟人物体的内心思想和梦幻等（如情感诉求型之情侣表达类电视广告，常通过独白表达情侣之间的内心活动）。

此外，电视广告抽象语言在保证信息传播的连贯性以及观众收看广告的持续性方面亦发挥了声音的桥梁作用。声音具有弥漫性，在一定的空间内广泛渗透，即使观众的视线暂时离开电视屏幕或者在室内忙于其他的事情，也能一直保持着一种"伴随视听状态"，使电视广告信息传播不至于中断。

由此可见，抽象语言在电视广告中的作用是无可替代的。但作为传播信息的主体语言要素之一，它在电视广告传播中不能独立地承担起信息传达的作用，也就是说，电视广告解说不能挤掉图像的视觉表现，单纯靠抽象话语来叙述信息。电视广告中声音与画面是各自独立又彼此对位、联袂相融的语言符号。

3.2.3 电视广告具象音响语言

具象音响语言是指随画面的拍摄同期采录或者后期配加上去的对广告信息不作直接说明的声音。它相对于抽象语言而提出，包括音效和音乐两方面。

1. 音效

音效是电视广告中由人和物的相关动作所产生的音响效果，它既可以是随画面的拍摄同时采录的，也可以是后期制作时为了渲染气氛、营造情绪而附加上去的。

音效是影视语言的重要构成元素。它包括各种自然音响，如风雨声、雷鸣声、流水声、动物鸣叫声、蹄走声等；还包括各种非自然声，如厂房、车站、码头、街市的嘈杂声等。在电视广告中，音效的作用主要体现在：

①渲染气氛，点染画面，使广告信息更具真情实感，直接打动消费者的心。如万宝路香烟电视广告中骏马奔腾、嘶叫的场面，强烈地撼动着观众的心灵，将万宝路香烟隐喻的男子汉豪迈气概表现得淋漓尽致。

②背景音响的连续性可以形成新的时间联系，使跳跃性极大的广告画面语言更为舒展流畅，特别是在一些画面分切频繁、节奏变幻叠加的电视广告中，现场音响的链接作用尤为明显。

③通过音响可以揭示广告中人物的内心世界，创造出各种心理效果；音响还可以用来表现隐喻、象征性含义，尤其是广告中的幽默、讽刺等艺术效果，体现广告创作者的主观意念。

以下一则百事可乐"新一代的选择"沙滩篇电视广告，就充分利用了现场音效，具有极强的语言渗透力。

画面：夏日的海滨沙滩，烈日炎炎，游人如织

沙滩上出现了一辆百事可乐售货车

车内小伙子打开扩音设备

音响：扩音喇叭声

画面：小伙子拿起百事可乐，开启瓶盖

夸张音响：瓶盖开启声、落地声、可乐泡沫四溅声

画面：小伙子将可乐倒入杯中

夸张音响：饮料入杯声

画面：游人寻找声音来源

小伙子大口喝可乐

夸张音响："咕嘟"、"咕嘟"喝饮料声

画面：一位女游客抿抿干燥的嘴唇，张望

小伙子发出舒坦、满足的感叹

音响："哈——"

画面：游人潮水般涌向售货车

小伙子打开车门说："OK，Who's the first?"

字幕：A Choice of New Generation

从制作的角度看，音效可以分为同期声、效果声和模拟动效声三类。

（1）同期声

同期声是指与广告图像的画内空间和画外空间同步发生、协调一致的现场音响。如电视广告中强调的人或动物行走的脚步声，就是一种声画同步的音效。在大红鹰集团的"大红鹰——胜利之鹰"的形象广告中，三架喷气式飞机在高空、海面、山谷之间畅快翱翔的豪迈气派，因飞机飞行的同期声效果而得到彰显。具有转场效果的具象音响在拓展画外信息空间方面的渲染效果也是十分明显的。

（2）效果声

同期声的声画之间一定是同步的，而效果声不一定是声音与画面动作精确的对位。比如，在一个由女模特主演的减肥药电视广告中，要表现减肥后身段性感苗条的模特走过街市时受到男性注目的形象，则必须通过现场音响来表达街市背景（各种声音混杂在一起）。有两种方法可以制作出现场效果声：一是直接在街市现场采录，保持声效的原真效果；二是将各种声音分别采录后再加以适当的合成，这种制作的效果较清晰，但费用较高且复杂。现在一般采用后者制作广告效果声，以保证声音效果。

（3）模拟动效声

模拟动效声是指用各种人工方法模仿出的声音效果。如电视广告中的风雨雷电、敲击乐器等声效。这种模拟动效声往往带有凸现、夸张某种现象的传播意图。如一则西方快食面电视广告，为了突出该快食面辛辣的特色，广告画面表现了一只电脑仿制的蚊子，在吸了正在食用该品牌快食面的彪形大汉的血后，还没飞出多远就全身爆炸的夸张结局。广告在强调该品牌的辛辣而导致蚊子爆炸的效果时，就采用了模仿的爆炸声，幽默夸张的效果通过这一模拟动效声极其形象地表达了出来。

2. 音乐

音乐也是影视语言非常独特的语言元素。在电视广告中，音乐主要有背景音乐和广告歌曲两种。综观当前的电视广告音乐，其制作可以从原有的音乐库中挑选、截取、合成，如部分手机电视广告中的背景音乐；也可以针对广告主题的表达特别制作，尤其是广告歌曲的运用；还可以根据原有的歌曲去改编广告歌曲，如孔府家酒"回家篇"电视广告歌曲"千万里，千万里，我一定要回到我的家"，就是模仿电视连续剧《北京人在纽约》的主题曲旋律，引出"孔府家酒，让我想家"的广告主题的。

音乐是"心灵的直接现实"，具有视觉画面展示的客观现实所不具备的传播优势。音乐的作用在于，它能通过音调与旋律创造出"情感的形象"，直接打动人心，直接唤起观众思想、感情和心理情绪上的反应和共鸣。

著名的电影作曲家赫尔曼说："音乐实际上为观众提供了一系列无意识的支持。它不总是显露的，而且你也不必知道它，但是它起了作用。"这同样适用于电视广告中的音乐。一方面，背景音乐的意义并不在于本身，而在于它配合画面所营造渲染的特定气氛，能实现广告的诉求目的和信息传播效果。可以说，好的电视广告音乐,观众是难以觉察到它的存在的,从而让主体广告信息得以"透过喧嚣",到达消费者。另一方面,电视广告可以利用广告歌曲的高记忆度来增强观众对广告信息的印象。在这里,音乐就是一个记忆的符号,当广告中出现一个特定的音乐符号时,就能唤起消费者把广告歌与广告的产品、企业或服务的品牌联系起来。很多品牌的知名度和美誉度就是通过广告歌曲实现的。

(1)音乐在电视广告中的作用

具体来说,音乐在电视广告传播中的作用主要体现在:

① 增强电视广告的传播力度。音乐本身的娱乐性、易受性和便于传唱记忆性,使得电视广告的信息更易于传播开来,即使脱离画面也便于记忆,特别是在家庭邻里之间的传唱,使广告的传播效果得以延伸。这在饮料食品、通信产品和农药等广告中用得较多,如娃哈哈 AD 钙奶电视广告、"来福灵"农药广告中的广告歌曲,就流传甚广。

② 突出广告文案要点或者画面,进而突出广告信息的亮点。一般来说,这种与广告信息结合很紧的广告音乐都采用特别制作的原创音乐。比如,一种能量食品的广告音乐在向消费者许诺它会使人"步履轻盈、行动敏捷、动作爽利"时,便会采用轻盈、活泼和跳跃的音乐,并且音乐的节奏与广告演员的动作合拍,以此来突出广告的卖点。

③ 渲染电视广告气氛,协调广告创作结构。从电视广告的创作上看,音乐既可以用来烘托气氛、渲染情绪,形成特定的电视广告的节奏,又能在电视广告的内容和形式要素上起到"黏合剂"的过渡作用,使整个电视广告的结构具有起承转合的整体效果。

电视广告音乐的功能是多样化的、综合的,很难说哪种作用占主导性地位。重要的是结合广告所要表达的品牌本身的特点进行制作,有目的地突出其中最有利于强化传播效果的音乐手段。另外还要注意的一点就是,电视广告切忌使用其他商品广告已经使用过的或相近的背景音乐和广告歌曲,这样做的后果很可能是不仅替竞争对手做了广告,有时还可能牵涉到侵权的问题。电视广告音乐的独特性和排他性是广告竞争的制胜法宝。

(2)电视广告中的音乐分类

为了便于研究和创作电视广告音乐,特从以下两个方面进行分类:

① 按照音乐在电视广告片中的使用情况,可分为片头音乐和片尾音乐。片头音乐是指在电视广告片开始时段起铺垫作用的音乐,意在引起观众收看广告的有意注意,引导其进入广告的情节中。它还能揭示广告的主题,调整和激发观众的情绪以及渲染特定气氛等。片尾音乐是指用于电视广告片尾的音乐片断。其功能在于对电视广告的主题和基本情节进行总括性的"描述",并通过音乐的节奏韵律强化观众对品牌信息的联想和记忆。

② 从音乐的表现作用来分,有描绘性音乐、抒情性音乐、气氛性音乐、喜剧性

音乐。描绘性音乐是指用来对镜头画面中的事物和场景以及具体的、独特的音响进行描绘的音乐手段。描绘性音乐意在为广告画面提供一种声音的造型，使静态的画面带有动态画面的特性，更具真实感。譬如，对风雨、流水、鸟鸣等加以描绘，既可以从听觉上强化画面的节奏感，又能造成观众心理的紧张程度。"非常可乐"和"可口可乐"广告就利用狂歌劲舞的热烈场景，从听觉上加快画面的节奏，还能造成一种心理时间与实际时间的距离错觉；"月桂冠酒"电视广告是通过"花"、"鸟"、"风"、"月"的画面和音乐来表现浪漫人生的主题。

抒情性音乐指电视广告中抒发人物内在感情的音乐，在故事情节型和生活片断型的电视广告中大量使用。抒情性音乐能表现人物特定的而又难以用语言表达的感情和心理活动，还能直接推动广告剧情的发展，并造成一种真情实感。

气氛性音乐是指用来为电视广告片的局部或整体创造出的某种特定的气氛或基调的音乐。这是一种带有情绪感染力的音乐，重在为画面创造一种具有视觉魅力的气氛。

喜剧性音乐是指喜剧型题材电视广告片的音乐，与喜剧性的图像、人物表演相结合，构成诙谐幽默、引人发笑的喜剧色彩。通常要使用特殊的乐器或特殊演奏技巧来制作。

另外，标版音乐是一种比较独特的音乐形式。其长度约为 5 秒，是符号化的音乐样式，与广告的信息内容联系在一起，传播效果依赖于制作水平。

3.3　电视广告的文字

电视广告中叠印在相关画面上的屏幕文字被称为电视广告的文字语言。

电视广告的文字语言特性源于电视传媒对屏幕文字的运用。早期的电视字幕是仿效电影字幕发展而成的，但发展较慢。20 世纪 80 年代中期，我国电视传媒开始重视电视字幕的使用，尤其是在电视新闻领域。自 1984 年中央电视台首先在"新闻联播"节目里打出标题字幕开始，我国电视传媒对字幕的应用越来越广泛。伴随着电视事业的飞速发展，以及电脑字幕机和电视特技制作技术的完善，文字语言得以在电视屏幕上大显身手，强化、延伸了电视的表达能力和传播效果，丰富了电视语言。现在，字幕已成为一种新的电视表达形式——字幕语言。电视广告文字语言主要包括屏幕文字和广告口号两部分。其中屏幕文字又分为视听一体（既出字幕又出声）与无声字幕。广告口号一般是视听一体的精辟简练的广告语的组成部分。由于其在电视广告信息传播中作用独特，故单列出来作为一种重要的文字语言来阐述。

3.3.1　屏幕文字

1. 电视广告对屏幕文字的运用是广泛、丰富的

与电视新闻等其他节目对屏幕文字的运用相比，电视广告字幕具有更大的灵活性和自由发挥的空间。主要有以下几种类型：

（1）注释性字幕

主要用于注解现场演员人物的独白、对话，以及某些创意内容的提示和难以理解的符号的解释等方面，是一种配合图像的从属性字幕。

（2）内容性字幕

主要用于传播企业、产品或劳务信息或理念，并起到一种强化、凸显信息的作用。内容性字幕揭示的多是图像所难以表达的而又需要给观众留下深刻印象的信息，因而字幕的位置要明显，可以根据广告内容表达的需要适当地对画面形成"夺"的状态（在特定的画面中字幕的视觉冲击力最强），但要注意紧密配合广告主题的表达，并做到言简意赅、具有喻示性。

值得一提的是，在电视广告中，为了增强动态表现和艺术渲染、突出广告口号和创意表达的效果，字幕往往在背景画面上以翻滚、隐现、飞动、多维畸变、闪烁、旋转等方式出现。这种效果一般是通过电脑字幕机等特技设备来达成的。采用这种表现形式的字幕称为特技字幕，其使用以突出主题和服从于内容的有效表达为原则。

2. 电视广告屏幕文字的功能主要表现在增加广告信息量、强调产品（或服务）品牌以加深观众印象、参与画面构图以强化创意主题等方面

（1）增加广告信息量

由于电视广告一般为 15 秒或 30 秒的长度，广告片长的"短"决定了广告画面跳跃性的"大"。这样，画面在传达广告信息方面就受到了较大限制，增加了观众理解广告信息的难度。内容性的屏幕文字恰好可以弥补画面信息量的缺失。尤其是在理性诉求式的电视广告中，产品性能、品牌理念、广告口号等很大部分由屏幕文字完成。

（2）强调产品（或服务）品牌以加深观众印象

传播学对人的信息接受能力的研究成果表明："阅读文字能记住 10%，收听语言能记住 20%，观看画图能记住 30%，边听边看能记住 50%。"因此，广告屏幕文字的视听结合，两个通道各自汲取信息、互不干扰、且又加强记忆深度的原理是不言而喻的。当相关广告图像、广告语言解说和屏幕文字三种符号表达同一内容时，就形成"视、听、读"三位一体的同向立体感知通道，同时对大脑相关神经中枢进行信息的冲击，形成明显加深的"记忆痕迹"。

以下一个反面例子可以说明屏幕文字对强调品牌的重要性。一则由冯巩和葛优出演的"双汇"火腿肠电视广告，在播出三个月之后，一家公司的调查数据显示：73% 的观众认为是"春都"火腿肠广告；11% 的人说不知道品牌，反正是火腿肠的广告；只有16%的人说是"双汇"火腿肠。而产生这样的传播结果正是因为该电视广告没有利用各种手段（电视传媒的丰富语言元素，如屏幕文字等）对"双汇"品牌进行强调，导致了当前明星模特做广告的共有弊病：明星模特的形象得到最大的传播效果，而品牌的传播效果被冲淡的"广告形象"转移。这是电视广告制作必须高度重视的问题。

当前电视广告的一个积极趋势是屏幕文字的运用普遍受到重视，尤其是在品牌形象的定格式强调中。一般是在广告播出的最后几秒，通过品牌标志、名称与广告口号的视听结合展示来实现。比如香港凤凰卫视播放的节目赞助广告或特约广告（纳爱斯、三菱重工、大红鹰、七匹狼等），因时段较短，往往只是品牌、口号的视听展现，言简意赅，但给人留下深刻的印象，传播效果理想。

（3）参与画面构图以强化创意主题

当屏幕文字单独出现在电视屏幕上时，往往被赋予多维的特征，如三维的立体效果，同时加上光影的"涂抹"效果，形成了富有视觉审美愉悦的"字幕画面"；而屏幕文字与品牌的标志图形或者商品形象包装等糅合出现时，"字幕画面"的特性就更为明显了。语言文字就这样参与到电视画面的构图中。这种构图的参与，一方面为广告创意带来了更为广阔的空间；另一方面又可以强化广告的创意主题，增强广告信息的传播效果。

但要注意的是，对屏幕文字这一重要的电视广告视觉语言元素的运用，务必作精心的策划设计，遵循视觉流程规则，切忌天马行空式的盲目发挥，字体字形的度量、字数的斟定、色彩的选择、视觉位置的分布、切进的时机、文字停留的时间长度、文字与图像的协调构成等，都要结合特定的广告信息内容进行，以达到信息传播效果的最大化。

3.3.2 广告口号

广告口号指的是广告画面中（往往是最后一帧静态画面）打出的企业或产品的品牌名称、理念和观念等文字性内容。广告口号具有以下特点：

1. 简明扼要，文字简练

在广告口号的静态画面中，因画幅的限制以及视觉突出的需求，广告口号往往是十分精练的短句：或是企业的名称，或是倡导的消费观念，或是企业理念等。如"三菱重工"、"河南驻马店"、"哈药六厂"、"白沙集团"、"春兰创造生活"等广告口号。

2. 与标志图案一起构成画面，突出视觉强势

广告口号的出现一般配企业的标志、品牌标志等图案和符号，中间用横线隔开，标志与口号分上下层，起到构造画面、强化视觉效果的作用。

3. 听读一体，加深记忆深度

观众接受广告口号时处于且听且读的放松状态，同时受到视听双通道的信息冲击,记忆效果历久弥新。

广告口号是电视广告文字语言的重要组成部分,它可以很好地体现广告创意的精髓,凸现品牌的主要信息,还能补充画面信息的不足,在广告的最后瞬间以简练的文字语言定格品牌形象,收到"一锤定音"式的传播效果。广告口号通常与企业文化、品牌理念、倡导的消费观念等联系在一起,在企业品牌的形象广告中运用得最多。很多品牌都因为设计得当的广告口号而家喻户晓,赢得很高的美誉度和知名度。电视传媒的视听双通道特征强化了广告口号在这方面的传播效果。以下是部分具有创意的优秀电视广告口号:

- 真情付出,心灵交汇——浙江纳爱斯
- 大红鹰,胜利之鹰/胜利是一种信念——大红鹰集团
- 创造彩色读图时代,南方高科手机
- 科健——科技改变生活
- 百事可乐——新一代的选择
- 荷花蚊帐,幸福吉祥
- 飞利浦——让我们做得更好!
- P&G,优质产品,美化你的生活
- 还您资讯自主权——凤凰卫视资讯台
- 放心空调选志高——志高空调
- 双喜双喜,人人欢喜!
- 包罗万象,放眼天下。传承文明,开拓创新——中国中央电视台
- 生活原来可以更美的——美的电器
- 你的健康是天大的事——天大药业

虽然不乏成功之作,但是当前仍须注意的一个不良趋势是:电视广告口号的模糊化(亦可以说是品牌定位的失准),难以给人留下深刻的印象。这在企业或品牌的形象广告中体现得最为明显。现在的企业电视形象广告往往是恢弘浩大的画面组合,强调视觉冲击效果,也就减少了抽象语言尤其是屏幕文字的运用,其广告口号也只是高谈阔论式的宏观描述,既难以让人理解企业的理念定位,也无法在消费者心目中留下深刻记忆,这是广告制作所必须避免的。如"未来——我们共同创造"、"亮晶晶的×××,想要就给你"之类的广告口号,就很难准确地传达产品及其品牌信息。

3.4 电视广告蒙太奇

蒙太奇是影视艺术产品的主要叙述和表现手段之一。无论是电影、电视专业的学者,还是从事实际创作的影视制作者,都不能忽略蒙太奇这种电影观念和剪辑技

巧。我们今天看到的电视广告，基本上都运用了蒙太奇的表现手法，或者是在蒙太奇的基础上对其加以解构和重新阐释。

在这一章里，我们将为大家详细介绍蒙太奇理论的产生、发展和分类。通过与长镜头理论的比较，并结合具体的电影、电视广告中蒙太奇手法的巧妙运用情况，揭开蒙太奇神秘的面纱，让大家充分领略蒙太奇在影视作品（包括广告作品）中表现出的神奇效果。

英国学者钱伯斯说："我们每天穿梭在广告和报纸、摄影和杂志、电影和电视的视觉世界中。这个视觉帝国因其影响和塑造我们生活的力量而受到了批判。——各种形象是我们日常生活的一部分，我们不断地从电影、时装、杂志广告和电视中选择形象；它们代表了现实，并成为现实，成为经验符号和自我符号。"

电视与电影虽然是两种不同的艺术，但都是通过银幕和屏幕（广义的）来表现的艺术，两者之间便产生了既对立又统一的关系，它们拥有许多相似性，拥有一致的艺术表现手法。它们是同一个范畴的姊妹艺术——时空综合艺术，同时又是视觉、听觉的艺术，即声画结合的艺术。两者都是形声兼备的时空复合体，把时间艺术的表现特性和空间艺术的造型特性融为一体，其中蒙太奇和长镜头等电影理论更是电视创作的基础。我们要讨论电视广告，就不能脱离蒙太奇和长镜头等电影电视的表现手法。

电影经历了百年路程，如今，已经成了我们日常生活中的一部分。它自如地以自己特有的艺术语言来表现繁复的社会生活和复杂精微的人类的精神世界，是一种繁复而范围广阔的社会文化现象，与我们时下的生存密切相关。它能够塑造人的心灵，改变人的一生，甚至让生活去模仿它。出现于电影中的某些发型、装束、生活方式可以风靡世界，引导潮流。英国作家王尔德曾经说过，"不是艺术模仿生活，而是生活模仿艺术"，这一令人费解的假设无疑在电影艺术这里得到了实现。

电视与电影都是时空综合艺术，两者都把时间艺术的表现特性和空间艺术的造型特性融为一体，构成形声兼备的时空复合体。两者有着相似性：屏幕与银幕上出现的都是连续不断地运动着的画面；都是根据蒙太奇理论（包括长镜头理论）来摄录镜头画面，其使用的表现手段和表现手法是相同的；摄录的画面（镜头、段落等）都要经过组接加工；都是通过在镜头画面中出现的各种人物以及对话（包括旁白、画外音等）、动作、场景、音乐音响等手段来表现其情节内容的；都是让声画从时间和空间两个方面来反映现实世界；从创作过程、工艺流程、放映播出、艺术欣赏等过程来看，都要经过编剧（或撰稿）、导演、摄影（录像）、美工、演员或主持人（播音员）、音乐音响、灯光、道具、服装、组接合成等环节，以及各有关人员的通力合作才能取得成功。[1]

---

① 陈志昂. 电视艺术通论. 北京：知识出版社，1991. 141

3.4.1 蒙太奇的概念

1. 关于蒙太奇

蒙太奇，montage，来自法语的 monter，是法语建筑学上的一个术语，原意是装配、构成、组装。[①] 在苏俄导演和理论家的词汇中，它被强调为能动性剪辑并以此控制电影结构、内涵和效应。按照电影史学家的说法，弗拉基米尔·戈尔丁（Vladimir Gardin）是第一个使用"蒙太奇"概念的苏俄电影理论家，1919 年 2 月 10 日他在莫斯科电影委员会的重剪部发表演讲，声称"蒙太奇"是电影艺术的一个基本要素。[②]

电影发展至今，人们对"蒙太奇"这个词已经不陌生了，"蒙太奇"的直接含义是将一部影片的各种镜头按照某种顺序、某种结构或某种需要连接组织起来，即"剪辑"。在电影创作中，蒙太奇手法体现在两个阶段：首先，是在拍摄的过程中，根据主题的需要、情节的发展、观众注意力和关心的程度，将全片所要表现的内容分解为不同的段落、场面、镜头，分别进行处理和拍摄；其次，在后期处理中，再根据原定的创作构思，运用艺术技巧、剪辑手法，将这些镜头、场面、段落，合乎逻辑地、富于节奏地重新组合，使之通过形象间相辅相成和相反相成的关系，相互作用，产生连贯、对比、呼应、联想、悬念等效果，构成一个有机的艺术整体——一部完整地反映生活、表达思想、条理贯通的影片。这种构成一部完整影片的独特的表现方法称为"蒙太奇"。蒙太奇是电影所有的艺术手段中最富于个性的一种。它是一种处理电影时间、空间、运动和声音，即将非连续性的时间、空间、动作和声音组织成一个连续的、完整的运动整体的中心技巧，是电影构成形式和构成方法的总称。蒙太奇是电影最基本的语言基础。下面我们简单介绍一下蒙太奇是如何从电影的发展过程中产生和慢慢发展起来的。

2. 蒙太奇的产生

电影发展的初期，在经过卢米埃尔、梅里爱、格里菲斯等人的努力研究之后，毫无视听语言经验的人类终于在一片混沌之中冲开了一条通向"剪辑"的道路。格里菲斯作为集大成者，建立了一整套完整的、系统的而且是精确的电影语言的叙事体系，即通过镜头以及镜头之间的连接来表述一个情节。从此，电影最基本的特性——镜头（活动的画面）以及剪辑（镜头之间的连接），也就是我们所说的电影本体，终于确立并为人们所认识。凭借艺术家的直觉和经验来运用蒙太奇的格里菲斯，并没有总结出版理论著作，蒙太奇理论的建树历史地落在库里肖夫、普多夫金和爱森斯坦（后两者是最主要的蒙太奇理论创立者）等人的肩上。如果说，格里菲斯在蒙太奇的叙事技巧上作出了无与伦比的贡献（其代表作《党同伐异》创造了平

---

① 张凤铸. 电视声画艺术. 北京：北京广播学院出版社，1997. 395
② 游飞，蔡卫. 世界电影理论思潮. 北京：中国广播电视出版社，2002. 51

行蒙太奇和交替蒙太奇，在电影史上开辟了一个新的蒙太奇电影时代，但是并没有提出完整的蒙太奇理论）的话，那么，苏联蒙太奇学派，尤其是爱森斯坦和普多夫金，则把蒙太奇作为一种形象化的辩证思维方式加以研究，把蒙太奇上升为一种美学、一种理论。[①] 于是，蒙太奇经历了原始蒙太奇、早期蒙太奇、杂耍蒙太奇、声画蒙太奇、色彩蒙太奇、光影蒙太奇和镜头内部蒙太奇等阶段而愈加丰富、全面和完善。随着影视艺术家、理论家不断深化的认识和理论建设以及艺术实践，蒙太奇这一表现手法更富艺术生命力、表现力和感染力，作为影视的特殊语言必将长留人间，永放光辉。

3. 蒙太奇原理

首批认真探索了蒙太奇奥妙的是苏联著名老导演库里肖夫和他的学生爱森斯坦、普多夫金。库里肖夫曾做过这样的蒙太奇实验：从旧片中选出著名演员莫兹尤辛的一个毫无表情的脸部大特写，在它前面分别接上三个不同的镜头——一盆汤、一口棺材、一个玩耍的小女孩，由此引申和迸发出"饥饿"、"悲痛"、"慈爱"三种不同的含义。这一个实验被誉为"库里肖夫效应"。[②] 普多夫金也做过类似的蒙太奇实验。蒙太奇理论就是这样一步一步地被完善和扩充的。

而今，蒙太奇已形成了一套系统原理，即蒙太奇原理。它的原理有充分的视听审美根据、生理根据和心理根据。摄像机、录像机代表人们的眼睛，镜头体现人们观察事物和探究各种现象联系的习惯和方式，既可以极目远眺、宏观扫描，也可以临近细察、微观审视。镜头像眼睛灵活自如，可以上下前后左右、正反侧斜俯仰，又可以连续看、挑着看，完整与分割，静止与流动，顺叙与跳跃，模仿与选择，再现与表现，清晰与模糊……因时、因地、因人、因情、因景制宜，依具体的媒介因素而形成影视审美、观照行动。[③]

4. 蒙太奇的本质

蒙太奇的本质是结构问题。爱森斯坦在谈到电影的"结构问题"时的基本观点就是蒙太奇结构理论的重要依据。爱森斯坦在担任苏联国立电影大学教授期间，讲述"结构问题"时提出，"'结构'这个术语的直接意义首先就是指'对比'和'接合'"。

重复、写冲突和通过发掘事物发展的内在规律（主题思想）来结构作品，这都是爱森斯坦认为可以使作品具有结构上的某种稳定性和完整性的一系列方法。重复可以是内容、画面形式、构图或音响等元素的重复，用以场面调度。正义与非正义、革命与反革命、进步与落后等矛盾冲突都是结构故事的常用方式。而通过事物发展的内在规律来决定作品的结构规律则自然而有效。爱森斯坦认为分镜头剧本的重要任务是："……构成这样一个结构骨架，使它成为情节发展、各个场面相连接以及

---

① 张专. 西方电影艺术史略. 北京：中国广播电视出版社，1998. 75
② 张凤铸. 电视声画艺术. 北京：北京广播学院出版社，1997. 358～359
③ 张专. 西方电影艺术史略. 北京：中国广播电视出版社，1998. 75

场面中的各个部分相配合的依据。"分镜头是影视作品结构的开始，镜头是影视作品的基本单位，只有镜头之间的有机组合，也就是我们所谈到的合理运用所有组合规则，才能在拍摄完成后实施结构的任务。[①]

5. 蒙太奇的特点和作用

蒙太奇作为电影美学中最重要的概念，历来是电影大师们谈论最多的课题。在电影发展的不同阶段，人们对它从不同的角度进行了解释，真可谓众说纷纭，莫衷一是，乃至今天，业已成了影视制作重要技巧的蒙太奇仍然被看作一桩"难断的公案"。

（1）蒙太奇的独特性

蒙太奇的独特性主要体现为对艺术的创造性。如上所述，蒙太奇是电影所有的艺术手段中最富于个性的一种。它将非连续性的时间、空间、动作和声音组织成一个连续的、完整的运动整体，也就是说，将一部影片所要表现的内容，分成许多不同空间、不同视点的镜头拍摄以后，再按照原定创作构思，把这些镜头用一定的方法有机地组织起来，使之产生连贯、对比、联想、衬托、悬念、象征等效果，从而构成一部完整地反映生活、表达主题又能为观众所理解的影片。电影的实践产生了电影表现方法的体系。蒙太奇强调剪辑的作用，镜头蒙太奇、音响蒙太奇、对比蒙太奇、平行蒙太奇、声画分立以及声画对位等多种表现手法，为影视后期制作提供了广阔空间，极大地增强了影视的表现力。

蒙太奇的独特性具有两重性，不仅在于艺术的一面，而且来自技术的一面。蒙太奇作为移动摄影和可剪辑胶片的产儿的这一事实，把它和别的艺术手段鲜明地区分开来，而成为影视所独有的手法。爱森斯坦曾经尝试从文学、绘画以至东方文字中为蒙太奇追根溯源，但其结果告诉我们，蒙太奇所遵循的基本视觉感受规律是为许多艺术所共有的。在日常生活中，我们的眼睛在观察事物时，并不总是集中于一点的，往往来回跳动于"远景"、"中景"和各种细部的"特写"之间。虽然文学作品中不乏这样的描写，但是作为语言艺术的文学描写和作为视觉艺术的电影蒙太奇仍然相去甚远。因为银幕上蒙太奇的基本特点是多空间、多视点的镜头运动（一种非连续性的内在运动）。它一方面通过镜头的不同寻常的组接变换来讲述故事，展示各种现象之间的关系；另一方面，又通过镜头的角度、景别、长度、速度、焦距、景深、光影和色调来述说含意，表达情绪，进行评判。正是这些画面的构图因素和运动形式所造成的独特而强烈的视觉效果，使电影和电视获得了特有的生命力。正如林格伦所说："蒙太奇作为一种表现周围客观世界的方法，它的基本心理学基础是蒙太奇重现了我们在环境中随着注意力的转移而依次接触视像的过程。"

（2）蒙太奇的作用

作为电影电视的一种艺术手段，蒙太奇的作用是广泛而深刻的。

---

① 邵长波．电视结构艺术．北京：中国广播电视出版社，2002. 187

① 蒙太奇创造了"运动"。电影和电视都是运动的世界，其中又有着三种不同的运动形式：一是画面内部的运动，即演员和物体的运动；二是摄影机的运动；三是时间和空间延续的实际表现，即蒙太奇运动。蒙太奇不仅赋予了本来处于运动状态的人或物美学的意义，而且赋予了静态的形象以新的生命。如将一只手推开门、一个人惊恐的神情和医院的急诊室标志这三个镜头连接起来，就给观众传达了信息：一个人推开门看到了可怕的事情，吓晕了，然后被送到急诊室。正是蒙太奇使许多不同时态的镜头连接在一起产生一种连续的运动感。

② 蒙太奇可以创造特殊的银幕时间和空间。电影电视时空实际上包括相互联系和相辅相成的两个方面：内部时空（镜头内时空）和外部时空（镜头与镜头之间的时空）。一般来说，内部时空是现实时空的客观再现（多时态镜头除外），外部时空则是一种戏剧时空、一种观念时空或心理时空。摄影机拍下的是许多零星的时空片段，正是蒙太奇手法使其并列、连接在一起，创造出一个统一的、综合的银幕时空。蒙太奇可以使不同的空间片段建立一种虚拟的整体关系，又可以把一个整体空间分解为许多片段，可以轻而易举地在一瞬间变换动作，把相隔甚远的空间交叉切换。在电影和电视中，正是借助了蒙太奇，时间或被集中、压缩，或被延伸、扩展。

③ 蒙太奇能创造节奏。电影电视的节奏是情节发展的脉搏，是形式和内容的统一表现，是感情气氛的一种修饰和补充，是一项涉及镜头造型和尺度的分配工作。它不仅要根据剧情的进展来确定，还必须根据拍摄对象运动的速度、强度以及摄影机的运动来确定，同时还必须根据画面内容所激发的心理兴趣而定。蒙太奇通过对镜头造型形式和运动形式以及尺度的严格把握，使得整部影片或电视片刚柔相济，张弛有致，这就有助于理清情节的发展、控制影视的节奏，从而对观众的情绪产生直接而活跃的影响。

④ 蒙太奇可以将不同时空的不同镜头组接在一起，通过内在性质的对比、比拟、暗喻等，独特、简洁而深刻地显露出人与人、事与事、物与物以及各个现象之间原来掩藏着的关系，即揭示出现实生活中的内在联系，激发一种新的意义，创造新的思想。所以我们说，蒙太奇作为电影电视的思维和表现方法，它既是客观的，又是主观的，是事件的客观现实同作者的主观态度的结合。它以自己"特有的方式"，把现实的各种要素重新加以安排，以造成一个新的、唯它独有的现实。

6. 长镜头理论产生后的蒙太奇

（1）长镜头理论

长镜头理论形成于 20 世纪 50 年代。它是一种与传统的蒙太奇理论相对立的电影美学流派，又是一种与唯美主义、技术主义相对立的写实主义理论。其特点是强调电影的照相本体属性和记录功能，强调生活的真实性，贬低情节结构和蒙太奇之类形式元素的作用。法国电影理论家安德烈·巴赞首先创立了长镜头理论。长镜头是指对一个运动画面较长时间的连续不间断地表现，保持运动着的画面的整体性。实际上就是长时间拍摄、不切割空间且保持时空完整性的一个镜头。此镜头在同一银幕画面内保持了空间、时间的连续性、统一性，能给人一种亲切感、真实感；在节奏上比较缓慢，故抒情气氛较浓。有人把长镜头称作"镜头内部蒙太奇"。

有人看到蒙太奇思维给电影带来的魅力，便把这种组接视觉形象与听觉效果的手段视为电影艺术的本性，将电影的基本叙事语法笼统地归入蒙太奇。在20世纪30年代，蒙太奇表现手法达到了成熟的高峰。可是不久，它便随着被滥用而陷入僵局，显露出它的片面性：蒙太奇有人工的痕迹，有时不免破坏时间和空间的真实关系，有着作假的可能。因此，随着电影技术的改进（如胶片感光度加大、镜头的光学性能提高、电影机械的革新等），扩大了景深范围和表现领域，过去需要几个镜头的连接才能表达的内容，现在只需一个镜头即可完成，于是出现了长镜头理论，进一步强调电影的逼真性和客观性，强调要完整地再现生活的本来形态，提出摒弃传统的蒙太奇语言而着重于镜头内诸因素的表现力。

巴赞认为："叙事的真实性是与感性的真实性针锋相对的，而感性的真实性首先来自空间的真实。"蒙太奇理论的处理手法，是在"讲述事件"，这必然要对空间和时间进行大量的分割处理，从而破坏了感性的真实。相反，景深镜头永远是"记录事件"，它"尊重感性的真实空间和时间"，要求"在一视同仁的空间同一性中保存物体"。巴赞希望电影工作者认识到电影画面本身所固有的原始力量，他认为，解释和阐明含义固然需要艺术技巧，但是通过不加修饰的画面来显示含义也是需要艺术技巧的。所有这些，构成了巴赞的"场面调度"理论（也称"景深镜头"理论或"长镜头"理论）。

（2）长镜头的特点

长镜头理论从产生到发展，与蒙太奇理论几乎在一切方面相对立着。蒙太奇主要利用对时空进行分割处理来达到讲故事的目的，而长镜头追求的是时空相对统一而不作任何人为的解释；蒙太奇的叙事性决定了导演在电影艺术中的自我表现，而长镜头的记录性决定了导演的自我消除；蒙太奇理论强调画面之外的人工技巧，而长镜头强调画面固有的原始力量；蒙太奇表现的是事物的单含义，具有鲜明性和强制性，而长镜头表现的是事物的多含义，它有瞬间性和随意性；蒙太奇引导观众进行选择，而长镜头提示观众进行选择。这个理论带来的最有意义的变革是导演与观众的关系变化。蒙太奇艺术只能加深这种地位的荒唐性和欺骗性，始终使观众处于一种被动的地位。而长镜头理论出于对观众心理真实的顾及，则让观众"自由选择他们自己对事物和事件的解释"。这个理论影响了整整一代人。特吕弗是巴赞的忠实弟子，他说："没有正确的画面，正确的只有画面。"戈达尔说："电影就是每秒钟24画格的真理。"他们的电影观念同巴赞的长镜头理论一脉相承。

电视广告中由于时间的限制，长镜头比较少见，但也不乏把这种纪实的"内部蒙太奇"运用得非常完美的杰作。例如，有一则"马爹利"的广告，只用了一个长镜头，谈不上镜头的组接。但是，在镜头内部利用转换、过渡、衔接等方法，在同一时空灵活变换拍摄角度、景别、运动速度等，同样把人的潇洒、酒的诱人一览无余地展现出来，整个画面清新自然、节奏舒缓。

长镜头这种纪实的特性，在一类电视广告中是非常受青睐的——演示性广告。如美国有一个隔热盒子的广告，镜头从把小鸡放到隔热盒子，到用钳子把隔热盒子放到烧杯上煮，一直到烧杯中的水煮沸，再把盒子拿出来倒出还是活生生的小鸡，整个广告长达 1 分钟却只有一个镜头，不加剪辑，没有转换，观众可以目睹整个试验的过程，用客观的旁述、铁证的事实展现了产品优越的性能。还有很多洗发水、洗衣粉和胶水广告都喜欢用长镜头表现试验的真实性。

（3）两种电影体系的对立和互补

很长一段时间以来，以格里菲斯、爱森斯坦、普多夫金等苏联蒙太奇学派以及好莱坞技术主义为代表的强调蒙太奇的一方和以巴赞等为代表的长镜头理论学派推崇长镜头的一方，形成了两种相互对立的电影体系。

我们说巴赞的长镜头理论是感性的再现美学，爱森斯坦的蒙太奇理论则是理性的表现美学。那是因为长镜头理论着眼于电影具有不同于其他艺术的照相本性，强调了时空的连续性和电影的纪实性。而蒙太奇理论则认为电影与其他艺术一样均属塑造形象的"人学"范畴，现实并不等于艺术，原型也不等于典型，实录更不等于创作。只有把生活素材加以提炼、分切、揉碎、组合，才能升华为艺术。它强调的是电影的表现性。一种是连续的、纪实的、照相式的，另一种是跳跃的、表现的、典型化的，这显然是两种不同的电影观和美学观。

但细究起来，应该说，长镜头和蒙太奇各有其长，也各有其短。不论是写意或是写实，都是影视艺术重要的组成部分。蒙太奇学派和长镜头理论学派，他们对电影艺术的发展都产生过深远的影响。长镜头风格或者只是把蒙太奇当作时空跳跃时的技术组接手段，很少发挥其表现性功能；或者"力求在现实世界面前隐藏起自己，让他们想表达的意思在直接的和客观的表现中浮现出来"，使蒙太奇具有"导演的客观性和观众想象的自由"这样一种特征。这就使得现代电影中的表现蒙太奇和过去相比发生了明显变化。当代电影电视艺术，都仍然在这两种学说的基础上不断更新和发展，并且是将两者融为一体的运用和表现形式。1976 年，美国电影理论家布里安·安德逊在《电影理论的两种类型》一文中，对最有影响的两种理论，即爱森斯坦、普多夫金的"局部——整体理论"（蒙太奇理论）和巴赞、克拉考尔的"与真实的关系的理论"（长镜头理论）的局限性所作的评价可谓一语中的："两种理论都偏重于在他们看来对于自己理论的存在是必需的这种或那种精神作用"，主张"把两种学派所偏爱的风格因素结合起来"，① 形成"长镜头和剪辑技巧相结合的风格"，主张研究这些属于整部影片的综合美学问题。② 苏联的塔尔科夫斯基也是"综合美"学派的积极倡导者。

---

① 张凤铸. 电视声画艺术. 北京：北京广播学院出版社，1997. 384～385

② 傅正义. 电影电视剪辑学. 北京：北京广播学院出版社，1997. 61

他们的看法和主张是可取的：世界上完全按照单一的长镜头原则拍片的导演几乎是没有的，许多以使用长镜头著称的电影导演从未摈弃使用蒙太奇。通过艺术家们的不断探索和实践，蒙太奇和长镜头必将珠联璧合，相得益彰。

（4）蒙太奇的进一步发展

蒙太奇在当代一个最重要的发展，还在于从局部镜头组接上的蒙太奇处理发展到总体结构上的概念，包括内部结构和外部结构两个方面。内部结构是指单个镜头内画面形象的安排布局；外部结构是指镜头与镜头之间的结构方式，而且是段落与段落之间（即整部影片）的结构方式。但是，美国电影理论家布里安·汉德逊的研究结果表明，爱森斯坦的蒙太奇结构实际上仅仅是一种段落结构，无论在实践上还是理论上，都没有上升到总体结构的水平，而是从电影自身的角度对蒙太奇段落作了极其精细的深入研究，而在转入对影片总体结构的探讨时，却跌入了戏剧和文学的窠臼。汉德逊指出："如何运用镜头，特别是如何把各个镜头连接成整体，这是引人注目的理论问题。"

在今天，爱森斯坦在单个镜头之间所做的事，越来越成为许多影片在总体结构上所做的事。如由格丽特·杜拉编剧、阿伦·富乃导演、法国和日本合拍的影片《广岛之恋》，就成功地将对比蒙太奇运用到剧作的总体构思上：欢乐的皮肤和痛苦的皮肤的对比、现时的爱情和回忆战时的爱情的穿插对比，产生了一种新颖独特的视觉结构，表达出深刻的含义。美国影片《猎鹿人》更是采用了贯通全片的对比蒙太奇手法：和平环境中婚礼场面的幸福、欢乐与越南战场上"轮盘赌"的野蛮、残酷，造成极强烈的对比色彩。这种蒙太奇总体结构本身就渗透着作者的思想及对生活的剖析，从而深刻地揭示出影片的反战主题。这种新的结构方法是电影艺术家探索、创新的结果。它摆脱了文学和戏剧的模式，以一种电影自身的方式来完成影片的总体结构。探讨这种总体结构的内在规律，是当前理论研究的一个重要问题。

蒙太奇是电影艺术家所掌握的最重要的造成效果的方法之一，因而也是编剧所掌握的最重要的造成效果的方法之一。电影剧作者在对素材进行电影构思时，一开始就应当遵循蒙太奇原则，对时间、空间、画面、声音、光效、色彩、节奏等加以综合处理，突出体现电影文学独特的个性。当然，蒙太奇运用得好不好，不在于技巧掌握得是否娴熟，关键是看作者有没有深刻的思想、深厚的生活基础和高尚的艺术趣味。蒙太奇方法的丰富性，是以对生活的丰富感性印象为基础，以生动感人的形象内容为前提的。

3.4.2　蒙太奇的分类

最近几年，在一些大型的广告制作中，非常流行有情节性的系列广告。这些以情感为最大诉求点的广告，对蒙太奇和长镜头等电影理论的依赖就更为明显。特别是一些前卫的广告，追求强烈的视觉感受，创造美感和设置悬念，吸引观众的注意力，激发观众的想象力，试图让观众留下深刻印象。蒙太奇理论为我们的影视广告提供了创作基础。

蒙太奇的项目分类，历来是电影理论家论说纷纭的一个问题。巴拉兹将其归纳为七种：思维蒙太奇、诗意蒙太奇、喻意蒙太奇、理性蒙太奇、节奏蒙太奇、形态蒙太奇、主观蒙太奇；普多夫金分了五种：对比蒙太奇、平行蒙太奇、比拟蒙太奇、交替蒙太奇、主题蒙太奇；爱森斯坦则是另外五种：长度蒙太奇、节奏蒙太奇、音调蒙太奇、谐调蒙太奇、理性蒙太奇。上述的分类法或不够确切，或不够恰当，或不够全面，往往不大令人满意。我国也有很多学者对它进行了归类，但都大同小异。

根据蒙太奇具有叙事和表意的两大功能，我们可以把蒙太奇划分为三种最基本的类型：叙事蒙太奇、表现蒙太奇、理性蒙太奇。前一类是叙事手段，后两类主要用以表意。在此基础上还可以进行第二级划分，那就让我们结合电视广告的例子，来看看这三类蒙太奇究竟是怎样令电视广告展示出它海阔天空的表意功能的。

1. 叙事蒙太奇

这种蒙太奇的特征以交代情节、展示事件为主旨，按照情节发展的时间流程、因果关系来切分组合镜头、场面和段落，从而引导观众理解剧情，由美国电影大师格里菲斯等人首创，是影视片中最常用的一种叙事方法。这种蒙太奇组接脉络清楚，逻辑连贯，明白易懂。叙事蒙太奇又包含下述几种具体技巧：

（1）平行蒙太奇

这种蒙太奇应用广泛，常以不同时空（或同时异地）发生的两条或两条以上的情节线并列表现，分头叙述而统一在一个完整的结构之中。用这种蒙太奇处理剧情，可以删节过程以利于概括集中，节省篇幅，扩大影片或电视片的信息量，且加强了节奏；由于这种手法是几条线索平列表现，相互烘托，形成对比，易于产生强烈的艺术感染效果。例如，1998年获得香港"最受欢迎电视广告故事大奖"的电视广告"数码通：真的承诺之'光影岁月'"中，就是以一个电影创作人（张学友饰演）在台上接受奖项时的讲话和小时候看着父亲在电影院播放电影这两个时空为主要线索，把一个电影创作者的成长和成才的过程简缩成几个片断贯穿于广告结构中，完整地叙述了整个故事，并在相互的对比中把感人的情感传递给电视观众。

（2）交叉蒙太奇

这种蒙太奇又称交替蒙太奇，它将同一时间、不同地域发生的两条或数条情节线迅速而频繁地交替剪接在一起，其中一条线索的发展往往会影响其他线索，各条线索相互依存，最后汇合在一起。这种剪辑技巧极容易引起悬念，加强矛盾冲突的尖锐性，造成紧张激烈的气氛，是掌握观众情绪的有力手法。惊险片、恐怖片和战争片常用此法造成追逐和惊险的场面，而电视广告也运用这种蒙太奇手法来制造气氛。我们来看1997年香港和记新干线广告，广告里讲述的是在同一时间里，展示了当记者的姐姐（杨采妮饰演）在采访现场的工作情景和弟弟（黎明饰演）在篮球场、高速公路以及大桥边比赛蹦极跳的两个情节，最后以弟弟给姐姐打电话报平安为联系两个情节的汇合点，把发生在同一时间里的、由这两个情节造成的激烈矛盾从最高点缓和下来。

（3）重复蒙太奇

它相当于文学中的复述方式或重复手法，让一些具有一定寓意的镜头在关键时刻反复出现于这种蒙太奇结构中，以达到刻画人物、深化主题的目的。这种蒙太奇运用到广告上，能制造出或滑稽幽默或轻松自在的特别效果，一般在轻快的短广告中比较多见。例如，一个法国的丝袜广告就一连用快镜头重复了6次女主角裙子被吹起露出丝袜的镜头，整个广告时间只有28秒，衬托以轻快的音乐，那种女性的自信和穿着舒服丝袜的快乐心情足以感染电视机前所有的女士。还有很多家庭用品和食物的广告也都喜欢用重复蒙太奇来增添广告的欢乐气氛，特别是国外的广告，为了达到幽默的效果，使用此手法的频率更高。

（4）连续蒙太奇

这种蒙太奇不像平行蒙太奇或交叉蒙太奇那样多线索地发展，而是沿着一条单一的情节线索，按照事件的逻辑顺序，有节奏地连续叙事。这种叙事自然流畅、朴实平顺，但由于缺乏时空与场面的变换，无法直接展示同时发生的情节，难以突出各条情节线之间的对列关系，不利于概括，易有拖沓冗长、平铺直叙之感。因此，在影片或电视片广告中绝少单独使用，多与平行、交叉蒙太奇手法混合使用，相辅相成。例如，在1997年香港最受欢迎的电视广告之一"益力多：教导弟弟"中，就是连续叙述姐姐虽斥责弟弟用"益力多"逗女孩子，却转而接受高大的同班男同学送的"益力多"的小故事，在这种短小的故事中运用连续蒙太奇，平滑流畅，轻松逗趣。

2. 表现蒙太奇

表现蒙太奇是以镜头对列为基础，通过相连镜头在形式或内容上相互对照、冲击，从而产生单个镜头本身所不具有的丰富含义，以表达某种情绪或思想。其目的在于激发观众的联想，启迪观众的思考。

（1）抒情蒙太奇

让·米特里曾经指出，这种蒙太奇的本意既是叙述故事，亦是绘声绘色的渲染，并且更偏重于后者，也就是在保证叙事和描写连贯性的同时，表现出超越剧情的思想和情感。意义重大的事件被分解成一系列近景或特写，从不同的侧面和角度捕捉事物的本质含义，渲染事物的特征。最常见、最易被观众感受到的抒情蒙太奇，往往就是在一段叙事场面之后，恰当地切入象征情绪、情感的空镜头。例如，美国一个喜剧频道的广告，描述一个黑人太太难以忍受身旁的丈夫打鼾，辗转难眠，然后插入花瓶滑过桌子后摔破的声音，狗把耳朵、眼睛盖上的画面，这些空镜头目的就是要从物体和动物的角度表达人物的厌烦和无奈的情绪，产生了幽默诙谐的效果，抒情蒙太奇手法运用得恰到好处，更将由此而引出的广告语"生活不如意时，来随着我们新开的喜剧频道欢笑吧……"与画面衔接得天衣无缝。

（2）心理蒙太奇

这种蒙太奇在剪接技巧上常用交叉或穿插等手法，通过画面镜头组接或声画有机结合，形象生动地展示出人物的内心世界，常用于表现人物的梦境、回忆、闪念、幻觉、遐想、思索等精神活动，是人物心理描写的重要手段。其特点是画面和声音形象的片断性、叙述的不连贯性和节奏的跳跃性，声画形象带有画中人强烈的主观性。运用心理蒙太奇的目的就在于利用广告中所表达的主观情感感染观众，并使受众产生、建立和强化购买的主观理念。就像在美国播出的一个百事可乐广告，讲述三位漂亮的女士在医院的婴儿室看初生的宝宝，在玻璃前表现美态，争当宝宝的妈妈，宝宝看着美女们拿着百事可乐的样子，眼前就分别闪过宝宝自己想象中她们喝百事可乐的媚态镜头，传达出宝宝喜悦的心情，从侧面营造了百事可乐带给人欢乐心情的氛围。

（3）隐喻蒙太奇

这种手法往往通过镜头或场面的对列进行类比，将不同事物之间某种相似的特征突显出来，含蓄而形象地表达创作者的某种寓意，以引起观众的联想，使之领会导演的意图并领略事件的情绪色彩，这种巨大的概括力和极度简洁的表现手法的结合，往往具有强烈的情绪感染力。我们看嘉实多（Castrol）润滑油的广告，插入油在光滑表面顺畅流动的画面，运用比喻形象地引导观众的联想，表现出嘉实多润滑油的特性。不过，运用这种手法时要谨慎，隐喻与产品的特性应有机结合，避免生硬牵强，难以令人产生联想。

（4）对比蒙太奇

这种蒙太奇在蒙太奇理论创建的初期被大量使用。它类似文学中的对比描写，即通过镜头或场面之间在内容（如贫与富、苦与乐、生与死、高尚与卑下、胜利与失败等）或形式（如景别大小、色彩冷暖、声音强弱、动静等）的强烈对比，产生相互冲突的作用，以表达创作者的某种寓意或强化所要表现的内容和思想。对比蒙太奇，往往用于在产品刚进入市场或处于成长阶段的广告策略中。对比蒙太奇被广泛地运用在以显示产品优越性能为目的的对比演示广告中。国内很多洗发水和洗衣粉广告都喜欢使用这种手法。例如，汰渍洗衣粉的一则广告就是讲述妈妈为努力工作的儿子把脏衬衣洗干净，让儿子每天上班都充满信心的故事。其中就是通过把儿子每天回来脱下的脏衬衣与用汰渍产品洗涤后的衬衣两个镜头的对比，表现了妈妈对儿子的关爱和支持，并把温情糅合到通过对比表现出来的产品的特性中。

3. 理性蒙太奇

理性蒙太奇由苏联学派主要代表人物爱森斯坦创立，而让·米特里给它下了定义："它是通过画面之间的关系，而不是通过单纯的一环接一环的连贯性叙事表情达意。"理性蒙太奇与连贯性叙事的区别在于，即使它的画面属于实际经历过的事实，按这种蒙太奇组合在一起的事实总是主观视像。这类蒙太奇在电视广告中的运用比较慎重，有时候一些"另类"的电视广告也会采用理性蒙太奇，为的就是故意让观众看不明白，以达到轰动效应或者加深印象的目的。这类蒙太奇主要包含：

（1）杂耍蒙太奇

"杂耍蒙太奇中一切元素都是为了促使把导演打算传达给观众的思想灌输到他们的意识中，使观众进入预期的精神状况或心理状态中，以造成情感的冲击。"这是爱森斯坦给杂耍蒙太奇所下的定义。与表现蒙太奇相比，这是一种更注重理性、更抽象的蒙太奇形式。这种手法在内容上可以随意选择，为了表达某种抽象的理性观念，往往会插进某些与剧情完全不相干的镜头而不受原剧情约束，营造最终能说明主题的某种效果。譬如，影片《十月》中在表现孟什维克代表居心叵测的发言时，插入了一个弹竖琴的手的镜头，以说明其"老调重弹，迷惑听众"。1928年以后，爱森斯坦把杂耍蒙太奇进一步推进为"电影辩证形式"，以视觉形象的象征性和内在含义的逻辑性为根本，而忽略了被表现的内容，以致陷入纯理论的迷津，同时也带来创作的失误。后人吸取了他的教训，现代电影中杂耍蒙太奇使用较为慎重。而我们知道，电视广告是要向观众传输确定的信息，以消除对未知信息的不确定性，同时建立对商品或服务的信任，杂耍蒙太奇在电视广告中的运用因此更为谨慎。台湾曾制作过一个连国际知名广告人也认为"不知所云"的广告，就是运用了杂耍蒙太奇的手法：电视画面描述一个女孩在图书馆对一个男生一见钟情，独自在家里发呆，然后画面出现了一个樱桃在玻璃杯中摇晃的镜头，然后又转回女孩在镜子前面发脾气的画面，最后的旁述是"幻灭，是成长的开始，黄色司迪麦"。整个过程让人摸不着头脑。那个樱桃在水中摇晃画面的插入，究竟是要说明清纯女孩的"飘忽不定"还是要说明女孩在喝饮料或者别的什么，没有人能说清楚。或许有人会认为这是广告后现代的表现手法之一，但很多观众并不能够接受。若单单希望广告能产生引人注意的效应，那杂耍蒙太奇就不失为一种有效的剪辑技法。如果要创造更佳效果，则应使该种表现手法与广告意图相得益彰。

（2）反射蒙太奇

它不像杂耍蒙太奇那样为表达抽象概念随意生硬地插入与剧情内容毫无相关的象征画面，而是让所描述的事物和用来作比喻的事物同处一个空间，它们互为依存，或是为了与该事件形成对照，或是为了确定组接在一起的事物之间的反应，或是为了通过反射联想揭示剧情或情节中包含的类似事件，以此作用于观众的感官和意识。以香港Sunday通讯的一辑广告为例，第一个是这样的：在极具动感的音乐下，闪出许多明星的广告画面，正当观众在猜是什么牌子请明星做广告的时候，音乐突然中断，黑色的屏幕上出现了一段文字："我们不用昂贵的价钱请明星做广告，但我们每一分钟都为你悭到尽（省到尽头）。Sunday一分钟毫三子（一毛三分）。"指出以上都不是Sunday的操作方式，由此就与同期请明星做广告的其他产品和服务形成了强烈的对比。这种对比立即使观众明白Sunday不找明星做广告，从而节约了成本，使用户免于间接承担昂贵的广告费用，广告自然能收到引导观众理性消费的效果。还有利宾纳果汁的动画广告：在岛上的一群小葡萄看着一瓶瓶的利宾纳走过，慨叹：

"比我们多四倍的维他命 C，怪不得不理我们了。"然后闪过小葡萄身后葡萄藤上的鲜葡萄立即变得干瘪、下垂的画面，表现出面对利宾纳果汁，新鲜葡萄都自愧不如，把"利宾纳比鲜葡萄还要多维他命 C"的信息从小葡萄的反应中生动鲜明地传达给观众。

（3）思想蒙太奇

这是一种由维尔托夫创造的抽象的蒙太奇形式，即利用新闻影片中的文献资料重加编排来表达思想，只表现一系列思想和被理智所激发的情感。观众冷眼旁观，在银幕和他们之间造成一定的"间离效果"，其参与完全是理性的。这种蒙太奇在一些新闻或纪录片节目自身的广告中常见。例如介绍某人传记的节目预告，经常是通过重新编排的新闻资料来简要介绍该人物，或者精挑一些人物重要活动的资料来吸引观众对人物的关注，起到宣传节目的作用。这种由新闻资料的真实性所延伸出来的理性思想，是思想蒙太奇最大的魅力。

对蒙太奇的归纳和分类尚无定论，上述的分类还存在可以讨论的空间。需要指出的是，各种手法在电视广告实际运用的时候，可能是单一的，也可能是综合的。所以，我们必须在广告中仔细研究它的实际运用，从中发现一些新的可能，创造出新的形式。

3.4.3 蒙太奇在电视广告中的运用

1. 蒙太奇与剪辑

蒙太奇是电影艺术的表现手段，是电影艺术的基础。电视同样是视觉艺术，而且是和观众密切相关的视觉艺术，用观众的话来讲，电视是缩小了的电影，系家庭电影。虽然电视是电子技术的产物，不管从技术角度，还是从艺术角度上看，它都是一门独立的艺术，但是自电视问世以来，所有的电视导演和电视摄像师对待镜头的表现方法、组接规律（艺术角度），都是基本遵循电影大师们所创立和发展起来的蒙太奇手法来完成每一个电视节目的组合任务的，因而不可否认，电影艺术是电视艺术的先师。电视在很多艺术创作手段上都是向电影学习和借鉴而来的，其中蒙太奇理论以及当今的长镜头理论已经成了影视艺术共同的珍宝。[①]

其中，剪辑手法是电视艺术创作中重要的手段之一，也是从电影的剪辑手法中借鉴和发展而来的。剪辑就是在电影发明后（1895 年 12 月 28 日）分段拍摄时期产生的，又是在蒙太奇理论指导下发展的。因此，我们要讲电视广告的艺术创作，就不能不了解蒙太奇与剪辑的关系。

（1）蒙太奇与剪辑的关系

蒙太奇定稿于剪辑台。剪辑的具体含义，仅对影视片编剪而言，是依据影视原始素材，在声画素材的基础上进行再创作，使蒙太奇形象定型于剪辑台上。尽管蒙

---

① 陈志昂. 电视艺术通论. 北京：知识出版社，1991. 277～278

太奇理论是随着电影剪辑的实践而总结出来的学说，但剪辑是影视蒙太奇工作的一个组成部分，并不完全等同于蒙太奇。

影视蒙太奇最初的含义只是指画面的剪辑，现在发展到包括：①画面、对白的组接关系；②音响、音乐的组接关系；③画面与音响、音乐的组接关系；④由于这些组合关系所产生的意义与作用。其中，①、②、③的组接属于结构形式的关系，④属于形式与内容相互影响的关系。

既然影视蒙太奇的理论最初是在剪辑的实践中总结出来的，为了全面地完成影视片的剪辑任务，就要学习、掌握、运用影视蒙太奇的各种技巧，为影视片的内容服务。影视的剪辑工作就是影视蒙太奇的第三度创作，也就是最后的定型工作，是在文学剧本、导演创作意图和摄影（像）造型语言的基础上，对蒙太奇形象进行再加工、再塑造和再完善，从而赋予它最终的完成形态。[①] 这就是剪辑与蒙太奇的关系。

（2）剪辑在电视中的作用

电影在初创阶段，人们对剪辑的认识也只不过是由一般的技术人员将镜头连接起来，属纯技术工作。随着电影的发展，人们对剪辑有了更新的认识。它不光是将镜头按照顺序连接起来，同时它还是对影片进行再创作的艺术门类。目前，剪辑专业已成为影视艺术中的主要创作部门，剪辑是对蒙太奇形象的再塑造。近年来涌现出了许多优秀的电影、电视剧、电视广告等影视作品，从中可以体现出影视剪辑正日益备受重视。剪辑可以将一部片子剪得语言通顺、节奏明快。电视的剪辑技巧通过先进的电子设备，将其画面做出所需要的形式。如"淡入"、"淡出"、"化"、"划"、"叠"及三维空间的"抠像"、"飞"、"翻"、"转"等，都属于影视语言的范畴。它可以带来丰富多彩的画面形象，达到剧情和内容所要求的艺术效果。

需要说明的是，影视镜头的组接不是简单的掐头去尾的连接，而是要进行精心选择和对比，并加以剪裁和组合，组接画面蒙太奇和声音蒙太奇。影视是视觉和听觉的艺术，只有在不同的蒙太奇因素的基础上，例如，掌握戏剧动作，或者以镜头造型、镜头技巧、镜头尺寸和对白、音乐、音响等作为组接，才能准确地进行影视片剪辑的再创作，成就影视片严谨的结构、生动的语言和鲜明的节奏。

（3）剪辑在电视广告中的运用

剪辑在电视广告中的运用是显而易见的。且看2000年香港龙玺广告节的一个打印机广告片：

①博物馆内一老一少两名警卫的中景，镜头固定，背景是一幅文艺复兴时期的名画。

②深夜，两名警卫守护着名画，周围是红外线防盗装置，可谓戒备森严。

③老警卫打瞌睡的小全景，摇至年轻警卫打瞌睡的小全景。

---

① 傅正义. 电影电视剪辑学. 北京：北京广播学院出版社，1997. 61

④老警卫用手把自己拍醒，左手指向画右。近景。

⑤年轻警卫肚子的特写，传达出衣服过于紧绷的信息。

⑥扣子崩落地下的特写。

⑦老警卫以为有人来偷画，由于过度紧张而迅速拔枪并指向年轻警卫的滑稽动作，年轻警卫举起双手。中景。

⑧两人忽然挤眉弄眼，并若有所悟。近景。

⑨HP DeskJet 打印机打印出一幅画，与博物馆之收藏品一模一样。

⑩漫画式字幕出现，老警卫头顶冒出："真不像话。"年轻警卫头顶冒出："印得真像画！"

⑪收藏室全景，空无一人，只有那幅名画。

⑫两人一左一右扶画微笑着睡着了。中景。

⑬名画及红外线装置的中景。警报响起。

⑭空空的画框。字幕："哈！小偷上当了。"

⑮两人挂画。全景。字幕："真画在这儿！"

⑯打印机全景。字幕及男声配音的画外音同时出现——"印得好像，不如印出真相。惠普打印机。"

⑰商品名称：HP HEWOLET7 PACKARD。

整部作品共 17 个镜头，广告时间共 30 秒，平均每个镜头时长约为 1.8 秒，节奏欢快。在短短 30 秒的时间内，创作者利用蒙太奇手法，以简洁精练的镜头语言，不仅叙述了一个完整的情节，而且刻画了两名聪明的警卫，苦于守护名画的艰辛，又不得不坚守岗位的生动形象。同时在轻松幽默的气氛下把惠普打印机的优点传达给观众——用它打印出来的画，画面自然、清晰、绚丽，并且可以以假乱真，连盗画贼都被骗过了。

这就是剪辑的魅力：以丰富多变的外部蒙太奇或内部蒙太奇，以朴实流畅的镜头组合剪辑方式，准确地承载与传递环环相扣的信息。

2. 蒙太奇与电视广告

既然电影理论是电视艺术创作的珍宝，而作为电视艺术创作的一个部分，电视广告当然也得依赖蒙太奇和长镜头等电影理论来表现其特色。

蒙太奇是电视艺术作品赖以生存的结构方法，它相当于文章的章法，非常重要。一个单独的镜头已经很难构成现代影视作品。一部电视片、影片或者电视广告总是分成许多片断，将若干片断构成场面，将若干场面构成段落，将若干段落构成一部影视作品，这就是运用在电视创作中的蒙太奇。它是"借助了电影技术而发展到极完美形式的分割和组合方法"[1]。就具体的创作领域而言，不管是作为剪辑技巧还是创作方法，蒙太奇在今天都影响巨大，这种影响在艺术电影、商业电影、广告等各

---

[1]〔苏联〕普多夫金. 普多夫金论文集. 北京：中国电影出版社，1982. 151

种形态的作品中都有表现。

蒙太奇是电影、电视艺术特有的叙述方式，也是电视广告的三大要素之一。电视广告有三个要素：蒙太奇语言、分寸感、记忆点。其中，蒙太奇语言是电视广告片中的重要因素，更是电视广告的基本特征。

蒙太奇语言之所以成为电视广告中的重要因素，是因为受到商业运作机制的影响。无论是商业广告还是公益广告，电视广告都不同于其他媒介的广告作品，它受时间的制约非常大，要求用尽可能少的画面，充分传达信息。电视广告片一般都短小精练，言简意赅。因此，蒙太奇语言便显示出它独特的"经济性"来。电视广告的长度通常是 30 秒或 15 秒，在如此短暂的时间里，要清晰、明确地传达商品的长处，的确是一件相当困难的事情，这就需要运用蒙太奇语言来进行跨越时空的画面转换，在有限的时间内充分地把信息演绎出来。正因如此，在单位时间内，它的信息量也是最多的。例如，香港演员周润发出演的奥妮洗发水广告"百年润发篇"，就用不同的画面情景来表现跨越年代的、不同空间内的信息，并使之成为意义连贯的一个整体，其中主要就是运用了蒙太奇手法来达到这个效果。

再者，蒙太奇语言具有很强的节奏感，内在的节奏表现为创意的点子用什么意念来传达，外在的节奏则表现为展示广告自身特殊的节奏形式。这就能带出电视广告片的高潮记忆点，创造极具震撼力的亮点，给平淡的情节增添生气。例如，1991年万宝路贺岁广告片，节奏舒缓，展现气势；其 1993 年的贺岁广告片，节奏就较紧凑，张弛大，有快、慢的变化。

另外，蒙太奇语言应用于电视广告，能更明确地传达商品的信息。电视广告必须带有信息的明确性，不像其他影视作品具有模糊性、主观性的特点，因为它并不是演绎作者的主观感受，而是演绎商品的信息，信息须传达清晰，避免歧义或误导。如在"息斯敏"的电视广告片中，一位服用过普通抗过敏药的先生，昏昏欲睡，在公用电话亭打电话后，将手中的电话放在另一部电话机上，这就通过恰当的蒙太奇语言，传达了"普通抗过敏药用后打瞌睡，而'息斯敏'用后不打瞌睡"这一信息。

电视广告是视听结合、声形兼备的广告形式，其中画面是主要因素。善用画面是电视广告的关键，电视广告具有很强的形象思维能力，创作者应该用蒙太奇思维进行工作，在头脑中"勾勒"画面形象、镜头处理及音效配合。

3. 电视广告中的长镜头与蒙太奇互补

为了用艺术形式来传达商品信息，我们在广告中大量地使用蒙太奇，尤其是针对那些非直接正面表现商品的内容时。同时，强调真实性和现场感的长镜头理论虽然更适用于新闻报道和新闻纪录方面，但在涉及商品属性的表现时，电视广告就应该执行"真实"标准适当地使用长镜头，尤其是示范验证型广告。

使用长镜头的记录，更有助于显示广告中关于商品信息的真实性。与普通镜头相比，长镜头具有三个主要优势：

（1）叙述的完整性

长镜头的时间值较长，在单镜头中画面的时间与生活中的真实时间完全同步，同时环境、人物、事件都可以充分展示，可以给观众带来一种完整的时空感。就像邦迪胶布的广告，镜头前是一个鸡蛋，然后是尝试了多种胶带，都不能黏住鸡蛋，直到最后用邦迪，才把鸡蛋黏住并可以提起鸡蛋。这一种在同一个环境、相对稳定的时空中的各个产品的展示，使观众对产品试验的真实性不再怀疑。

（2）表意的丰富性

在景深小和时值短的镜头中，画面信息受到了严格的控制，因而观众的视野和理解力都会受到画面狭小的时空范围所限制。而在长镜头中则恰恰相反，画面信息丰富繁杂，没有确定所指，往往需要观众的主动参与来发现和创造意义。例如，有些广告中使用偷拍镜头，观众就能跟着这个偷拍镜头的角度和位置来获取信息，并发现在偷拍镜头下的真实状况，引发更深刻的含义。

（3）画面的开放性

长镜头由于具有连续性，因而空间的跳跃感、自由度相对较小，但长镜头仍然可以利用场面调度、摄影机的运动来使画面产生运动感，这种运动由于其画框边缘的不确定，反而使观众能够对画框以外的空间进行电视广告导演预料中的想象和补充，从而使长镜头具有比普通镜头更加开放的空间容量，且由于增加了画外空间作为画内空间的参照，也使得画面的表现力得到了加强。[①] 就像上面所列举的隔热盒子的长镜头广告，摄影机还是在运动的——特写或者转换远景，力求以这种运动来弥补长镜头跳跃感相对缺乏的不足，也能扣住主题，主导观众的视点。

一般来讲，电视广告讲求节奏。节奏受镜头长度、景别大小、运动方向、运动速度等因素的影响。不论是由长短不一的镜头组接在一起的外部蒙太奇，还是只由一个长镜头构成的内部蒙太奇，以上元素都会起到良好的作用。电视广告由于受到时间的影响，外部蒙太奇或内部蒙太奇构成的节奏性，都应该是张弛有度、均衡有致的。长镜头和蒙太奇的"珠联璧合"，使电视广告的表意功能发挥得更加淋漓尽致。

在日益讲求用艺术表现商品特性的今天，电视广告的创作技巧呈现出多元化的趋势，多种表现手法的有机结合受到了广大电视广告创作者的青睐。影视的蒙太奇表现手法历史悠久，近年来更获得长足进步。利用这一领域的最新成就为广告摄制服务，增添了广告的魅力，且有着无穷的潜力。但值得注意的是，在一般的电视制作当中，使用长镜头太多的话，容易令观众感到枯燥，而掌握的分寸不对，效果甚至会适得其反。因而，虽然长镜头有以上的三大优势，有助于在广告中表现商品信息的真实性，但毕竟广告时间是有限的，在广告中使用长镜头的情况还不是很多，就算使用也会有意识地控制镜头的长度。所以，在广告中使用长镜头时，必须相当谨慎。

---

① 李谋. CF 大透视——影视广告创作指南. 北京：中国摄影出版社，2000. 400

本章小结

电视广告创意的表现必须掌握"语言"这把钥匙,电视广告语言由画面语言、声音语言和声画蒙太奇三大部门构成。本章阐述了画面语言的造型语言、景别和镜头的内涵、分类和在电视广告画面中的实际运用;并剖析了电视广告声音设备的各元素的意义、功能和运用等。

作为影视艺术独特的表现手法,蒙太奇和长镜头在电视广告中的应用成为必然。蒙太奇在现代电视广告中的应用使电视广告的魅力倍增。了解和掌握蒙太奇的相关理论知识,将有利于了解电视广告的研究和实际创作。

思考与练习

1. 电视画面的造型语言有哪些?在电视广告中如何应用这些造型语言?

2. 电视画面的景别有哪些类型?各个景别在电视广告中有什么作用?

3. 电视广告拍摄中镜头的运动方式有哪些?在电视广告中如何运用这些运动方式?

4. 电视广告中的声音有哪些类别?

5. 电视广告中的抽象声音有哪些?各有什么作用?

6. 电视广告中的音效有哪些?各有什么作用?

7. 电视广告中的音乐有哪几类?音乐在电视广告中有什么作用?

8. 分类说明电视广告中文字的价值。

9. 什么是蒙太奇?蒙太奇的本质和艺术功能是什么?

10. 蒙太奇有哪些独特的特点和作用?

11. 分析蒙太奇在电视广告中的应用情况。

12. 找一则电视广告作品,详细分析它使用了哪些蒙太奇手法。

4 电视广告文案创作 ▶

本章要求

◎了解电视广告文案的特点和作用。

◎了解电视广告文案的表现形态。

◎理解电视广告文案创作的原则与要求。

◎掌握电视广告文案的撰写技巧。

电视广告已经成为我们日常生活中司空见惯的事物，但是，即使有成千上万的电视广告从眼前掠过，可能也很少有人去注意它的构成：画面、文字语言和背景音乐。现在，让我们来做个小实验：请暂时将电视机的声音关掉，也不要去注意字幕，只凭着画面来感受这些广告。结果怎样？你能否告诉我这些广告在卖什么？这些商品具有什么优点？广告传达的信息是什么？结论是：单单依靠对画面的理解，对于大部分广告来说，我们或许可以看出它们在卖什么，但很难说出这些产品为什么吸引人；在多数情况下，两个相互衔接的画面也可能让我们疑惑，有一些甚至让我们觉得无法理解。打开声音，这一切疑难就都解决了：广告变得流畅，信息变得完整，声画互动更具感染力。这说明，有声的语言和无声的文字是电视广告十分重要的组成部分。这两者就是本章所要介绍的：电视广告文案创作。

4.1 电视广告文案的定义

电视广告文案是电视广告不可或缺的构成要素之一，它的内涵有广义和狭义之分。广义的电视广告文案是指通过电视这一媒介对一定产品或者服务进行推广、介绍的宣传用语，包括广告标题和广告正文；而狭义的电视广告文案则只有广告标题。一般来说，广告标题是广告文案中最精华的部分。由于电视传播具有声画双渠道和时效性强的特点，很多电视广告的广告文案就只有广告标题。为了达到研究的广度，本章中所采用的是电视广告文案的广义概念。另外，基于电视传播的双渠道特性，电视广告文案的形式既包括通过听觉系统传播的有声语言，也包括通过视觉系统传播的文字语言（字幕）。因此，本章对于电视广告文案的最终定义是：电视广告文案是指通过电视这一媒介对某些产品和服务进行推广以促进其销售的宣传性用语，包括电视广告中的声音语言和文字语言，是电视广告中不可或缺的构成要素。

从近年来诸多专家学者的概念界定中，可以归结出广告文案定义的核心内容，那就是广告策略与创意手法的所有文字性表述。广告文案包含创造性文字和信息性文字。而电视广告文案就是电视广告创作的所有基础性文字文本的总和。细化的种类包括：广告定位策略的说明、作品构思说明、创作脚本、故事板等。对于电视广告文案而言，其使用者是授权客户和电视广告作品的创作执行人。

4.2 电视广告文案的特点和作用

一个电视广告作品，时长不过几秒至几十秒，但是其生产流程却需要经过七个阶段：调研—分析—策略形成—广告定位—创意构思—脚本—组织拍摄—后期制作。在这些流程中，文本和大纲是不可或缺的工程设计蓝图，也是电视广告创作的基本依据。

4.2.1 文案"读者"不同

由于电视广告文案是为电视广告的拍摄服务的，其对象不是普通的平面广告读者，它不直接针对终端广告受众，而是拍摄执行人，因此其文本表达特征明显。它既可能是一个完整的脚本，也可能是简单的几句场景交代。

4.2.2 声画结合的特性

声画结合是电视的重要特性，电视广告文案正是基于电视语言这一特殊形态表征出来的。电视语言不仅是电视广告的信息传达手段，也是电视广告形象得以形成、体现的必不可少的先决条件，因而它是电视广告的基础和生命。电视广告语言主要由以下三要素构成：

1. 视觉部分

视觉部分展示的是让观众看到的画面，这些画面是产品（品牌）形象、作为"道具"的人物形象（全身、头部、手部），以及与产品的关系，画面还可以表达一个简短的故事情节，让产品在故事中凸现出来。对电视广告文案来说，视觉画面还包括有声语言信息的画面和字幕画面。

2. 听觉部分

听觉部分包括有声语言、音乐和音响。有声语言是以人物（或物的拟人化）同期声，或者以人物旁白等方式，表现产品信息或品牌信息，或者使用效果，或者心理感受等。语言能够充分表现出情感、性格、特征等因素，对于广告对象与消费者之间的沟通，作用重大。

3. 文法句法——蒙太奇的镜头组接

在电视文案中，对于蒙太奇的语言表达，需要文案创作者运用文学语言的形象描绘，将未来广告作品中的人物、场景、情节、环境、组接逻辑等要素，给予准确、具体而又粗线条式的描述，使创作者脑海中的影像可闻可见地显示于字里行间。

4.2.3　电视广告的文体特征

1. 跳跃性特征

电影或电视艺术的本性，就是影视艺术在结构上的跳跃性特征。电视广告由于时间上的高度限制，其蒙太奇的叙事特征更为明显。"作为影视艺术思维，蒙太奇实际上始终贯穿于影视艺术创作的全过程，它既体现在影视镜头的组接中，也体现在影视剧本的写作中。"[①] 这从根本上决定了电视广告文体的跳跃性特征，这一特征使得电视广告靠镜头的剪切，打破了时间界限和空间界限，展示出了跳跃性变化的镜头魅力，将一个个独立镜头组接成浓缩的句子和段落，逻辑关系紧密，结构紧凑，主题突出。

2. 动作性特征

电视广告创作的一切活动，都要围绕动作来进行。"剧本是动作的提供者；导演是动作的组织者、设计者；演员是动作的直接体现者和完成者；各种造型及音响成分是动作的辅助者"[②]，节奏感强调动作设计，是电视广告吸引人和打动人的最重要的"凝聚剂"，有个性的动作造型，能够突出产品、品牌的个性化特征，给人以强烈印象；夸张感和趣味性的动作设计，更符合广告在重复播出时仍然要具有吸引力的要求。电视广告文案创作中无论是故事情节或对话情节都必须紧紧配合这一动态表现特征。

3. 可视性特征

电视艺术的基本构成要素就是可视的画面影像，画面的可视性特征就是要求电视广告文案在文本创作时，强化文本的直观性和形象性。抽象的概念要用形象的画面表达出来。如斯达舒治疗胃酸胃痛，描写画面：胃酸——绿色的橡胶人泼液体（酸性液体）；胃痛——紫色的橡胶人拿着钻头在钻胃壁。

---

① ② 邹红. 影视文学教程（第 2 版）. 北京：中国人民大学出版社，2006. 50

4.2.4 文案格式的特殊要求

1. 声画语言的对位表达

一方面在文案中要将所有的视觉元素用文字呈现出来，包括出镜人物的身份和形象要求、道具、背景交代、字幕及动画要求等；另一方面要将对应的解说词、音乐音效注释表述出来。这些文字是电视广告拍摄执行的主要部分，决定了广告的策略、定位和创意原则。

2. 形象思维能力

电视广告文案的写作，要求作者具有画面形象思维的能力，要理解和掌握影视语言，具备蒙太奇思维，在文案表达中显示与画面的逻辑关系。

3. 简约性和说明性

电视广告的常规长度为 15 秒、30 秒、45 秒和 60 秒，这就要求广告文字的简约性要达到极致，既要高度概括，又要具体形象，还要有所说明。

电视广告的核心是用画面阐释内容，在实际拍摄中有导演的二度创作，因此，脚本的文字要求简约概括，以提示、说明为主。

说明性文字的作用在于：一是交代时间、场景、景别、技术手段等；二是对处于分割、组合镜头的说明，时空转换的说明；三是对抽象与具象结合的说明，如画面表示具体的产品或使用形态，画外音介绍产品的功能和效用等抽象概念。

4.2.5 电视广告文案的作用

电视是多功能的综合性宣传媒体，它以图像为基础，但绝不是只重图像而轻视声音。电视的优点是图文结合，受众必须边看边听，视觉与听觉同时起作用，才能充分理解并记住节目的内容。

英国的电视专家格林·阿尔金说过："如果做一个简单的试验，在某个晚上你看电视时把声音关掉，那么，就会出现三种明显的情况：①尽管有看一张图片胜于听一千字话的古老格言，但所有电视节目的大多数内容都是由声音来表现的。②当你听不到伴随图像的音响时，大多数图像就会失去现实性和感染力。③除非你能同时听到与图像多少有点关联的声响，否则即使看到的图像大多数是直观素材，你也无法较长时间地集中精力去看它。"当广告在电视上播出，在一定意义上也是一种特殊的电视节目。因此，以上三点可以说明，对于电视广告来说，必须同样要注意电视语言的运用。

广告文案是电视广告的重要组成部分，是电视广告不可缺少的重要表现手段。电视广告文案的整体作用如下：

1. 弥补画面的不足

电视广告主要是以画面作为表达手段，给人以直观的感觉，但有的内容是无法以画面来表达的，比如，一些理性诉求的广告，如果涉及数据或者比较抽象的表现内容时，运用具象的画面很难表达清楚，这时候广告词就可以弥补它的不足了。例如，"乐百氏"纯净水的广告，这个被称为"当代中国最经典的理性诉求广告"，它凭借着"27 层净化"这一 USP（独特销售主张）有效地使自己的产品在同质化相当严重的瓶装水市场中与其他产品区别开来。这一则广告的画面展现了一滴水经过层层净化的过程，如果只有画面，必然显得枯燥而难以理解，但是广告词的加入则使这一切变得简单：字幕说明了每一层净化的功效；"27 层净化"则概括了全过程，并讲出了纯净水纯净的理由：

"第一层石英粗型砂过滤悬浮杂质；

第二层石英粗型砂过滤泥沙杂质；

第三层石英粗型砂过滤铁锈杂质；

第四层石英粗型砂过滤胶体杂质；

……

第二十三层反渗透膜过滤残留病毒；

……

第二十七层紫外线杀菌。"

画面的不足还包括画面传递不全面、不充分的信息和限定画面准确的含义，在这些情况下也需要广告文案予以补充。例如，欧洲一则"快意"汽车的电视广告片画面如下：

有人驾驶着一辆小汽车横冲直撞，飞速超车抢行，后面是一系列危险动作……

旁白："他的生死掌握在他的小车手中，他是欧洲最著名的特技驾驶员。在欧洲，有 50 种不同款式的汽车可供他选择。但当他在拍摄过 100 多部特技表演电影之后，最后还是选择了它！"

最后是汽车的特写，字幕："'快意'126，家庭用小车！"

试想如果这则广告没有语言（广告词），势必让受众看不明白，有了广告词，就弥补了画面的不足，说明了该小汽车的安全性能。

2. 渲染气氛，引发联想

广告文案有助于创造诱人的广告意境，营造、渲染气氛，引发观众的想象性体验，唤起他们内心深处某种美好的情感记忆，从而产生消费欲望。例如，"南方黑芝麻糊"电视广告中一声悠长的"黑芝麻糊哎！"伴随着悠扬的音乐旋律，唤起了人们对童年时代的美好回忆，由回忆而勾起人们去追逐过去，品尝童年的最爱——黑芝麻糊。这种诱人的意境和美好的氛围能使人产生美好的情感，从而乐意花钱去领略一种美好的心境。

4.3　电视广告文案的表现形态

电视广告文案是电视广告创作中所有基础性文字文本的总和，其表现形态包括：广告定位策略说明、作品创意构思说明、创意文本、故事画纲（故事板）、广告附文等。

4.3.1　广告定位策略说明

广告定位分析在广告策划过程中就已形成，为后期的拍摄执行提供的是"说什么"。在整合营销传播时代，企业强调"接触式"的信息传播管理。广告表现的定位服从于整合营销传播的总原则，即"一个声音、多种渠道和多种形式"，表现品牌定位的一致性、传播沟通手段的多样性和与目标对象多种形式的接触。电视广告表现定位取决于对目标受众接触媒体的分析，针对目标消费者接受广告信息的注意点和对表现风格的喜爱。因此，电视广告的表现定位需首先确定与整合传播相一致的表现风格、一致的诉求点、一致的核心信息，以及一致的广告代言人。

其中，如果整合传播的焦点是电视广告，在策划文本中，就需要确定基调、色彩和风格；确定表现形式，是以故事性的感性诉求为主，还是以说明性或演示性的理性诉求为主；确定是以人物表演还是以动画展示为主，或者是二者的有机结合。

在广告表现的定位上，还需要充分考虑到传播的延展性，即这种风格、表现、色调能不能同时移植到平面和互联网媒体上，这种音效可不可以在广播中充分展示出来，甚至要考虑到延伸到手机媒体时效果如何，等等。总之，在确立表现定位时，要充分考虑立体组合的整体表现效果。

4.3.2　作品创意构思说明

这是指为后期拍摄提供的"为什么这样说"的说明性文字，是对理由的陈述，以期让拍摄执行导演明白和理解创意意图，在执行上沿着正确的思路，对广告信息进行艺术性创作设计，或情景表现，或夸张表现，或幽默表现，或动画表现等，实现在广告信息传达中，达到科学性和表现力的有机结合。

创意说明包括：

（1）创意策略说明

它即说明广告是根据客户什么样的策略要求作为出发点的。是新产品告知广告还是品牌形象广告或竞争性广告等，其目标在于沟通。

（2）广告定位说明

这是广告表达的"诉求点"说明。是诉求产品的功能还是产品的历史，抑或是产品的品质还是满足心理的文化等。

（3）广告表现说明

说明用什么风格和形式传达内容最能达到沟通的效果。感性还是理性，情景表现、名人表现、动画表现还是夸张表现，强调现代感、时尚感还是怀旧感，强调科技还是强调文化，强调工作还是强调生活，比喻还是象征手法等。

［案例1］

"南方电网——路灯篇"创意说明

1. 广告表现定位

此形象广告走的是温情诉求路线，为南方电网塑造了一个真诚陪伴家家户户、老老少少的奉献者的形象，像路灯一样默不作声地付出，源源不断地给予人间光明，照亮人们的人生路。

2. 广告形式说明

画面色彩为暖色调，灯光是温和的、不耀眼的，让人可以感觉到来自心里的温暖，衬托广告主题；另外以人的一生的形式来进行表现，"以小见大"，从细处打动人心，映射了企业"福惠万家"的宏伟形象。

3. 广告效果说明

目标群对企业形象的印象将会增添一个情感上的附加值，从原本可能的对企业业绩的认同升华到对企业的理念和精神产生好感。

4.3.3 创意文本

电视广告创意文本是电视广告创作执行的基础，决定了电视广告的方向、定位策略和表现形式的框架，是执行前期所必需的方案书。电视广告的创意文本主要有故事梗概、脚本式广告文案等形式。

1. 故事梗概

广告故事梗概，主要用于有情景和情节表现的广告形式，是"用简略的语言，把创意的核心成分表达出来"[①]。广告故事梗概在文字上以叙事与描写为主，将广告信息融于叙事和描写之中，使拍摄导演容易领会广告表现的内容和风格，又有较大的创作发挥空间。

［案例2］

"麦斯威尔咖啡——车站篇"故事梗概[②]

夜深人静，一个旅客静静地在冷寂的月台上等候，单薄的身影加深了孤寂的气息。一束手电光照过来，是小站站长来了。他把旅客引进温暖的休息室。一杯MAXWELL咖啡，暖化了一颗孤寂的心。在汽笛声中，旅客依依不舍。

故事仅仅交代了广告的表现定位和表现风格，以麦斯威尔咖啡的感性和知心为

---

① 李谋. CF 大透视——影视广告创作指南. 北京：中国摄影出版社，2000. 149

② 李谋. CF 大透视——影视广告创作指南. 北京：中国摄影出版社，2000. 150

诉求点。故事梗概并没有交代旅客和站长的性别和年龄，这就给了导演很大的发挥空间，可以表现为一段男女的邂逅，将麦斯威尔咖啡演绎成浪漫格调，也可以演绎成为两代人都能享受的老少皆宜、雅俗共赏的大众化饮料，还可以演绎为中青年白领的格调饮料。这样的故事梗概是需要进一步作创意说明的，导演可以根据麦斯威尔产品的市场定位，充分发挥创作想象，用广告片生动形象地表现出产品的内容，与观众形成沟通。

[案例3]

白云山凉茶电视系列广告文案
——求爱篇·演唱篇·面试篇①

【求爱篇】一个男生抱着吉他在楼下向楼上的女生求爱，在想喊出"我爱你"的关键时刻，喉咙却怎么也发不出声音。此时出广告语"关键时刻怎能没有白云山凉茶"，男生喝完凉茶后大声喊出了"我爱你"。

【演唱篇】在"北极光歌唱比赛"现场，选手抱着吉他深情地弹着醉人的前奏，在准备开始唱歌的关键时刻，喉咙却怎么也发不出声音。此时出广告语"关键时刻怎能没有白云山凉茶"，选手喝完凉茶后歌声动人。

【面试篇】在面试现场，面试者在准备开始自我介绍的关键时刻，喉咙却怎么也发不出声音。此时出广告语"关键时刻怎能没有白云山凉茶"，面试者喝完凉茶后口才了得。

这样的梗概性文案给后期的脚本创作和摄制留下了足够的创意表现空间。

2. 脚本式广告文案

脚本式广告文案是比故事梗概更为方便拍摄的一种文案形式，"其任务是具体规定了每一个镜头的画面内容和与之相应的声音内容"②。

电视广告脚本是电视广告创意的文字表达，是体现广告主题、塑造广告形象、传播广告信息内容的语言文字说明，是广告创意的具体体现，因而，它是现代广告文案写作的重要组成部分。然而，它又与报刊等平面广告文案的性质有明显的区别：它并不直接与受众见面，因为它不是广告作品的最后形式，只是为导演进行再创作提供了画面描述、情景说明，是电视广告作品成形的基础和蓝本，对未来广告作品的质量和传播效果具有举足轻重的作用。

电视广告脚本包括既相连接又各自独立的两种类型：一是文学脚本，二是分镜头脚本。

文学脚本往往以故事梗概的形式出现，用描述性的语言，交代产品、人物、情节、场景、风格以及片中的语言设计和音乐音效。

---

① 案例3来自：暨南大学新闻与传播学院广告系2006级电视广告课程学生习作。
② 李谋. CF大透视——影视广告创作指南. 北京：中国摄影出版社，2000. 150

[案例 4]

"老爸"豆腐干①广告文学脚本

那年的假期，我终于见到父亲常说起的"老爸"，他为人厚道，镇上的人都管他叫"老爸"。从那个假期之后，老爸让我始终难忘，家乡的味道让我始终难忘。

家乡的味道——老爸食品。

这样的文学脚本，故事线索清晰，语言及说话人身份清楚，具有乡土气息的背景历历在目，感性的、抒情的、充满家乡味道的小食品通过情景清楚地传达给观众。不过，这个脚本的缺陷在于没有交代产品是什么，以及产品、道具和人的关系，何时、怎样展示产品。

文学脚本是分镜头脚本的基础，分镜头脚本是对文学脚本的分切与再创作。前者由文案撰写者（编剧）撰写，后者由导演完成。

为了执行的方便，往往将脚本分割为左、右两边，往往将画面置于文案左半边，声音（音效、音乐）置于文案右半边。画面部分是按照广告内容的逻辑顺序描述每个镜头；声音部分是按照与画面的对位，具体描述声音内容：同期声、对白、旁白、音乐、音效等。

脚本是执行的计划书，但是脚本不应限制导演的拍摄创作，而要给予导演在后期拍摄时足够的创作发挥空间。

[案例 5]

"南方电网——路灯篇"分镜头脚本

镜头	画面	字幕	声音
1	特写昏黄的夜灯。45°角仰拍。画面只有灯与夜幕。灯居画面偏右。静止一秒后缓慢拉远镜头，并虚化到下一镜头	—	背景音乐逐渐响起"You are beautiful"
2	全景一：画面右上角为灯光，灯下，母亲与外婆推着婴儿车的背影，自画面右下方向左上方前进	幼·护（字体及排版形式要美化，并淡入淡出；下同）	背景音乐

---

① 吕尚彬等. 广告文案教程. 北京：北京大学出版社, 2007. 257

（续上表）

镜头	画面	字幕	声音
3	正侧面拍摄母亲、外婆与婴儿车。人物主体从画面右上方向左下方偏下前进（往镜头靠近运动）	—	
4	特写婴儿表情：灯光下洋溢着幸福可爱的笑容。虚化到下一镜头		
5	全景二：画面右上角为灯光，灯下几个小朋友在竞相追逐玩耍。此镜头场景与镜头2相同，此后的全景拍摄也采用同一场景	童·欢	
6	特写玩耍中的小朋友的欢乐神情（可以是几组特写镜头的组合），虚化到下一镜头		
7	全景三：一位青年手持花束，站在灯下等待心仪女孩的出现		—
8	中景拍摄：女孩进入镜头，与青年交换礼品（花束与围巾）	青·恋	
9	特写青年笑容，虚化到下一镜头		
10	全景四：画面右上方为灯光，中年男子坐在灯下路边，低垂着头沉默不语	中·惆	
11	特写中年男子身旁放着一瓶空的酒瓶（角度为男子侧面）	—	
12	中年男子低垂的头的近景拍摄，虚化到下一镜头		

（续上表）

镜头	画面	字幕	声音
13	全景五：一对老年夫妇在灯下散步	暮·逸	—
14	特写老年夫妇的笑脸，此画面缩小到右下角（如下）		
15	（图示：右下角格内"老"）		
16	（图示：下排格内"中 老"）		
17	（图示：下排格内"青 中 老"）		
18	（图示："童"/"青 中 老"）		
19	（图示："婴 童"/"青 中 老"）		
	（图示："婴 童"/"灯"/"青 中 老"）		
20	根据以上图示，画面先后出现先前出现过的各个人生阶段的小画面，最后出现的是那一盏温暖的灯		
21	上一镜头中右上角的"灯"扩大到整个画面	南方电网，一生陪伴	（男中音）南方电网，一生陪伴
22	白色背景	南方电网 logo（动态）	

4.3.4 故事画纲（故事板）

故事画纲就是"将影视广告文案的视觉部分，用一串连续的有代表性的静止画面来表示"[1]，也就是将文字视觉化、听觉化的脚本以及直观的电视广告设计方案，通常又叫"故事板"。广告公司在向广告主（客户）提案时，提供故事画纲可以使客户马上理解创意表现，审核广告策略。

---

[1] 李谋. CF大透视——影视广告创作指南. 北京：中国摄影出版社，2000. 157

1. 普通电视广告故事板

故事板的画面需要设计出一个个关键镜头，通过这些镜头的衔接，可以看到商品位置、演员的表演、动作、布景、特技等。

[案例6]

宝宝金水 ——天然乐园篇①

（1）宝宝金水的圆形 logo。画面的底纹是淡淡的手绘菊花和金银花图案。

（2）镜头推进圆形 logo。一个童话般的鲜花盛开的绿色世界呈现在眼前。

宝宝金水的音乐响起……
延续原有广告歌"找朋友"旋律

（3）镜头推进，一朵朵大大的菊花上面，一个个可爱的宝宝坐在菊花花心上，花心像一个个小浴盆，宝宝们手舞足蹈开心地洗着澡。

（4）特写：一个宝宝拨动着花心里的水，抬起头，可爱的笑脸像花一样可爱。

（5）一朵金银花像花洒一样神奇地张开，晶莹剔透的草本精华顺着金银花花瓣滑落，液滴中映衬出野菊花和金银花。

（6）一颗颗水珠慢慢地从花瓣上滴下来，通透的水珠里的野菊花和金银花演变成一瓶宝宝金水。

---

① 案例6取自平成广告有限公司。

（7）水珠慢慢地往下滴，
水珠迸开一瓶宝宝金水落下……

旁白：天然草本原液

（8）妈妈用温柔的手，
把宝宝金水接住了。

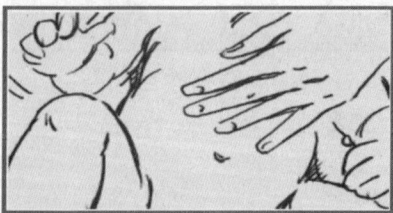

（9）菊花池里，妈妈帮
宝宝洗澡。

旁白：更多自然呵护　天然草本原液

（10）宝宝可爱地挥动着
手，跟妈妈嬉戏。

（11）妈妈的手鞠着清水
轻柔地拂过宝宝的白嫩肌肤。

旁白：宝宝金水

（12）妈妈温柔地把宝宝
抱在怀里。

（13）前景是一瓶宝宝金
水放在一朵大大的菊花花心上。
背景是宝宝花丛里，欢声一片。

2. 3D 电视广告故事板

3D 动画是目前电视广告常用的表现手法，主要是运用 3D 设计软件，在二维空间将动画立体地表现出三维效果。通过计算机辅助设计，表现出逼真、充满想象的变形、夸张和超自然画面，以及真情实境表现不了的效果。

[案例 7]

某燃气公司的一部卡通角色广告动画①

（1）项目简介——3D 电视系列宣传片，集广告宣传与趣味故事为一体的全三维动画制作。

---

① 图片来源：http://art.cgfinal.com/html/cms/2007/04/18/1176890297.shtml。

（2）概念设计——业内通用的专业动画流程前期制作，内容包括根据剧本绘制的动画场景、角色、道具等的二维设计以及整体动画风格定位工作，给后面三维制作提供参考。

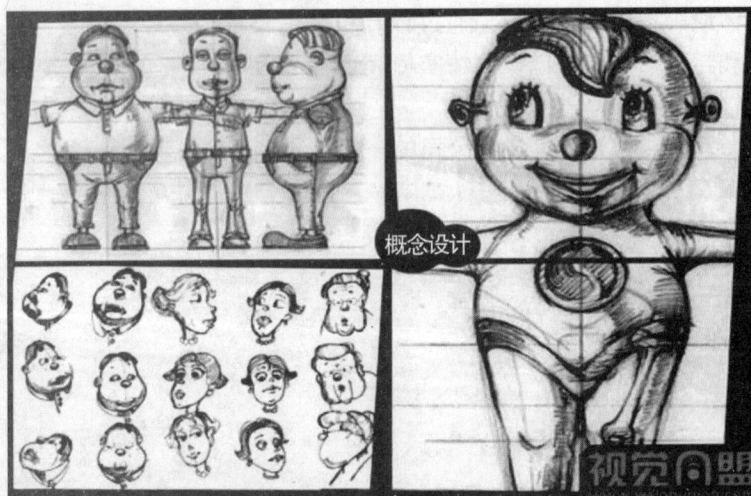

概念设计

（3）分镜故事板——根据文字创意剧本进行的实际制作的分镜头工作，手绘图画构筑出画面，解释镜头运动，讲述情节，给后面三维制作提供参考。

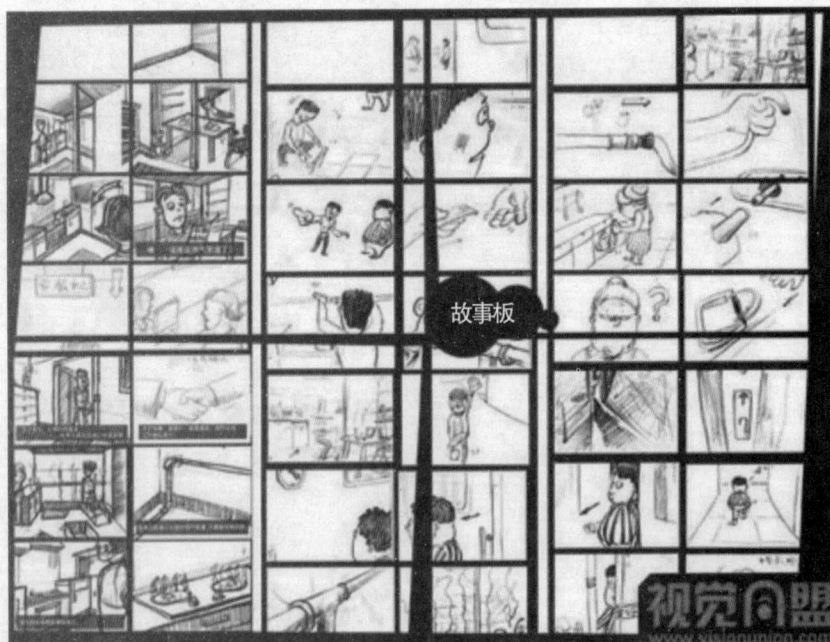

故事板

（4）3D粗模——在三维软件中由建模人员制作出故事的场景、角色、道具的粗略模型，为3D故事板（3D Layout）做准备。

（5）3D故事板——用3D粗模根据剧本和分镜故事板制作出3D Layout。其中包括软件中摄像机机位摆放安排、基本动画、镜头时间定制等知识。

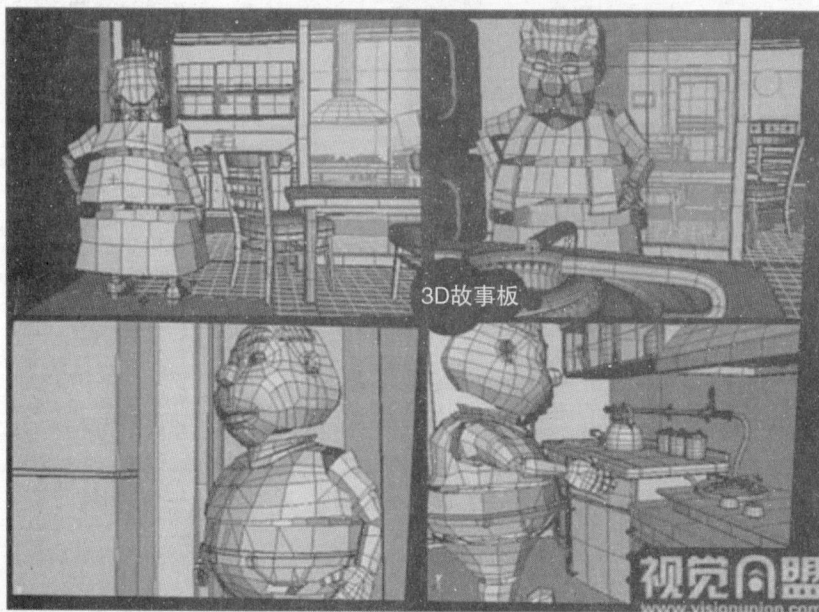

（6）3D角色模型、3D场景、道具模型——根据概念设计以及客户、监制、导演等的综合意见，在三维软件中进行模型的精确制作，是最终动画成片中的全部"演员"。

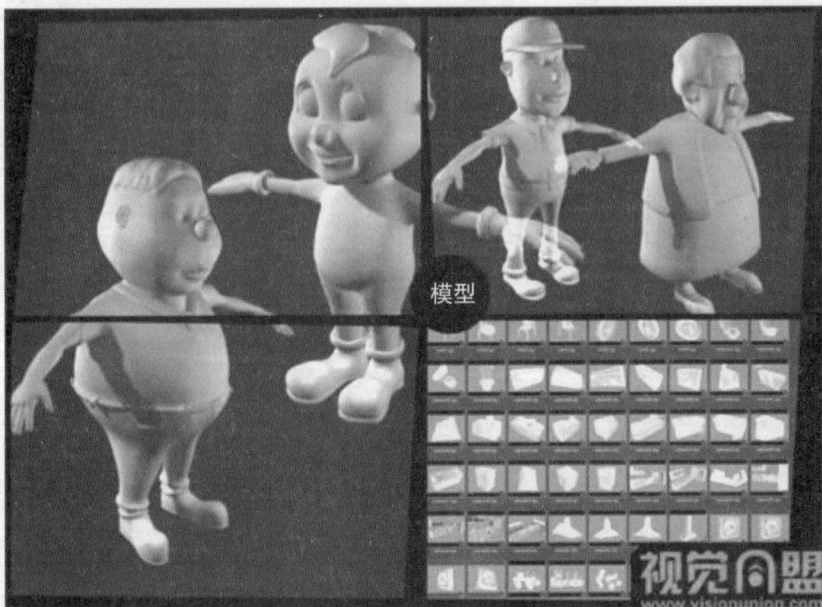

模型

（7）贴图材质——根据概念设计以及客户、监制、导演等的综合意见，对3D模型"化妆"，进行色彩、纹理、质感等的设定工作，是动画制作流程中必不可少的重要环节。

贴图材质

（8）骨骼蒙皮——根据故事情节分析，对3D中需要动画的模型（主要为角色）进行动画前的一些变形、动作驱动等相关设置，为动画师做好预备工作，提供动画解决方案。

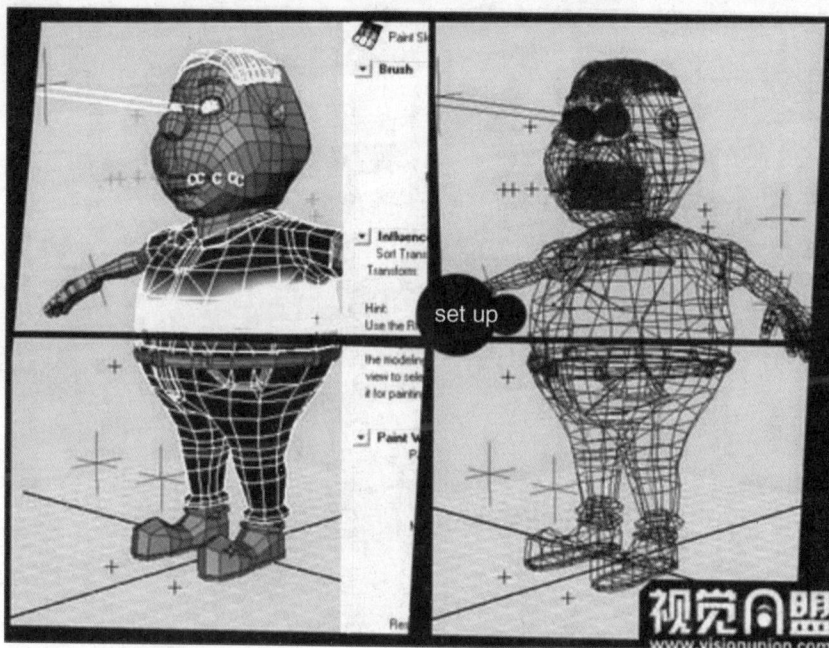

（9）分镜动画——参考剧本、分镜故事板，动画师会根据3D Layout的镜头和时间，给角色或其他需要活动的对象制作出每个镜头的表演动画。

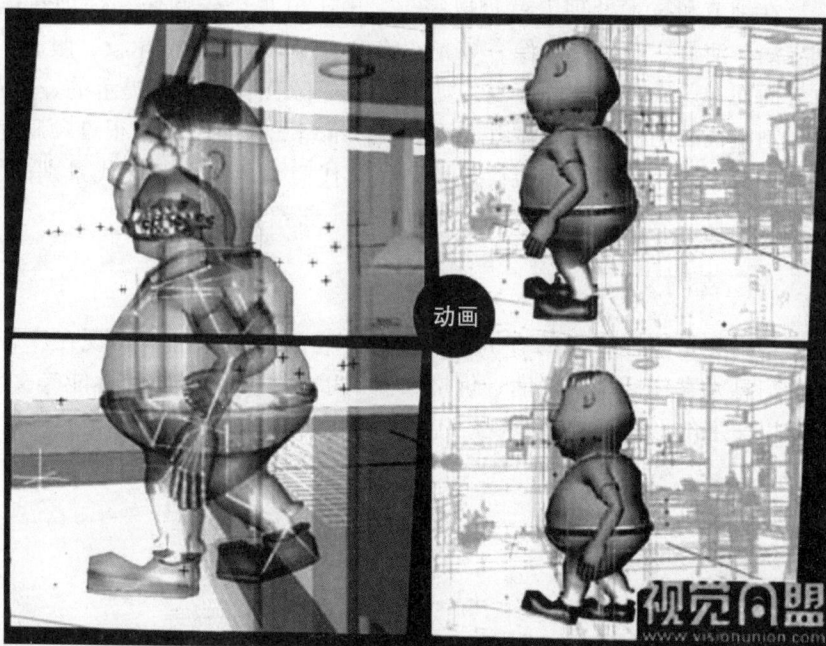

（10）灯光——根据前期概念设计的风格定位，由灯光师对动画场景进行照亮、细致地描绘、材质的精细调节，把握每个镜头的渲染气氛。

故事画纲往往是由导演完成的。"画纲是拍摄的预演和彩排"[①]，如果仅以文案为依据，在细节和技术处理上就难以完善。由于电视广告制作是一项集体工程，需要调动导演、演员、摄像、录像、灯光、美术、置景、道具、化妆、服装、录音、音效等方方面面专业人员的共同参与，如果没有一份有明确制作提示的、直观的画纲指导，摄制组很难明白自己要做哪方面的具体准备，设置工作就很难顺利完成。

故事画纲文案内容要求：①交代环境；②交代镜头角度；③交代景别；④交代商品与道具的位置与关系；⑤交代画面与音效、广告语言。

4.3.5　广告附文

电视广告附文是电视广告的有机组成部分，它以内文的形式出现在广告片中。其中主要的信息元素包括联系电话、价格、促销手段、产品特质和性能等文字，在后期制作时以文字的形式，补充电视广告的表达内容。

---

① 李谋. CF 大透视——影视广告创作指南. 北京：中国摄影出版社，2000. 158

4.4　电视广告文案的写作原则和要求

4.4.1　电视广告文案的写作原则

大卫·奥格威在他的专著《一个广告人的自白》、访问回答以及他的"备忘录"中，谈到许多有关广告制作的宏观原则，我们将其归类如下：①真实性原则，"广告必须提供事实——切忌夸大和不实之词"，"绝对不要制作不愿意让自己的太太和儿子看的广告"，"诸位大概不会有欺骗自己家人的念头，当然也不能欺骗我的家人，己所不欲，勿施于人"。②调查研究原则，"我以调查研究者的观点来研究广告"。③目的性原则，其著名观点是："我们的目的是销售，否则便不是广告。"

这三个原则同样适应于电视广告文案创作。另外，考虑到电视视听双通道传播的特性和电视广告稍纵即逝的特点，广告词不一定要求格式绝对完整，而是要与画面相配合，是对不完善画面信息的补充。

1. 真实性原则

在电视广告中，广告文案和广告中的其他要素一起，作为一个广告活动的"代言人"，站出来与受众对话。在对话的过程中，受众通过广告词和广告中的其他部分来了解产品，人们通过它的推荐和介绍来认识企业、产品和服务。通过它的推介，人们会对产品的功能有所了解，对企业产生赞许或否定、好感或反感等情绪，对是否接受某种产品或服务形成选择意向。丧失了真实性的广告词将毫无生命力，为了保证广告词的真实性，在创作中，广告文案中的信息要来源于客观的现实存在；信息的表现要全面准确，不可夸大其词；要注意形式虚构和信息真实之间的辩证关系。

2. 调查研究原则

为了保证广告文案的真实性，它向受众传达的广告信息必须来源于客观实在，是真实存在的东西，特别是有关企业、产品、服务的内容、形式、质量、功能、价格、承诺等能给予消费者利益的信息，在创作广告词时必须对这些内容进行详细的调查研究。在确定广告词的时候，创作者要认真研究广告主体，而不是张冠李戴，将其他产品的特点和功能甚至头脑中臆想的利益点放入广告词。

3. 目的性原则

广告活动的最终目的是说服和诱导消费者产生消费行为。这个目的以广告作品发布为中介。这个目的使得广告文案写作具有完全的功利性。目的性原则可以说是广告文案写作最根本的、终极的原则。在真实性原则的规范下，广告文案经由创造性的工作过程达到的是销售目的。因此，目的性原则是广告得以产生和发展的根本动力，也是广告文案得以产生和发展的根本立足点。

4. 非独立性原则

广告文案对于画面来说只是一个辅助手段，因此它的内容不必面面俱到，也不必刻意追求语言本身的完美表达。对于电视广告来说，首先应尽量用画面说话，文案应和画面配合，弥补画面的不足，或完善画面形象，或限定画面的多义性，或营造某种气氛等。因此，广告文案不必传达完整的信息，而是应有效地配合画面等要素进行传播。

4.4.2　电视广告文案的写作要求

电视广告所独具的蒙太奇思维和影视语言，决定了电视广告文案（脚本）的写作既要遵循广告文案写作的一般规律，又必须掌握电视广告脚本创作的特殊规律。具象性、直观性、运动性是电视广告文案（脚本）的基本特征。简约性和说明性是电视广告文案（脚本）的文字要求。

①电视广告文案（脚本）的写作，首先必须分析研究相关资料，明确广告定位，确定广告主题。在主题的统领下，构思广告形象，确定表现形式和技巧。

②电视广告文案（脚本）写作，必须运用蒙太奇思维，用镜头进行叙事。语言要具有直观性、形象性，容易化为视觉形象。

③以镜头段落为序，运用语言文字描绘出一个个广告画面，必须时时考虑时间的限制。因为电视广告是以秒为计算单位的，每个画面的叙述都要有时间概念。镜头不能太多，必须在有限的时间内，传播出所要传达的内容。

④电视广告是以视觉形象为主，通过视听结合来传播信息内容的，因此电视广告文案（脚本）的写作必须做到声画对位，使声音与画面相和谐。

⑤电视广告文案（脚本）的写作，应充分运用感性诉求方式，调动受众的参与意识，引导受众产生正面的"连带效应"。为达此目的，脚本必须写得生动、形象，以情感人，以情动人，具有艺术感染力。这是电视广告成功的基础和关键。

⑥写好电视广告解说词，电视广告词构思与设计的好坏，将决定电视广告的成败。电视广告词的种类包括：画外音解说、人物独白、人物之间的对话、歌曲和字幕等。每一则电视广告解说词，可根据创意和主题的需要，力求达到简明扼要、少而精的效果。广告口号要起到画龙点睛的作用。电视广告词的作用在于弥补画面的不足，即用听觉来补充视觉不易表达的内容，揭示和深化主题，进一步强化品牌或信息内容。电视广告词的写作要求有以下几点：

第一，写好人物独白和对话，它的重要特征是偏重于"说"，符合人物与广告商品的关系。要求生活化、朴素、自然、流畅，体现口头语言特征。

第二，对于旁白或画外音解说，可以是娓娓道来的叙说，或者抒情味较浓重的朗诵形式，也可以是逻辑严密、夹叙夹议的论理说道。

第三，以字幕形式出现的广告词要体现书面语言和文学语言的特征，并符合电视画面构图的美学原则，具备简洁、均衡、对仗、工整的特征。

第四，重点写好广告词中的标语口号，要求高度凝练和高度概括，具备容易记忆、流传、口语化特点，句式简洁、有节奏感、尾字音韵响亮。如"一品梅，芳香

4.5　电视广告文案的撰写技巧

电视广告文案的撰写是一项非常复杂的工作，要求对市场知识进行综合运用，应该根据广告产品本身的特征、消费者的组成结构以及购买层次、消费者的购买偏好、市场上同类产品的竞争状况等多种因素来综合考虑，形式不拘一格。为了便于说明，我们将电视广告文案的撰写技巧归纳为以下 13 点：

1. 用感化传递信息

感化是文学语言的一种特殊功能，电视广告文案同样需要感化的力量。广告语离开了感情因素，任何笔调都显得苍白无力，不可能打动人。可见，以情动人是撰写广告文案永远不可忽视的一个元素。

如香港"实惠"家居用品"锅"篇的广告词："家居用品有多么伟大和重要，你知道不知道呀？这只锅，它盛载着母亲的甜酸苦辣；建立父亲的英雄形象；为家人抵挡风雨；生活，怎可能没有它？在'实惠'眼中，所有家居用品的地位，都是无可替代的。"这样温暖人心的语言，相信会感染每一位受众，温暖每一位消费者的心灵。又如"飞利浦"小家电的广告词："今天，飞利浦全都帮妈妈做家事去了！"拟人化的诉求，提升了产品亲和力。

2. 恰当地运用口语

口语接近生活，趋于自然，读起来容易上口，且容易被记住，在日常生活中被使用的频率较高。如果在电视广告词中恰当地运用口语，通过强大的覆盖力量，往往可以形成"一传十，十传百"的宣传效果。

如《信息时报》最早期的广告，当时请了电影《雅马哈鱼档》中饰演"渔仔"角色的演员来拍广告。原定的广告语是："《信息时报》，我们生意人的好帮手。"结果正式开拍时，该演员不知道是因为激动还是忘了台词，只见他用手一挥报纸，脱口而出："《信息时报》有嘢到。"这意外的效果顿时令全场人员欢呼起来。"有嘢到"是广东方言，是"有东西好看"、"有两下子"的意思，随着广告的播出，"有嘢到"在很长一段时间里广为流传，成为一句流行用语，也成了《信息时报》的代名词，《信息时报》由此开创了局面。

3. 巧妙地借助俗语

广告文案来源于生活语言，反过来，广告文案又丰富着我们的日常生活和语言。成功的广告词往往能在社会上迅速流传开来。俗语在用词上比较考究，且深入人心，稍有变动就会引起人们的注意。在广告文案中巧妙地、反传统地改变一下俗语里的一个字或几个字，往往会收到一种意想不到的效果。比如某空调的广告语："众里寻他千百度，你要几度就几度"；华宝空调："树大的确好乘凉"；美的空调："静得出奇"。这些都是运用俗语的好例子。不过值得注意的是，由于俗语为大众所熟悉，从受众的阅读习惯来看，其文字数量及平仄韵律也是在撰写广告语时必须考虑的因素。另外，俗语应用也不能太滥，不可牵强附会，其含义必须健康。

4. 巧妙借用双关语

双关是文学创作中常用的一种修辞方法，也是源于汉字一字多意的特征，讲究的就是一种意蕴。

双关语运用得当会为广告增色不少，甚至会成为产品或企业的"标志"。如美的集团的广告语："原来生活可以更美的。"利用"美的"的双关语，既体现企业名称，又强调美的生活，非常巧妙，令人叫绝。又如公益广告语："天堂说话就到"，巧妙地将"说话"双关，"说话"既代表一种行为，又表达"马上"的时间概念，以此来警示司机开车勿使用手机，不然会造成生命危险，真是恰到好处，语感极佳。

5. 多运用象声手法

象声表现手法是我国汉字最为突出的功能之一。这种表现手法催生了一些有趣的文学艺术现象，同时也给广告文案的创作带来了更大的思维空间。

如默沙东保列治的广告运用一些语气词来揭示主题诉求点。有些年过五十的男人患有前列腺增生，因而尿难、尿胀、滴尿等症状时有发生。广告词巧借"嘘……嘘……嘘……卟卟……啪！滴……滴……滴……"等象声词来隐喻患者所遭受的痛苦，以引起消费者的关注与共鸣。消费者在接受信息的同时，更能感受到广告文案带来的诙谐与风趣。

6. 妥当地使用比喻

采用另外的事物来比拟广告宣传的对象，且宣传的对象与另外的事物有类似点，这种比喻手法在广告创作中十分常用。

比喻是语言艺术奇葩中开出的最灿烂的花朵之一。往往通过一个巧妙的比喻，就活灵活现地刻画出产品形象的个性来。同时，运用比喻还可让人加深对某种思想和观点的认识。

如贝尔电话的广告词："长途电话是回家最短的路程"、"电话就是你的高速公路"。运用"最短路程"和"高速公路"比喻电话带给人们的快速，比喻恰当、巧妙，形象突出。又如"外面虽有火热的太阳，里面却吹着阿尔卑斯山的凉风"。这一空调广告语将空调放出的冷气比作阿尔卑斯山的自然风，让人更觉得凉爽宜人。

7. 巧借成语

成语是中华民族千百年来智慧的结晶，是中华民族语言的精华。成语言简意赅、意义精辟、发人深省，有着以一当十的效果，有着深刻的表达力。

在广告文案的创作过程中，可结合现代的实际情况，将成语重新打扮，赋予其崭新的意义，使成语在新时代也能被发扬光大。

如"百'文'不如一'健'"（电脑输入系统广告）、"一'码'当先"（认知码广告）、"'字'得其乐"（佳能打印机）、"一览无余，一声不吭"（抽油烟机广告）、

"百衣百顺"（电熨斗广告）等，这些都是巧妙运用成语并与产品紧密联系起来的佳作。但任何事物的兴起，都不可避免地会引起非议，社会对此褒贬不一，有些学者认为这样会影响人们尤其是小孩子正确使用成语。孰是孰非，我们暂且不予争论，但巧用成语又运用得当而形成的广告文案所产生的独特魅力是不可低估的。

8. 谐音意蕴空间大

谐音即利用汉字同音异义的特点来表现广告语，它是借用受众耳熟能详的字音，转移到广告词所欲表达的意思之上，大有约定俗成的意蕴。

9. 拓展想象的空间

想象是一种有着丰富内涵的心理活动，同时也是一种独特的艺术创作才能。黑格尔说："如果谈到本领，最杰出的艺术本领就是想象。"

想象是一种创造性思维活动，没有丰富的想象，也就不会产生美丽奇幻的广告语言艺术。

如大都会保险公司的广告词："当晚霞消逝的时候。"其广告语是一个很含蓄、富有想象力的句子，且意味深长。人生不管经历过多少春秋，都会同即将逝去的晚霞一样，有自己的终结，这就提醒人们要对自己的生活作出长远的打算。

10. 合理夸张添情趣

对产品的特点或优势，通过语言的夸张加以合理的"放大"，或指向集中的承诺，能强化受众的印象。

以现实生活为基础，借助想象，抓住描写对象的某种特点加以夸大和强调，突出所反映事实的特征，用以加强艺术效果，旨在宣传商品和服务的优势。

如香皂广告"今年20，明年18"、香水广告"我们的新产品极易吸引异性，因此随瓶赠送自卫教材一本"、啤酒广告"整个美国都沉浸在布德维塞啤酒中"等，这些广告文案都讲究艺术策略的夸张，令商品倍添情趣。但应当注意的是，夸张要合理、适度，不可太过分。

11. 对话有独特功效

对话在文学中能充分表现人物的性格，同样在广告中也能显示其独特的宣传功效。幽默有趣的对话，往往令广告词妙趣横生。一般情形下先提问，后回答或承诺，营造一种真实可信的氛围，让受众感受到商家的真情实感。

如柯尼卡广告有这样一组镜头，一男子问一小孩："天底下最棒的是什么卡?"小孩脑海里闪烁着各种各样的"卡"，最后回答说："柯尼卡。"这就巧妙地借用"卡"字的多重含义来烘托商品的名称，营造了一种轻松、活泼的广告氛围，令人叫绝!

12. 反其道而行之

消费者往往对一些司空见惯的题材熟视无睹，淡然处之。"天渥煮瓜子"在品牌繁多而又大同小异的煮瓜子市场如何突出重围? 这是其面临的难题。"天渥煮瓜子"办公室篇广告采用了反其道而行的方法，效果很好:

办公室到处贴满了"不准磕瓜子"的标语,小秘书手拿瓜子欲嗑不敢,突然发现茶水间未贴标语,窃喜。推门一看,却看见众同事挤在里面狂嗑不止,再回头一看,经理也偷偷摸摸手拿瓜子走了过来。——"小心上瘾,天渥煮瓜子"(话外音)。

又如"七喜,非可乐"的广告词,在各种可乐已经将顾客的内心占得满满的情况下,以"非可乐"的商品定位,以一种全新的角度反潮流而行,从而确定了"七喜"的形象及地位。这种独具匠心的创意表达,使得"七喜"的营业额保持逐年增长的势头。

13. 善用排比壮文势

在广告文案中,运用排比手法也是非常普遍的。由于其句式整齐、语言流畅、表达周密,往往把三个或者三个以上结构相同或相似,内容相关、语气连贯的句子组成一个整体,不但可以增强广告宣传的气势,而且能产生听觉的感染力。

广告词中的排比手法,往往以广告的主要信息作为排比句子的共同部分,通过这一主要信息的反复出现和排比句对商品的说明与赞美,以期达到突出重点、深化主题、加强视觉冲击力的目的。

综上所述,广告文案撰写的技巧可以用以下六个词来概括:

真实:这是广告文案的生命,是产生感染力和说服力的基础。

简洁:主题单一、语言简洁的广告文案,才能使受众记得牢,印象深刻,过目不忘,为其销售鸣锣开道。

感性:广告文案只有淡化商品气息,加深人情味,给人输送脉脉温情,以情动人,才能引人关注,扣人心弦。

有趣:生动有趣的广告文案,不仅能引人发笑,令人深思,耐人寻味,更能使受众念念不忘,对产品产生深刻而难忘的印象。

巧妙:广告文案可作为一种语言艺术,很讲究语言技巧,巧妙的表达方式可以产生强烈的感染力和有效的说服力,取得令人信服的宣传效果。

独特:广告文案要尽量避免同质化,尤其是在商品竞争激烈的今天,广告文案更要打破常规,与众不同,具有鲜明的个性,激发人们的好奇心,使广告主体在竞争中脱颖而出。

在撰写电视广告文案时,还要注意以下问题:注意夸张与真实的辩证关系和相互制约;正确运用直接陈述与间接暗示两种方式;用词造句要注意语法规范问题;用语要适当,不可使用过分的词语,比如粗俗的俚语或淫秽的词语;防止不良影响,电视的覆盖面广,电视广告的社会影响范围很大,在创作广告文案时,除了要考虑到经济效益外,也要顾虑它的社会效益,避免产生不良影响。

本章小结

电视广告文案是电视广告不可或缺的构成要素之一。电视广告文案,就是电视广告创作的所有基础性文字文本的总和。细化的种类包括广告定位策略说明、作品创意构思说明、创意文本、故事画纲（故事板）等。电视广告文案具有声画结合的特点，可以弥补画面的不足，渲染气氛，引发联想。其文体表现上具有跳跃性、动作性和可视性等特征。电视广告文案创作应当遵循真实性原则、调查研究原则、目的性原则和非独立性原则。清楚简明、准确是电视广告方案的基本要求。电视广告文案撰写有很多技巧，概括来说有以下几点：真实、简洁、感性、有趣、巧妙、独特。在创作中，如果能够以此为目标，就不难写出优秀的电视广告文案。

思考与练习

1. 电视广告文案的特性是什么？
2. 电视广告词的写作要求有哪些？
3. 3D 电视广告故事板由哪些要素构成？
4. 故事画纲有什么文案要求？
5. 根据下面的资料，设计一个电视广告脚本：

飞鹰牌刀片

——飞鹰飞鹰，我是男士！

——男士男士，我是飞鹰！

——飞鹰飞鹰，几周来讨厌的胡子在我男士脸上陈兵百万，有损我男士英俊的面容，男士请求飞鹰火速前来救驾！

——飞鹰明白！

飞鹰从天而降，对胡子毫不留情，刮得舒服，刮得干净，刮得痛快！

飞鹰牌高级不锈钢刀片。

6. 根据所给资料，设计一则情景广告，要求有创意说明、故事画纲和画面说明。

如果你用心替别人想/把所有封闭和冷漠的心摆在一旁/这个世界就会充满希望/把所有的封闭和冷漠摆在一旁。

多帮别人想一想，黑松汽水。

5 摄像器材的应用 ▶

本章要求

◎了解专业摄像机的基本结构和工作原理。

◎正确认识专业摄像机的按钮功能及其操作方法。

◎正确认识专业摄像机白平衡的功能及其调整方法。

◎正确认识专业摄像机焦距的功能及其调整方法。

◎掌握专业摄像机的基本操作规范。

5.1 电视摄像机的基本结构和工作原理

摄像机一般由摄像单元、录像单元、寻像器、话筒、附件等几部分组成。其内部结构如图 5-1 所示。所有的摄像机都以同样的基本原理工作：把光学图像转化成电子信号。具体过程是：景物通过透镜组聚焦在摄像器件的"靶面"上，"靶面"是一种光电导材料，它能按照成像的亮暗程度将光学像变成电信号，并经过电路处理后，送至录像单元；话筒拾取声音信号并将其变成电信号，经过声音处理电路后，与图像信号同时被记录在磁带等介质上。

5.1.1 镜头

摄像机的镜头（lens）与照相机的镜头一样，都是由若干组透镜组成的，其主要功能是将被摄体反射过来的光汇聚在成像元件上。一般在专业摄像机镜头前安装有遮光罩（lens hood），一则防止杂光射在镜头表面上形成光晕，影响画面质量；二

光信号处理　　　　　　电信号处理　　　　磁信号处理

光 → 透镜组 → 光电转换器件 → 视频信号处理及其电路 → 录像系统

视频信号处理及其电路 → 寻像器

声音信号处理

声音 → 麦克风 → 录音电路

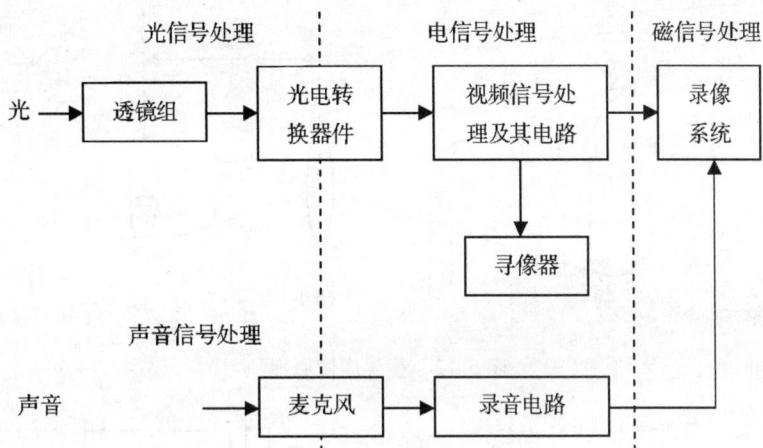

图 5 - 1　摄像机的基本结构

则有助于在搬运摄像机时保护镜头。镜头可分为定焦距镜头（fixed lens 或 prime lens）和变焦镜头（variable focal length lens 或 伸缩镜头，zoom lens）。定焦距镜头又可分为标准镜头（normal lens）、长焦距镜头（telephoto lens）和短焦距镜头（或广角镜头，wide angle lens）。而变焦镜头则是把这三类镜头组合在一起，并可以根据需要在不同的焦距区域之间连续变化。变焦镜头的最长焦距与最短焦距之比为变焦倍数。

1. **焦距**

　　焦距（focal length）是指从镜头的光学中心到镜头的影像聚焦的那一点的距离。焦距是镜头的一个基本特性，它可以决定影像的放大倍数和镜头所摄的水平视角的大小。焦距愈短，水平视角就愈开阔，影像也就愈小。标准镜头拍出的景物的大小、比例、距离感与人眼直接看到的景物最接近。短焦距镜头（广角镜头）拍出的景物比标准镜头小而远，但可视范围广、视角大。长焦距镜头（望远镜头）可以把远处的景物变近、放大，但视角小。三种不同镜头的成像效果如图 5 - 2 所示。

　　因此，焦距决定一个特定的摄像机视阈的宽窄，对变焦镜头而言，镜头可从其最大的视阈到其最小的视阈范围内连续变化，视阈随着焦距变化而反向变化，即随着焦距的增大而变小，随着焦距的减小而变大；被摄物体的成像却随着焦距的变化而正向变化，即随着焦距的增大而变大，随着焦距的减小而变小。变焦镜头可以从任一种焦距开始，以任意速度连续改变镜头焦距，从而可以连续改变成像和视阈大小。图 5 - 3 表述了三种焦距镜头的成像效果。

2. **聚焦**

　　当光线经过镜头组汇聚在摄像管的屏面上并准确成像时，说明摄像机成像的焦距已经调好了。由于被摄对象与镜头之间的距离随时都在改变，所以，必须随时调

焦距 f

物　　　　　　　　镜头　　　　　　　　像

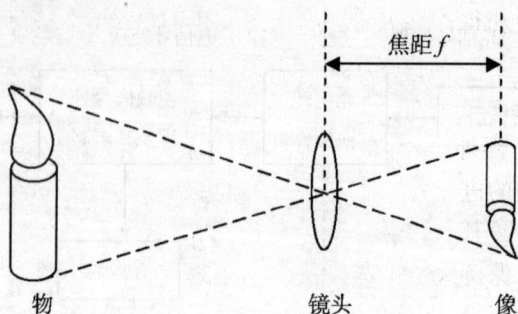

图 5 – 2　镜头成像原理

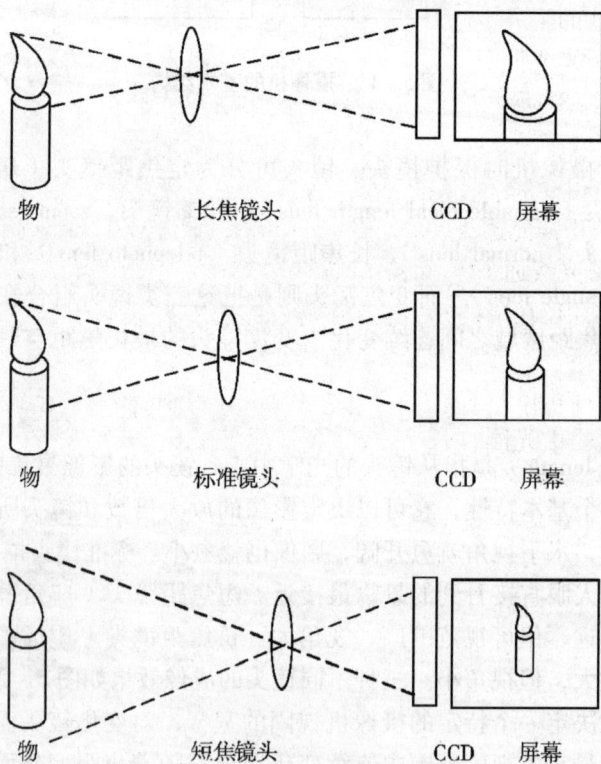

物　　　　　　长焦镜头　　　　　CCD　屏幕

物　　　　　　标准镜头　　　　　CCD　屏幕

物　　　　　　短焦镜头　　　　　CCD　屏幕

图 5 – 3　三种焦距镜头成像效果

节镜头焦距，以确保准确成像。镜头最前面的一组镜片就是聚焦用的，旋转其外环即可进行调整焦距。调整焦距有手动和自动两种，可以通过机上的控制键进行选择。对变焦镜头最基本的要求是变焦时图像的亮度和清晰度不变。所有镜头（变焦和固定焦距的镜头）均有一个最小的拍摄距离（被摄体和镜头之间可以允许的最短距离，在此距离上仍能获得对焦清晰的图像）。焦距较短的镜头比焦距较长的镜头有更短的拍摄距离。

3. 光圈

镜头上除了调焦环外，还有一个转环控制着摄像机镜头光圈（aperture）的大小，光圈决定着镜头的进光量。当外面光线过强时，应适当缩小光圈；当光线太弱时，应适当增大光圈。其目的是让通过镜头的光线强度保持稳定，从而使得到的图像不致过亮或过暗，保持适当的灰度层次。光圈有一组可调整的光阑（diaphragm 或 iris），它们的张开或缩小便可以控制曝光量。光圈孔径的大小以光圈系数（f – stops）来界定，我们可以在光圈环上看到代表光圈系数的数字（1.4，2，2.8，4，5.6，8，11，16，22），这些看似互不相干的系数其实是有科学根据的，后一个系数是前一个系数与 2 的平方根的乘积。这样一来，每个光圈系数都代表其左右相邻光圈系数的光量的一半或两倍。另外，光圈系数和光圈孔径成反比（inverse relationship），光圈系数为 8 时的进光量是光圈系数为 5.6 时的一半，是光圈系数为 11 时的两倍。

镜头根据其最小光圈系数（最大光圈值）——最大进光量来区分等级。光圈系数 $f/1.4$ 的镜头属于强光透镜（fast lens，即曝光时间短），因为其光圈孔径可以在单位时间内让大量光线通过。$f/4$ 的镜头则属于小强光镜头（slow lens，即曝光时间长），因为其光圈孔径在单位时间内允许通过的光量要少得多。

4. 景深

景深（depth of field）是指焦点的前方和后方景物能够保持清晰的距离（或范围）。景深的深浅是由光圈的大小、镜头焦距以及被摄体和摄像机之间的距离所决定的。镜头的焦距越大，景深越浅。因此，广角镜头（短焦距镜头）的景深大于望远镜头（长焦距镜头）。一般而言，被摄体越靠近摄像机，其景深越浅。

如果两个被摄体与摄像机成直线分布，而且两者与摄像机的距离不同，为了使两者成像都尽量清晰，我们只好将焦点定在它们中间，但不是正中央，一般是将焦点定在距离前者（与摄像机近的被摄体）三分之一处，即景深范围大约在焦点前方占三分之一，在焦点后方占三分之二，这就是我们通常所说的景深的三分之一原则。

焦距影响景深，因为广角镜头的自然景深原本就大于长焦距镜头，人们设计广角镜头就是为了拍到范围广而景深深的画面。光圈越小（光圈系数越大），景深越深。我们可以利用景深的特性让整个画面只有被摄体体现得清晰，其余都处于模糊状态，这样就可以突出被摄体。许多镜头厂商和专业出版物，如《美国电影摄影师手册》等，都已经将不同焦距的镜头在各种情况下的景深情况整理成表，供查阅参考。

5.1.2　摄像单元

摄像单元的作用是把进入镜头的光信号转变为电信号，再经过各种电路处理，最后得到被称为视频信号的电信号。

1. 摄像器件

摄像器件可以是摄像管或 CCD 半导体片。外界景物通过镜头所成的像恰好落在摄像器件的感光面上。感光面上排列着许多感光小单元，称为像素，每个像素都可以把感受到的光线变成电信号。单位面积的像素越多，分辨图像的能力越强，图像的清晰度也就越高。我们把分辨图像的能力称为解析力（分解力），以在整个画面的水平方向上能分辨多少条黑白相间的线条数来表示。

摄像器件的各个像素将产生与被摄物体相对应的图像电信号，其中包含了亮度、对比度和色度等各种信息。图像的亮度是指整个图像的明暗程度；对比度是指图像中亮暗部分的对比程度（或黑白反差度）；色度包括色调和饱和度，其中色调表示图像的颜色，饱和度表示颜色的浓淡深浅。所有这些电信号被送到电路中进行加工处理。

2. 信号处理电路

图像信号处理有许多环节，这里主要介绍增益、白平衡和数字化等部分。

（1）增益

增益即电路对信号的放大。摄像器件完成光电转换后送出的电信号非常微弱，必须通过电路把信号放大到一个标准值，以便送到录像机及监视器。信号的大小随被摄物的明暗程度变化而变化，在光线较暗的场合拍摄，光圈又开至最大仍不能得到正常的图像，这时就需加大增益。增益的单位是分贝（dB）。信号每放大一倍，相当于增益增加 6 分贝。正常的增益是 0 dB，增益一般分为 +6 dB、+9 dB、+12 dB、+18 dB、+24 dB 等若干档，应根据不同的环境选择使用。摄像机的增益范围越大，其灵敏度便越高，对黑暗环境的适应能力越强。摄像机灵敏度指标表示摄像机处于最大增益时，图像亮度合适的最低环境照度，以勒（克斯）（lx）为单位。增益越大时，电路中的噪声也同时被放大，在图像上表现为杂波增加、颗粒变粗、信噪比（有用信号与杂波之比）下降，画面质量受损。

（2）白平衡

白平衡电路是图像信号处理电路中的一个重要环节，它直接关系到图像色彩还原的准确程度。白平衡是摄像中的常用名词之一，要理解白平衡的概念，还得先从光和色说起。

光是一种电磁波，可见光的波长在 380～780 nm（纳米）范围内，不同波长的光波在人眼内不仅引起光亮的感觉（亮度），而且引起不同的颜色感觉（色调）。波长由长到短变化时，人眼感觉到的颜色依次为赤、橙、黄、绿、青、蓝、紫，合称为光谱。白色光则是由各种波长的单色光混合起来作用于人眼产生的颜色感觉。在日常生活中，我们所看到的景物的颜色不仅与其本身的物理特性有关，而且还与照射它的光源密切相关。物体被光照射时，能够吸收某些波长的光，反射或透射另一些波长的光，这部分反射或透射的光作用到我们眼中引起的颜色感觉就是物体的颜色。例如，在日光照射下，红花能反射红光，吸收其他颜色的光，因而呈现红色；白色物体能反射各种波长的光，因而呈现白色。如果用红光照射白色物体，则会呈现红色。这表明，光源的色调会影响人眼对物体的颜色感觉，因此要正确再现物体的颜色，就必须选择合适的光源。

光源的色调通常用色温表示。将一种"绝对黑体辐射体"（如一个绝对不反射入射光的封闭的炭块）燃烧，在不同的温度，它发射出的光的颜色不同。当某一类光源与绝对黑体辐射体在某一特定温度下辐射的光具有相同的特性时，这个特定温度就被定义为该光源的色温，用热力学绝对温标开尔文来表示，单位为 K。凯氏温标的 0 K 为摄氏温标的 –273 ℃。任何光源都可以用色温来表示。下表列出了几种典型光源的色温：

几种典型光源的色温表　　　　　　单位：K

烛光	1 390	钨丝白炽灯	3 000
碘钨灯	3 200	水银灯	4 500 ~ 5 500
日光灯	6 000	阴雨天的天空	7 000
日出日落	2 000 ~ 3 000	烟雾弥漫的天空	8 000
中午阳光	5 000 ~ 5 400	晴天无云的天空	10 000

由此可以看出，光源色温低，其光线色调偏红；光源色温高，其光线色调偏蓝。要正确再现景物的色彩，就必须控制光源的色温。

摄像机拍摄下来的信号再次被还原成图像时，应该仍能反映出原来的颜色，这就是色彩还原。自然界物体色彩纷呈，摄像机如何处理如此丰富的颜色呢？事实上，彩色摄像机所产生的视频信号，等于黑白摄像机所产生的亮度信号叠上色度信号。色彩有两个基本要素：色调（hue），即色彩特有的调子（如黄色、棕色、红色等），以及饱和度（saturation），即色彩的浓度或纯度（如高饱和度的深蓝色、低饱和度的浅蓝色等）。亮度信号可以表现整个画面中从最暗部到最亮部的明暗层次，同时会影响色彩的亮度（brightness），使色彩看起来显得或明或暗。

3CCD 摄像机将通过镜头的光线分成三原色（红、绿、蓝）光——每个 CCD 各负责一色。光线通过三棱镜或特制的分色镜，按照场景内各种颜色分布的比率，分解成三原色（研究发现，任何一种颜色的光都可分解成红、绿、蓝三种基本颜色）。最终这些色彩信号被重新处理，白平衡电路实际上就是可对这三种基色的电信号进行调整的电路。如图 5–4 所示：

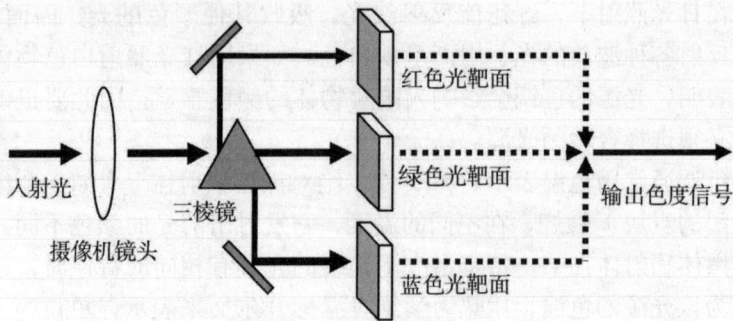

图 5 - 4　色度信号处理过程原理

如果采用的是组合记录方式，色度信号就和亮度信号记录在一起；如果采用的是分量记录方式，色度信号和亮度信号就分别单独记录。

（3）数字化

对图像信号进行数字化处理是当今的发展趋势。数字摄像机中用模数转换电路将模拟信号数字化后再进行传输、处理和存储时有许多优势，如抗干扰能力强，稳定性好，损耗小，易于元件集成化，便于大量快速存储，便于与计算机联机处理等。数字化是摄像机提高使用性能，增加新功能（如数码变焦、油画、频闪、静帧效果等）的基本条件。

3. 控制电路

控制电路用以控制摄像机的各种功能。有些功能是自动控制，如自动聚焦、自动光圈等。通常自动控制是通过检测电路检测出偏离状态，经过比较计算，产生一个误差电压，再送到控制电路将偏离状态纠正到正常状态。有些功能是手动控制，使用时应根据实际情况进行操作。

5.1.3　录像单元

录像单元就是一台录像机，其功能是把视频处理电路送来的视频信号和音频处理电路送来的音频信号转换成磁信号记录在磁带上，它也可以作为放像机来使用。录像单元由机械系统（带仓、磁头、走带机构）和电路系统（记录与重放电路、伺服电路、控制电路）两大部分组成。

1. 机械系统

（1）带仓

带仓是承载磁带盒的精密机械系统，通过 EJECT 按钮，可以打开带仓，完成磁带取放。

（2）磁头

磁头是录像机的重要器件。它的功能是进行电磁转换。录像机的磁头包括音频磁头、视频磁头、消磁磁头和控制磁头几种。其中，视频磁头是录像机中最容易损坏的部件，因此，保持清洁的使用环境，使用高质量的磁带，养成良好的使用习惯对提高录放质量和延长机器使用寿命，都是非常重要的。

（3）走带机构

当磁带盒放入带仓后，走带机构会把磁带从带仓中拉出并缠绕在磁鼓上（称为穿带）。录像开始后，走带机构中的主导轴与压带轮负责驱动磁带，使磁带以标准速度匀速运行。录像完成后，则可使磁带从磁鼓上退下且自动收带进盒（称为退带）。

2. 电路系统

（1）视频信号记录与重放电路

记录电路对视频信号进行亮度与色度信号的分离、亮度信号调频、色度信号降频和预加重等技术处理后再录制。放像时重放电路则把从磁带上获得的信号进行色度信号升频、亮度信号解调和去加重等处理而得到标准视频信号。

（2）音频信号记录与重放电路

从送入录像机的声音信号（话筒和线路）中选出一路，经放大处理后，送到声音录/放磁头录制。重放时，从声音录/放磁头拾取微弱信号，经放大处理后送出。

（3）伺服电路

伺服电路能精确控制磁鼓旋转的速度及走带的速度，使两个速度保持同步，录制时能在磁带上录出标准的磁迹，重放时要保证磁迹与磁头对准，使磁头在高速旋转时能准确地从磁迹上拾取信号，从而保证图像质量的稳定。

（4）控制电路

控制电路可通过对控制按钮的操作确定录像机的工作状态，从而控制磁带的运行。还可通过自动控制电路促使带头带尾自动检测、长时间暂停后自动停机、潮湿自动停机等自动控制功能的实现。

5.1.4 寻像器

寻像器实际上是一个微型监视器，是用来取景和监视摄像效果的。寻像器的荧光屏一般多为黑白显像管，显现的是黑白图像。寻像器前面加有一个目镜，是一个具有放大功能的凸透镜，目镜与荧光屏的距离是可调节的，以适合于不同人眼的屈光度。寻像器还可以显示各种菜单文字、数字和符号，用以辅助调整摄像机的功能，显示摄像机的工作状态和自动告警指示等。

5.1.5 附件

1. 电源适配器

电源适配器可以把220 V交流电变成低压直流输出，作为摄像机的电源，输出直流电压一般有6 V和12 V两种。电源适配器通常也可以作为充电器对充电电池进行充电。

2. 电池

在没有交流电的地方，摄像机可用电池来供电。摄像机所用电池是充电电池。此外，记忆时钟和日期的电源通常是另外使用 1～2 枚纽扣电池，这种电池虽不能充电，但由于耗电极少，所以能用很长时间，不必经常更换。

3. 录像带

录像带用来记录、储存信息。录像带不像录音带，它没有 A、B 面之分，不能翻面使用。磁带盒的底边有一录制检测用方孔，孔上有防抹片，遮挡时可以录制；把防抹片拨开露出检测孔时可禁止录像机进入录制状态，此时只能放像。

5.1.6　接口和视频接头

视音频信号从一个设备传输到另一个设备，比如，从摄像机到录像机，或从录像机到监视器，都必须经由电缆、接口和接头。

1. 输入与输出接口

（1）视音频输出接口

与视音频电缆相接，直接输出视音频信号。

（2）视音频输入接口

与视音频电缆相接，直接输入视音频信号。

（3）耳机插孔

与耳机相接，用来监听拍摄或放像时的声音。

（4）话筒插孔

与机外拾音设备相接，此时机内话筒不工作。

（5）电源适配器插口

与电源适配器相接，输入直流电源。

2. 视频接头

在 VCR、摄像机和监视器上最常见的接头有多针接头、BNC 接头、S 接头、莲花接头、射频接头以及 firewire 接头等。

（1）多针接头（multipin connectors）

可将视频、音频和遥控信号通过一条电缆一起传送。通常不同的摄像机和 VCR 各有其专用的多针接头，摄像机与 VCR 和摄像机与监视器之间的多针接头看起来就有很大差异。

（2）BNC 接头（BNC connectors）

只能传送视频信号。如果摄像机的视频信号输出用 BNC 接头连接到 VCR，我们就无法通过摄像机遥控录像机。BNC 接头也常用来传送 VCR 和 VCR 之间的信号。

（3）S 接头（S connectors）

只能传送视频信号。监视器和 VCR 用这种接头输入和输出那些被分离为色度信号和亮度信号的视频信号，也就是说这种接头是用来传送分量信号的。

（4）莲花接头（RCA connectors）

可传送视频信号或音频信号，但无法同时传送这两种信号。

（5）射频接头（RF connectors）

可以将 VCR 的视频和音频信号同时传送到普通电视机上。

（6）firewire 接头（firewire connectors）

这种接头也叫 IEEE（美国电气与电子工程协会）1394，它能够将数字信号从一台设备拷贝到另一台设备上。

数字摄像机通常包括一种以上的模拟信号接头。这样，数字信号就可以在模拟设备上播放。

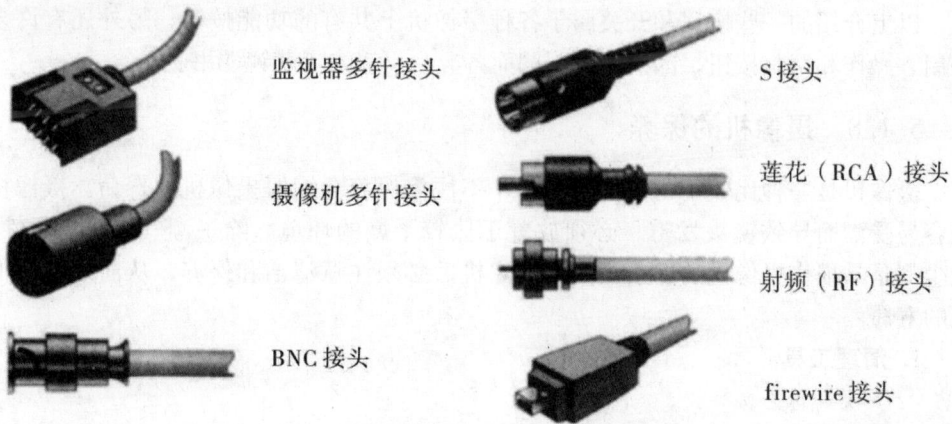

图 5 - 5　常用的专业视频接头

5.1.7　常用按钮与开关

1. 电源开关

接通或切断摄像机的电源。有些机器此开关增设一档，可单独接通录像单元的电源，用于放像或编辑磁带。

2. 弹出钮

按下此钮，弹出带仓，便于取出或放入录像带。

3. 磁带操作按钮

控制磁带停止、倒带、快进、放像、暂停和录制等。有些专业机器还有配音与插入编辑按钮，与放像按钮配合使用，可在已录制的磁带上配音或修改图像。

4. 开始/停止按钮

通常在持机的右手大拇指所在的位置设有一个红色的开始/停止按钮。在录像时，通过对它的操作来改变录像单元录像与停止状态。

5. 待命按钮

如果摄像机处于暂停状态并在短时间内不再拍摄时，可用待命按钮（STAND BY）暂停来改变摄像机的工作状态，从而最大限度地节省电池能量的消耗，并防止误触其他按钮。

6. 电动变焦按钮

按 T 端，镜头焦距变长，被摄物变近、放大；按 W 端，镜头焦距变短，被摄物变远、缩小。

7. 跟踪调节按钮

在磁带重放时，调节此按钮可获得信噪比最好的图像。若调偏，画面可能出现杂波。

以上介绍的一些按钮和开关属于各种摄像机上共有的功能按钮，另外还有许多控制、操作和调整按钮，因机器的不同而各异，可以参考其说明书。

5.1.8 摄像机的保养

摄像机是一种比较精密贵重的机器，不注重保养会缩短摄像机的寿命。摄像机很容易受潮而导致镜头发霉，必须放置于比较干燥的环境。除了潮气，热、磁性、灰尘都是易损伤摄像机的因素，使用摄像机后必须注意清洁和保养，从而延长摄像机的寿命。

1. 清理工具

（1）吹气球

抓捏橡胶球部分吹出微风，吹净镜头或摄像机表面的灰尘。

（2）刷子

对吹气球未能清除的灰尘可以利用刷子擦拭。可以使用柔软的刷子或化妆刷，最好购买带有防静电功能的专用镜头刷。

（3）清洁布

擦拭镜头或摄像机表面的清洁布，宜使用柔软的绒制品。镜头与摄像机表面的擦拭布最好不要混用。

（4）清洁液

涂在清洁布或清洁纸上，擦拭镜头或摄像机表面灰尘污垢的液体。

（5）清洁纸（镜头纸）

使用清洁纸擦拭镜头的效果优于清洁布。

2. 镜头的清理

摄像机最重要的部分为镜头，为了延长镜头的使用寿命，必须经常性清理镜头的污垢。使用后要用吹气球吹出镜头的灰尘，未清除掉的污垢需利用清洁布或镜头纸再次擦拭。切忌使用表面粗糙的废纸或布料擦拭镜头，这样很容易导致镜头表面的保护膜涂层脱落。摄像机镜头还很容易受潮发霉，必须放置在比较干燥的环境中。

3. 摄像机的存放

为了防潮，一般将摄像机与干燥剂一同装入硬质容器并存放于较为阴凉、干燥的环境。一般的布包含有大量的棉质材料，容易吸收水分，如果数码摄影机长时间存放在里面的话，很容易受潮而导致镜头发霉。如果考虑到长时间存放，最好购买专业的防潮箱。

4. 电池的维护

电池最好完全放电后再充电。如果购买专用的充电器，最好选择带有放电、充电双重功能的充电器。最新的锂离子电池虽然不需要完全放电后再充电，但是不能放置于高温环境。

5. 录像带的保存方法

录像带不能接近带有磁性成分的物体，不要保存在带有磁性的显示器、电视机等附近。对不经常使用的录像带要重复倒带操作，防止留下褶皱。另外，不能直接用手指或其他物质触摸录像带，否则有可能导致保存的影片发生错误。

5.2　电视摄像机的分类及其主要性能

5.2.1　摄像机的分类

摄像机种类繁多，用途广泛，其分类方法也不一而足。

1. 按性能分类

摄像机的性能决定了其主要用途。对于同一代产品而言，按摄像机的性能高低，我们可以把它们分为广播级、业务级和家用级三个档次。

广播级摄像机是最高档的。其性能稳定，图像质量最好，彩色、灰度都很逼真，在允许的工作范围内，图像质量变化很小，即使在恶劣的工作环境（寒冷、酷热、低照度和潮湿等）下，也能拍摄出比较满意的图像。主要用于广播电视领域，体积较大，价格昂贵。

业务级摄像机主要用于电化教育、闭路电视、工业和医疗等领域。图像质量不如广播级，体积较小，质量较轻，价格也相对便宜。

家用级摄像机主要用于家庭娱乐，如旅游、婚礼等场合。图像质量相对一般，但体积较小，便于携带，价格也比较低廉。

2. 按制作方式分类

按摄像机主要使用场合的不同，可将其分为：演播室摄像机，HDTV（高清晰度电视）摄像机；ENG/EFP摄像机；家用或小型摄像机。

这种分类并不决定它们的专用范围或者相对质量。例如，演播室摄像机经常用于现场，而现场摄像机，如便携式的 ENG/EFP 摄像机，也常常被用于演播室。然而，摄像机的各种类型在制造时对其功能和应用是预先有设想的。一些类型的摄像机适宜于电视剧的制作，另一些更适合于新闻报道或纪录片的制作，还有一些则适宜于个人使用。

（1）演播室摄像机

演播室摄像机是一种高质量摄像机，常用于各种各样的演播室节目的制作，诸如新闻、谈话或其他现场直播等节目。但它一般只能完成一部分工作，而且需要其他一些辅助的控制设备协同工作。其最大优势是可获取高质量的图像，缺点是结构复杂、体积和重量都比较大。

HDTV 摄像机产生的画面有超级的分辨率、色彩逼真性和明暗对比度。HDTV 摄像机的画面质量之所以超过最高质量的演播室摄像机，是因为它增加了扫描线的数量，扫描线越多，可以看到的细节也就越丰富。HDTV 中的扫描线数量（1 125 条线）是正常的 PAL 系统（625 条线）的近两倍，因此，HDTV 显示了一个比常规电视大得多的对比度，同时它有更多的色彩变化，这使它成为 35 mm 电影的一个强有力的竞争对手。由于 HDTV 是高度专门化的电视系统，它要求整个系统（包括摄像机、录像机、监控器以及视频放映设备）都是高清晰度的，因而价格特别昂贵。目前它尚未用于日常的电视广播，而是用于许多非电视广播的领域，如电子化的电影制作、医学等领域的教育研究和广告的制作。将来，HDTV 摄像机则可能会有更大的作为。

（2）ENG/EFP 摄像机

ENG/EFP 摄像机附带着内在的控制功能，主要用来拍摄高质量的画面。该机型往往是摄录一体的，并增加了家用机的一些自动特性，如自动光圈、自动聚焦和自动白平衡跟踪等，这些特性使得在剧烈变化的条件下不用手动调节就可以拍摄出不错的图像。高级的 ENG/EFP 摄像机的图像质量很好，因此，该摄像机经常被用于演播室环境。

（3）家用摄像机

家用摄像机也是摄录一体。大多数家用摄像机十分相似，都有一个单芯片的成像装置和制动装置，都有自动聚焦、自动光圈和自动白平衡跟踪等。一些高级的家用摄像机有 3 个 CCD，类似于专业摄像机，但是图像质量相对较差。

在实际运用中，要根据需要对摄像机作出选择。如果画面质量是最重要的（例如，在广告、医疗卫生节目或情节剧的制作中，无疑应该选择高级的演播室摄像机），或者估计有大量的后期制作，演播室摄像机的高质量画面也是特别重要的。

3. 按摄像器件分类

根据摄像器件的种类不同，可以把摄像机分为摄像管摄像机和固体摄像机两大类。

摄像管摄像机的质量常常用摄像管靶面材料来衡量。广播级摄像机常用氧化铅作为靶面材料，被称作氧化铅管摄像机，其图像质量好，灵敏度高，光电转换性好。

业务级摄像机常用硒、砷、碲 3 种硫化物作为靶面材料，被称作硒砷碲管摄像机，性能和图像质量都不错，价格也便宜。

固体摄像机的光电转换是由电荷耦合器件（CCD）构成的。其主要方式有 3 种：行间转移方式，简称 IT 方式；帧间转移方式，简称 FT 方式；帧—行转移方式，简称 FIT 方式。

4. 按摄像器件的数量分类

（1）三管和三片摄像机

摄像机采用 3 只摄像管或 3 个 CCD 芯片，分别产生出红、绿、蓝 3 个基色信号，能够得到质量很高的图像，彩色还原好，清晰度与信噪比高，用于广播级和业务级。

（2）两管和两片摄像机

图像质量低于三管和三片摄像机，但价格不便宜，是一种过渡型机种。

（3）单管和单片摄像机

摄像机采用 1 只摄像管或 1 个 CCD 芯片，用特殊的方法产生出红、绿、蓝 3 个基色信号，图像质量一般，多用于监视系统及家庭娱乐等。

5. 按摄像器件的尺寸分类

图像质量与摄像器件的尺寸大小有着直接的关系，尺寸大，有效像素数多，图像清晰度自然就好，灵敏度也高，当然体积也大。

摄像管摄像机以摄像管的直径大小来衡量，而对 CCD 摄像机来说，当 CCD 芯片感光区面积与某摄像管的靶面面积相等时，该摄像管的尺寸就是该 CCD 摄像机的尺寸。

（1）11/4 英寸管摄像机

尺寸最大的摄像管摄像机，灵敏度与清晰度最好，体积最大，只能作为演播室用机。

（2）1 英寸管摄像机

其清晰度和灵敏度略逊于 11/4 英寸管摄像机，体积稍小，作为演播室和现场节目制作用机。

（3）2/3 英寸管摄像机

图像质量好，体积小、质量轻，能作为演播室级现场节目制作用机，但更广泛地应用于电子新闻采集场合。

（4）1/2 英寸管摄像机

多为单管机，图像质量较差，作为家用摄像机。

（5）2/3 英寸 CCD 摄像机

图像质量好，是广播级和业务级摄像机中使用最广泛的。

（6）1/2 英寸 CCD 摄像机

3CCD 的图像质量较好，可以作为业务级摄像机；单片 CCD 可作为家用级摄像机。

5.2.2　摄像机的主要技术指标

1. 灵敏度

灵敏度是指在同一照度下，拍摄同一景物得到额定输出时所用的光圈大小。通常在照度为 2 000 lx，色温为 3 200 K，拍摄白反射系数为 89.9% 的景物，信号输出为 700 mV。此时使用的光圈越小，表示摄像机的灵敏度越高。

2. 信噪比

信噪比（signal－to－noise ratio）是指在标准照明度（2 000 lx）条件下，图像信号的峰值与摄像机图像系统产生的视频噪波（图像变形）的有效值之比，该比值越高越好。信噪比是不同档次摄像机的主要指标，该指标的大小与测量条件有关。

3. 清晰度

评价摄像机性能一个最重要的指标是其表现细节的能力。大部分摄像机厂商以水平分辨率（horizontal－resolution）来显示其产品的图像清晰度，也就是说，其是摄像机的 CCD 与其镜头、光学系统和电子系统相配合，能够在 1 mm 中区分的垂直线数目的最高值。水平分辨率达到 600 线的摄像机要比 200 线的摄像机拍出的画面清晰。水平分辨率越高，图像的清晰度就越高。

4. 最低照度

最低照度（low－light sensitivity）是指摄像机拍到可接受画面的最低照度，这是评价摄像机性能的另一标准。电影工作者可以在低照度的条件下选用感光快的胶片，而电子摄像机的低照度工作则主要取决于摄像机本身。虽然镜头和摄像机的电子电路系统对其低照度工作性能也有影响，但起决定作用的仍然是 CCD 的感光度。摄像机厂家通常会标明其产品要拍到最佳效果所需的最低尺烛光数（foot candles）。另外他们也会用到另一种照度单位——勒克斯（lx，约 1/10 尺烛光）。

摄像机还有其他一些指标，如几何失真、重合精度、自动化程度、耐冲击震动能力、工作环境温度范围、接口的多功能化以及操作的方便性等，都是选用时需要考虑的因素。

5.3　电视摄像机的基本操作

5.3.1　摄像操作

1. 正确支撑摄像机

许多用来支撑摄像机的精巧设备早已纷纷面市，包括把摄像机架设在飞机机翼上或固定在赛车侧面的支架和钩扣上等。不过在电视拍摄中，最常用的摄像机支撑物是三脚架和人的肩膀。移动车和升降机则主要因为昂贵和笨重而不太普及。

（1）手持摄像机

轻便型摄像机（业务机或家用机）可以肩扛或手持，肩架（shoulder mount）和摄像机固定在一起，可以舒舒服服地将摄像机架在肩上。更精巧的摄像机身体支架（body braces），如斯坦尼康（Steadicam），也能帮助摄像师减少一些不必要的晃动。摄像操作时，还要掌握正确的持机方法，手持摄像机通常采用站姿、坐姿、跪姿、全蹲等几种相对稳定的姿势进行拍摄。具体方法是：右肩扛住摄像机，右手握住手柄，操纵电动变焦键和记录开关。左手配合右手进行其他诸如手动聚焦、调节寻像器和稳定摄像机等操作（摄像机的设计都是以右肩扛机为主，所以，当以左肩为负重习惯时，很难进行方便的拍摄）。拍摄时还要尽量利用身边的依靠物，如树木、扶梯、墙壁等，使摄像机保持相对稳定。边走边拍（跟拍）时，为减轻因走路而产生的垂直震动，双膝应略弯曲，脚与地面平行慢步移动，必要时可以装配平稳镜头以稳定画面，但价格比较昂贵。

（2）三脚架

三脚架（tripod），顾名思义，是有三个支脚的摄像机支架。支脚的长度可以调整，因此，即使机器架设的地方不平，三脚架也可以保持水平。大部分三脚架可以调整的高度范围大约从离地二三尺到略高于双眼。如果需要将摄像机架得更低，可以使用一种支脚很短的仰摄座（high hat）。

三脚架底部有尖钉或铁垫，因此可以固定在地面或地板上。三个支脚也可以装上轮子，这样整个三脚架移动起来就比较方便。

安装在三支脚顶端的是云台（tripod head），摄像师握着它的手柄可以平稳地将它四面转动。摩擦云台（friction head）通常比较便宜，利用物体表面接触时产生的阻力保证运动的平顺。较昂贵的液压云台（fluid head）则可以通过调整液压阻力保证摄像机运动的平稳顺畅。值得注意的是，摄像机无人操作时，必须锁定云台。

（3）移动车

专业用的移动车（dolly）为带轮子的平台，有多种规格，小的如手推小货车，大的如小卡车，它们通常用马达带动；靠近中央有一个支柱，摄像机可以架在上面。一般由摄像师掌机，另一个人推拉移动车。这种器材能帮助拍摄非常理想的推拉镜头。学生可以利用轮椅、购物推车等充当移动车。

（4）升降机

升降机（crane）体积庞大，有点类似于电话公司的户外作业机。它可以将摄像机从很低的地方升到很高的地方，许多升降机可以作前后、左右和弧形运动。移动升降机常常需要很多人。升降机非常昂贵，而且不常使用，因此人们常常选择租用。不少厂家也制造平衡转臂（jib arm），它能把摄像机递送到体积庞大的升降机（载着摄像师和摄像机）无法到达的地方。为了扩大其应用范围，许多平衡转臂都可以和移动车或轨道车基座组合使用，在这种组合中，摄像机可以进行一些基本的运动：横摇（pan）、纵摇（tilt）、横移（truck 或 track）、纵移（dolly）、升降（crane 或

boom）和弧线运动（arc）等。

（5）摄像机特种支架

斯坦尼康是一种摄像机支架，能够在摄像师走、跑甚至跳的同时保持摄像机的绝对稳定。重型摄像机或摄录一体机采用大型斯坦尼康支架，由摄影师攒在身上；小型摄录一体机则采用轻便的斯坦尼康，用一只手即可拿着走。

悬臂是一种反向平衡的摄像机支架，其设计目的是用于外景拍摄。可以将它夹在门框、椅子或车窗上，然后侧向做悬摆或上下运动。

图 5 - 6   摄像师使用特种支架拍摄①

———————————

① 图片来源：影视常用摄影辅助设备斯坦尼康视频教程，http://www.very␣cd.com。

2. 摄像操作程序

（1）摄像机的操作流程

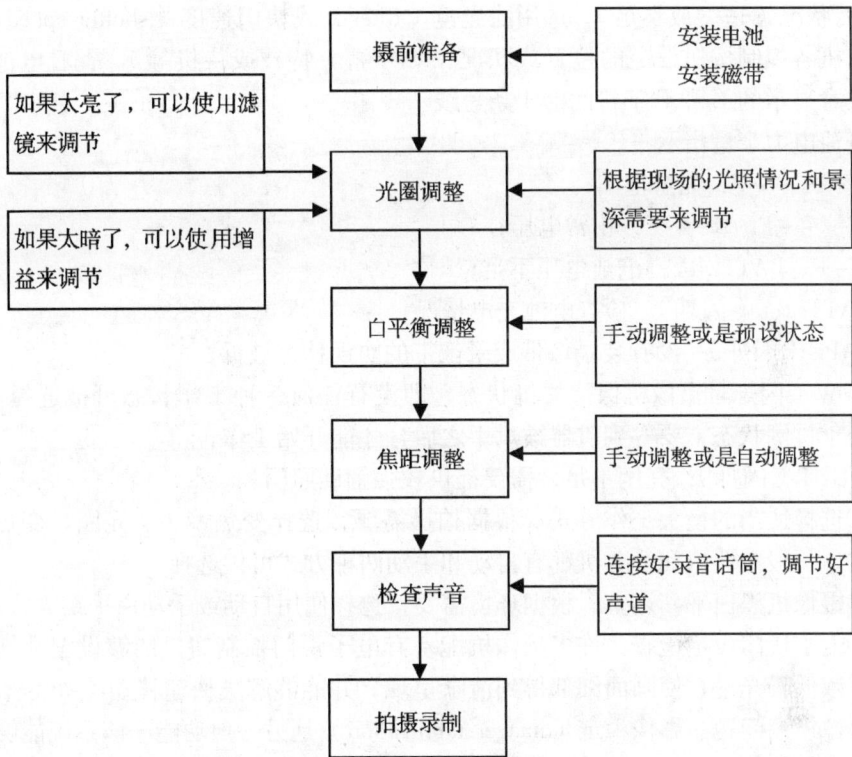

```
                          ┌──────────┐      ┌──────────────┐
                          │  摄前准备  │◄─────│ 安装电池      │
                          └──────────┘      │ 安装磁带      │
                                │           └──────────────┘
┌──────────────────┐           ▼
│ 如果太亮了，可以使用滤 │      ┌──────────┐      ┌──────────────────┐
│ 镜来调节          │──────►│  光圈调整  │◄─────│ 根据现场的光照情况和景 │
└──────────────────┘      └──────────┘      │ 深需要来调节       │
┌──────────────────┐           │           └──────────────────┘
│ 如果太暗了，可以使用增 │       │
│ 益来调节          │──────►    ▼
└──────────────────┘      ┌──────────┐      ┌──────────────────┐
                          │  白平衡调整 │◄─────│ 手动调整或是预设状态 │
                          └──────────┘      └──────────────────┘
                                │
                                ▼
                          ┌──────────┐      ┌──────────────────┐
                          │  焦距调整  │◄─────│ 手动调整或是自动调整 │
                          └──────────┘      └──────────────────┘
                                │
                                ▼
                          ┌──────────┐      ┌──────────────────┐
                          │  检查声音  │◄─────│ 连接好录音话筒，调节好 │
                          └──────────┘      │ 声道             │
                                │           └──────────────────┘
                                ▼
                          ┌──────────┐
                          │  拍摄录制  │
                          └──────────┘
```

图 5 - 7　摄像机操作流程

（2）摄像前准备

检查所有开关是否处于正常位置，不同的机器有不同的检查项目，一般共有的有如下三项：

①所有电源开关（POWER）应置于关闭位置（OFF）。

②增益选择开关（GAIN）应置于 "0 dB" 位置；光圈、聚焦、白平衡选择开关拨至自动（AUTO）位置。

③检查录像带的防误抹片是否完整。

（3）设备调整

①选择摄像机滤色片（filter）：正常情况选择 5 600 K 档，若阳光较强或拍高反射物时选 5 600 K + 1/4ND 档。

②开机，并按 EJECT 键，打开带仓，插入磁带：将所有电源开关拨至开启位置，并使摄像机处于摄像状态，除下镜头盖，数秒钟后可在摄像机寻像器上看到图像。

③检查寻像器（view finder）上显示信号。虽然摄像机的设计不同，但电子寻像器显示的信号基本上大同小异。他们通常利用警示灯或图形提示电池（battery）的电量、录像带（tape）状况（记录中、暂停或可供记录的剩余时间）、照明（light）状况（适度或不足）、选用滤光镜（filter）或快门速度（shutter speed），以及摄像机各控制按钮设定的位置或状况（如字幕、特技或待机等）。查看电池电量时要注意显示的 E 和 F 字符间的 4 条短线。

电池电力余量指示：

E－－－－F：完全饱满；

E－－－F、E－－F：正常电压；

E－F、BATTERY：电池电压不足；

BATTERY（闪烁）：检查电池充电情况；

TAPE（闪烁）：没有装录像带或录像带的防误抹片被拆；

DEW（闪烁且摄像机保持关机状态，即没有任何一种工作状态可被选择）：摄像机处于过潮状态，要等到机器被烘干之后，才能开始工作；

LIGHT（闪烁）：亮度不足，需要提供较强辅助照明。

④选择适当的镜头工作方式。根据拍摄需要，选择变焦镜头、光圈、变焦及聚焦方式，一般专业机和业务机都有自动和手动两种方式可供选择。

⑤摄像机黑白平衡调整。根据环境需要，选择使用自动或手动白平衡方式。

⑥电子快门设定检查。许多摄像机配备有电子快门控制钮，能够设定几档高速快门以减低曝光量，使画面细部得到清晰呈现，并能够解决快速移动（如赛车）带来的影像模糊问题。影像稳定（image stabilization）是另一项功能。该系统能够以数字技术强化部分画面，并在摄像机的移动过程中或者在对镜头进行机械调整的过程中追踪目标影像。影像稳定系统虽然或多或少会降低画面质量，但它能够使摄像机的运动显得比较稳定、晃动较小。

（4）确定机位、实拍

选择合适的拍摄方向、高度与距离，进行准确的选景与构图，然后按录像开关钮。寻像器上出现"REC"，表示摄像开始。在实拍过程中，可利用推、拉、摇、移、跟、甩等摄像技巧，获得丰富多彩的画面内容与形式。

对于初学者来说，在拍完一段录像后，重放审片时，常常会发现有的镜头本以为拍摄成功了，而录像带上却没有信号；或者录像中间突然有一段乱七八糟并未有意拍摄的镜头出现。这是因为摄像机实际上正处于暂停状态或开机状态，而摄像人员并没有真正了解机器在拍摄或暂停状态时的特征信息。为避免这些现象的出现，一定要认真了解摄像机的性能及其状态特征信息，开机时，要看红色录像指示灯是否亮起，要注意观察寻像器上是否有"REC"信息显示；停机时，要看红色录像指示灯是否熄灭，要注意观察寻像器上是否有"PAUSE"信息显示。

5.3.2 主要功能的运用

1. 白平衡调整

白平衡（white balance）调整分为自动和手动两种方式，由白平衡方式选择开关（WHT BAL）控制，把开关按钮拨到自动位置（AUTO）时，摄像机会自动进行白平衡调整，无须其他任何操作。

手动白平衡的调整步骤：

第一步：将一个标准白色测试卡纸放置在拍摄现场，如果没有标准白色测试卡纸，也可以用其他纯白的纸。将白纸放在被摄主体的位置，注意不要出现不均匀的光斑。

第二步：使摄像机镜头对准白纸，改变镜头焦距，使白纸充满整个镜头。

第三步：拨动或按下手动白平衡调整按钮，数秒后，寻像器上的白平衡指示灯亮或显示出"OK"或"COMPELET"等字样，表示白平衡已经调好。若指示灯不亮或显示"NG"（不好），表示白平衡未能调好，可能是光线太暗或者光源色温与3 200 K相差太远，应先解决照明问题或增加合适的滤色片，然后再进行调整，直至调好。

在拍摄中，如果拍摄现场的照度发生变化或拍摄现场转移，都必须根据新的拍摄环境光线重新进行白平衡调整，每次拍摄前，都应确认白平衡已调整好。

自动白平衡使用方便、简单，但自动调整范围有限，在以下6种情况下，自动白平衡调整很难提供准确的白平衡，最好使用手动白平衡调整：

①被摄景物或摄像机处于阴影中；

②使用氖灯、水银灯等特别明亮的光源；

③照度不足；

④景物有强烈的彩色照明，如日出、日落、蓝天、雪地等；

⑤拍大特写镜头；

⑥进行微距拍摄等。

2. 光圈的运用

拍摄时，变焦镜头的光圈大小必须根据外界光线的强弱作出相应的调整，以保证摄像器件有适当的曝光量。光圈调整分为自动和手动两种。

（1）自动光圈

自动光圈（automatic iris）是根据整个图像的平均亮度来确定曝光指数的。当照明均匀、景物明暗反差适中时，可使用自动光圈。此时，光圈可以在一个较大的亮度变化范围内灵活选择和正常工作。当光的照度发生变化时，机器会自动调整进入镜头光线的多少，保证合适的进光量。

但是在特殊情况下，自动光圈可能产生曝光不准的问题。例如，以晴朗天空为背景拍摄人物时，人物的曝光则明显不足；以黑夜为背景拍摄人物，并用人造光源做辅助照明时，人物的曝光则明显过度。此外，所有的镜头运动，如推、拉、摇、移等，都会遇到景物亮度不一的情况，由此而产生的光圈变化使画面忽明忽暗，从而影响画面质量。以下情况不宜使用自动光圈：

①被摄物亮度反差较大；

②被摄物亮度同环境的亮度反差较大或者环境的亮度变化不定；

③被摄物亮度十分不足或特别亮；

④被摄物的亮度显著变化。

（2）手动光圈

使用手动光圈时，必须先调整寻像器的亮度与对比度，使它能对影调正确再现，不会导致摄像人员对影调的判断产生太大误差。调整的方法是：开启彩条开关，寻像器上出现带有彩条的黑白图像，调节寻像器的对比度与亮度，使寻像器中带有彩条的黑白图像层次清楚。调整好寻像器，就可以进行光圈值的确定。一般先利用自动光圈的测光性能来测定光圈值，然后采用手动方式控制光圈值以取得较理想的曝光。具体方法有以下 3 种情况：

①当景物亮度不足或特别亮时，先使用自动光圈对景物的平均亮度进行测量，当光圈停在相应的位置以后，再采用手动光圈功能，根据实际拍摄需要改变半档或一档光圈。

②当景物的亮度不均匀或亮度反差很大时，先用自动光圈方式，在同一焦距下分别测得景物亮部与暗部的光圈值。然后由摄像人员根据拍摄需要决定对照明条件或被摄物不同亮度的取舍，即通过照明来改善景物的亮度比，还是对景物的亮部或暗部进行取舍。如果选择后者，就要用手动光圈。这时，把光圈选择按钮由自动拨到手动，调整光圈，同时观察寻像器上的画面效果，直到达到自己的特殊拍摄需要为止。

③在镜头运动中，如果景物亮度显著变化就需要用手动光圈。先以自动光圈方式测出起幅的光圈值与落幅的光圈值，再取两者的中间值，然后采用手动光圈功能调整光圈进行拍摄。有时候，因为在一个连续运动的镜头中，落幅画面常常是要表现的内容重心，对画面质量要求较高，因此，光圈的选择往往以落幅画面的光圈值为准，以保证落幅画面的质量。

使用手动光圈，是为了弥补没有条件控制现场光线的缺憾。一般在有条件的情况下，要拍出理想的画面，最有效的办法是合理布光、调整光线，这是提高画面质量最根本的方法。

3. 调整焦距的方法

焦距调整有手动变焦、电动变焦两种。

电动变焦通常用来进行平稳、均匀的变焦。要想通过改变焦距来得到特写镜头画面，按压电动变焦钮 T 端，可以实现由广角到长焦镜头的变换；要进行大角度的拍摄，按压电动变焦钮 W 端，可以实现由长焦到广角镜头的转换。变焦钮 W 端或 T

端所受的压力大小不同，变焦的速度也就不同，压力大则变焦的速度快，压力小则变焦的速度慢。

在有些情况下，镜头需要快拉或快推，实现画面景别的瞬间变化，如从全景快速变为特写，或从特写快速变为全景，这时用电动变焦就很难实现预期的效果，应该采用变焦杆或变焦环进行手动变焦。

4. 聚焦

根据摄像机到被摄物之间的距离来调整摄像机的焦点，从而得到清晰图像的过程称为聚焦。摄像机上的聚焦控制部件主要有聚焦方式选择开关（FOCUS AUTO MANUAL SWITCH）、手动聚焦环。当聚焦方式选择开关拨到自动（AUTO）位置时，可进行自动聚焦；当聚焦方式选择开关拨到手动（MANUAL）位置时，可进行手动聚焦。

（1）自动聚焦

在一般情况下用自动聚焦（automatic focus）可得到清晰的画面，操作起来也比较方便；但在以下一些特殊情况下，用自动聚焦很难实现精确聚焦：

①透过不清洁的玻璃拍摄物体；

②拍摄表面光泽的物体；

③被摄物体在立体空间中有一定的纵深度；

④拍摄有鲜明平行条纹的物体；

⑤拍摄白墙等平面物体；

⑥拍摄大特写或特殊镜头以及使用滤光镜；

⑦拍摄快速运动的物体；

⑧拍摄较暗的物体；

⑨有意获得聚焦不实的虚像。

（2）手动聚焦

实际拍摄中经常用到下面三种手动聚焦方法。

①特写聚焦法。这是一种最常用的聚焦方法。镜头对准被摄主体，按变焦控制按钮的 T 端或手动变焦杆推至特写或大特写，再调节聚焦环，直到寻像器被摄主体的成像清晰为止，然后改变镜头焦距进行构图。这样可以保证拍摄过程中即使变换焦距，被摄体成像也不会出现虚焦。这种方式调节的是变焦距镜头的前焦点（front focus），因为它是通过调整镜头前端的镜片来聚焦的。变焦距镜头也有后焦点，只有专门的摄像机技师才可以调整后焦点。如果镜头遭受碰撞，后焦点可能失准，会导致画面模糊。这里涉及镜头后部到被摄物体之间的距离，如果这个距离改变了，画面调焦就会失准。这时，先将镜头推至远处物体，调节镜头与被摄物的距离（后焦），使图像清晰；将镜头拉开，如果图像不能保持清晰，则再拉出位置调节后焦直到画面达到清晰效果。这时再将镜头推上去，看图像是否清晰。反复操作，直到拉出和推进时画面都能保持清晰为止。

②跟焦点法。拍摄过程中往往会由于被摄体和摄像机中的某一方或双方处在运动状态，从而导致摄像机与被摄体之间的距离不断变化，在这种情况下，一般采用跟焦点聚焦法。跟焦点的具体做法是确定好第一焦点和第二焦点。在拍摄前，对准起幅画面调焦点，称为第一焦点；对准落幅画面调焦点，称为第二焦点，并分别记住它们在聚焦环上的位置。在拍摄过程中，将聚焦环第一焦点变动到第二焦点，变动焦点的速度要与主体的速度相吻合，以保证摄像过程中画面的清晰度。能否跟得好，主要取决于操作的熟练程度及对主体运动方向、速度的准确判断。

③超焦距方法。这种方法借鉴于摄影技术。使用超焦距法能获得较大的景深范围，对风光片拍摄特别有利。超焦距法的具体操作步骤是：把镜头的超焦距作为焦点来聚焦，则从这一距离的一半至无限远之间的每一景物都相当清晰。镜头的超焦距可用公式求出：超焦距 H = 1 000 ×（镜头的焦距/光圈 f 值）。例如，我们选用一个 80 mm 的镜头，光圈为 4，用公式可求出相应的超焦距：H = 1 000 ×（80/4）= 20 000 mm = 20 m，再把镜头的焦点对准 20 m 处聚焦，这样在 10 m（即超焦距 20 m 的一半）到无限远的范围中景物都是清晰的。如果把光圈收到 16，根据公式计算，这时的超焦距 H = 5 m，对准 5 m 处聚焦，从 2.5 m 到无限远之间的景物都可以得到清晰的图像。

特写聚焦、跟焦点聚焦和超焦距聚焦都是手动聚焦的具体方法。手动聚焦不仅是一个技术问题，也是一个艺术问题。通过变焦点，可以使画面中的前景清晰、背景模糊，起到主导观众注意力的作用。在拍摄风光片的过程中，通过调整焦点，时而使远处山峦清晰、近处花朵模糊，时而使远处山峦模糊、近处花朵清晰；也可以使用超焦距，使近处的花朵与远处的山峦之间的每一景物都清晰鲜明。手动聚焦不仅是支配观众注意力的一个重要手段，它还能创造艺术美。

本章小结

本章较为详细地阐述了摄像机的基本结构和工作原理，并根据相关标准和技术参数对摄像机进行了分类，最后从应用角度对摄像机的基本操作进行了说明。摄像机是电视广告制作中最为重要的设备之一，电视广告技术质量的优劣在很大程度上取决于摄像机的性能和对摄像机的正确操作。

思考与练习

1. 简述摄像机的工作原理。
2. 简述摄像机的分类，并说明各类摄像机的特点和用途。
3. 摄像机有哪些基本的性能指标？
4. 什么是白平衡？它有什么作用？
5. 简述白平衡的调节方法。

6. 简述光圈的调整方法。

7. 简述聚焦的过程及其方法。

8. 自选主题，拍摄 30 秒产品或品牌广告。要求：

（1）拍摄足够的素材（至少 10 分钟），给后期编辑留下选择的余地；

（2）画面清晰；

（3）对光线、构图与景别的运用要适中，能够充分展示产品或品牌的特性；

（4）成品为 10 分钟以上的素材带。

6 电视广告拍摄流程 ▶

本章要求

◎ 了解电视广告拍摄的前期任务分工。
◎ 了解电视广告拍摄阶段的基本步骤及其任务。

电视广告的前期制作阶段即电视广告的拍摄阶段。和其他影视拍摄一样，拍摄阶段是电视广告生产中最具挑战性和最为形象的部分。在这个阶段，完成一则电视广告所需的各种元素，如人员、设备、布景等，结合成一个有机的整体，团队每个成员都需要按部就班，各司其职；同时，又要以这样或那样的方式与其他人员互动，建立紧密联系。和其他影视拍摄不同的是，在电视广告的拍摄中，演员的阵容不如影视剧的强大，但对主要演员的形象、气质要求相当高，因为演员代表了产品或品牌的形象，代表了广告主的意向；另外，广告对主要演员的表演要求也很高，用高昂的价格购买的有限时间不允许有半点差错，演员的每个动作和情绪既要自然，又要体现产品或品牌的经营理念，这不像影视剧中的表演那么随意。当然，广告对每个镜头的追求也是无止境的，画面的布局构图、光线的运用、景别的选取、镜头的运动，甚至是每个道具的摆放等，无不是经过主创人员精心设计的，这是影视剧拍摄所无法企及的。

6.1　拍摄阶段的任务分工

电影拍摄阶段的主要工作牵涉到导演、表演、组织及场记、灯光、摄影、录音、后勤等部门和人员。电视广告的拍摄虽然没有电影那么复杂和费时，但是，要在拍摄阶段实现广告主创人员的创意，同样面临着任务分工的问题。当然，这些具体分工在各个广告制作公司中情况各不相同。影片的性质同时也决定了工作内容及工作人员的分工。《国家地理杂志》（*National Geographic*）在沙漠拍摄纪录片和拍摄《爱在心头口难开》（*As Good as It Gets*）这样的故事影片时，其分工就截然不同。同样，广告片的性质也决定了工作内容和工作人员的分工。比如，电视台拍摄频道形象广告和广告公司拍摄洗发水的广告，两者对人员的分工就应该有所不同。因此，每条广告的任务分工很难有一定之规。但是，大体而言，在任何广告拍摄过程中，总有一些大致相似的角色，分担着大致相似的任务。

6.1.1 导演

导演一部广告片的工作涉及面很广，它包括：形成作品的整体视觉风格，并在整个摄制过程中将其生动地表现出来；最大限度地激发演员的表演才能；保证每一个镜头的拍摄在技术与审美方面都正确无误；调动剧组人员的积极性，使他们以最佳工作状态为共同的目标而努力。所以在某种程度上可以说，导演（director）的职能没有一个明确的定义。他可以说是制作过程中的"老板"。他既是艺术家，又是技术人员；既是心理专家，又是裁判。在确定了一部广告片的导演之后，该导演就有权确定该广告片的整体创作基调，所有相关人员，包括灯光、摄影、演员、道具等其他部门的工作都必须与这个基调保持一致。导演拥有广告片各个方面的最后决定权，所以他必须熟谙电影的技术和美学原则，应该拥有将故事转变成声音和画面的想象力。导演在拍摄前，对于需要什么样的镜头、后期该如何编辑等，都要做到胸有成竹。必要时，导演应该画出相对完整的剧情图或列出完整的镜头表，这样做能从视觉上帮助制作组人员确定每个镜头如何处理才能符合广告片的整体要求。

导演还必须善于与人沟通，与工作人员建立起良好的关系，这样才不至于因工作中出现差错而浪费时间。

导演还必须善于从广告脚本的情感内涵和拍摄中的技术要求入手，来指导演员的表演。例如，告诉演员把声音放低一点，或变换一下面部表情等，务求让演员按照其要求准确地体现广告意图。

导演最重要的职责之一便是精心安排走位（blocking），也就是确定演员的站位，以及什么时候该移动到什么地方，甚至画出走位图，帮助演员明确他们在表演时的移动路线，以便让摄影师能够从最佳角度拍摄到他（她）的动作。

导演还必须善于和一些外行人打交道。比如，广告代理商或投拍广告的企业会派专人到广告拍摄现场观看，这时导演一方面要善于和这些人斡旋，一方面仍然要坚持自己的创作主张，同时要绝对禁止他们对现场的演员或工作人员发号施令。

在拍摄现场，每个人都有自我意识，演员与工作人员对自己分内的工作也都有独到见解。如果出现分歧或冲突，导演要善于化解，有时需要折中妥协，但是整个局面应该牢牢控制在自己手中，保证拍摄工作能够顺利进行。

导演通常有一个或多个助理导演（assistant director）协助处理导演工作中的一

些琐碎事务，具体的分工由导演安排。当导演在彩排某一场戏的时候，助理导演可以布置另一场戏的灯光；在另外一些情况下，助理导演则可能会带领第二摄制组（second unit）在其他外景地进行拍摄，通常这些戏不需要主要演员出场；助理导演有时还需要维持拍摄现场的秩序，或在进行外景拍摄时负责对其他工作人员的管理；有时，导演可能还会请助理导演去做某些难应付的演员或工作人员的思想工作。总而言之，助理导演应该灵活机动，随时准备应对突发的事情。

6.1.2　表演

广告中的主要演员（principal actor）通常由训练有素的专业演员来担任。他们需要研究剧本，熟悉角色，需要与导演和其他演员一起通力合作以塑造自己所扮演的角色。在广告中表演比在舞台上表演更加困难。在舞台剧中，演员的情绪和表演是连贯的，而在广告拍摄中，镜头顺序是被打乱的，演员无法保持连贯的情绪。也就是说，演员必须迁就日程安排，随着它来不断转换表演时的情绪。导演会在拍摄前和演员一起理解表演的情绪，演员也可以再看看某些已经拍过的录像带，以唤起以往的情绪。

表演过程中也会需要一些次要演员（bit player）和群众演员（extras）。次要演员通常只有一两句台词或完全没有台词，而群众演员则往往只是出现在背景里，或者按照要求走动而已。次要演员和群众演员在拍摄中应该保持低调，对主要演员起衬托作用。

演出中还可能需要一些替身（stand - in），充当主要演员所扮演的角色，不过不是参与表演，而是根据演员的表演需要站位和走动，以方便工作人员架设和调试各种机器设备，如调整灯光和选取拍摄角度等，从而让主要演员从这些单调冗长的工作中解脱出来，让他们有较充裕的时间准备台词和培养情绪。

演员的选择也是值得探讨的问题。没有接受过表演训练的人在镜头前通常比较拘谨，总是意识到自己是在表演，而且往往会感到很尴尬；而那些受过舞台表演训练的演员，虽然能够克服自我意识，但是他们习惯于提高声音、夸张动作，缺乏广告表演所应有的亲和力。一般来说，根据广告创意理念对角色的要求，应尽量选择那些在气质和风格上都比较接近的人做演员。

6.1.3　场记

电影的拍摄是极为复杂而持久的工作，所以必须有人记录所有的细节。广告的拍摄相对来讲要简单一些，主要因为它主体比较单一，场景变化有限，时限较短，但场记的工作也是少不了的。

和电影拍摄时的场记（script supervisor，或剧本书记员，script clerk）相比，电视广告的场记工作相对较为单一，主要负责现场镜头的记录（logs），按磁带上的顺序列出当天拍摄的所有镜头，并分别记下这些镜头所在的素材带编号及其在带中的位置，简要描述各镜头内容并给予一个简单的评价。这样编辑师就可依此来寻找镜头。

场记与导演经常在一起，两人可以随时交流有关情况。场记对于导演来说是极其重要的，如果他们的工作没有做好，到剪辑时才发现有些镜头前后不匹配，那就必须重新召回制作组的人员再进行补拍。所以，很多导演认为，在所有工作人员当中，场记是最有帮助的，如果没有他们的话，拍摄工作将会混乱不堪。

6.1.4 布光和摄影

在拍摄过程中，布光与摄影机操作是不可分离的，两者同样被看作艺术创作的重要因素。

摄影指导（Director of Photography，DP）或摄影师（cinematographer）负责画面的整体效果，包括拍摄现场的布光、画面的构图以及镜头的选择。摄影师与导演的合作非常密切，因为他们拍摄出的画面要符合导演的意图。如果摄影指导能够揣摩导演的意图，这样导演就无须多花时间向他解释自己的创作观念。

摄影指导通常决定使用何种灯具、这些灯具架设在什么位置、摄影机的进光量应该是多少以及拍摄中的其他细节，但是他们不会具体地去架设灯具、调整摄影机的设置或是操作摄影机。如果广告片的拍摄比较复杂，剧组可能会需要一位照明组长（gaffer）指挥其布光。

摄影机操作员（camera operator）是实际操作摄影机的人，通常有一个或几个摄影助理（camera assistant）协助他的工作。如事先将胶片装在胶片盒中，以便摄影机操作员迅速更换；测量从被摄体到摄影机的距离，以便精确地调焦；负责拍场记板，在影片上记录关于这个镜头的详细资料。

在电视技术日益发展的过程中，拍摄中各项职能的变化也是显而易见的。表现之一是布光和摄像机操作由一个人负责，电视摄像不像胶片拍摄那样需要若干助理，因为摄像机越来越小，越来越便于操作，与摄像相关的很多工作，摄像师自己就可以应付了。

6.1.5 录像和录音

在拍摄中由谁来完成画面和声音的记录工作，往往要视广告要求及所使用的设备而定。胶片拍摄中画面的记录是和摄影同步完成的。用摄录一体机（camcorder）进行的磁带拍摄也是这样。如果摄像机和录像机是分体的，那就必须有专人操作录像机。对于单系统（single system）记录方式来说，记录画面的录像机同时也可以记录声音，这时，可以由一个人身兼录像、录音两职，也可以由两个人分工合作，一个负责记录画面，另一个负责记录声音。对于双系统（double system）记录方式来讲，不管是磁带拍摄还是胶片拍摄，都需要有专人操作分体式的录音机。

只要是在需要同期声的情况下（有些广告不需要现场录音），不管采用哪种方式，录音时吊杆操作员（boom operator）都一定要给传声器选择恰当的拾音位置。同时，需要另外有混音师（sound mixer）控制声音记录，以确保记录到的声音不但清晰，而且在不同的场景下能保持一致。

在电视制作中，处理各种声音问题的人称为音频技术员（audio technician），而操作录像机的人则称为录像机操作员（VCR operator），大型制作中可能配有声音助理（sound assistant），他们负责移动和布设电线、搬运器材，有时也要做场记工作。

6.1.6 后勤支持

拍摄一条广告，除了上述任务分工之外，还涉及大量的其他工作，包括化妆、服装、发型设计、道具、特技、美工，以及维护花草、照顾动物、教导儿童表演、轻伤处理、供应食物、开车和运送物品等。在一个大型制作组中，所有人员都各司其职、化妆师随时准备补妆、园丁必须维持草木鲜绿、厨师供应一日三餐、勤杂工搬运各种器材和电线等。

6.2 拍摄阶段的四个步骤

电视广告的拍摄大致可以划分为四个步骤：准备、彩排、拍摄和清理场地。

6.2.1 准备

在拍摄阶段，要根据脚本的要求，选择并充分利用合适的地点和时段，尤其是在需要进行户外拍摄的时候。所以，每个部门的工作人员都必须在拍摄前做好各自的准备工作，确保拍摄工作的顺利完成。

1. 演员化妆

演员与化妆师以及发型、服装人员常常要较早赶到现场，这样演员才能赶在拍摄前化好妆、准备开拍。演员还要抓紧布置场景的空闲时间熟悉台词和酝酿情绪。

2. 场景布置

布景搭建人员必须很早到达现场，根据需要对场景进行装饰，即使利用自然景，为满足剧本的要求，也要看是否需要做一些必要的改动。

3. 现场布光

场景布置基本就绪后，摄影指导开始负责布光。他应该有一个大体的照明规划图，对灯具类型的选择和整体的照明效果做到心中有数。摄影指导要利用测光表（light meter）指导电工的布光工作，可以先确定灯光的大体位置，再利用替身演员做细部调整，只有当演员到达现场之后，才可以做最后的精确布光。切记：如果使用民用电，则应该检查线路的负载能力，以免过载；同时要保证整个照明设施的安全。

4. 拍摄录音

在上述准备进行的过程中，摄像和录音也应该开始准备工作。首先要保证电源可以随时安全接通，然后考虑摄影机的安装与支撑，再认真检查机器上的所有设置，确保没有差错。录像机操作员应当确保所有的接头都连接正确，要保证带足拍摄所需的录像带，并将其放置在阴凉安全的地方。录像机操作员还要和导演商量决定整个拍摄阶段采用哪一种时间码。

在准备阶段，摄像师及录像机操作员可先录带头，包括一分钟的彩条（color bars）、时间码（time code）、基准音（tone）。在没有配备能够生成这些内容的设备时，可以利用家用摄像机的内置字符发生器生成一些识别图形，然后把它录在磁带首。

录音人员应当根据将要拍摄内容的要求选择适当的传声器，并选择最佳位置。

录音机操作员则应当检查录音设备的所有开关按钮，保证它们都处在正确的位置。传声器应插入录音机上的传声器输入接口，连接应紧密牢固，以确保整个录音系统能够正常工作。

导演负责监督整个准备工作。如果导演在设计演员的走位或在看先前拍完的片子而不在现场，那么助理导演就应该在现场指挥各项准备工作。

6.2.2 彩排

彩排（rehearsal）就是拍摄中所有个别元素进行整体配合演练的过程。拍摄每条广告一般都需要两种彩排，即专门针对演员的彩排与针对演员和工作人员相互配合的彩排。前者由导演和演员共同合作，决定走位和确定恰当的情绪基调。如果有些镜头难以表现，则需要创意人员到现场对脚本做一些细小的修改。群众演员是否需要参加演员彩排，要视他们担任的具体角色需要而定。

演员的台词和走位确定之后，导演会组织一次技术彩排（technical rehearsal），以方便技术人员的工作。所有的演职人员应全部到场，所有的布景、道具、灯光及设备也都要到位。

演员不需要把每个细节都表演出来，只需要大致过一遍自己的走位和台词，这样工作人员就可以选取拍摄角度、精调灯光、确定最佳拾音位置并记录场记等。这时导演应该通过监视器来确定他实际需要的画面并确定所有与拍摄现场有关的事项，并要预测成片的效果。

技术彩排给所有工作人员提供了一次检查各自工作细节的机会。如果在彩排时发现了错误，那么这些错误可以很快修正，有关人员可以当场解决。如果这种修改要经过多次调试，那有关人员就需要把错误记下来，等到彩排结束之后再针对彩排中记录的问题进行精细的修正，这样就不会耽误所有演职员的时间。修改完成之后，还要再一次确认，以免仍有问题存在。

在技术彩排与正式拍摄的间歇，导演应全面指挥各项工作。尽管各部门提出的大部分修改意见都是正当的，但总有一部分不值得花费那么多时间去落实。彩排之后浪费在调整设备上的时间过多是户外拍摄丧失最佳时机的主要原因之一。

6.2.3 拍摄

开拍前，摄像机操作员按照最后确定的光线条件调节机器的白平衡，取好景。与此同时，录音人员应请演员试音，并将音量调节到能取得最佳拾音效果的水平。如果是使用录像带拍摄，录像机操作员应将机器设定到录音状态，并让录像带在开始记录正式内容之前先走带10秒钟左右，这对于后期剪辑非常重要。当以上工作全部就绪、各部门人员全部到位之后，导演就会尽快开始控制整个拍摄程序：准备、走带、拍板、开始、停机。

如果是用胶片拍摄，导演用"走带"命令启动录音机。当录音机开始匀速运转之后，导演便用"摄影机"命令摄影机操作员开始拍摄，并接着用"拍板"命令工作人员在镜头前"拍板"。用于胶片拍摄的场记板上方有一个活动手柄，靠手柄与板的撞击声寻找画面，可以保证画面与声音一致。而用录像带拍摄则不需要这样做，因为它采用的是声画合一的单系统工作方式。举场记板的人最好能把它定在被摄主体的位置上，这样正式拍摄时就无须再次调焦和设置焦距。同时，举板的人应当读出板上的内容，这样录像带可以同时记录到声音版和画面版的场记板内容，这对后期编辑非常有利。

开机拍下场记板之后，导演就用"开始"命令，演员应在听到该命令一两秒钟之后再开始表演，以免导演的声音混入实拍镜头。

正式开拍后，录像机操作员应检查录像带是否确实已经开始运转。许多录像机都配有视频信号仪表，如果仪表盘呈现绿色光，则表示录像机正在接收和记录信号。另外录像机操作员还应随时注意电池的电量以及录像带的多少。

吊杆操作员应该随时跟上现场的表演。演员移动时或者另外一个演员开始说话时，传声器也必须移动位置，但移动的速度不能太快，否则会出现杂音。同时监听声音的人也应该通过耳机确认录到的声音是否正常，有条件时还可以利用音量表（VU）做双重检查。

摄影机操作员应该根据摄影师的指令准确地取景、聚焦、移动机器。如果摄影机的运动需要移动车的话，必须有一个摄影助理负责推车。

在拍摄过程中，摄影师要特别留意灯光，场记要注意镜头的连续性，而导演必须考虑每一个镜头的整体效果，以及镜头与整条广告之间的关系。

演员表演结束后一到两秒，导演才会叫"停"（cut），而录像机则必须多录10秒钟左右，这样在镜头结束之后尚有较长的同步信号。

如果对某个镜头质量有怀疑，比如摄影机操作员发现调焦不实，场记发现一件道具放错了位置，摄影师发现画面中出现了吊杆的影子，录音人员听到了异常声音等，一般由导演决定是否需要重拍。

对某个特定的镜头，导演应尽量考虑从不同角度和景别进行拍摄，这有助于剪辑师选择画面。当然，对于一条广告片来说，每一个镜头的拍摄角度和景别都是事先设定好的，但是为了追求更佳效果，在后期制作中并不是不存在替换的可能，导演要在拍摄中考虑到这种可能。

6.2.4　清场

清场就是将布置好的用来拍摄的场地全部清除干净。一要做到片带安全保存，二要做到设备安全装箱，三要做到使租用场地恢复原貌。

本章小结

本章对电视广告拍摄阶段的工作进行了分类说明，并简要阐述了电视广告拍摄阶段的几个基本步骤。电视广告拍摄阶段的工作按任务分为：导演、表演、场记、布光和摄影、录像和录音以及后勤支持等。电视广告拍摄阶段的工作按进程大致分为：准备、彩排、拍摄和清场四个步骤。

思考与练习

1. 广告拍摄阶段的任务一般是如何分工的？
2. 室外拍摄该如何做好摄前准备？
3. 彩排有什么作用？和正式拍摄有什么不同？
4. 请举例说明广告拍摄与一般的影视剧拍摄有什么不同。

7 电视广告摄像用光与照明 ▶

本章要求

◎ 了解常用照明灯具和滤光镜的种类。

◎ 了解照明的基本原理。

◎ 学会在拍摄电视广告时如何布光。

有光才有物，有光才有色。正是因为光的存在，我们才能看见多姿多彩、色彩斑斓的世界；也是因为光的存在，摄像机才能拍摄到五光十色的大千世界。而且，对光的巧妙运用，能够拍摄出具有艺术感的优秀作品。那么，光是什么？如何运用光来拍摄出优秀的作品？这一章将为你提供答案。

7.1 光和色彩

光是一种电磁波，不同波长的光呈现出不同的颜色。三原色按不同比例组合可以产生任何一种颜色的光，不同组合也就决定了这种光的色温。色温对摄像机正确还原色彩十分重要，所以，拍摄时要注意正确使用光来调整色温，确保色彩的正确还原。

7.1.1 光的性质

我们用肉眼看见的光是电磁波的一部分，这种电磁波的波长范围在 380～780 μm。这部分可见光的电磁波，是由许多不同的颜色组成的。按照波长的长短顺序，依次包括紫光、蓝光、青光、绿光、黄光、橙光、红光等 7 种。白光透过三棱镜时，就可以折射出这几种颜色的光。超出可见光波长范围的光，例如 X 射线和红外光，我们用肉眼是看不见的，但是可以记录在一种特定的胶片上。

7.1.2　色彩

红、绿、蓝三种颜色的不同组合，可以产生可见光谱中的任何一种色彩，所以这三种颜色被称为三原色。例如，三原色等量组合产生白色；红色和绿色组合产生黄色等。任何一种色彩都有色调、饱和度、亮度这三个属性。

色调是颜色本身，例如我们看到的红色、蓝色、橙色，其中红色的色调就是红色。饱和度是指颜色的浓度或纯度。也就是通过增加白光后的变浅程度。例如，100%饱和度的红色是纯红色，20%饱和度的红色是浅红色。亮度是指这种颜色的明亮程度，它取决于这种色彩反射光线的程度。亮度高的颜色反射光线多，显得较明快；而亮度低的色彩反射的光线少，因而色调显得较暗。

人们的眼睛能够看见某种颜色的光，是因为某种波长的光进入人的眼中。例如，人们看见的红花之所以是红色的，是因为白光照射到这朵红花时，红花反射出红色光而吸收了其他的光。如果照射在红花上的不是白光，那么我们感觉到的红花颜色也就不是红色的了。所以，有两个因素决定我们对某个物体的感知：照射在这个物体上的光线的波长以及这个物体吸收和反射的光的波长。所以，我们在拍摄时，可以调节照射到物体上的光源，或运用滤光片来控制物体呈现出来的颜色。

7.1.3　色温

如果天气晴朗，清晨时的天空是偏红色的，中午时的天空是淡蓝色的，而黄昏时的天空是偏红色的。这是因为，在一天内不同的时段，太阳光照射地面的角度和云层的厚薄影响了太阳光的折射和反射，天空从而呈现出不同色温的太阳光。

色温这个概念就是用来区别光的这种变化的，它表明颜色的质量。色温是摄像机在不同光源条件下正确再现色彩的重要指标。一般以凯尔文（Kelvin，缩写为 K）为单位。英国物理学家凯尔文（Kelvin）在 1895 年提出色温理论，用来解决摄像过程中对不同光源的不同光谱组合。凯尔文在实验中，以绝对零度为起点，加热一铁块。规定加热温度每升高 1 度，色温就增加 1 K。当温度升高到 800 K 时，这块铁开始发出红光；当温度升高到 1 600 K 时，这块铁会发出亮黄色的光；当温度上升到 2 800 K 时，铁块发出白光；当温度上升到 5 600 K 时，发出的光与太阳光相似；当温度为 25 000 K 时，铁块发出蓝光。

如果某种光与铁块在一定的温度发出的光相同，我们就把这种光的色温定为该处温度值。例如，铁块在 5 500 K 时发出的光与日光相同，所以日光的色温就是 5 500 K。

需要注意的是，色温表示的是光源不同光谱的组合，而不是光线的实际温度。色温低，颜色偏红；色温高，颜色偏蓝。在光的颜色由红色向蓝色变化的过程中，色温是持续升高的。

7.1.4 色温的调整

当我们从一个光源色温较高的环境进入一个色温较低的环境时，在这个新的环境中，物体的颜色看起来仍是真实的。因为我们的眼睛对光色的感应是随着环境光线的变化而灵活变化的。但是，摄像机的胶片和摄像机的感应元件是无法这样随机应变的，它们只能够在一定限度的色温范围内还原色彩。为了使摄像机正确还原环境的色彩，就必须进行人工调节色平衡。

例如，使用经过色平衡处理的胶片，在灯光照明条件下拍摄。如果色温为 3 200 K，摄像机能够正常还原色彩；如果使用相同的胶片，在另外一个灯光照明的环境中拍摄，摄像机依然可以准确还原色彩；如果使用相同的胶片，在色温为 5 500 K 的日光照明条件下拍摄，拍出来的画面是偏蓝色的。为解决这个问题，可以在摄像机镜头上加一个色温转换滤光镜（color conversion filter），将 5 500 K 的日光转换成色温为灯光色温的光线，从而达到光的平衡，保证胶片正确还原色彩。

使用摄像机拍摄时，同样可以用添加色温转换滤光镜（通常装在机内）的方法来调节色平衡。而一些较低档的摄像机中没有调节滤光镜设置，可通过安装一个自动较正电路来调整色平衡。

此外，我们还可以利用一些特殊的镜片，如校色温滤光片（light – balancing filter）或色彩补偿滤光镜（color – compensating filter），对色温作小幅度调整。这种方法可以把色温调整到我们希望的色温值。因此，在拍摄时，可根据情节对场景的实际需要，让某种光源显得暖些或者变得冷些。

对于摄像机，一种更为简单、快捷的调节细微色温变化的方法是利用白平衡。白平衡能够对摄像机的感光系统进行细微的调节，使其最佳感应色温与光源的色温相一致。操作方法如下：在某个特定的拍摄场景中，将摄像机的镜头对准一个白色的平面（如一张白纸），然后调节焦距，使白色填满整个取景框。再按下摄像机的白平衡调节按钮 3 ~ 5 秒钟，摄像机就会自动调整成像元件，使其准确还原白色。这样的设置将会一直保存在摄像机里，除非重新调整白平衡。如果在另外一个色温不同的环境里拍摄，就要重新调节白平衡了，因为白平衡的调整是在当时场景的色温条件下，摄像机能够准确还原色彩，场景色温改变了，当然要重新调整白平衡。所以，在室外拍摄时，如果两个镜头拍摄的时间跨度较长，或者拍摄地点改变，日光色温都可能发生变化，此时就应再次调整白平衡。

当然，白平衡也可以使画面产生偏向暖色调或冷色调的效果。如果用一张浅蓝色的纸来调节白平衡，拍摄出来的画面色调就会偏向暖色调，呈现出橙黄色；如果用一张橙色的纸来调节白平衡，画面色调就会偏向冷色调，呈现出淡蓝色。如果在色温较高的环境（如室内）调节白平衡，然后到色温较低的环境（如室外）拍摄，所拍摄到的画面会偏向暖色调；如果在色温低的环境（如室外）调节白平衡，然后到色温较高的环境（如室内）拍摄，所拍摄到的画面就会偏向冷色调。因此，我们可以根据画面气氛的需要，灵活利用白平衡原理来达到我们想要的画面色彩效果。

另一方面，我们可以从光源本身来改变照明色温。例如，通过改变人工灯光的电流强度就可以达到改变光源色温的目的。电源电压平均每降低 1 V，灯光色温就降低 10 K。如果电压改变超过 100 V，电源的色温变化就非常明显了。我们还可以在光源的前面（不是在摄像机或摄像机的镜头上）增加特定的滤光片来改变光源的色温。

7.2　电视广告照明的功能

摄像机在适当的照明条件下才能正常工作。电视画面完全是靠光形成的，而画面的视觉效果很大程度上取决于当时的照明条件。适当用光不但为了准确曝光，还是画面造型的一种艺术手段。所以，照明在电视广告制作中起着非常重要的作用。

7.2.1　照亮场面景物

照明提供一定的光照，使得摄像机能够正常工作，如实拍摄现场的景物。如果没有光线，现场漆黑一片，摄像机除了拍摄到一片漆黑之外，什么也没有。在光线的照射下，我们能够看见现场有什么东西，可以看见物体是什么样子，是圆的还是方的，是高的还是矮的，是大的还是小的。所以，照亮景物，向摄像机展示现场景物是照明最基本的功能。

7.2.2　表现触觉的功能

利用阴影呈现物体的表面结构，如需突出结构特征，可用聚光灯打出硬性的阴影；而要减弱结构特征，可用散光灯打出柔性的投影。光能表现物体结构表面的光滑和肌理效果。

7.2.3　产生空间立体感

电视画面以二维的画面表现三维的空间。照明产生的光线、色彩、阴影能逼真地显示立体空间，产生物体的空间立体感。在电视屏幕上，画面可以表现出空间上的宽度、高度和深度。由于屏幕的边框受到固定大小的限制，在宽度和高度上的表现也受到边框的制约。而在画面深度上并没有任何的限制，所以能够表现出无限的画面深度，产生强烈的空间透视感。

观众可以根据画面物体的大小来确定物体在空间上的相对位置，还会因为画面上物体运动的方向和快慢产生不同的视觉感受。离摄像机近的通常画面形象大，而离摄像机远的画面形象则小；运动物体向摄像机方向快速运动时，产生紧张的气氛，给人强烈的压迫感；当人物向远离摄像机方向运动，给人舒缓的感觉。而配合长焦距镜头和广角镜头的运用可以夸大或缩小空间，产生不同的戏剧效果。

7.2.4　表明情节发生时间

在室外拍摄的画面中，观众可以根据画面中的光线强弱、色调和阴影来判断当时情节发生的时间。清晨和黄昏的光线照射出长长的阴影；中午的光线强烈而且产生的阴影矮小；夕阳投射出金黄色的光线；晚上的光线昏暗等。当然，如果在镜头上安装专业的滤光片，减少曝光量，也能实现在白天拍摄夜景的可能。

7.2.5　营造场景气氛

照明可以向观众表明场景的气氛，暗示将会发生什么，引起观众注意力，给观众不一样的心灵感受。阴暗的光线塑造出神秘、恐怖、低沉的气氛；明亮的光线表达出欢乐、愉快、轻松的气氛。所以，光线强度的变化会引起画面气氛的变化，暗示整个情节的变化。而光线照射角度的变化也会产生一定的戏剧效果。例如，由高角度的照明变成低角度的照明，画面暗示将有不寻常的事要发生。所以，适当运用灯光能够产生引人入胜的戏剧效果。一束强光照射门口，给人危机四伏的不安感觉；灯光时明时灭，给人漂浮、迷失的感觉；舞池中多姿多彩的闪烁灯光，给人热烈、躁动、快节奏的感觉。

7.2.6　配合画面构图

照明的控制是构图的一个重要因素。例如，阴影可以用来加深画面的透视感；色调可以用来突出画面的局部，如一个穿红色衣服的小女孩在一群穿灰色衣服的人群中会显得特别醒目。

当然，以上提到的只是照明所具有的一般功能，并不是所有的用光都要发挥这几个方面的作用。照明设计要配合整个拍摄的动机，为导演的构想服务，而不能随心所欲，刻意追求画面效果。

7.3　照明灯具和灯光控制

在广告拍摄中，除了利用太阳光作为一种主要的光源外，我们还要运用各种各样的人造光源。尤其是在室内拍摄时，主要是运用人造光来实现照明的。所以，这节内容将介绍各种人造光及其灯具的安装和控制。

7.3.1　人造光灯具

在常用的人造光照明灯具中，按照发光元件的不同，可以分为卤钨灯（石英灯）、镝灯、荧光灯和电瓶灯等。

1. 卤钨灯（石英灯）

卤钨灯以钨丝作为发光材料，一般选用石英或硬质玻璃做泡壳。里面充有卤素气体，这种气体能够使受热而蒸发的金属钨回到钨丝上，达到钨的循环利用；而且，保证了灯光的色温与亮度的稳定，延长了灯具寿命。

与气体放电灯相比，卤钨灯色温较低，一般在 3 200 K 左右，属于低色温灯具。卤钨灯体积小、质量轻、光效高、寿命长，显色指数可达到 95 以上。因而，在电视照明中被广泛使用。在卤钨灯中，使用较多的是碘钨灯和溴钨灯。

（1）碘钨灯

在电视广告制作中，碘钨灯是常用的散射式灯具。灯泡为管型结构，有单管式和组合式双联、四联、六联等类型（见图 7－1 和图 7－2）。碘钨灯因为携带、使用方便，在电视新闻的拍摄中适合用于面上照明，所以也被称为"新闻灯"。碘钨灯的光照强度大，但照程较短，明暗反差过于分明。所以，当近距离拍摄人物时，造型效果不太理想。下面两图分别是泰州市舞台设备厂生产的单管式卤钨地排灯和四联式卤钨地排灯。

●DDP800地排灯
●外形尺寸：400×255×347 mm
●灯具质量：37 kg
●功率：800 W卤钨灯管

图 7－1　单管式卤钨地排灯①

●DDP800×4四联地排灯
●外形尺寸：1 150×410×455 mm
●灯具质量：15 kg
●功率：800 W×4卤钨灯管

图 7－2　四联式卤钨地排灯②

①② 图片来源：www.mainone.com。

（2）溴钨灯

溴钨灯内的填充物为溴化氢，是一种无色气体。这种灯的发光效率比碘钨灯高。溴钨灯既有管型的，又有立式的，包括 110 ~ 220 V、500 W ~ 20 kW 等各种类型，使用寿命为 80 ~ 100 小时。在电视、电影和舞台照明中有广泛的应用领域。在电视拍摄中常用于内景照明。

使用卤钨灯时，必须注意要有良好的散热和通风条件，同时要避免强烈震动，因为灯丝受高温定型后会变得很脆弱，受到震动时更易烧坏；管型钨灯管（尤其是碘钨灯管）必须水平放置使用；在更换灯管时，一定要戴上手套，不能直接用手触摸灯管，因为人的手上有汗水和油脂，会污染灯管造成失透现象，并且可能会烧坏灯具，也会干扰灯的开启；另外，还必须注意的是，每只灯具只能使用规定功率的灯管，不要把大功率的灯管装在小功率的灯具内，例如，不能将一个 1 500 W 的灯管装在只能承载 1 000 W 的灯具中使用。

2. 镝灯

镝灯也称金属卤素灯，属于气体放电灯。这种灯具里充有金属卤化物，所以和卤钨灯一样，灯芯钨蒸发后会再返回，维持色温和亮度的稳定。色温在 4 500 ~ 6 000 K 为高色温灯。具有体积小、亮度高、色温和显色性能好等优点。

镝灯最明显的一个优点是耗电量少，输出效率高。镝灯的光输出效率是卤钨灯的 5 倍。例如，功率为 200 W 的镝灯产生的照度大概与 1 000 W 的卤钨灯的照度相当。因为镝灯的色温（4 500 ~ 6 000 K）与日光的色温（5 500 K）接近，所以，常用作拍摄外景时辅助自然光的照明光源。

根据使用的电源不同，常用的镝灯分为交流和直流两种。交流镝灯有时会产生频闪现象，点燃周期稳定时间为 5 秒左右。直流镝灯需要专门的电源，使用时必须严格区分正负极，如果将正负两极与电源两极接反，会使灯泡烧坏；同时，必须防止强烈震动，因为灯泡里面存有高压气体，如果受到震动有可能发生爆炸；当使用结束时，应将变阻器还原到原来最大的位置，以防止再次点燃时，启动电流过大而烧毁正极。

3. 荧光灯

荧光灯以荧光粉为发光材料，它的发光效率比白炽灯高，能发出柔和的温射光，亮度均匀，但由于额定功率较低，通常需要多个灯管组合作为面光源使用，或作为一种补充的照明与其他灯具一起使用。它的热辐射量小，使用寿命比白炽灯长，色温有 2 900 K 的暖白色，4 500 K 的冷白色和 5 600 K 的日光色等类型。三基荧光灯把发红光、绿光、蓝光的荧光材料按一定比例配置在一起，显色指数可达 85 以上。传统的荧光灯常用在一些电视台和电教演播室，但对影视制作来讲，并不是理想的光源。因为，这种灯具在红色彩还原上有缺陷。在影视制作上常用的是高速荧光灯（HSF），这种灯具可以保证 3 200 K 的色温水平。由于高速荧光灯的电流振荡频率高，灯光看起来闪烁程度比一般的荧光灯低，显得稳定，所以更适合用在影视照明上。

4. 电瓶灯

电瓶灯又称便携式新闻灯，它灵活轻便，不需要拖着长长的电线，也可以不使用支架安装，能以手持方式使用，方便地配合摄像机作各个方向、各种角度的照明，因此特别适用于新闻采访时的外景拍摄辅助照明，或用作内景拍摄时的主光源。

电瓶灯的光线属于聚光性质，照程远，光线硬，明暗反差大，不宜作大范围的照明和太近距离的人物拍摄，如果配合碘钨灯的辅助照明，效果会更好。它能在小范围内调节亮度，利用蓝色滤片可以调节色温，使用锌银电池组供电，可连续放电半小时到1小时。如果电力不足，灯光的色温就会下降。

随着照明技术的创新和发展、新灯具的不断出现，拍摄中采用的照明方法也在不断改进。如尼龙伞灯、反光无影灯、柔光灯、反射器等的广泛应用。这些灯具的特点是光线柔和均匀，阴影不明显，其自然照明的效果显著，有效地减少了人为布光的痕迹，使电视画面更加逼真自然。

在各种灯具中，根据其发光效果来区分，主要有聚光灯和散光灯两大类。

（1）聚光灯

聚光灯是产生指向性硬光光束的灯具，外形如图7-3所示。聚光灯是一种透射式灯具，光线经过球面镜反射后汇聚在聚光透镜上，形成光束。投射效果如太阳直射光，照程远，方向性强。在被照物体上产生明亮的高光部分和轮廓分明的阴影，所以可以用来控制物体亮的部位和阴影。这种光线效果造型能力强，通常用作主光。

图7-3　透射式聚光灯[①]

但由于光线投射范围小、光斑明显、光线不易均匀，所以常用于拍摄较小、较集中的区域，拍摄大范围场景时不宜使用。

---

① 图片来源：www.elecc.cc。

聚光灯前通常设有遮光板，通过调节其开合角度可以控制光照范围。如果聚光灯有透镜，还可以通过调节聚光灯的灯泡位置和聚光镜之间的距离来改变光束照射面积和强度。距离大时，光束窄而集中，照射面积小，光照度强；距离小时，光束较宽且散开，照射面积大，光照度弱。不同距离使通过聚光镜照射的光线分别形成平行、聚光、散光三种形态。光束的照射角度调节范围通常在 10°～60°。

菲涅耳聚光灯是影视制作上用得最多的聚光灯，如图 7-4 所示。这种灯装有一个菲涅耳透镜。这个透镜能产生均匀且有指向性的光束。通过改变发光灯管和反光面与菲涅耳透镜之间的相对位置就可以很方便地调节光束的宽度。当距离变大时，光束变窄，强度变大，这叫光束"汇聚"；当距离变小时，光束变宽，强度变小，这叫光束"散开"。菲涅耳聚光灯的发光灯管功率有大小之分，功率大的灯管光度强，功率小的灯管光度相对较弱。正是因为菲涅耳聚光灯的这些优点，使它成为影视照明中用得最多的聚光灯。

图 7-4　菲涅耳舞台聚光灯[①]

有些聚光灯上安装的透镜是椭球面形状的，这种聚光灯也可产生指向性光束，光束的强度从光束中心向周围急剧下降。这种灯具主要用来与一些特制的遮光板一起制造各种花样图案。当然，还有一些聚光灯是没有任何透镜的。这种聚光灯也可以产生一定聚光程度的光束，但是可调节的范围非常有限，所以比较少用。不过，开放式的聚光灯光输出率高，体积通常较小，携带方便，所以有时也用作辅助灯具。

（2）散光灯

散光灯以散射形式发光，与聚光灯相比，光束较宽。散光灯照程虽短，但照射面积大，方向性不强，光线柔和，在物体表面不会产生明显的阴影，属于软光性质。通常用于拍摄整个场面时的普遍照明，或用作表现主体的辅助光。散光灯通常是长

---

① 图片来源：http://www.hfwtg.com。

方形的，开放式的石英灯就是典型的散光灯。

柔光灯是一种大孔径的散光形灯具，外形如图7-5所示。它产生的光线比一般的散光灯具更加分散。由于发光的灯管被隐藏起来，所以不会形成阴影，是"无影照明"的理想选择。常用来为菲涅耳灯照明时产生的阴影补光，以降低反差。

图7-5 双反射式柔光灯①

以上是几种常用的灯具，为了追求一定的艺术效果，有时还会用到以下的几类灯具：

（1）回光灯

回光灯是一种反射式灯具，采用球面反光镜作为反光部件，属于无透镜式聚光灯，如图7-6所示。回光灯照程远，照射面积大，光线效果属于硬光性质，被照景物表面阴影明显。

通过调节灯泡和反光镜之间的距离，可以改变光束范围和光斑大小。一般适宜外景使用，或用于逆光拍摄时勾画人物背部轮廓，一般不宜从正面或侧面照射人物脸部，以免形成效果差的阴影。

（2）追光灯

这是一种由舞台追光灯改进而来的大型高能聚光灯。拍摄时用于跟踪照射主体人物，在画面中形成一个轮廓清晰的、明亮的圆形光斑，突出主要对象，直接引导观众的注意力，深化艺术效果。

---

① 图片来源：http://www.mainone.com。

图7-6　舞台回光灯①

（3）布景灯

布景灯用于对背景天幕作较大面积的扩散照明。可加插彩色滤光板，调节光源色温，形成各种色调的天幕背景，增加画面气氛。

（4）特技灯

特技灯的效果往往可取代美工布景，或利用光线的特殊效果作为美工布景的一种补充。采用激光辐射追求特殊的照明效果的做法已较为常见。特技灯能够投射出象征云彩、波浪、雪景等形态的光，增加画面造型效果。

7.3.2　安装灯具

摄像棚的灯具有两种安装方式：悬挂和落地。

有些摄像棚的天花板上装有固定的金属管架和活动钢条，用C型夹钳住的灯具就可以悬挂在上面。此外，还可用各种落地灯架在地面上支撑灯具。也可用可升降的滑动杆、吊杆来支撑较轻的灯具，利用高空夹可以把灯具固定在屋梁等柱状物上，如图7-7~7-11所示。

图7-7　GSD水平吊杆②

---

① 图片来源：http：//www.51audio.com。
② 图片来源：http：//www.xgdy.com，图7-8~7-11都来源于此。

图7－8　GZH组合吊杆

图7－9　GXC行车铰链吊杆

图7－10　C型灯夹

图7－11　GCD方管垂直吊杆

应注意的是，地面上的灯架升得越高，就越不稳定。碰撞或拖拉电源时容易使灯架翻倒。这时，可用沙袋等重物固定灯架。

7.3.3　控制灯光

对灯光的有效控制，不但可以保证摄像机适当曝光，还可以丰富灯光的表现力，使灯光以理想的光形、适当的照射强度投射到适当的位置上。对灯光的控制主要包括：光的分布、光照强度的控制。

1. 控制光的分布

（1）改变灯具的照射角度能够明显地改变灯光的分布

例如，如果灯具在被拍摄物体上方垂直投射，形成的光束分布区是最小的；当灯具与被拍摄物体成45°角照射时，光束就明显变大了。

（2）如果灯具上有遮光板，可以通过改变遮光板的开口大小、开口方向，灵活地改变光束的形状

例如，以菲涅耳聚光灯作为主光源，改变遮光板的开口大小与方向可以得到各种形状的光束，可以突出场景中演员或背景的一部分，或者消除摄像机的眩光等。

（3）通过改变灯具与被拍摄物体的距离从而改变光的分布

距离越近，主体受光区域越大；距离越远，主体受光区域越小。

当然，对光源本身的选取是控制光的分布的最直接方式。我们可以根据拍摄的需要选取适当的灯具，或根据其本身的一些设置进行调节。

2. 控制光照的强度

（1）选择适当发光功率的灯具可以直接控制光照强度

对于同一系列的灯具（如卤钨灯），灯具的功率越大，光度越强。选取一定的灯具后，可以通过改变灯具的电流强度来改变灯具的发光功率。例如，可以用电阻调光器或自耦变压调光器来调节灯具的光照强度。不过，如果电流强度太低而不符合灯具正常工作电流，色温就会降低，不利于色彩的准确还原。

（2）调节灯具与被拍摄物体的距离是得到适当光照强度的常用方法

光照强度与光源到被照射物体距离的平方成反比。例如，如果光源与被照射物体的距离由 5 米变为 10 米，那么，照射在这个物体上的光的强度只有原来的 1/4。不过，如果光源与被照射物体的距离达到某一个值之后，照度的下降就不会遵守这个规则了。另外，这个反比规则只适用于均匀的散射光条件，如果灯具上有聚集光线的零件，照度的变化是不必遵守这个规则的。

（3）利用柔光布等辅助照明器也可以减小光的强度

柔光布通常是用纤维做成的半透明的纺织物。它能够在不影响色温的情况下减弱光的强度，还可以柔化光线。如果柔光布只遮住灯具的一半，那么另一半的照射区域的光强将不受影响。例如，一个场景中有两个演员，使用一半大小的柔光布可以改变其中一个演员的照度，而保持另外一个演员的照度不变，从而达到某种戏剧效果。

7.4 常用滤光镜

滤光镜是用来改变光的色温、强度、色调等的光学工具，通常加插在摄像机的镜头前面。常用的滤光镜有以下七种：

1. 滤色镜

它能让某种颜色透过，而吸收其他颜色的光线，所以它总是呈现出一定的色彩。例如，当白色光照射到红色滤色镜时，只有红光能透过，蓝光和绿光被吸收。

在外景黑白拍摄中，常用滤色镜来调整色调、影调，调节场景反差和透视等。

而在彩色拍摄中，滤色镜主要用来平衡色彩和调节色温。

2. 中灰滤光镜（灰镜）

这种滤光镜是用来降低光线强度的，因为它对各种波长的光都等量吸收，所以，它不会改变光的色彩。因此，在强光环境下，常用中灰滤光镜来降低光线进入镜头的强度，从而避免曝光过度。

中灰滤光镜减小光的强度的能力与它的密度有关。密度越大，其减小光的能力就越强，透过的光线越少。这种滤光镜的型号就是按减小光的能力来划分的，例如 ND－3 可以减小一半的光强，而 ND－6 可以将光的强度降低两档。

在外景拍摄时，如果取景范围包括天空在内，前景可能因为天空太亮而无法正确曝光。这时，可以用一种中灰渐变滤光镜。这种滤光镜的一半是透明的，然后逐渐过渡到另一半的中灰镜。如果使那一半中灰镜对准地平线以上的天空，就可以在不影响前景的情况下使天空的光线减弱，从而使得天空和前景都得到准确曝光。

在拍摄远景时，景物可能会蒙上一层紫蓝色，这是阳光中的紫外线导致的结果。紫外滤光镜可以除去大气中紫外线的影响，这种镜片是无色透明的，所以在拍摄外景时可一直保留在镜头上。消雾滤光镜能够消除阴天常会产生的雾气；而雾效果滤光镜则可以产生雾气的效果。

3. 偏振滤光镜

这种镜片是利用光的偏振性质制成的，它能够有选择地允许某种偏振方向的光线透过。主要用来减少水面、玻璃等非金属物体表面的反光，从而消除这些物体表面形成的光斑和影像。

4. 柔光镜

这种滤光镜是由网状的纺织品或金属品制成的，表面的细纹可以使透过的光线向各个方向发生折射，从而达到柔化影像的目的。柔光镜的柔化效果与表面细纹和光圈大小有关。细纹既粗又密，柔化效果强；细纹既细又疏，柔化效果弱。光圈大，柔化效果强；光圈小，柔化效果弱。

柔光镜常用在人物拍摄上，尤其是用在拍摄特写镜头上，因为可以降低反差，掩饰皱纹，美化皮肤，产生梦幻、浪漫的效果。例如，在拍摄化妆品广告时，就可以用柔光镜来美化模特的肌肤。如果一时间找不到柔光镜，可以在镜头上蒙上一层类似丝袜状的东西，也可以达到柔化光线的目的。

5. 星效果滤光镜

这是一种在表面刻有格状的纵横平行线的柔光镜，它能使场景中的光点变成光芒四射的星状物。不同类型的星光镜可产生不同形状的效果，有五星、六星、八星的，还有形成十字形状的星光镜。

6. 低反差滤光镜

在外景拍摄中，有时太强的日光会投射出轮廓分明的阴影。最亮景物与阴影的反差使得摄像机很难准确曝光。这时，可以用低反差滤光镜解决这个问题。这种滤光镜能够使场景中最亮的景物的光线分散到其他地方，不但可以降低最亮处景物的亮度，还可以使暗处的景物的亮度增加，从而使摄像机准确曝光。

7. 软调反差滤光镜

它也可以降低景物之间的反差。与低反差滤光镜不同的是，它只会降低最亮景物的亮度，而不会增加暗处景物的亮度。这样，也可以降低反差范围，使摄像机的感光系统能够正常工作。

滤光镜通常安装在摄像机或摄像机的镜头前面，一定的镜头要求有固定大小和规格的滤光镜与之相匹配。有些滤光镜可直接旋入镜头前的螺丝上；有些可以安装在调节环内，再用固定环来固定；如果摄像机上安装有遮光斗，滤光镜可以方便地放进遮光斗中。而高级的摄像机上具备滤光镜转换轮，可以灵活而方便地换上想要的滤光镜。

滤光镜说明书上通常会讲到一个滤光系数，它是指在使用这个滤光镜时，需要曝光补偿的程度。在实际拍摄时，我们可以根据这个系数来进行曝光补偿。

7.5 场景的照明效果

我们在描述一个场景的照明情况时，常会用到以下五个专业名词。亮度、景物的亮度范围和反差都关系到能否准确曝光。

7.5.1 照度

照度表示不发光物体的表面被光源照明的程度，也称为入射光强度。用 E 表示，单位以"勒（克斯）（lx）"或"米烛光"计量。照度的大小可以用如下公式计算：$E = \Phi/S$。其中 E 表示照度；Φ 表示入光光通量，单位是流明（lm）；S 表示光照面积，单位是平方米（m^2）。这个公式表示，照度的大小等于物体表面单位面积上接受的光通量；即 1 平方米面积上接受 1 流明光通量时，照度为 1 勒（克斯）。

电视或电影拍摄对场景照度的要求，取决于摄像机的灵敏度或胶片的灵敏度。随着技术的不断发展，摄像机和摄像机对场景的照度要求越来越低。

7.5.2 亮度

亮度表示发光表面或被光源照明的景物反光表面在人眼观察方向上的明亮程度，即单位面积表面射出的光量，又称为反射光强度。用 L 表示，单位以"尼特"或"烛光/平方米"计量。公式是：$B = I/S$。其中 B 表示亮度，I 表示发光强度，S 表示单位面积。

由于不同物体对光的反射能力不同，吸收和透射能力也不相同。因此，不同表面的物体在受到相同照度的光线照射时，其亮度也是不相同的。由此可见，亮度和照度是有区别的两个概念。照度取决于光源，而亮度在受光源影响的前提下，取决于物体表面的性质。

一般来说，光源越强，被照射物体就越明亮。但物体表面亮度除了受入射光强度影响外，还同时受到光源性质、光源色温、物体表面结构、受光面积、受光角度以及物体所处环境的光线条件等诸多因素的影响。

7.5.3　景物的亮度范围

景物中最高亮度与最低亮度之比称为景物的亮度范围。人的眼睛可以接受广泛的景物亮度范围。电视的成像系统和电影的胶片对光线的照度适应则有一个特定的亮度范围。在拍摄中，使用的摄像机的感光材料或摄像机的成像元件能准确再现景物的亮度范围称为"宽容度"。这个宽容度是胶片或成像元件生产时就确定了的。拍摄时，如果景物的亮度范围超出这个宽容度，景物就会曝光不足或曝光过度，得到的画面就会失去正常的影调层次感和质感。所以，调整景物的亮度范围在宽容度之内对准确曝光是非常重要的。电影胶片的宽容度为 7.8：1，彩色反转片的宽容度为 50：1，而摄像机的宽容度为 30：1。所以，胶片的宽容度要比摄像机的宽容度大得多。

在实际拍摄过程中，为了使景物的亮度范围不超出宽容度，我们要确定场景中最高亮度和最低亮度之比，这就是有意义的亮度范围，也就是平均亮度范围。

7.5.4　反差

反差是用来描述场景明暗层次的。高反差表示场景中最亮部分和最暗部分是紧接在一起的，中间没有逐渐明暗过渡的层次；低反差表示场景中最亮部分和最暗部分之间差别不大，无层次感。适当的反差表示最亮部分和最暗部分之间有明显的明暗过渡层次，造型效果好。场景中最亮部分的亮度与最暗部分的亮度之比称为这个场景的反差比。只要用测光仪测出这两个部分的光强，就可以准确计算出场景的反差比。

7.5.5　光比

光比在很大程度上决定了照明所形成的气氛。光比是主光亮度加上辅助光亮度之和与辅助光亮度之比。例如，如果主光亮度是 200 尺烛光，辅助光亮度是 100 尺烛光，那么光比是 3：1。使用彩色胶片拍摄时，一般把光比调节为 3：1；而摄像机拍摄的光比一般调节为 2：1。不过，随着摄像技术的不断发展，光比为 6：1 至 8：1 也能拍摄出高质量的画面。

根据光比的大小，可把照明分为高调照明和低调照明。高调照明通常是指较明亮、柔和且均匀的照明，光比较小；而低调照明中辅助光很弱，光比达 8：1 以上。高调照明营造出明亮、愉快、轻松的画面气氛；而低调照明则营造出黑暗、深沉、神秘的画面气氛。

光线的方向、光线的角度、光线的柔和度、色彩等都对画面气氛产生影响。例如，从被拍摄物体的正前方打灯，使物体阴影不明显，画面显得单调；从前面打柔和的散射光，物体表面显得细腻光滑；从侧面打聚光灯，产生明显阴影，突出物体立体感，同时使画面显得有趣；背景光可以加深画面的纵深感；逆光拍摄能产生剪影效果，对雨点的逆光拍摄能突出下雨的效果；人头顶或脚下打灯比用平视的角度打灯产生的阴影更能产生奇特的戏剧效果；暖调光给人愉快、热情的感觉；冷调光给人宁静、阴冷的感觉。所以说，光线的不同运用会使画面产生千变万化的效果，在拍摄时可以根据画面需要灵活运用。

7.6 布光的方法

电视以二维画面向观众展示三维的立体影像。在电视所有的造型元素中，用光是塑造立体影像最有力的因素。因为，光对场景的照射，可以突出亮部，能够形成阴影，因而能显示物体的大小形状，展示画面的纵深感。那么，场景中的灯光到底应该如何安排，才能有效地利用灯光来塑造画面立体影像？人们在长期的实际工作中探索出许多用光的原则和习惯，三点布光法就是其中最基本的一个。

7.6.1 三点布光法

三点布光法是指在场景中的三个基本位置摆放灯具，实现对场景的照明。这三个点上的灯具按其作用不同，分别称为主光、辅助光和轮廓光。

1. 主光

三点布光的主要光源称为主光。主光显示出被拍摄主体的基本形态，例如，物体的空间大小和表面的质感。主光产生明显的阴影和反差。所以，主光形成了场景中的主要造型效果。它决定摄像机的光圈大小。其他灯具摆放位置和强度都要参照主光的位置和强度进行调节。

主光摆在被拍摄物体前面的斜上方，因为这样产生的视觉效果更符合人们平时生活的视觉习惯，越接近被拍摄主体的正前方，越会使被拍摄主体的形象变得平淡，立体感变差；如果增大主光束与这条轴线在水平线上的角度，灯具远离摄像机，这样就会产生较多的阴影，增加造型效果，但也可能会使被拍摄的人物显得比实际年龄较为苍老；如果主光束与这条轴线所在的水平面在垂直方向的角度变大，造型效果增强，人物的眼睛、鼻子和嘴的下方出现阴影，也会使人物显得年老；如果减小光束与这条轴线所在水平面的角度，造型能力则会减弱；如果光束位于这个水平面的下方，人物的眼睛、鼻子和嘴的上方会产生阴影，营造出不寻常的古怪效果。

一般来讲，主光束与摄像机和被拍摄主体所在轴线的角度宜调整在 $30° \sim 45°$

（见图 7 - 12），而主光束的俯角也应大约调整为 30° ~ 45°。当然，主光源的位置还要根据当时的拍摄条件和画面造型的需要灵活地加以确定。

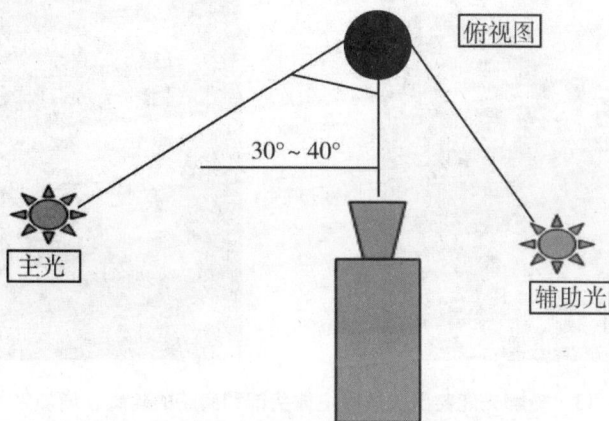

图 7 - 12　主光、辅助光与摄像机和被拍摄主体所在轴线的水平角度

拍摄时，一般会选择菲涅耳聚光灯作为主灯光。因为这种聚光灯的造型效果好，光束分布较为灵活。如果用散光灯作为主灯光，可以形成一定的中间影调，反差较小，而造型效果也较差。

2. 辅助光

辅助光是用来补充阴影部分的光照，减弱主光造成的阴影效果的。所以辅助光是架在和主光相对的摄像机的另一侧的。辅助光和摄像机与被拍摄主体所在轴线形成的夹角可以在 45°之内（见图 7 - 15）。因为辅助光是要冲淡阴影的，所以常用柔和的散光灯。

主光确定后，辅助光就成了决定场景反差的决定性因素：主光与辅助光的强度比例越大，反差越大，画面阴影就越明显，物体立体感就越强，形成"低调"照明效果；主光与辅助光的强度比例越小，反差越小，画面阴影变得淡薄，物体立体感减弱，形成"高调"照明效果。如果辅助光与主光亮度差不多时，阴影消失，画面平淡，完全没有立体感。

3. 轮廓光

轮廓光也称背光。轮廓光是用于突出被拍摄主体头部和肩膀的轮廓，这样也就把被拍摄主体与背景区分开了，达到增强纵深感的效果（见图 7 - 13）。

所以，轮廓光的位置设在被拍摄主体的后方。轮廓光灯具不能直接进入摄像机镜头，所以轮廓光灯具位置必须够高。但是，轮廓光不能垂直照在人物的头顶，因为这样会令人产生不自然的感觉，所以轮廓光光束的俯角一般在 45° ~ 55°，如图 7 - 14 所示。

图7－13　轮廓光能突出被拍摄主体头部和肩膀的轮廓，增加纵深感

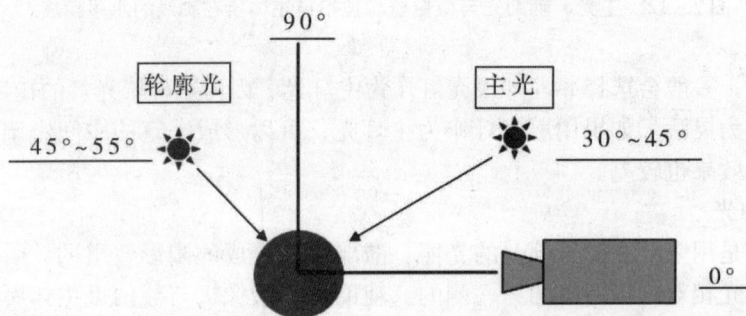

图7－14　主光、轮廓光与摄像机和被拍摄主体所在轴线的垂直角度①

　　轮廓光是通过照亮主体的头部和肩膀来增加人物造型效果，增加画面景深的，所以拍摄时通常用菲涅耳灯等聚光灯作为轮廓光，这时应将其调节到泛光的档次，以产生柔和的光线。为了突出主体的立体造型，轮廓光强度通常不能低于主光的强度。

　　主光、辅助光和轮廓光的光比设置，习惯沿用1：0.5：（2～15）的比例标准，即以主光为强度基准，辅助光的强度是主光强度的一半，轮廓光强度是主光的2～15倍。这是因为如果主光太暗或辅助光过亮，画面造型效果就会减弱；而轮廓光过弱的话，主体与背景将无法分离，画面就会缺少立体感和纵深感。当然，在实际拍摄中，应根据取景器显示的实际情况和画面的实际需要灵活运用各种灯光，使三光照明达到一种平衡的关系。

---

　　①　图片来源：http：//jpkc. scnu. edu. cn。

7.6.2 全面布光

主光、辅助光和轮廓光的确定，确立了最基本的照明方式，被拍摄主体也获得了基本的光照。如果想要得到更全面、更理想的照明效果，还需要使用更多的辅助光源。其中包括背景光以及适应各种局部照明需要的装饰光、侧光、眼神光等（如图7-15所示）。

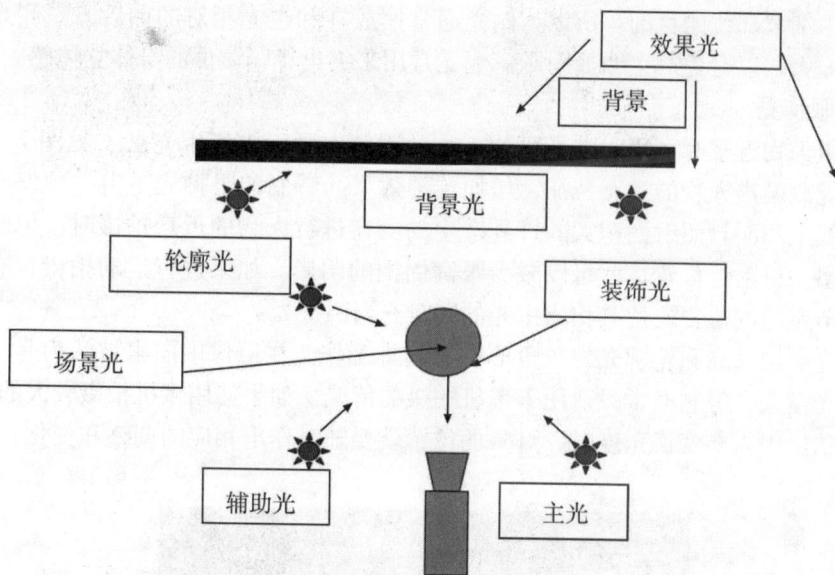

图7-15　全面布光示意图

1. 背景光

背景光是用来照明被拍摄主体背景的，它能够塑造出背景形象，从而使背景显得真实自然，也增加画面纵深感。同时，背景光能说明被拍摄主体与环境之间的关系，向观众交代场景的时间因素和画面的基调。例如，明亮的背景给人轻松愉悦的感觉，而阴暗的背景给人深沉抑郁的感觉。

如果想要给整个背景均匀照明，可以用散光灯作为背景光；如果只想对背景进行局部照明，可用聚光灯作为背景光，这样可以使背景产生一定的明暗层次感。背景光的强度一般控制在主光强度的1/2～3/4，因为过亮的背景光会影响前景中被拍摄主体的相对亮度，喧宾夺主；而太暗的背景光又达不到照亮背景的目的。

2. 装饰光

装饰光又称润饰光，是用来对某一局部位置进行照明的光线。例如，用来照亮头发，以表现头发质感的光线称为头发光，在拍摄洗发水广告时，这种装饰光是必不可少的；用于照明服装，以表现服装特点的光线称为服装光；用于照明道具，表现道具特点的光线称为道具光。

装饰光能减弱从主光到辅助光过渡之间局部细节的生硬反差，增加画面的中间影调，对光线的整体效果起润色、调节作用。装饰光适宜使用发出小光束的聚光灯，光束的分布要根据修饰的范围调节，以避免光束对其他光线照明效果的干扰。

3. 侧光

侧光的作用和轮廓光相似，主要用来照亮被拍摄主体的侧面，以达到补充辅助光、突出细节部位的目的。所以，侧光通常摆放在和主光相对的侧后方。侧光的强度不要太大，以避免产生明显阴影。侧光常用来突出舞蹈演员的身体立体感。

4. 眼神光

拍摄人物近景时，用眼神光可使人物的眼睛在画面中产生光点（见图 7 - 16）。眼神光能刻画出人物的神态特征，增加传神效果。特制的眼神光是由一种发光功率小、光线柔和而且照射面积大的灯具产生的。在进行人物的近景拍摄时，把眼神光摆放在摄像机附近位置，就可以减少眼窝周围的阴影。如果进行运动拍摄，有时会适当调节主光的位置，使其作为主光的同时充当眼神光。

主光、辅助光和轮廓光的三角形位置安排工作，在摄像中向来被认为是一种规范的布光模式，但它通常只适用于单机拍摄的情况。如果使用多机拍摄较大的场面，并且在拍摄中需要变换角度时，灯具的位置就要随时作出相应的调整和变化。

图 7 - 16　近景拍摄时用眼神光能增强人物传神效果[①]

---

① 图片来源：蜂鸟网，www.fengniao.com。

7.6.3 普遍照明

在一个较大的场面进行运动拍摄时，运用普遍照明法可以达到基本照明的目的。普遍照明法是利用散射光、反射光均匀地照亮整个拍摄场景，形成一种全景照明所需要的基础光照的照明方法。这种光线效果类似在阴天条件下的自然光拍摄效果，在高散光漫射照明下，光线遍布场景中的每一部分但又不会形成特定的方向性。各个方向的照明亮度相同，物体的阴影互相抵消，所以立体感差。

普遍照明因特别适合电视摄像的特点而得到广泛应用。电影胶片拍摄中强调理想的光线，追求光线的高对比度和浓阴影下产生的戏剧性效果，所以较少用这种布光方法。而电视摄像机拍摄能够在较低的基础光级下拍摄出理想的画面，柔和均匀的散射光照明更能适应电视拍摄的动态变化和场面调度。随着摄像机性能的不断改善，摄像机能在较低的基础照明水平下操作，因此电视照明往往打破三点布光中光比变化的规范标准，越来越朝着明暗反差小的低光比方式变化。

普遍照明在灯具的选择上，可使用几个反射镜聚光灯把光线反射到天花板或者墙壁上，或以一种纤维反射器代替聚光灯。或者使用柔光罩、反光伞、反射板等分散光束，以普遍均匀的漫射光代替传统的布光方式。

不过，电视用光不但要提供基本照明，还要塑造物体的形象和营造画面的纵深感，对广告制作来说尤其如此。如果由普遍照明提供电视动态拍摄和大范围场景调度所需要的基础光照明，再以三点布光方式重点加强特定主体的局部区域照明，就可以两者兼顾了。

7.7 室内照明

大多数电视广告都是室内拍摄的，而室内的照明几乎不受太阳光的影响，所以我们可以随心所欲地调节人造光来进行广告创作。摄像师除了要熟悉所有灯具的性能和特点以及布光方法之外，还要注意一些常会遇到的问题。

7.7.1 室内照明

很多的电视广告都是在摄像棚里拍摄的。在摄像棚里，一般都配备了各种各样的灯具、灯架和辅助设备。所以，在摄像棚里的灯光布置和控制显得比室外拍摄要方便得多。室内拍摄一般采用三点布光法来布置场景基本照明，然后根据画面的需要，采用更多的辅助光源来营造想要的光线效果。

由于室内拍摄的空间有限，在布光的过程中，常会遇到无法隐藏灯具的情况。解决的方法有很多种，例如，可以利用吊灯架把灯具悬挂起来；利用反光板、天花板、墙壁等把光线反射到主体上作为辅助光源；或者把体积大的灯具换成体积较小的灯具以方便隐藏等。

如果要利用日光和人造灯光混合照明，会出现色彩无法平衡的情况。例如，如果拍摄一个场景中的模特时是用窗外射进来的日光作为主光，用灯光作为辅助光，那么，就会出现色彩无法平衡的情况。因为，灯光的色温一般在 3 200 K，而日光色温在 5 500 K 以上。遇到这种情况一般可采用以下方法解决：把 3 200 K 的灯光型灯具换成日光型灯具（如镝灯）；在窗口铺一层雷登 85 色温转换滤纸，把日光色温转换成灯光色温，这种方法会减弱光强；在灯具上加一片蓝色的二色性滤光片，把灯光色温转换成 5 500 K 左右。当然，如果不想要日光作为光源之一，直接把窗户关上就可以把日光遮住，只用灯具来照明。

在有普通荧光灯的室内（如一间超市）拍摄时，这些荧光灯会使色温不正常。因为这些荧光灯发出的是不连续波长的光谱，通常只有绿光和蓝光。这时，只能关掉所有的普通荧光灯，改用高速荧光灯或者镝灯来照明。

7.7.2　运动拍摄的照明

广告拍摄时，如果演员或摄像机处于运动状态，照明就会变得复杂得多，因为演员受到的照明一直在变动。这时，三点布光法中的三个光源要跟随着演员或摄像机作出相应的调整。在运动拍摄时，导演一般会画出一个镜位图，图中会标明镜头的运动范围、运动路线等。摄像师应仔细研究镜位图，明确需要重点注意的地方，进而根据这个镜位图画出一个相应的照明图。图中除了要标明摄像机运动路线、拍摄角度、演员的基本走位，还要标明灯具的位置、方向、规格、种类等。然后，可以根据这个照明图把灯具初步架设好。当导演确定演员的走位和场面的调度后，就可以精确调整灯光。

当然，拍摄运动镜头时，也可以运用普遍照明法达到基本照明的目的，也就是利用柔和的散射光照亮整个拍摄场景。这样，各个方向的照明亮度相同，物体的阴影不明显，演员在这个场景中任意走动都可以得到一样的光照，不会产生画面时亮时暗的问题。但是，这样的光线造型效果差，画面显得平实单调。

当一个演员走近或离开一个光源的一盏台灯时，演员的光照会发生明暗的变化。这时，可以在灯具的适当位置蒙上一块大小适当（如是灯具面积的一半或 1/3 大小）的柔光布，这样可以降低台灯附近的光强，从而抵消台灯对场景布光的影响。

另外，还可以运用交叉主光的方法来实现运动拍摄的照明。例如，如果演员从 A 位置移动到 B 位置（或者同时对 A 和 B 两人照明），则 A 处的主光是 B 处的背光，而 A 处的背光是 B 处的主光。这样，场景中的一个光源实现对多个地点的照明。如果场景中有几个人物，这种交叉主光布光法也是适用的（见图 7 - 17）。

运动拍摄在布光时要特别小心的是，避免造成不必要的阴影。例如，画面中人物有多个影子，灯架或传声器的吊杆在画面中留下影子等。调节光照强度，变换吊杆位置，改变光束分布，适当遮光等都是可以消除影子的方法。

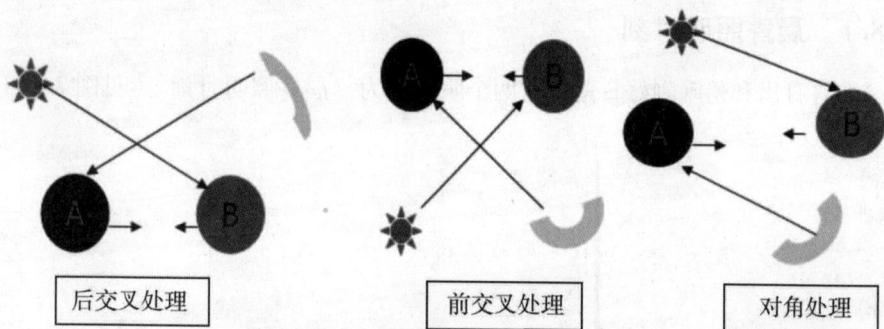

後交叉处理　前交叉处理　对角处理

图 7 - 17　交叉主光布光法

7.8　室外照明

室外拍摄时，太阳光成为十分优秀的主光，主导着场景中光线的运用。太阳光的强度、照射方向、色温受时间、季节、天气状况、地点的影响而变化莫测，丰富了太阳光的表现力。同时，太阳光的变化多端增加了室外拍摄把握光线的难度。所以，对太阳光特点的了解有助于我们在拍摄时有效地利用太阳光。

太阳光具有直射光、散射光、反射光三种性质。如果天气晴朗，太阳光中包含有直射光、散射光和反射光；如果是阴天，太阳光中只包含散射光和反射光。

如果天气晴朗，云层稀薄，太阳光直接照射在地面上。直射的太阳光具有明显的方向性，反差强烈。这种光线造型能力强，能清晰照射出物体的立体形状和表面结构，同时造成明显阴影，所以这种光被称为"硬光"。直射光色温在 3 200 ~ 5 500 K，在同一天的不同时刻，直射光的色温变化较大。由于直射光强度大，造成明暗反差大到超越摄像机的感应范围，所以，通常要采用各种方法来降低反差。

在阴天或多雾的天气，云层或雾气使太阳光分散地射向地面。散射光没有明显的方向性，均匀照射，反差柔和，所以被称为"软光"。这种光能细腻柔和地表现出物体的表面质感，不会造成明显的阴影，所以非常适合对人物进行近景拍摄。这种光能用作普遍照明，不过需要加大曝光量。阴天的散射光色温可达 7 000 K。如果云层薄，色温可能高达 10 000 K 以上。所以，阴天拍摄时要注意调整白平衡，以确保色彩的准确还原。

在一天之中，太阳光从早到晚的变化也是相当大的，虽然受到各种不稳定因素的影响，但其光源位置以及照射角度的大小仍有规律可循。在不同的照明时刻，光线性质、景物亮度和反差、光线色温、影调、投影等都具有各自的特点。

7.8.1 晨昏照明时刻

清晨即将日出和傍晚刚好日落的这两个阶段称为"晨昏照明时刻"（见图7-18）。

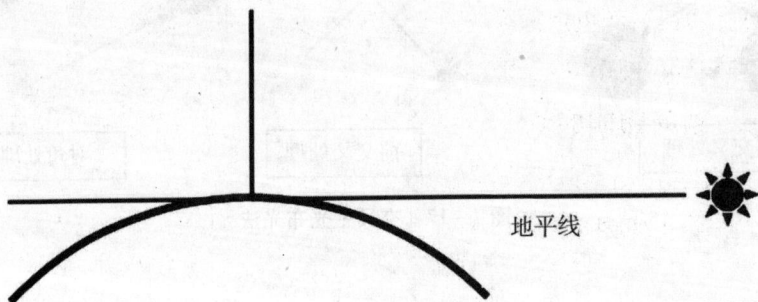

图7-18 晨昏照明时刻

此时地面景物亮度很暗，但越接近地平线的天空，光照度越强，形成明显的亮度差。采用逆光拍摄，突出景物的轮廓线条特征，可以得到剪影式的效果。虽然影调色彩单一，但气氛强烈。晨昏照明时刻的时间极短，光线变化快，天空迅速被照亮或完全变黑，较难把握时机。

7.8.2 平射照明时刻

太阳初升和欲落的时间，光线与地平面的夹角为 $0° \sim 15°$，称为"平射照明时刻"（见图7-19）。

这是拍摄日出日落的精彩照明时刻，时间同样相当短暂，光线照度极不稳定，稍纵即变，但极具气氛和感染力，充满浪漫色彩。

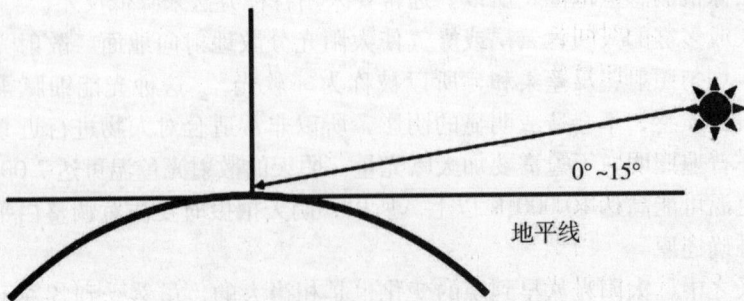

图7-19 平射照明时刻

这段时间，光线与地平面所成角度较小，几乎平行，太阳透过浓厚的大气层照射在地面景物上。空气中的介质对光线产生散射作用，光线柔和，色温偏低，色调偏红。景物的直接受光面亮度大，与不被照亮的阴暗面有明显的反差。被照射的物体上，留下长长的投影，可以丰富画面的影调情趣和视觉语言，增加构图新意，具有特殊的构图效果。利用逆光拍摄，可以表现出强烈的透视效果，但有时会出现光斑。光线近亮远暗，颜色近深远浅，影调近浓远淡。光线透过聚散变幻的云彩，透过树林，透过各种景物，产生奇妙无穷的意境。

7.8.3 斜射照明时刻

在一天之中的上午和下午大部分时间，太阳光与地面的角度在 15°～80°，称为"斜射照明时刻"（见图 7 – 20 ）。

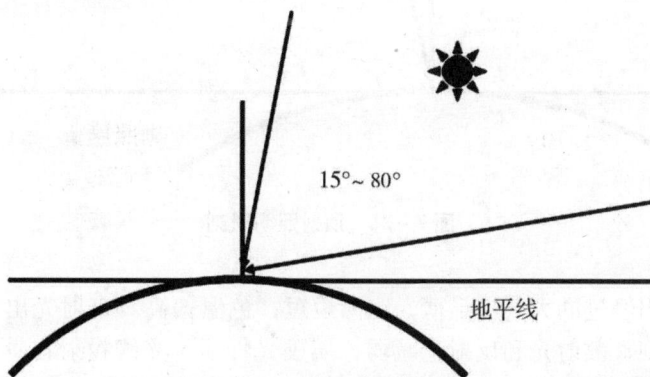

图 7 – 20　斜射照明时刻

这是光源光谱成分和色温相对稳定的阶段。直射光和散射光都比平射时刻明显增强，反差明显增大。与反射光交织，可形成天然的辅助光。又亮又柔和，影调丰富细致，造型效果好，最适合表现空间及物体的立体形态和质感。

斜射照明时刻的时间长，变化小，曝光规律较易掌握，光线投影适中，被认为是表现物体常态、还原景物色彩最正常和最保险的光线，因此也称为"正常照明时刻"。

在这个时间段拍摄，经常会遇到的问题就是场景反差高，超出摄像机的宽容度。所以，降低场景反差就成了拍摄时必不可少的一步。利用人造光对场景进行补光是降低反差的常用方法。用于补光的光源一般是高色温的日光型光源（如镝灯），或者利用滤光片将低色温灯光转变为日光色温；利用反光板是一个简易的补光方法，反光板能将日光反射到被拍摄主体上，充当辅助光。所以，反光板一般摆放在辅助光的位置上。当然，运用低反差镜也可以达到降低反差的效果，不过会降低画面质量。如果在场景上方挂上一块大面积的柔光布，可以有效地降低场景反差。柔光布产生的柔光线可减弱阴影，美化表面质感，产生梦幻效果，所以，在广告拍摄中经常用柔光布来降低场景反差。

7.8.4 顶射照明时刻

太阳光与地面的角度上升到80°~90°，大约在11：00~14：00，称为"顶射照明时刻"（见图7-21）。

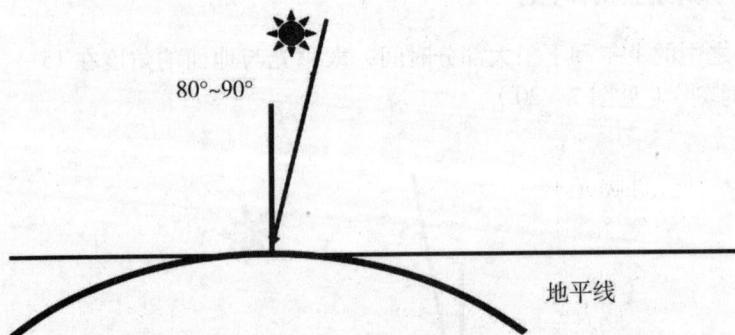

80°~90°

地平线

图7-21 顶射照明时刻

此时，太阳经过的大气层最薄，距离最短，色温偏高。直射光出现时是一天中光线最强的时刻，散射光和反射光减弱，属硬光性质。光线投射在景物顶部直接受光的位置，物体垂直面几乎不受光，物体在地面上投影很短或者几乎没有投影。顶射光线用于拍摄人物面部造型效果并不理想。但拍摄大范围的景物，如辽阔的草原、光线从顶部射下的树林等，则能产生特殊的效果。

7.8.5 夜景拍摄

我们在进行夜景拍摄时，可以利用大自然的景观创造奇特的意境。例如，淡蓝色的月光，或者闪闪的星光，又或者是斑斓的万家灯火。以这些景观作为画面的背景，可以给人静谧、祥和的感觉。在拍摄夜景时，通常要用很重的背景光和轮廓光，以达到加强夜景的效果。当然，夜景中的人物拍摄要有适量的主光，确保观众能看清楚画面中的演员。一般是运用聚光灯作为主光，以避免光线逸出而影响画面气氛。

由于夜景拍摄属于低照度拍摄，所以摄像机拍摄的效果并不理想。因此，在用摄像机拍摄夜景时要适当补光以降低场景反差。有时，摄像师能够在白天拍夜景，即在镜头或光源处加上蓝色滤光片，同时减少曝光量，就可以营造出以假乱真的夜景。

7.8.6 充分利用天气条件

室外拍摄时的光线条件受到天气状况的影响。例如，阴天柔和的散射光色彩偏灰色，阴影不明显，使物体表面显得柔和细腻；雨过天晴时，万里无云，可以看到蔚蓝的天空和颜色鲜艳的景物；雾气、雪花等又会创造出另一番景象。所以，善于利用天气条件，及时捕捉天气景象，可以营造出奇特的气氛，拍摄出优美的画面。有时，我们可以人为地创造出某种天气效果。例如，用造雾机来制造出雾景；用喷水车营造下雨效果；洒水在地面造成倒影和增加亮点；用闪光灯来产生闪电效果；用炉火来模拟森林大火等。

7.9　准确用光

太强的光线会使摄像机的胶片或摄像机的成像元件曝光过度，而太弱的光线则会使胶片或成像元件曝光不足。景物的亮度范围控制在摄像机的宽容度才能准确曝光。所以，为了得到准确曝光，必须对进入镜头的光线进行有效的控制。而测光表是用来测量光的强度的。测出被拍摄主体的光强或者被拍摄主体反射到摄像机的光量后，就可以对光源或者光圈进行调节，达到正确曝光的目的。

7.9.1　测光表

测光表主要有入射式测光表（见图 7 - 22）和反射式测光表。入射式测光表是用来测量场景中的某个特定主体或区域的受光量的。测量时，将测光表放在被测量处，面向摄像机，测光表就会显示该处的光强。入射式测光表测的是这个主体或区域的总光量，包括来自所有方向光源的光。所以，入射式测光表能够很方便地测出场景中某处受到的光照总量。

图 7 - 22　入射式测光表，其中白色的半球体就是感光元件[1]

---

[1]　图片来源：色影无忌，www.xitek.com。

如果想得到被摄主体或区域更加精确的光照，可以使用反射式测光表。使用时，将其放在摄像机的视点，面向被拍摄主体。反射式测光表接收光的角度比较广阔，所以，测的是整个场景反射入摄像机镜头的平均亮度。如果想测量场景中一小部分位置的光照，可以使用点式测光表（spot meter）。这种测光表也是反射式测光表的一种，它的受光角度极窄（不超过3°）。所以，这种测光表尤其适用于测量一个很小区域的光照。

7.9.2　自动测光系统

许多摄像机内部都安装有自动测光系统，它能够测量进入感光系统的光量，然后会自动调节光圈，从而正确曝光。如果光照不够，摄像机会提示光线不足。对景物进行摇摄或推拉镜头拍摄时，摄像机会根据自动测光系统提供的信息自动调节光圈大小，从而准确曝光。所以，自动曝光系统方便了摄像机的曝光控制，尤其在运动场或纪录片的拍摄场等很难人为地调节光照的场景中，这个系统能够方便拍摄。

由于自动测光系统测到的是整个场景的平均亮度，如果场景的反差太大，系统就会判断错误，出现曝光不当的情况。例如，逆光拍摄时，背景明亮而人物正面较暗，自动测光系统测的是整个场景的平均光照，据此来曝光，人物正面会曝光不足，在这种情况下，可以选择手动曝光，对人物正面进行局部曝光。

手动曝光的方法如下：调节焦距使人物脸部充满整个取景框，从摄像机上看出人物正面的曝光量，然后根据曝光量手动调节光圈大小来拍摄。有些摄像机还有逆光校正控制，把光圈调大，以减弱逆光的影响。

7.9.3　检验曝光

电影胶片和摄像机的感光系统都有一个固定的感光度，为了正确曝光，我们要调节场景的光照和光圈的大小来使进入镜头的光亮与感光度相适应。我们可以通过测光表来测量场景光照并由此作出调整。光圈也可以自动或者手动调节。那么，怎样检验画面曝光是否正确呢？如果用摄像机拍摄，可以倒带观看；也可以用录像辅助系统来观看拍摄到的画面，从而大致确定画面是否曝光正确。

但是这样的估算会显得太过主观而不可信。判断是否曝光正确的可靠方法是，利用波形监视器（waveform monitor）来检测。波形监视器能提供场景的亮度和反差的准确信息，让人们能直观地判断出曝光是否正确。

本章小结

本章介绍了电视广告用光和照明的基础知识，包括光和色的性质，以及与照明效果相关的概念和术语；介绍了几种常用灯具的使用方法、自然光的运用，以及布光的基本方法等。

场景的照明效果常与亮度、景物的亮度范围和反差、光比等相关，它们都关系到能否准确曝光。在广告拍摄中，除了利用太阳光作为一种主要的光源外，我们还要运用各种各样的人造光源，因此要注意各种人造光及其灯具的安装和控制。

滤光镜是用来改变光的色温、强度、色调等的光学工具。常用滤光镜包括滤色镜、中灰滤光镜、偏振滤光镜、柔光镜、星效果滤光镜、低反差滤光镜、软调反差滤光镜等。

适当用光不仅能准确曝光，还是画面造型的一种艺术手段。所以，照明在电视广告制作中起着非常重要的作用，包括照亮场景景物、营造空间立体感、表明情节发生时间、营造气氛、配合构图等。

在用光的各种原则和习惯中，三点布光法是最基本的一个，此外还有全面布光、普遍照明等。室内的照明几乎不受太阳光的影响，可以随心所欲地调节人造光来进行广告创作。摄像师除了要熟悉所有灯具的性能和特点以及布光方法之外，还要注意一些常会遇到的问题。室外拍摄时，对太阳光特点的了解有助于我们在拍摄时有效地利用太阳光。太阳光具有直射光、散射光、反射光三种性质，不同的时刻要掌握不同的利用方法。为了得到准确曝光，必须对进入镜头的光线进行有效控制。运用测光表、自动测光系统等进行检测都是有效的方法。

从业者应该在实践中摸索创新，把基础知识与电视广告创意和特点充分结合起来，才能在实际操作中驾轻就熟，运用自如，拍摄出优秀的作品。

思考与练习

1. 色温指什么？调整色温有哪几种方法？
2. 常用的灯具有哪几种？如何调节灯具达到理想的灯光效果？
3. 影视广告照明主要有哪几方面的功能？
4. 电视广告摄像常用的布光方法有哪几种？如何运用这几种布光方法？

8 电视广告的拍摄方法 ▶

本章要求

◎ 了解画面的结构要素与造型因素。

◎ 掌握电视广告摄影构图的知识。

◎ 了解拍摄时的基本角度和运动拍摄的原理。

◎ 了解景别与景深的概念。

◎ 掌握电视广告拍摄的技巧。

电视广告摄影把被拍摄对象的表面质地、立体形状和色彩记录在胶片、磁带等介质上，所以，广告摄影就是记录和再现现场景物的过程。同时，广告摄影又是摄影师进行艺术创作的过程。在这个艺术创作过程中，摄影师要协调画面主体与陪体、环境等结构要素之间的关系；运用线条、光线、影调、色彩、色调等造型元素来塑造画面形象；把握视觉造型的心理因素以强化传播效果；选择适当的景别和一定的景物深度来表达画面内容；挖掘动态的因素以展示画面动感以及综合运用各种拍摄技巧和用光技巧来美化画面构图等。本章以实训教学为目的，分别介绍电视广告摄影涉及的构图方法、造型方法、动感表现、景别、景深和角度的运用以及色调与用光的控制等内容。本章所指的摄影是指用摄影机或摄像机的拍摄。电视广告片按记录内容的介质不同，可以分为电影胶片广告（Commercial Film，CF）和录像磁带广告。电影胶片广告是用摄影机拍摄的，拍摄时，摄影机把广告内容记录在 35mm 或 16mm 的电影胶片上，然后进行洗片，再通过胶转磁录制到录像带上，这样就可以在电视上播出了。电影胶片制作的广告片画面清晰度高、色彩宽容度好、层次感强，所以，大型的广告片都是用电影胶片制作的。但是，电影胶片广告制作程序复杂，后期编辑麻烦，而且成本也相对较高。

录像磁带广告一般是用摄像机拍摄的。拍摄时，摄像机把广告内容直接记录在磁带上。以这种方式制作的广告后期制作相对简单，不用经过胶转磁的工序，也不必转录就可进行编辑，因而制作时间短，制作成本相对较低。但是，由于磁带对广告内容的记录清晰度相对较低，光效不及电影胶片制作效果好，所以，如果广告片的主要画面是表达商品的外貌质感，还是采用电影胶片制作比较好。

8.1 构图方法

构图，简而言之就是构成画面。由于它首先要通过取景器确定拍摄范围，所以又叫取景；它涉及画面中各种结构要素的合理安排和组合，也可称为布局；它必须利用各种视觉因素，以平面的图像构造立体的空间形象，又可以称为造型；由于它还涉及动态表现、视觉心理等多方面多层次的影响，因此构图的含义更是莫衷一是。但说到底，构图是客观形象在主观选择中的再现，在观察中的反映，即使同样的构图因素也会呈现出不尽相同的构图效果，并因各人的心理反应不同而感觉各异。

由此，我们对电视广告摄影构图的理解可以概括为：在拍摄景物范围内，按照一定的主题思想和审美要求，对拍摄对象的各种构成元素有机地组合安排，巧妙地处理、确定和表现它们之间的关系，以构成完整的画面。同时也是对时空发展的动态因素，对视觉心理等因素的把握、发现和运用的过程。

电视广告对画面的构图一般要达到如下目的：明确传递广告信息，使观众容易理解画面内容；主次分明，突出画面主体；产生美感，愉悦心情。美妙的构图令人赏心悦目，能满足观众美学上的追求，增加戏剧效果，引起心理感应。而电视画面景别、拍摄角度、运动镜头等的不同运用均可产生一定的戏剧效果，还能活跃画面，产生动感，促进观众情感上的反应，增进观众的兴趣。

8.1.1 电视画面的结构要素

电视广告是通过画面来表现立体形象的，在拍摄时，镜头所摄取的人物、景物等拍摄对象是组成电视画面的结构要素，它们是具体实在的构图对象。我们可以把画面中的景物按其在画面中的重要性分为主体、陪体、环境和画面空间四种。

1. 主体

画面主体是画面所要表现的主要对象，是画面内容和结构的中心。主体与其他的画面成分一起表达主题思想，它在画面构图中起主导作用。因而，电视画面构图的首要任务就是要明确什么是画面的主体，并按照画面视觉重要性以及人们的视觉习惯，安排好主体在画面中的位置。达到突出主体，去除干扰因素的构图目的。

在拍摄电视广告时，画面的主体可以是实在的商品（例如汽车）、模特、人物的局部（例如头发或脸孔）等。由于电视广告主要是为了传递广告信息，所以画面的主体要明确、突出。突出主体的方法有很多种，可以把主体适当地安排在画面中的视觉中心位置；可以扩大主体在画面中的形象；加大主体在场景中的亮度；运用与众不同的色彩突出主体；使主体与陪体相对运动，另外画面中人物视线的集中点也能吸引观众注意力（见图8-1）。在菲林格尔地板（固定夹篇）这个广告中，画面人物的视线集中在地板上，从而把观众的注意力集中到地板上来，达到突出主体——地板——的目的。

图8-1　菲林格尔地板广告①

　　对主体的表现方法有直接表现法与间接表现法两种。直接表现法是以近景、特写等近距离景别拍摄，让主体位于画面的视觉中心，并占有较大画面面积，从而突出主体在画面中的视觉重要性和主导地位。间接表现法是以远景、全景等大景别镜头拍摄，主体在环境的衬托以及气氛的渲染下得以突出表现。主体在画面中占据的面积不大，但是主体处在视觉中心位置。通过各种造型手段，例如引发线条透视效果、影调颜色的差异、静态动态的对比等将观众注意力吸引到主体上来。这是一种较为含蓄的，以抒发感情、描绘意境为主的表现方式。

　　2. 陪体

　　陪体是用来烘托、补充、说明主体的画面组成部分的。陪体与主体共同表达主题思想。陪体在画面中不占据主要位置，在构图上起次要作用，但又是必不可少的因素。因为只有在陪体的衬托下，主体才能表达完整的意义，主体形象才能更鲜明

　　① 图片来源：2002年中国优秀电视广告年鉴，如无特别说明，本章引用的广告图片均来自此年鉴。

和突出，同时也丰富了构图元素。当然，陪体的运用是以不削弱主体的地位为原则的，所以，在操作中应主次分明，避免喧宾夺主。

按照陪体是否在画面上出现，陪体的表现方式可以分为直接表现方式与间接表现方式。陪体的直接表现是指陪体的形象全部或部分直接出现在画面中，衬托主体。陪体的间接表现是指陪体并不直接出现在画面中，而是以含蓄、间接的方式与画面主体保持某种必然的联系，从而引发观众的联想，丰富画面内涵，加深画面意境，加强画面的艺术表现力。

3. 环境

环境是用来表现主体所处的场地、时间、气氛等时空意境方面的构图对象的，对主体情节起烘托渲染作用，以加强主题思想的表现力。环境要素包括前景和背景，位于主体之前的对象称为前景，位于主体之后的对象称为背景。

（1）前景的作用

① 增强空间透视感。场景较大时，空间上有一定的深度。适当安排景物作为场面的前景，可以使远近景物层次分明，突出景物之间的空间关系。

② 美化平衡画面。利用前景的衬托，能够丰富构图要素，增加画面美感和平衡画面构图。在前景的衬托下，主体不至于显得形单影只，从而能丰富和活跃画面内容。

③ 增加画面动感。运动拍摄时，前景的移动会使画面变静为动。由于前景和背景与摄影机的距离不一样，运动拍摄时，观众能明显感觉到景物运动的速度不一致，从而能产生强烈的动感，加强戏剧效果。

④ 说明主体和主题思想。前景的运用与主体的表现和主题思想的表达应有必然的联系。在内容上，前景应起到说明、补充的作用，从而达到形式与内容的统一，不能单纯成为脱离主体的一种摆设。

（2）背景的作用

① 交代环境特点。背景通常用于表现主体所处的环境、地方特色和季节特色，有利于帮助观众了解主体、熟悉主体，增加画面说服力（见图 8 - 2）。南国奥林匹克花园（衣叉篇）的背景是一片绿色的树林，表现人物所处的大自然般的环境。

② 衬托突出主体。利用背景与主体的远近距离、光线明暗、色调深浅等因素的衬托对比，能有效地突出主体形象。

③ 表现空间深度。背景通常包括远处的景物空间，表现一定的延伸距离，能增强画面的透视感、纵深感。

④ 显示主体运动。当运动拍摄跟随主体同步移动时，因为拍摄的运动速度也与主体的运动速度相当，主体在画面中处于相对不变的位置，动感并不明显，如果有背景移动的衬托，就能显示出主体的运动感觉。

图 8 - 2　南国奥林匹克花园（衣叉篇）

4. 画面空间

画面空间是指电视画面中的空白部分，它同样是构成电视画面的组成要素，是一种特殊的构图对象。空间并不是完全空无一物的空白状态，它可以指天空、地面、水面，可以是某处景物，如树林、原野，有时是特指没有具体主体对象存在的空镜头。总之，在电视画面中色调单一、影调单一、从属于衬托画面实体形象的部分都可称为画面的空白。

空白虽然大多处于画面背景的位置，但由于色调单一，没有具体清晰的形态，不能说明或表达特定的内容。因此，已失去背景的意义。

在同一画面内，空白起联系、沟通实体形象的作用，组织人与人、人与景物之间相互呼应的关系。它同时是平衡、美化画面，创造意境的重要因素。在不同的画面中，空白构成主体运动与场景转换的连接、过渡形式，它使运动对象的动感表现有了前进的方向。在画面构图中，适当留下一些空白，有助于调动观众丰富的联想和想象，延伸画面的意义。总之，如果空白运用合理得当，能使画面表现出虚实相间、疏密有致的效果，从而使构图更富表现力。

8.1.2　协调画面结构要素的方法

在电视广告画面中，突出主体并协调各类结构要素的方法称为布局的技巧。布局就是对构成画面的各种实体元素作宏观结构上的全面安排，它围绕具体可视的景物对象进行构图，着眼于画面中各部分元素的空间分配，以突出主体、确立视觉中心为主要任务，使主体与相关联的景物、环境等视觉因素共同构成统一和谐的整体，以达到主题明确、视觉概念清晰、视觉印象完整的效果。

1. 突出主体

主体是事物的主要部分，在电视画面中指表现的主要对象，在构图上发挥主要的作用，成为吸引观众视线的明显的视觉趣味中心，其他景物则处于从属的、衬托的地位。突出主体的方法主要有：

①把主体安排在明显的位置。

②以近景、特写的景别表现。

③以陪体衬托主体。

④让主体与背景分离。

⑤用摇、推的方式拍摄。

2. 安排好前后景

前后景的运用是交代环境的重要手段，对表现主体起衬托、渲染、对比的作用。前后景的布局使画面元素至少处于两个以上的纵深层面，有利于表现立体空间，有利于引导观众的注意力。比如，由于前景物大于后景物，可将主体置于前景得到突出；可以通过调整焦点的虚实来变换前后景的清晰度，引导视觉中心的转移，此外还可以利用影调、色调的对比和线条的引导等方式来突出主体。（见图 8 - 3）

图 8 - 3　前景中的人物比背景人物显眼

如果采用移动焦点拍摄，前景的物体由清晰变得模糊，而中景或背景的物体由模糊变清晰，可以产生非常动人的镜头（见图 8 - 4）。这种方法常用在表现两人对话的过肩镜头上，这样，不但可以将观众的注意力引导到清晰的讲话人身上，还可以交代出两人的位置，说明他们之间的关系。除了物体的大小和位置之外，前景、中景、背景中的物体的颜色和高度的不同都可以加深纵深感。

图 8-4　前景虚化，背景清晰，增加画面纵深感

前后景的运用必须注意：

①抓住特征，与主体有内在的、必然的联系，不应牵强附会，单纯追求画面的美感。

②必须力求简洁，避免与主体无关的、杂乱的景物进入画面，对主体造成干扰。例如，背景中的花草好像是从前景中人物的头上长出来的一样；背景中的硬线条（如直线）把人物身体分成两部分等，都是不良的构图。解决方法有很多种，例如，稍微移动主体的位置，改变摄影机的方向和角度或者调节焦点、虚化背景等。

③一般来说，前后景的清晰度、亮度、色调都必须弱于主体，避免分散对主体的注意力。

3. 对比表现法

在事物的表现中，有比较才有区别。在电视画面中，物体的大小是通过对比来确定的。我们知道，当距离镜头近时，即使小的物体也会显得很大；当距离镜头远时，即使大的物体也会显得很小。为了表现物体大小的真实关系，就必须利用对比法构图来处理。具体来说，就是在拍摄时，尤其是表现大家不熟悉的主体时，必须利用一个大家熟悉其大小体积的物体与被摄景物作比较，以唤起观众对实际物体大小的感觉。

4. 统一和均衡

在摄影中，特别讲究构图的完整性，要遵守画面均衡的原则，这是根据人们在视觉心理、视觉习惯上要求有稳定、平衡的感觉所决定的。

构图的完整统一是指画面上各要素的组合必须构成统一的整体，视觉概念清晰，避免各部分支离破碎、不得要领。构图的稳定均衡是指画面的上下左右各部分比例必须给人以调和稳定的感觉，从而组成和谐协调的整体。

统一和均衡的原则通常是针对静态的摄影构图而言的。在电视摄影中，大致说来也同样应该遵守。但电视的首要特征是表现运动状态和变化过程，因此，在具体操作过程中，应视主题表现的需要灵活地处理，不要为了拘泥于单幅画面的构图美而扼杀了运动画面的整体表现力。

保持画面统一和均衡的方法主要有：

①避免明显的线条把画面分割成几个独立的部分。

②利用对称构图。

③利用光影衬托。

④突出主体位置。

⑤注意运动方向。

⑥注意视线和神态的呼应。

8.2 造型方法

拍摄优秀的电视广告，摄影师必须能娴熟地运用构图技巧、精心设计画面、巧妙构图，创造美感。因此，除了学会协调组合各种实体的画面构成元素，布局画面空间外，还必须灵活利用各类画面造型元素和视觉心理因素，掌握视觉造型的技巧。在电视摄影构图中，造型通常是指利用各种视觉因素创造画面中物体的视觉空间形象。由于电视摄影画面和绘画一样，是以平面的、非立体的影像来表现实际空间中具有立体感的景物，因此，如何有效地营造画面中的空间深度，表现物体的立体视觉形象，构成完整的画面视觉空间，增进观众的心理沟通和情绪互动，是电视画面造型的主要任务。

8.2.1 电视画面的造型要素

电视画面的构图因素，除了主体、陪体、环境和画面空间这些具有实在形态的构成要素外，还包括各种能发挥造型作用的视觉因素：线条、光线、影调、色彩和色调。

1. 线条

线条是物体存在的外在形式，制约着物体表面的轮廓和形状。任何物体的外观形状都表现为线条，不同的物体有不同的线条特征，在运动状态下也显示出不同的线条排列和组合。自然界的物体是三维的，而摄影的平面画面中的线条是从现实景物中抽象出来的，是用于表现主体空间的重要的造型因素。

线条是构成画面框架的基本因素，有助于表现画面的空间深度，表现空间物体的立体形状和表面结构，并能形成一定的表现节奏，吸引观众的视线和注意力。自然界景物形状各异，画面中的线条表现形式也千姿百态。人们能够凭借自己的经验和印象，根据线条的不同特征，准确地联想到某种相关的物体，这就给线条的运用带来了丰富的空间。

线条的表现力是丰富的，不同的线条能表现出不同的感情色彩，给观众带来不同的心理感受。如水平线条带来平稳、安静的感觉；垂直线条给人以崇高、庄严之感；倾斜的线条富于动态；曲线则表现优美、流畅等。自然界的物体经常处于运动状态，在不断的运动过程中，物体的外部轮廓线条也不断发生改变，这种状态表现在画面中，就是物体运动轨迹线条的变化，并由此形成了流动的、不断延伸的画面空间。善于观察和认识不同物体对象的线条特征，并加以提炼和应用，是摄影构图的任务之一。线条的运用不能脱离所要表达的内容而单纯地追求画面线条的形式美。

2. 光线

光线对画面造型来说是最重要的先决条件。在电视中，有光才有物，有光才有色。离开了光线，万物将失去形态和色彩，就无法表现，构图也就无从谈起。随着光线的变化，画面景物明暗对比发生变化，物体的线条、形状、表面结构、颜色相应呈现不同的感观。影响光线的因素多种多样，即使是同一地点、同一景物，在不同的照明时刻、不同的照度下，也会产生变化各异的构图效果。

光线按照光源分类，有自然光和人造光两大类；按照光线的投射性质分，有直射光、散射光、反射光；根据照射的方向角度不同，有顺光、侧光、逆光等。正确认识各类光线的特性及其造型能力，巧妙地选择和运用不同的光线条件为电视画面构图服务，是摄影师必须掌握的重要的基本功之一。

光线的作用主要表现在：

（1）表现人物的形态特征

人物通常是电视画面中的表现主体，通过光线照明，能将观众视觉注意力引向主体，突出表现主体的外貌、形态、轮廓等外部特征，给观众留下准确鲜明的印象。

（2）刻画人物的思想感情

通过不同的前锋线对人物脸部的细致刻画，尤其是对眼睛的局部描写，人物的思想感情，无论是喜怒哀乐的情绪变化还是思想活动和性格特点等各种状态特征无不从中流露出来。在这种情况下，拍摄时的用光标准首先应该是满足对人物脸部表情的表现需要。

（3）表现物体的色彩、立体感和质感

光线是色彩还原的必要条件，物体的立体感和质感必须依靠光线来塑造表现，画面的明暗反差、前景和背景的亮度对比都有助于表现物体的立体形状和表面结构。

（4）表现时间和空间的环境特点

光线可以塑造特定的、典型的时间和空间环境。在不同时刻的自然光照明作用下，环境中的光影效果、明暗反差、照度强弱是不一样的。因此，合理利用空气透视现象拍摄的画面，对空间深度的表现会带来特殊的效果。

（5）制造光线气氛

不同的光影效果能营造各种特别的气氛，对观众心理产生影响，从而带来不同的感情色彩。如明亮的光线带来欢乐、愉快的气氛；阴暗的光线容易使人产生悲哀、低落的情绪；低角度投射的光线产生反常的光照效果，容易丑化人物形象，具有恐怖感；忽明忽暗的光线让人感到神秘莫测；强反差光线表现出坚强有力；弱反差光线则显得软弱柔和；长长的投影带来恬静安宁；倒影产生梦幻优美之感等。

3. 影调

影调通常是指画面影像中呈现的明暗层次对比。在光线作用下，影像的明暗对比等级越多，图像层次越丰富，画面造型效果就越好。

物体在光线照明下因吸收和反射光线的特性不同而表现出不同的亮度和色彩。在电视摄影中，通常将这些亮度对比度和颜色差异归纳为影调与色调两个概念。在自然景物中，有光线存在就一定有明暗与色彩的存在，影调的概念已包括明暗与色彩要素在内，它们两者是并存的。

因此在被拍摄的景物影像中，影调是物体结构、光线、色彩等效果的客观再现，影调的形成既取决于景物本身的色彩和照明条件，同时也是摄影师对光线条件的了解、对拍摄技术和表现手法综合运用的结果。

影调是最基本的造型因素，其他的构成因素都是影调的存在形式。影调表现的突出作用是烘托气氛。画面气氛是摄影师运用光与影创造的意境与情调，它所表达的情绪能给观众留下深刻的印象，使其受到感染。

影调以亮度划分，可分为高调、低调和中间调；以反差强弱对比划分，可分为硬调、软调和中间调等形式。不同的影调对人们的视觉和情绪产生不同的影响，引起不同的心理反应。如高调的运用给人以明朗、愉快的感觉；低调则常常用于表现深沉、忧郁的主题；中间调明暗对比适中，层次最为丰富，造型效果最佳，大多数题材都以此作为表现的基调。

在影调的运用中，应以突出表现主体为原则。为了强调主体的视觉效果，常以较暗的背景衬托较亮的主体，以较亮的背景衬托较暗的主体；或以光线勾画轮廓的方式将主体与背景分离。在高调的画面中，为了丰富层次，可选用少量深色调；而在低调的画面中，增加一些亮色调，使对比更加鲜明、主体更加突出、画面更富有生气。

4. 色彩和色调

自然界充满色彩，人的视觉神经对色彩的反应比对物体的线条、轮廓、形状等因素的反应更为敏感和迅速。在电视画面各类造型因素中，色彩是更具鲜明特色、表现力更强的视觉因素。在光线、色彩的共同作用下，物体才呈现出本来面貌。画面中色彩对比的运用，能加强空间感、立体感，造型作用十分突出。

色调是指画面中的主要色彩。在构成画面的诸多色彩中，以一种或几种邻近色彩为主导，形成和谐统一的画面色彩倾向。色调和影调的作用都在于烘托气氛、创造意境、表达情绪、深化主题表现。

电视彩色画面构图的任务一方面在于保证色彩的正确还原，另一方面是根据主题表现的需要确立和表现画面中的色调。

色调的正确还原在客观上必须依靠先进性能的摄像设备和良好的拍摄技术条件，主观上要求对各种用光条件有准确把握，对色彩的概念和作用有准确的识别能力，对色彩与光线的关系有充分的认识。

正确认识光色关系是彩色画面构图的关键。构成色彩的三大要素是高度、色别和色饱和度。由此可见，光线是色彩的重要特征之一。大自然景物色彩缤纷，但作用于人的视觉来说，颜色并不是物体本身固有的含义，而是由光源影响所产生的。有了光的照射，物体才显示出颜色。一个物体的色彩，取决于被它折射、反射和吸收的色光，而光的本身则取决于波长。光源条件变化，物体颜色就随之变化。在对光线、色彩构图因素的运用中，我们应牢记"色从光来，色随光变"这一道理。

彩色画面构图的第二大任务是确立画面中的色彩基调。必须明确不同色调与视觉感受、心理感受的关系，了解各类颜色的感情色彩运用规律，发挥色调协调、对比的作用。

色调的确立带有明显的主观色彩，是在对客观景物色彩特征充分认识的基础上，融入主观的选择，提炼和再现的过程。其中"再现"这一环节需要融入更多技术、技巧的成分。

色调的分类从针对性上区分，有暖调、冷调、中间调；从色别上分，有红调、黄调、绿调、蓝调等；从明度上分，有高调、低调、中间调等。不管从什么角度分类，彩色画面的基调或者趋向于暖调，或者趋向于冷调。

将颜色作冷暖之分，是依据人眼的色觉与肤觉对温度的感觉联结而产生的心理感受，是人们从长期的生产生活经验中，在不同情况下感受颜色的记忆积累中构成对色彩的心理联想。例如，阳光、火焰是热的，人们看到与火的颜色接近的红、橙、黄等色彩时，会产生暖的感觉；月亮、流水是凉的，人们看到与夜色接近的青、蓝、紫等色彩，会产生凉的感觉。暖色调给人带来热情、兴奋、活跃、激动的感觉；冷色调给人以安宁、抑制、低沉、冷静的感觉；中间调通常是指将暖色和冷色中任意两色混合而成的色彩，如淡玫瑰色、绿紫色等。中间调没有明显的个性偏向，或者统一在暖色调中，或者统一在冷色调中。

人们对色彩的感受、心理联想是具体而言的，既带有普遍的倾向性，又存在各自的差异，在节目拍摄和处理上，应避免陷入一成不变的格式中，应以表现主题思想为依据，确立色彩的基调，以加强观众的视觉印象。在色调的确立和表现中，既要格调统一，又要注意对比和谐，处理好主调与其他颜色的关系，做到暖中有冷、冷中有暖、互相对比、衬托呼应，使画面色彩多样而不杂乱、统一和谐而不单调呆板。

8.2.2 电视画面造型的技巧

1. 表现空间

表现画面空间最有效的手段就是利用透视现象，即线条透视规律和空气透视规律，所拍摄的影像画面能否具有一定的空间深度、立体感，首先取决于对这两条规律的把握和运用。

（1）线条透视规律

"透视"一词出自拉丁语 Perspicere，意思是"看透"。在电影、电视出现之前，绘画已运用线条透视规律，其用法与中世纪画家写生时所用的方法有关。画家眼睛的位置保持不变，透过固定竖立在眼前的玻璃观察绘画对象，并按照玻璃上所划的方格逐格地把图画画在方格纸上。由此，"透视"一词表示平面上立体（三维）对象的图像与在实际观察条件下看到的景物对象一样，即根据距离、空间位置以及视点而相应地改变视值、形状和清晰度。不过，现在人们对"透视"一词的理解并不在于平面上三维空间的图画本身，而是它所造成的画面深度和立体视觉。

人们观看物体的视觉习惯，是按照观看的角度和所见的规格比例来确定这个物体的距离的；而画面中影像的透视关系则取决于摄像机拍摄距离、拍摄角度的选择，取决于被摄对象在深度上的实际长度。当拍摄点改变，画面的透视性质也随之改变。如果画面中所见物体的规格大小、远近程度符合视觉习惯的规律性变化，人们就会对平面的影像产生立体感。

在摄影中，必须清楚地掌握线条透视规律，有意识地运用和控制影响透视性质的一切拍摄条件和方法，最大限度地表现画面空间。

利用线条透视规律表现空间的方法主要有：

方法一：利用画面对象大小和高低的对比，靠近同类物体近端拍摄。

当一个画面包含两个以上的拍摄对象时，适当安排它们所处的位置，使之形成大小不同的画面形象，引发不同的视觉重要性。靠近同类物体近端拍摄，能强调线条透视效果。例如，在景深范围内，需要突出的人物则靠近摄影机，而影响力较小的人物则相对远离摄影机。靠近摄影机的人物图像相对较大，形成较强的视觉重要性，有一种支配画面的感觉（见图8-5）。

当一个画面中有两个以上的拍摄对象时，还可以通过改变它们的高度来形成不同的视觉重要性。适当安排人物在场景中不同距离的位置、改变人物的站或坐的姿势、调节摄影机的高度和角度等都可以使人物的形象在画面上的高度发生变化。身体较高的人物在画面上具有较强的视觉重要性，有支配画面的感觉（见图8-6）。

图 8－5　靠近摄影机的人物形象较大，对画面有支配地位

图 8－6　画面中，站立的人物比坐着的人物更吸引观众注意力

　　方法二：让线条汇聚点落在画面内。

　　人们观察周围物体时，会发现距离我们近的物体形象比距离我们远的同一物体形象要大些；通往远方的平行的铁轨好像汇聚成一点；向远处延伸的街灯立柱越远越低、越远越细；远处的物体失去了立体感，好像是平面的图像等，所有这些都称为透视影像，物体距离越远其规格越小，垂直的线条越远就显得越狭窄，即构成了近大远小、近分远合的线条透视规律。在拍摄时，有意识地让线条汇聚点落在画面内，就能增加画面的透视感。

方法三：使用短焦距镜头拍摄。

有时在同一视点距离上用不同焦距镜头拍摄，短焦距镜头拍出的影像看上去深度较大，具有较强的透视感。这是因为短焦距镜头视角大，用其他镜头拍摄时不可能进入画面的空间部分也进入了画面，在这些范围内可能包括较近处的物体，因而增大了整个拍摄范围的实际深度。

画面的线条透视感取决于被摄景物的最远部分到镜头的距离与最近部分到镜头距离的比例。用公式表示为：$S = y / j$。其中 y 表示最远部分到镜头的距离，j 表示最近部分到镜头的距离，用 S 表示线条透视感。也就是说，远近距离之间的比例越大，透视感越强；比例越小，透视感就越弱。由于短焦距镜头视角大，拍摄同样范围的景物，拍摄距离小；而长焦距镜头的视角小，拍摄距离则大。而决定 S 值的关键因素是从镜头到被拍摄物体最近部分的距离，用短焦距镜头时，这个距离小，S 值就大；用长焦距镜头时，这个距离大，S 值就小。

（2）空气透视规律

空气透视规律又称影调透视规律。在我们的周围，纯净的空气是最透明的，人们几乎看不到它的存在。我们之所以能看到蓝天，看到早霞、晚霞以及天空的各种色彩等，都是因为空气中充满了各种介质，如水分、尘埃、烟雾等，介质的存在使空气形成一定的厚度，在阳光的照射下变幻出不同的影调色彩，影响着我们所看到的一切。

晴朗的天气里，天空呈现蓝色，这是因为阳光透射过相当薄的空气层，空气分子对光谱中的蓝青部分的短波光发生散射，使得上空比地平线看起来更蓝、更明亮；在地平线的上空，光线要透过很厚的大气层，引起长波光线的散射，尤其当空气污染严重的时候，空气层呈现一片灰白色；雾天，空气中充满水滴、灰尘和各种大于光线波长尺寸的质点，对全部可见光谱的光线都会均匀地散射，天空就呈现出淡白色。

这些影响着天空、云层颜色的透视因素，同样影响着我们周围景色的影像性质。一般情形下，物体距离增大，越远处的物体其能见度、清晰度就越低，颜色饱和度也越低，明暗反差和色调反差也会越低。这种由空气介质对影像性质产生的影响，就称为空气透视规律或影调透视规律。运用空气透视的效果可以极大地增加电视摄影造型的可能性，拍摄出用其他方法不可能得到的富于表现力的画面。

空气透视是由空气和光线共同构成的最活跃多变的造型元素，它没有具体固定的形态，却无处不在，由于它的存在，自然景象才千姿百态，因不同的时刻而变幻，因不同的地区而各异。它给各种构图实体元素的表现带来影调、色彩、清晰度的变化，还带来难以捉摸的飘忽不定的气氛。为了增加画面构图的表现力，我们不但要了解和掌握空气透视的规律性，还要善于捕捉恰当的拍摄时机，利用这种特殊的造型要素，为进入多彩的构图世界、为各种构图技巧的施展赋予更大的空间。

在拍摄中，可以利用各种不同的自然因素、地理位置，根据不同时刻、不同季节、不同气候的光线条件，充分发挥空气透视的造型作用。

方法一：利用烟雾效果，增强空气透视印象。

方法二：采用侧、逆光拍摄，对空气介质的散射明显，透视感加强。

方法三：合理使用景深。长景深画面清晰度大，透视感弱；短景深画面则前景主体清晰、色调深浓，背景影像模糊、色调淡、反差低，透视感强。

2. 表现立体形状

处于空间的物体，绝大多数是呈现立体形状的。在拍摄中，应避免将立体的景物拍摄成平面的感觉。

方法一：拍摄物体的三个面。

方法二：使用侧光。

方法三：利用光色反差。

方法四：拍摄运动的物体。

3. 表现物体质感

物体的质感指物体的表面结构，是人们对物体表面质地的感受。在电视广告摄影中，逼真地表现物体的质感同样是造型构图的重要任务。

方法一：以近景、特写表现是最有效的手段。

方法二：选择适当的光线。

方法三：准确聚焦。

8.2.3　把握视觉造型的心理因素

在电视画面构图与造型的各类要素中，还有一种构图的因素不应被忽略，这就是视觉审美心理，这是一种内在的、非显性的因素，但对摄影者的意图产生着重大的影响，成为构图的内在依据。我们知道，构图的目的是构造和谐悦目的画面，满足观众的审美要求，从而对画面传递的信息能够认可接受，达到最佳的传播效果。而画面视觉上的效果优劣就是直接作用于观众的心理因素，直接影响到画面内容传播的结果。为什么有些画面结构从各类元素的组合上来说已无懈可击，却仍不感人？很重要的一个原因就是忽略了视觉心理因素所起的作用，偏离了观众的审美需求，因此电视摄影界正越来越重视发挥视觉心理因素对画面构图的影响作用。

电视广告尤其讲究诉诸观众心理，突破单纯的视听元素堆砌和感官冲击。电视作为一门视觉艺术，在对各种画面构成元素进行组合时，其构图形式就必须符合观众的视觉心理活动规律，以观众的接受心理、满意程度作为构图的必备要素，力求从视觉上能清楚地提供信息，在心理上能获得美感的享受。

视觉心理变化与画面构图形式的关系以及对构图产生的影响主要表现为以下四种：

1. 画框形式——集中心理

画框是指摄像机取景器四周边框所包含的画面空间。画框存在的意义就是将摄影师选择的视点范围内的景物限制在一个封闭式的构图环境中，引导观众的视觉注意力和集中心理，从而直接影响视觉审美效果的实现。

人的视觉具有选择性的特点。观众对画面内容的关注程度和选择趋向，体现着视觉思维的主观能动性，能够迅速判断画面景物中主次对象的关系，将注意力迅速调整到兴趣点上，对画面中最重要的部分集中观看，准确地理解画面信息的内涵。因此，摄影师在进行画面构图时，必须以画框作为取景基点，充分考虑到观众主观选择的心理需求，运用布局技巧，将重要、突出的画面内容安排在画框的最佳位置上，以强调主体对象，吸引观众的视觉注意力和集中观看的心理。缺少表现主体，或主体不突出、不明确的画面，将失去被关注的目标，不会给人留下深刻的印象。

在电视动态构图形式中，往往突破封闭式的画面边缘，而使画面空间向外延伸，运动范围扩大，同时也调动观众的视觉注意力不断延伸和发展。在这种开放式的画面构图中，同样离不开对主体对象的集中表现，在运动的过程中始终引导观众的视觉注意力和心理选择趋向。

2. 不完整构图——补全心理

不完整构图是指画面中表现的是不完全的图像，其中只有事物的局部形象，而其他形象大部分并没有出现。它利用人眼的即时性功能和补全心理，对未出现的部分可以作出正确的推想和判断，从而在心理上产生完整的视觉概念，是一种"以不完全求完整"的构图方法。

人的视觉具有即时性的特点。这就是随机应变，边看边解决问题，从不完整联想到完整，从表象判断实质的功能。就是说，人们在看到不完全图像时，视觉刺激大脑皮层作出意识反应，能迅速调动以往的视觉经验，启动积极的思维，通过分析、判断，对画面中的残缺景物加以"补全"，从局部联想到全体，以不完全的影像来获得完整的视觉效果。

在现代电视广告作品中，活用不完全构图的形式，大量运用特写画面，运用局部的景物，表达一些看似不连贯的或省略过程的构图含义，并通过上下镜头的连接，在有限的、极短的时间内表达完整丰富的内涵，这些表现手法就是建立在观众的补全心理之上的。

例如，在南方黑芝麻糊广告中，挑担上那盏风中摇曳的油灯，透着夜色的暖调，伴随着"芝麻糊哎……"那乡土味十足的吆喝声，只需短短几秒便超越了画面本身的意义，透出了环境和年代的特色，一瞬间，20 世纪 30 年代江南水乡街镇的种种印象便跃入观众眼前。

又如奥妮 100 年植物洗发水广告，熊熊火光的特写镜头一晃而过，画面本身并没有交代完整的含义，却衔接了两个不同的年代，其中蕴涵了几多动荡，几多漫长的悲欢离合。每个人的联想和理解也许不尽相同，但只要参与了思维的过程，内心就会延伸出画面之外的丰富含义，从简短的镜头片断中补充了一个完整的故事。

由此可见，补全心理是一种参与构图的心理，它以人们的心理素质和思维能力为基础，依靠日常的生活和视觉习惯起作用，能激发视觉兴奋、联想推断和渴望补全的心理愿望，它符合人们追求完美的视觉心理规律。对摄影者来说，必须充分利用这一心理因素，想方设法调动观众的视觉积极性，让他们在思维上参与构图的表现，以满足视觉审美心理的要求。巧妙的艺术构思，不需要将表现内容和盘托出，不需要把话说尽，不完整的局部不等于是局限，短短一个画面，其用意往往已超越了自身局部的限制，融入了更广泛更深刻的画外意义。因此，适当地运用省略、浓缩、含蓄地表现，留下更多理解的空间给观众回味，能更好地启动思维的积极性，运用视觉补全心理，完成画面内容的实际创意和深层构思。

3. 均衡构图——稳定心理

均衡构图是指各种构图因素在画面中的位置分布，其上下左右各部分的比例在视觉印象上必须呈现稳定平衡的趋向，组成和谐统一的整体。在摄影中，向来把追求均衡的画面效果作为构图的一项重要原则，而追求均衡的效果在很大程度上是由人们的心理因素所引起的。

人的视觉具有追求和谐稳定的要求，这一心理要求与大脑皮层和平衡感觉器官相联系，与地心引力作用相联系，反映出一种普遍的生活现象，它是视觉心理对稳定的社会生活和自然秩序的必然反映。人们不习惯看到画面上出现轻重比例不一的构图形式，如某一位置上的景物比例偏重，而另一位置却过轻而空着，就会被认为是失重，令人产生不安定的感觉；人们也不习惯看到画面上出现上重下轻的构图形式，会产生视觉压抑感，即使画面垂直的上下部分平均对称，也会觉得不符合视觉心理习惯。这种下重上轻的视觉经验根深蒂固，在绘画、摄影等平面视觉艺术中能反映出来，在雕塑、建筑等立体艺术中也是普遍规律。在电视摄影构图中，同样应该遵循下重上轻这一原则，这样才能获得舒畅自然的心理感受。这些都说明了心理因素、视觉经验对画面构图所产生的重要的影响。

电视广告拍摄时，当画面中出现三个以上的人物，通常会将人物安排组成一个三角形的构图方式，让画面视觉中心停留在三角形的三个顶点上。这种组合的作用是非常明显的：它可以把被拍摄人物紧凑地安排在一起，给人坚固有力且稳定的感觉；突出位于三个顶点处的人物，引起观众注意；由于各个人物分散在不同的视觉层面上，就加深了画面的纵深感。

4. 非均衡构图——求新心理

均衡构图是被摄主体按一定的顺序安排，形成一个对称均匀的图形，画面中所有人物受到几乎同等的重视。这种构图方式给人一种平稳、安静、坚实的感觉，但是会使整个画面显得呆板、沉闷。非均衡构图是利用被拍摄主体在视觉空间形成不对称的画面，形成画面张力，形成新鲜感，以更好地抓住观众的注意力。在这种画面中，被拍摄主体出现在画面的一侧，而另一侧没有相对等的被拍摄主体与它对应，画面失去平衡，从而产生一种不稳定的视觉动感，反而使画面气氛活跃，带来构图美感。

例如按照三分规则构图是形成不平衡画面的方法之一。三分规则要求把画面分成左、中、右（或上、中、下）三份，然后在这三个部分中安排不同的被拍摄主体

（见图 8 - 7），这样，被拍摄主体之间通常会形成一条富有动感的对角线，产生不对称的感觉。同样，由于主体被安排在不同的纵深层面，可以加强画面的空间深度。

图 8 - 7　按三分规则构图

目前在电视广告中，出现不少渲染表现动感的画面，其构图上是刻意突破均衡形式的。有的是利用重量倾斜来突出动势；有的是为了强化矛盾，刻画人物的不安心态；有的则单纯追求画面形式翻新而故意制造倾斜的或失重的或上重下轻的视觉效果。无论哪种形式的非均衡构图，都是为了迎合观众的求新心理的。人们看惯了四平八稳的画面，对讲究对称的景物关系和一成不变的均衡规则感到呆板，不能引起兴趣，于是刻意打破常规，在不平衡的视觉印象中寻找新意，以获得一种心理上的满足。

值得注意的是，数字化特技效果的应用更为满足这种需求带来了极大的表现空间。但应该看到，适当地运用创新求变的形式，有助于加强视觉兴奋，创造新鲜好奇感，使观众对节目形式倍加关注，加深印象。但是，非均衡构图毕竟不符合人们的心理和生理上的习惯要求，不应成为表现的主流。过多的倾斜、旋转、颠倒、失重的画面出现会令人目眩，效果可能适得其反。在运用的时候，应以对内容表现是否有帮助为原则，不要为形式而形式。

8.3　动感表现

8.3.1　电视画面的动态要素

电视的特长在于能以多种方式表现画面的运动状态，运动是电视画面构图特有的造型因素。照片虽然也有动感表现，但那都是瞬间凝固的状态，是从静态中感受动态，属于纯空间造型方式；电视则通过物体自身的活动状态，通过镜头的运动方式来表现动感并展示其运动变化的过程，时间与空间的因素处于发展的过程之中，构成了时空组合的造型方式。正是由于加入了"时间"这一因素，电视画面构图具有"时值"的特性，在电视画面中，时间是延续的，空间是不断扩展延伸的，由此而将各种构图因素统一在运动变化的状态中，构成了电视区别于照片的独特的构图形式。

电视构图的运动形式表现在三个方面：

①电视画面能够表现运动。这种运动状态是由画面内部拍摄对象本身的动态构成的。电视能够表现连续的、运动的状态，活动的画面中景物、人物之间的关系处在不断的变化之中，构图形式也不断地发生变化。

②电视画面能够在运动中表现。这种运动状态是由画面外部拍摄方式的变化所造成的。运动拍摄的方式具有展示物体真实运动状态及其变化过程的功能，引导观众对画面观察的视点不断变化，改变着物体的形状和大小，延伸着画面的视觉空间，画面构图的形式和内容也就不断地转换和更新。

③画面的内部运动和外部运动同时表现。拍摄对象的运动在时间上的连续性贯穿在画面空间的不断延伸与变化之中，形成一种内外统一的时空综合运动的构图方式。

在以上三种运动构图形式中，按拍摄对象的运动状态来划分，又表现为以下三种方式：

①拍摄对象在原地位置上的运动。比如人物的动作、语言、姿态、神情等动态表现，在时间上是连续的，在画面中所处的背景空间没有发生变化，拍摄方式处于固定状态。

②拍摄对象的运动空间位置发生变化。比如人物在同一环境内活动的范围超出了单一固定画面表现的空间，摄影师以跟随拍摄的方式来直接表现这一变化过程的延续，以强调动作的不间断性。

③拍摄对象运动的环境空间在改变。比如人物的活动在不同的环境下连续进行，用镜头分切并重新组合的方式来间接表现这一变化过程的延续，强调的不是动作本身的不间断性，而是突出画面内容的某种内在联系，通常用动作的省略法表现。值得指出的是，这种方式会引起比较复杂的时空关系的变化。随着空间的转移，观众视点的变化，也造成了时间因素的断续或省略，既可以是分秒的省略，也可以是更长时间的跨越。在这种情况下，画面构图的目的已不在于刻意表现时间的连续性和空间的完整性，而是按照节目内容所需，强调时空关系发展的内在的逻辑性联系。这正是电视独有的表现魅力，也是蒙太奇剪辑的依据。

拍摄对象运动状态的三种方式在画面构图中引起时空关系的变化对比如表 8 - 1 所示：

表8-1　拍摄对象的运动状态在画面构图中引起的时空关系变化

方式	时间	空间
第一种方式	连续的	不变的
第二种方式	连续的	发展的、完整的
第三种方式	不连续的	发展的、不完整的

电视画面构图中还有一种特殊的运动形式，这就是运用特技形成的动态效果。利用摄影设备和编辑设备处理的这种特技效果，超出了物体活动常态的运动形式，是一种夸张的变速的运动形态。如充分展现动态过程的慢镜效果，加速动感节奏的间隔拍摄以及动作跳跃的频闪镜头等。这些特殊的运动方式并不是真实还原物体运动的本来状态，强调的已不是动作的连贯性和运动的清晰过程，而是在反常的运动速度中融入更强的主观意识，制造出强烈的视觉效果，以配合节目的节奏感和情绪的表达。

8.3.2　运动拍摄的形式

1. 摄影机运动的方式

在拍摄广告的过程中，为了表现画面的动感或者被摄主体的走位，均需要摄影机运动，这是一种由画面外部方式运动变化而带来的动感。其运动的方式主要有以下七种：[①]

（1）横摇

横摇（pan）是指摄影机支撑物（支架）固定不动，摄影机本身水平左右移动（见图8-8）。这种拍摄方式通常用于大景观的拍摄，向观众介绍画面主体的背景细节信息（例如拍摄人物近景时，右摇拍摄人物所在场地），或者是用于转换场景中。如果被摄主体的运动速度快，例如对高速行驶中的汽车进行拍摄时，摄影机摇的速度较快；如果对静态的景物进行拍摄，例如只是交代主体的背景细节时，摄影机摇的速度比较慢。无论快速摇拍还是慢速摇拍，都要注意保持摄影机的稳定，避免晃动画面的出现。

（2）横移

横移（truck）是指摄影机与支撑系统一起向左或向右运动拍摄（见图8-9），这时，摄影机与支架是相对固定不动的。这种拍摄方式用来对主体运动进行跟随拍摄。例如，摄影机固定在有轮子的支架上，而支架沿一定的轨道进行运动。

---

① ［美］艾伦·沃策尔. 电视制作大全. 林作坚，罗德寿，李勋译. 北京：中国电影出版社，1993. 76～77

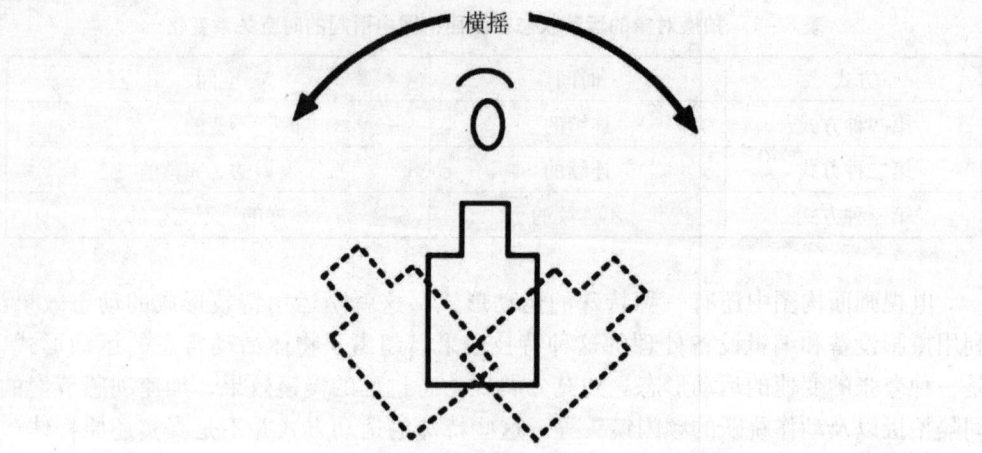

图 8-8　横摇

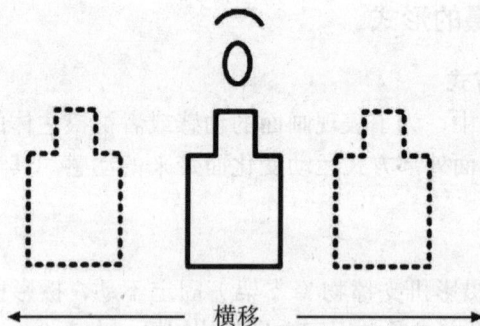

图 8-9　横移

（3）纵摇

纵摇（tilt）是指摄影机支撑物固定，摄影机在垂直方向摇动（见图 8-10）。这种拍摄方式主要用来突出主体垂直方向的信息。例如用来表现很高的建筑物的全景；或者用来表现一个人从头到脚的方方面面的情况等。

（4）纵移

纵移（dolly）是指摄影机与支撑系统一起前后移动拍摄（见图 8-11）。纵移拍摄时，可以使用有轮子的三脚架，还可以坐在铺设轨道的台车上进行拍摄。这种拍摄方式常用来表现视野的变化、交代背景信息以及情节的引述。例如，用纵移拍摄来跟随主体的移动，交代画面中人物探索某一环境的过程。当然，如果拍摄过程中，摄影机的位置与主体的距离有所改变，就要及时调整焦距，以避免失焦。还应注意保持摄影机的稳定，保持主体在画面中央或保留视线空间。

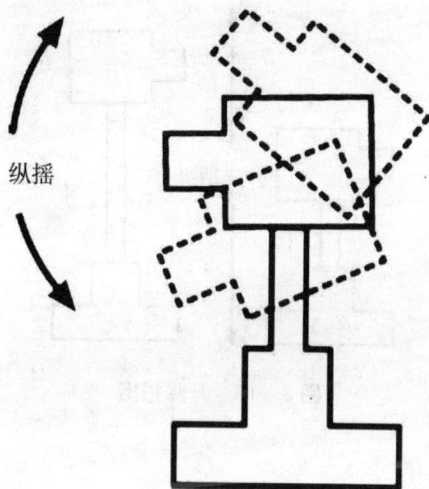

图 8 - 10　纵摇

图 8 - 11　纵移

（5）升降拍摄

升降拍摄（crane）是把摄影机固定在油压升降机座或升降机车等支撑物上，通过改变支撑物的高度来使摄影机在垂直方向的运动拍摄（见图 8 - 12）。这种拍摄方式可扩大构图视野，用来表现主体在垂直方向的形象。

（6）弧线运动

弧线运动（arc）这种拍摄方式是以被拍摄主体为中心，摄影机做圆弧形的运动拍摄。常用来对主体作多角度、多方位的详细描述（见图 8 - 13）。长镜头拍摄时，也可以用弧线运动拍摄来改变对主体的拍摄角度。

无论是摇动还是移动摄影机拍摄，都必须控制好摄影机的运动速度，前提是要保证画面清晰、轮廓清楚。

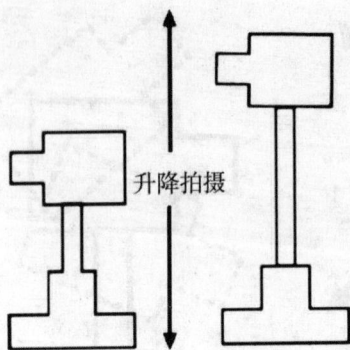

图 8 - 12　升降拍摄

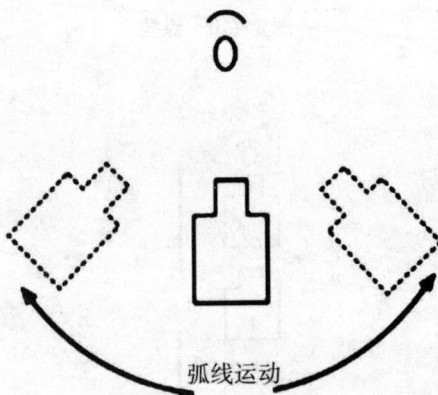

弧线运动

图 8 - 13　弧线运动

（7）镜头运动

镜头运动（变换焦距）是通过变换焦距推拉镜头，可以放大或缩小被拍摄主体，从而形成运动的感觉。画面由广角镜头向望远镜头转变则称为推镜头，而由望远镜头向广角镜头转变则称为拉镜头。推镜头可吸引观众注意力、突出主体、增加冲击力，具有加强戏剧效果的功能。例如，拍摄洗发水广告时，由模特的中景镜头推为对头发的近景镜头，可将观众的注意力集中到头发上来。而拉镜头主要用来说明主体与背景之间的关系、缓和紧张的气氛等。在做镜头运动时，注意动作要一次性完成，否则会令画面显得不自然，观众也会明显感到镜头的运动。同时，要注意对焦。还要留意画面构图，不要让主体出框或偏斜。

推拉镜头与纵移拍摄的区别：

①推拉镜头是借助改变内焦距的方式来控制取景范围；纵移是通过摄影机身的前后运动来改变取景范围。

②推拉镜头具有广角镜头和望远镜头的构图特性，如夸张前景、加大或缩小距离感等；纵移一般都使用标准镜头，画面较为自然。纵移拍摄的画面感觉比推拉镜头更具有张力。由于推拉拍摄始终是单个镜头的运用，保持了画面在时空上的连续性，给观众一种真实的客观的感觉。而用不同景别镜头的连接虽然也可以达到变换景物的目的，但采用这种方式可能会使观众认为拍摄人员在做假。

当然，以上的各种运动拍摄方式是最基本的拍摄方式，在实际的拍摄过程中，对它们的运用并不是截然分开的，通常是各种运动方式的混合运用，以加强画面的表现力，增加可看性。

2. 摄影机运动的选择

演员的走位、场面的高度、画面动感的表现等都要求摄影机移动拍摄。但是，运动拍摄必须有一定的目的性，不能盲目地推拉摇移。

（1）横摇和纵摇的运用

①跟拍。当被摄主体在场景中运动，而观众又希望继续关注主体的情况时，摄影机就要运动以使主体保持在画面里。这样，观众就可以持续看到主体的一举一动，满足心理上的需求，保证情节上的持续性与完整性。这时，画面的主体不会改变，画面的背景却在不断地变换。

②表现反应镜头。场景中某一主体出现或者做出一动作，而又要表现其他不在画面的人物反应时，摇摄是一个不错的选择。例如，画面中的演员向人群说出某人的名字时，观众急切地想知道这群人以及被叫的人会作出什么样的反应，镜头由说话人摇向人群直至被叫者，就可以表现出人物的反应。不过，在电视广告中，由于时间比较短，而这种摇摄需要较长的时间，所以运用得不多。

③主观镜头。主观镜头从演员的视觉向观众介绍景物，其目的是说明演员所看到的景物。如果景物过大，就可以进行摇摄，分别介绍景物。

④运用中近景别镜头对景物进行摇摄时，不但可以向观众交代场景的细节信息，还可以向观众描述整个场景的总体布局，做到整体与局部兼顾，集中了全景和近景镜头的优点。

需要注意的是，摇摄必须吸引观众的注意力，而不应使观众感到失望和沉闷。摇摄结束时，画面要保证有一定的内容可看，而尽量避免无物的空白空间；横摇的运动方向一般是从左向右摇，因为这样更符合人们的视觉习惯；摇摄的速度要根据画面情节适当运用，表现快节奏时运用快速摇摄，表现较慢的节奏时，要慢速摇摄。如果画面主体已超出镜头景深范围，就要重新调节焦点了。

（2）纵移拍摄的运用

①视觉范围变化。当被摄主体的运动范围缩小到一个比较小的区域时，为了使观众更清楚地了解场景中发生的事情，可将摄影机向前推进。这样，可以达到清晰交代场面内容的目的，满足观众的愿望。如果主体的运动范围大到超出画面边框时，摄影机可以向后退，从而扩大视觉范围，完整地交代场面中的一切，满足观众要求。

②跟拍。当演员向后或向前移动时，为了得到一个持续的中景镜头，可以将摄影机跟随演员运动方向进行拍摄。

（3）横移的运用

当前景中的演员遮住了另一位于背景中的演员，而又想要把背景中的演员拍入画面中的时候，可以左右横移摄影机。当然，横移也可以用来进行跟随拍摄。进行横移拍摄时，可以增加画面的景深。因为，场景前端的物体移动的速度比场景后端的物体移动的速度要快，以这种带有戏剧性的方式来表现出主体之间的距离关系。同时，随着拍摄角度的变换，可产生画面动感，增加主体人物对观众的注意力。

（4）推拉镜头的运用

用一个全景拍摄较大的场景时，如果想要突出表现场景中的某一个人或者物的时候，可以用推镜头拍摄的方式，最后以近景或特写镜头突出这个人或物。这样，就能够把观众的视线引向这个人物。相反，如果正用近景拍摄一个人物，想要突出这个人物所处的环境时，则可以用拉镜头的拍摄方式，强调人物就是处在这样的一个环境之中。

推拉镜头的速度要根据所需达到的效果而确定。快速推拉镜头，表现出画面紧张、运动、兴奋的气氛。例如，对一个跳舞场景的快速推拉能够表达出现场的兴奋、活跃气氛；而慢速推拉镜头则表现出画面平稳、安逸、宁静的气氛。

电视广告往往注重画面的运动感觉，因为动态的画面能够吸引观众注意力，激发观众的兴趣。而静态的画面显得呆板、沉闷，无法引起观众兴趣，达不到广告效果。拍摄时，要充分运用摄影机的运动和镜头的变换，拍出有动感的画面。

8.3.3　表现动感的技巧

运动性是电视画面构图的主要特征之一，动感技巧的运用是构图中重要的视觉设计内容。在构图中，无论是主体结构的安排，主体与陪体、环境等各种构图因素关系的处理，拍摄视点、拍摄方式的选择，还是画面中方向、速度、节奏的表现，镜头组接的要求，都必须放在动态的整体结构中考虑，将各种构图因素的运用统一到运动变化的状态之中。

1. 以静显动

选用静态的景物作背景，显示主体运动的动态，是最常用的动感技巧之一。有动与静的对比，动态表现能更加突出。大多数情况下，是运用移动拍摄的方式来营造动感的如大范围的高速度的跟随移摄或巡视移摄，摄像机就像沿途拍摄，带领观众参与到动态的场景中，看到静止的景物背景不断地向画面一侧飞快地退下，或穿越拍摄对象，两旁的景物在眼前让开道路，向两侧散开，移出画面，造成强烈的动感和空间立体感。

在背景的不断变化中，景物主体通常处于相对静止的画面位置而投影在远近环境的不同部位上，速度感是由处于动态的自然景物所造成的。如群山在移动，大地在延伸，树木、房屋在退下，给人以身临其境的感受。

2. 以变显动

当画面中不存在静态的景物背景时，动感主要依靠物体的本身运动，在画面中因距离、角度改变而造成影像大小、远近的变化来表现。此时动感的表现直接与速度有关，物体在画面内运动的速度快，动感就强；速度慢，动感就弱。

由于运动的主体缺少不动的景物衬托，通常会造成静态影像的感觉。因此，这种把主要对象的运动与摄像机移动速度保持基本同步的拍摄方法，就带有静态拍摄的效果。如在高空拍摄高速飞行的飞机，如果没有云层、大地等背景的衬托，飞机就像凝固在画面的静态图像一样，因此，就需要运用拍摄距离、角度等变化来显示物体形象远近变化和大小变化所造成的动感。

利用线条的变化同样能营造动感。例如水平线是相对静态的，而斜线则带有动态趋向。斜线的安排对吸引观众的注意力，激发观众的兴趣具有非常重要的作用（见图8-14）。调节演员在场景中的位置，使他们相互之间形成一种有动感的斜线，或者利用专门的棱镜，使整个画面倾斜，又或者调节摄影机的角度等都可以产生倾斜画面，引发画面动感。

图8-14　斜线的运用，能增加画面动感

3. 焦距、物距与动感的关系

在拍摄中，镜头焦距、拍摄距离与动感的表现有直接的关系。在同样物距情况下，镜头焦距长，动感强；镜头焦距短，动感弱。在同样焦距情况下，运动物体距离近，动感强；运动物体距离远，动感弱。

4. 拍摄方向与动感的关系

画面影像在运动过程中的速度变化与拍摄方向、角度的选择也直接有关。

在固定拍摄时，当拍摄对象顺着摄像机镜头光轴方向移动时，距离变化时间长，动感弱；当拍摄对象垂直于摄像机镜头光轴方向移动时，运动速度快，动感强；当拍摄对象沿着对角线方向运动时，动感表现和时间变化就能较好地兼顾。

在运动拍摄时，摄像机运动拍摄的方向与主体运动保持相同方向时，运动速度相对变慢；摄像机与主体反方向运动时，运动速度则明显加快。

5. 运动的前方留空

运用跟随拍摄表现动体时，镜头外部运动速度与动体速度基本保持同步，才能跟随运动的过程，这时，应注意让主体运动的前方留有一定的空间，使前进的方向、视线注意力都有扩展的余地，时空的延伸和动态的表现有不断发展的空间。

8.4 景别控制

电视广告通过电视画面来塑造商品形象、传递广告信息。为有效地传递广告信息，塑造商品形象，我们首先要知道，画面里应该有些什么内容，以及各部分内容应占有多大的画面。所以我们先了解一下描述画面景物大小的概念——景别。

景别是指镜头的视场大小，也就是被拍摄主体以及其周围景物的大小范围。景别决定了镜头里应该出现的是什么和以多大的形象出现。例如，一个特写镜头将被摄主体填满整个屏幕，没有任何其他景物。而一个全景镜头包含广阔的背景，里面的人只是很小的一部分。在实际操作时，决定景别的因素有两个：一是被摄主体与摄影机的距离；二是镜头焦距的长短。距离增大，画面景物缩小；距离减小，画面景物变大。焦距变长，图像变大；焦距变短，图像变小。正是这样，通过改变摄影机与被拍摄物体的距离和焦距就可以产生多样的景别变化。

8.4.1 景别的划分

景别的划分方法有很多种，通常可分为远景、全景、中景、近景和特写。最常用的方法是以成年人的身体为基准来划分（见图 8 – 15）。[①]

1. 远景

远景是一种视野开阔的画面，画面中没有明确的主体，包含的是背景信息。这种景别的画面透视感强，展现的内容丰富，是表现空间最大的一种景别。一般用来展示地理环境、交代事件发生的场所、渲染气氛、提供整体的视觉信息以及塑造宏伟的视觉形象等。但是，远景中没有明确的主体内容，表现力弱，无法表现具体细节，不能向观众交代细致内容，所以给观众留下的印象并不深刻。远景的时间长度一般是 8 ~ 10 秒，以加深观众的印象。但是电视广告的时间长度比较短（一般不超过 30 秒），所以电视广告中比较少用远景，而在房地产广告中有时会运用远景来表现建筑物的整体形象，向观众交代出整个场景的内容。如南国奥林匹克花园中运用

---

① 任金洲. 电视摄影造型. 北京：北京广播学院出版社，1997. 37 ~ 39

一个远景镜头表现宽阔、贴近大自然的生活环境（见图8-16）。

图8-15 以成年人的身体为基准划分景别

生 活 就 像 高 尔 夫

图8-16 南国奥林匹克花园

2. 全景

全景是指包含有被拍摄主体的全貌（例如一个人的全身）和一定的环境内容的画面。相对于远景来讲，全景有明确的主体。全景说明主体所处的地点以及主体与环境之间的相互关系。全景还可以交代出主体的形体动作、运动方向。例如，一个上班族走向某家公司门口的全景镜头，可以交代出人物所在的场所和运动方向。

3. 中景

中景画面中，主体与背景的信息量接近。以成年人的身体为基准，中景是可以看见人物的膝盖以上部分身体的画面。在这种镜头中，人物变得很大，形象突出。在视觉空间重要性上，环境与人物平分秋色。在中景镜头中，观众可以看到人物膝盖以上形体的运动。因此，中景镜头可以用来表现人物身体各部分的运动。由于中景镜头中包含着主体人物动作和环境信息，所以，中景镜头能衔接视觉的流畅性。

4. 近景

近景中，观众可以看见人物胸部以上的身体。在这种画面中，主体占据了画面大部分，而背景只是很小的一部分。因此，近景中的主体具有很强的吸引力。近景主要用来表现人物的主要特征，具有很强的感染力。在广告拍摄过程中，常用这种镜头。因为在有限的时间长度里，只有近景才会给观众留下最难忘的信息。

5. 特写

特写是对景物某一局部进行描写的镜头。观众可以看见人物肩膀以上的头像。特写镜头中，主体几乎塞满整个屏幕，成为镜头的聚焦中心。特写是视觉距离最近的一种景别，以夸张的方式突出表现事物的局部。可以交代主体的细节信息、透视人物内心世界、展示物体表面质感，具有很强的感染力和视觉冲击力。所以，在电视广告中，为了在有限的时间内有效地向观众传递产品信息，常用特写镜头表现产品的特点，给观众留下深刻的印象。

另外，对景别的划分方法还有以下两种：一是根据画面中出现人物的数量来划分。例如，画面中有两个人的称为二人镜头，有三个人的称为三人镜头。二是以表现人物的身体部位来划分，可以分为头部镜头、过肩镜头和全身镜头等。

应该说，以上对景别的划分是相对而言的，对于一个中景镜头，有些人认为是中景镜头，有些人也许觉得是近景。而且，在电视广告中，未必会有人物形象的出现，不能按照上述方法来划分。这时，如果一定要划分的话，可以根据画面向我们展示的内容性质来划分。景别变化的作用是非常明显的。景别的变换可以向观众展示被拍摄主体的各个部位，多方位、多角度地把主体展现在观众的眼前，满足观众的心理需求；景别的变化可以更有效地向观众呈现主要信息，去掉不必要的信息，引导观众的视线。人的眼球对事物的注意程度是有区别的，当人们注意到某样东西的时候，才会意识到它的存在，否则是会"视而不见"的。景别的变化导致画面节奏的变化，渲染气氛，例如，特写镜头向全景镜头的转换可以舒缓气氛，而全景镜头向特写镜头的转换则会加剧紧张的气氛。

8.4.2 景别的选择

在电视广告中，远景主要用来介绍环境，使观众了解场景和各种因素的关系。例如用来表明人物所处的地点、人物之间的关系等。当然，用同一个近景镜头进行摇摄同样可以达到这样的效果，但是，这样要比直接用远景镜头来拍摄需要的时间多。远景有时用来显示人物运动范围较广的动作。例如，当拍摄一个或一群人跳舞的镜头时，不仅要让观众看清楚跳舞的人，而且还要看清楚舞者在空间上所做的各种动作和姿势，这时画面中可以用远景或全景来表现跳舞者运动的空间。在拍摄汽车广告的时候，常会用到远景镜头显示汽车运动的方向以及它所处的空间位置。适当运用远景，可以产生戏剧性效果。

景别的选择还应注意对比的关系。画面上，大的物体对小的物体在视觉上有一种支配作用，前景中显得大的物体容易支配背景中显得较小的物体。例如，在用全景镜头拍摄一个路边的小孩时，小孩在周围景物的衬托下显得十分矮小，给观众留下弱小、迷茫、不知所措的戏剧效果；如果用近景或者特定镜头来拍摄，就没有这种效果了。

景物在屏幕上要有足够大的图像才能让观众看清楚。特写镜头在交代细节信息上的作用是十分明显的。特写镜头能够表现人物细腻的表情或景物的表面质感，具有十分强烈的视觉冲击力。在化妆品广告拍摄中，常用特写镜头来表现人物洁白光滑的面部肌肤。不过，在特写镜头中，一定要保持摄影机的稳定。即使是一个很小的晃动，在屏幕上都会放大，画面会晃动得非常激烈，给观众以不舒服的感觉。同时，镜头的移动有可能使得被摄物体在画面中的位置发生很大变化，甚至可能不在画面的边框里面。这时，就要重新构图了。

特写与远景镜头的组合运用往往可以得到单个镜头无法表现的特殊效果。例如，让一位演员靠近摄影机，同时让另一位演员与之保持适当的距离。因为靠近摄影机的人比远离摄影机的人的形象要高大，所以，镜头对前景中的人物是以特写的镜头来表现的，而镜头对背景中的人物是以全景镜头来表现，这就形成了特写与全景镜头的组合。在这种镜头中，前景的人物对背景的人物是有绝对的支配作用的，所以常用来强调和突出重要的人或物，而背景中的人或物则可以起到衬托前景人物的作用。

8.5 景深控制

景深是指画面景物的清晰范围。景深范围越大，画面景物清晰范围越大，观众就可以看清更多层次的景物。大景深拍摄时，构图层次丰富，画面信息饱满。景深范围小，画面清晰范围就小。这时，画面只有很小层次的景物是清晰的，其他层次的景物则处于模糊状态。如果被拍主体在景深范围内前后移动，摄影师不必再调整焦距，主体在画面上仍然是清晰的，如果拍摄时景深范围浅，主体稍作前后移动，主体在画面上往往是不清晰的。这时，摄影师需要重新调整焦距。在拍摄的过程中，可以利用景深的深浅进行移动焦点拍摄。也就是说，对前景和背景先后对焦，使它们由模糊变清晰，再由清晰变模糊。这样，就可以把观众的注意力集中到导演希望他们注意的地方上来。

景深可以用来调整视觉深度，景深越大，视觉深度越大。大景深画面可以用来强调主体与背景之间的关系，或者交代主体之间的关系。大景深还常用来拍摄高速运动的主体，比如奔驰中的列车，奔跑中的运动员等，采用小光圈配合较高的快门速度，再加上短焦距镜头，就能获得很长的景深。当然，前提是光线必须足够明亮，有时甚至不必对焦就能拍摄，这对于抓拍动态主体很有用处。

而小景深的画面常用于突出主体，淡化环境，消除视觉干扰因素。在拍摄时，尽量使被摄主体置于最短的景深范围之内，而使其前景或背景处在景深范围之外，以获得主体和陪体的不同程度的清晰度，区分被摄景物的前后层次，表现出空间感和纵深感。例如，在两个人谈话的画面里，可以用小景深画面来表现反应镜头。

总体来说，影响景深的有三个因素：光圈、镜头焦距以及摄影机与被摄体之间的距离。

1. 光圈

光圈越大，景深越小；反之，光圈越小，景深越大。所以，如果想要得到较大的景深范围，可以缩小光圈。但是，这样可能导致曝光不足。这时，可以调整影响曝光的其他因素，例如增强光的强度等。相反，如果想要得到较小的景深范围，可以扩大光圈。但是，这样可能导致曝光过量，这时，可以在镜头上加上一个滤光片来减弱光的强度。

2. 焦距

焦距越长，景深越小（见图 8 - 17）；反之，焦距越短，景深越大。所以，广角镜头得到的画面的景深要比望远镜头得到的画面景深范围要深得多。使用长焦距镜头拍摄时，调整焦点至景物清晰要比使用短焦距拍摄难得多，因为长焦距镜头的景深要比短焦距浅，短焦距拍摄时，由于景深大，会导致图像变形，产生夸张的视觉效果。

3. 摄影机与被摄体之间的距离

摄影机与被摄体之间的距离越远，景深越大；距离越短则景深越小。

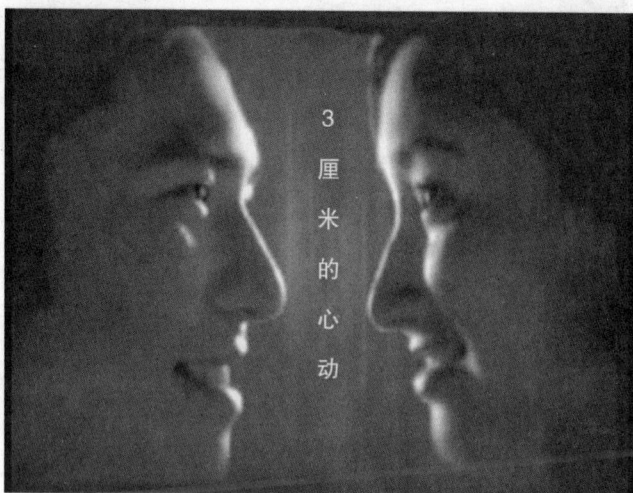

图 8 - 17 特写镜头用长焦距拍摄，景深小

8.6 角度控制

摄影机拍摄一个场景所运用的角度是建立视觉空间的一个很重要的因素。不同的拍摄角度可以产生不同的视觉效果，给观众带来不同的视觉感受。

8.6.1 垂直角度的选择

在拍摄过程中，由摄像机与被拍摄物体的相对高度的位置变化可带来画面垂直角度上平视、俯视、仰视和倾斜角等视角的变化。

平视角是指摄像机处于与被拍摄对象同一水平线上进行拍摄，镜头主轴线与地平面平行。拍摄时机位与被拍摄主体保持在同一水平线上，以一般人观察事物的角度来拍摄景物，由于摄影机拍摄角度与人眼通常观看的角度相一致，所以视觉效果与一般人观看景物的感觉相仿，给人留下平稳、和谐、安详的感觉，特别适合表现人物活动、讲话的场面，显得真实、自然。

俯视角是指摄像机位置高于被拍摄对象，镜头主轴线偏向视平线下方，从高处向下进行拍摄（见图 8 - 18）。这种拍摄方式会使主体的身材显得矮小并处于一种被压抑状态，给人虚弱和渺小的感觉。俯角拍摄可以用来拍摄宏伟的场面，主体运动范围较大的场景。俯角拍摄可摄入多个分散的物体，而这是其他拍摄角度无法做到的。

仰视角是指摄像机位置低于被拍摄对象，镜头主轴线偏向视平线上方，即镜头仰起向上进行拍摄（见图 8 - 19）。仰角拍摄多用于表现高大的物体，以突出其高耸挺拔的气势，令观众感到画面形象高大、强壮、有活力。这种镜头还常用来表示对画面形象的崇拜与尊敬。在电视广告中，常用这种拍摄方式来表现身材苗条的模特儿，或者表现汽车的庞大等等。但在运用短焦距镜头近距离仰摄时，会产生影像透视失真，人物形象容易变形，会丑化人物形象，例如鼻孔变大等。

图 8 - 18　俯角拍摄中，人物显得矮小

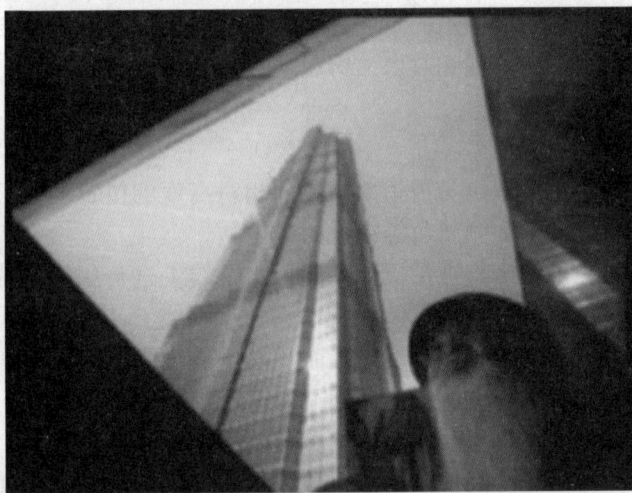

图 8 - 19　仰角拍摄中，被拍摄体在画面中的形象高大

除了以上三种视角外，倾斜角属于不规则拍摄的角度，它通过使画面水平线与地平线不平行而形成一定角度来进行拍摄。如果是便携式摄影机，只需将机身倾斜到所需角度便可拍摄；如果是使用座式摄影机，在镜头上加一个专门的棱镜便可得到倾斜的效果。倾斜角度拍摄可以使画面变得生动活泼、妙趣横生，向观众展示平

常无法看到的奇特景色。同时，由于画面失去平衡，还会产生方向错乱、心神不安之感。例如，如果要表现一个酒醉的人，或者暗示一个人处于半昏迷状态时，常用倾斜角度来拍摄。这种拍摄方式极具戏剧性，为主观镜头的一种。另外，倾斜角镜头有加深视觉感的作用。

8.6.2　水平角度的选择

拍摄角度的变化还包括水平方向的变化，这是由摄像机与被摄物体在水平面上的相对位置决定的，通常分为正面、斜侧面、正侧面和背面等方向。拍摄方向的变化，会带来水平角度上视觉形象特点的变化。

正面方向拍摄时，摄像机位于被摄主体的正前方，表现主体的正面特征，画面构图平稳、庄重，拍摄人物时能表现完整的面部特征神情，有利于与观众的交流。但由于画面的横向线条无法向空间延伸，因而缺少立体感、纵深感，用于表现动态的景物时效果不理想。

侧面方向拍摄的画面构图灵活、生动，空间感、透视感强，造型表现力丰富，有利于传达较多主体与背景之间的信息，加深画面视觉的深度。当用于表现动态的景物时有较充分的伸展余地。

背面方向拍摄通常用于表现主体与所处背景的关系。例如展示人物所关注的背景，以人物的背面姿态、背景语言展示一种内心感受，启发观众的联想。这种角度虽然并不多见，但适当地运用往往能突破巢穴，以一当十。例如，在维他奶《背影篇》中，当年老的爷爷迈着蹒跚的脚步吃力地越过铁轨，爬上对面的月台去买维他奶的背影与男主角微闪着泪光的特写镜头反复交替对比出现时，正是这一特殊角度的运用，使画面语言诠释的空间得到延伸，产生一切尽在不言中的效果。试想，如果把这一背面角度的表现换成司空见惯的正面人物形象，把老人缓慢的背面动作换成当面的亲切叮咛，又如何能获得这个优秀作品的历久弥新、隽永难忘的效应呢。这个作品中背影的运用固然被认为与朱自清笔下的"背影"如出一辙，但并不妨碍它成为广告中的经典。当然，广告中还有其他诸多方面的成功因素，但这一"背影"的运用可谓点睛之笔。整个广告中对产品虽不着一笔，诉求方式的巧妙运用却使维他奶的品牌成了一代人心中挥之不去的永恒"背影"。由此可见，角度的选择与运用可以成为参与故事叙述的一种手段，并可内化为内容的组成部分。

总体来说，拍摄角度的选择不单单是拍摄技术的掌握，同时也是画面构图的一种重要的艺术手段。摄影师对拍摄角度的运用，不但可以交代画面信息，同时也是形成独特艺术风格的一种途径。通过拍摄角度的运用，塑造出各种各样的画面形象，观众也得到丰富多彩的视觉感受，形成独特的审美情趣。

镜头角度的选择和运用同时还是电视视听语言中重要的和常用的表现性元素。它是摄影师透过镜头对生活观察的延伸，带有明显的主观认识和评价倾向，体现出一种审美判断及与之相应的心理感受。

而拍摄角度的选择还构成不同的视点变化（影响视点的因素还包括拍摄距离、拍摄方式和镜头焦距等）。视点的选择往往传递了导演的意图，决定了观众的观察方式，解决了怎样看的问题。其中客观视点代表观众的眼睛；主观视点代表节目中人物的眼睛所见。主观视点也称主观拍摄角度，它是将摄影机置于画中人物的位置上，以该人物的视点向观众展示景物。这种镜头能强烈吸引观众的注意力，调动观众的参与感，使其有身临其境之感，从而引起心理感应。例如，在拍摄汽车广告时，如果把摄影机置于驾驶员的位置上，将会拍摄到和驾驶员所看到的实际视觉效果一样的景物，从而产生强烈的真实感。

因此，在电视广告拍摄中，要善于运用镜头角度和视点的变化，拍摄出生动传神富有表现力的画面。

8.7 光影控制

8.7.1 用光控制

在电视摄影中，光线和影调同属电视画面造型必不可少的要素，用光控制是电视摄影的重要环节。有了光，物体才显示形态、颜色和质感；有了光，才能刻画人物的外貌特征、心理情绪和性格特征；有了光，才能描绘环境的空间和时间概念。概括来说，光线是构成画面影调色调、渲染气氛、美化画面、突出视觉中心以及引导观众注意力的必备条件。例如，在画面中，亮度高的景物要比亮度低的景物更具视觉吸引力，所以，常用强光照射想要突出的主体。相反，如果想要消除背景中的干扰因素，可以减弱其灯光效果。色调丰富的物体比色调平淡的物体更易吸引观众注意力，例如，在一群穿灰色衣服的人群中，一个穿红色衣服的小女孩就会显得特别显眼。因此，摄影师在一定程度上，是用光线来陈述意图、描绘意境、表情达意的。所以，我们在掌握摄影技术和构图方法的基础上，必须熟练运用光影语言，培养良好的用光意识，不断创新，才能拍摄出优秀的作品。

在第七章，阐述了电视摄影用光与照明的基本原理和基本方法。在电视广告拍摄中，大量运用的是人造光的光源，相对于自然光的单一光源采光方式，人造光的光源更加多样，操作也较为复杂，但仍然有规律可循，本节主要介绍人造光在布光运用时的注意事项。

8.7.1.1 演播室灯光控制

电视广告大多采用室内照明的方式，演播室内光源较多，照明总体效果的实现包括要对灯具的位置、照明方向、照明范围等因素的控制，而对各个光源强弱比例的准确把握则显得尤为重要，通常运用电子调光器可以提供更精确的效果，在具体操作中，必须注意如下四点：

1. 光照方向的控制

除了选用聚光灯或散光灯等不同灯具可以造成光线方向感差异外，光照方向主要是通过灯具安放位置和调节灯具遮光挡板的开口方向等方式来控制的。

2. 光照范围的控制

光照范围主要通过调节灯具的照射角度、改变灯具遮光板的开口大小、调节光束的大小、改变灯具与被照射物之间的距离等方式来实现。

3. 光照强度的控制

对光照强度的控制最直接的方法是选择不同功率的灯泡以及调节光源到被摄物体之间的距离，灯泡功率的大小与光照强度大小成正比；光源强度与光源到被照射物体的距离的平方成反比，就是说，如果增加了两倍的距离，到达物体的光强就比原来的强度增加四分之一，这就是平方反比率。不过，平方反比率只适用于均匀的散射光条件，如在聚光灯集中的平行的光束下，亮度随距离增大而减弱的速度就会变慢，在这种情况下并不遵循平方反比规则。此外，通过改变光束的宽度或使用柔光镜和反射器等辅助照明器具也能有效地控制光照强度。

4. 电子调光器的运用

电子调光器通过调整电压值来控制进入灯具的电流，从而能够轻而易举地提高或降低灯泡的亮度。用计算机辅助的调光器可以储存、调出和处理许多不同的调光数据，也可以用手动方式调节不同灯具的亮度刻度，操作简易方便。演播室内的调光器系统包括有众多单个的调光器，用接线板将灯具和具体的调光器连接起来，可以根据需要决定开启或关闭哪一部分灯具以及任意调节它们的亮度。但是必须注意，经过调光可能会影响到灯具的色温改变，随着电压的下降而出现图像偏红，操作时应掌握并控制好色温的变化。

8.7.1.2　人造光运用的技术要求

在人造光运用中，必须了解各种灯具的照明性质和作用，掌握各类光线的拍摄规律。在拍摄技术上，光源的照度、色温、显色性能、光影变化等都是十分重要的物理参数，必须注意做到以下四点：

1. 灯光配置符合最佳照度

对光源照度的要求取决于摄像机的灵敏度，因为摄像机是以在一定光圈下能获得最佳图像所需要的照度来定义其灵敏度的。灵敏度的标准有时包括了最低照度和标准照度，例如松下 AQ 系列 3CCD 数字彩色摄像机所标示的最低照度：F1.4 时为 10 lx，+24 dB；标准照度：F5.6 和 3 200 K 时为 2 000 lx。其中最低照度表示摄像机的最小照明要求，而只有当符合标准照度时，才能获得最正常、最理想的画面光线效果，所以标准照度又称为最佳照度。如果照度过低，画面不能正常表现；如果照度过高，画面质量同样不能保证。例如，在画面中物体反光强的高亮度部分会出现亮点扩散，或出现一条光亮的线条，破坏画面构图；而当这一亮点处于移动状态时，画面会出现一条光亮的移动的痕迹，称彗星拖尾现象。

通常所说的演播室基础光照明实际上就是指达到摄像机正常功能所需的光亮或光的强度。这一标准通常为 F4.5 或 5.6，1 500 ~ 2 000 lx，演播室在布光时，应以此作为基础光级的标准，使灯光配置符合最佳照度。

2. 拍摄光源色温保持一致

在自然光条件下拍摄，光源的色温在一定的时间和场景里是相对不变的，拍摄时只要按照这一色温条件调整摄像机的滤色片和白平衡即可。而运用人造光拍摄时，对色温的处理就变得比较复杂，有时会遇到光源出现混合色温的情况，例如在室内拍摄时，高色温的日光和低色温的灯光同时存在，又或者需要同时使用各种不同的灯具，其色温也各自有差异（见表 8 - 2）。在这种情况下，在画面中就会出现靠近日光处或高色温灯光处图像偏蓝，而靠近低色温灯光处图像偏红的现象，效果很不协调，可见不同色温的光线是不会均匀地混合在一起的。

当拍摄光源出现混合色温时，必须使不同光源之间保持色温的协调一致：

①使用高色温灯光向日光靠拢：在室外拍摄时，用高色温灯作辅助光照明；在室内拍摄仍以日光为主时，使用高色温灯或用适当的滤色纸（或胶片、玻璃片）提高灯具的色温，以配合日光的色温。

②控制自然光向低色温灯光靠拢：在室内拍摄时，可用浅红色的滤色纸贴在窗户上使窗外进入的光线与室内的低色温灯光相协调；或者用窗帘遮挡日光，完全按照低色温条件来拍摄；也可以通过调整拍摄角度的方式，尽量避免窗外日光进入镜头，减少其对画面效果的影响。

表 8 - 2　不同灯具的色温

灯具	色温（K）
白炽灯	2 400 ~ 2 800
碘钨灯	3 200
卤钨灯	3 200
三基色荧光灯	3 200 ~ 5 000
镝灯	5 500 ~ 6 000
日光灯	5 500 ~ 6 000
氙灯	6 000

3. 光源显色性符合拍摄标准

光源的显色性表示光源显示颜色的能力，它以某一光源照明下物体的颜色与在标准光源照明下物体的颜色相符合的程度来衡量这一光源的显色性能。不同的光源因其光谱功率分布不一样，受光物体呈现的色彩就会有差异。人们习惯以太阳光作为判断物体颜色的标准，对某一光源来说，如果受光物体所呈现的颜色与在标准的日光照明时相同或越接近，表示这一光源的显色性越好。国际照明委员会（CIE）

规定的标准照明体，是以标准日光或接近标准日光光谱的人造光为基准，将其显色指数定为100，指数越大，表示显色性能越好。对彩色摄像机来说，光源的显色指数要求应在85以上。

表 8-3　常用的人造光源显色指数

人造光源	显色指数
白炽灯	95 ~ 100
碘钨灯	95 ~ 100
卤钨灯	85 ~ 99
三基色荧光灯	85
镝灯	85 ~ 95
日光灯	65 ~ 80
氙灯	90 ~ 95
高压汞灯	30 ~ 40
高压钠灯	20 ~ 25

4. 在各种光种、光位照明条件下，景物影子要符合自然

影子是由入射光被某一立体物遮断时所造成的，也称投影。有光就有影，正是光线的明亮与阴影才能共同表现物体的形态特征和质感，构成画面中虚拟的立体空间，增加画面构图的表现力。在自然光照明中，影子的方向、长短、浓淡反映着特定的时空因素，例如晨昏时刻的人物、景物会在地面或墙壁上留下长长的、淡淡的影子。但演播室内的灯光照明却往往削弱这一特点而且变得不易处理，因为低对比度光级照明既淡化了时间概念又不利于立体造型，而不同光源的位置、比例如果控制不当，又会违反自然规律，造成杂乱无章的投影。自然光的光源只有一个，在一定的时空条件下的景物，只会出现来自一个方向的投影，即使存在另外一些弱小的阴影，其强度也绝不会超过主光源的投影。因此，在人造光的运用中也应遵循同样的规律，对光影的处理要符合自然。在各种光种、光位照明条件下，主光与其他辅助光线要配合得当，布光时可模拟自然光的投射方向、角度、强弱首先确定主光，主光是最强最亮的，影子正是在光线的最亮点照射下产生的，其他光照射下的影子应被主光遮掩掉。如果一个物体同时出现几个明显的、各自方向不同的影子，就不符合自然现象。尤其在使用多个主光照明时，应保持光线方向大体一致。当出现混杂影子时，可利用辅助光把不必要的影子消除。

8.7.2　影调控制

影调是在光线的作用下产生的，在光线的照射下，自然景物呈现不同的亮度和色彩，这些亮度明暗层次的对比和颜色差异就构成了画面影像中的影调和色调。在本章第二节，我们已分别介绍了线条、光线、影调、色彩和色调等在画面中发挥造型作用的视觉因素及其造型技巧。在电视摄影中，这些基本因素的运用是至关重要的。对一个优秀的电视广告作品而言，影调是一种气质，是一种无形的视觉语言，是艺术构思和设计中重要的组成部分。

影调控制的作用在于形成明暗层次和色彩对比，表现影像质感和环境空间感，构成节奏和韵味，同时它能赋予作品以感情色彩，往往与情绪的表达联系在一起，给作品增添灵气和活力。

在电视广告拍摄中，首先必须确立一个影像基调，这一基本调子由影调和色调构成。在影调上表现为或高调，或低调，或中间调等；在色调上则表现为偏向冷色或者偏向暖色等的倾向性，当然，这些倾向性必须根据广告主题表现的需要而确立。影调的控制必须要以鲜明地突出主体为目标，配合表现主题，强调出某种情绪色彩，如作喜庆的或深沉的、热烈的或寒冷的、粗犷的或细腻的、阳刚的或阴柔的等。

具体来说，广告作品在选择影像基调时，要依据所表现的内容、景物特征、表达的感情因素和观众对色彩的喜好等因素来考虑，同时还要依据画面的时间、环境来作出调整。在确定主调后，再决定其他各色的明暗、强弱、冷暖和主要物象的色相、明度、纯度等与之相配合。

本章小结

广告摄影是记录和再现现场景物的过程，又是摄影师进行艺术创作的过程。电视广告片按记录内容的介质不同，可以分为电影胶片广告（Commercial Film，CF）和录像磁带广告。

电视广告摄影构图是在拍摄景物范围内，按照一定的主题思想和审美要求，对拍摄对象的各种构成元素有机地组合安排，巧妙地处理、确定和表现它们之间的关系，以构成完整的画面。同时也是对时空发展的动态因素和视觉心理等因素的把握、发现和运用的过程。

电视广告画面的结构要素包括镜头所摄取的人物、景物等拍摄对象。我们可以把画面中的景物按其在画面中的重要性分为主体、陪体、环境和画面空间四种。能发挥造型作用的视觉因素主要有线条、光线、影调、色彩和色调，线条、光线、影调和色彩是电视广告塑造画面形象的主要手段。景别、景深、拍摄角度和摄影机运动的正确控制则是实现创作意图的关键。

在拍摄广告的过程中，为了表现画面的动感或者被摄主体的走位，需要摄影机运动，其运动的方式主要有横摇、横移、纵摇、纵移、升降拍摄和弧线运动等。镜头运动（变换焦距）通过变换焦距推拉镜头，可以放大或缩小被拍摄主体，从而形成运动的感觉。在实际的拍摄中，通常是各种运动方式混合运用，以加强画面的表现力，增加可看性。

本章还介绍了用光控制和影调控制。电视摄影可以说是一门用光的艺术，摄影师在一定程度上是用光线来陈述意图、描绘意境、表情达意的。所以，我们在掌握摄影技术和构图方法的基础上，还必须熟练运用光影语言，培养良好的用光意识，不断创新，才能拍摄出优秀的作品。

思考与练习

1. 电视广告摄影构图布局的要素有哪些？
2. 电视广告摄影构图造型的要素有哪些？
3. 为什么要重视发挥视觉心理因素对画面构图的影响作用？
4. 拍摄电视广告时，如何突出画面主体？
5. 拍摄电视广告时，如何表现动感？
6. 景别是指什么？如何正确选择景别？
7. 不同的拍摄角度，分别能产生什么样的视觉效果？
8. 运动拍摄有哪几种？运用时要注意什么问题？
9. 人造光运用的技术要求有哪些？
10. 影调控制的作用是什么？

9 电视广告录音基础 ▶

本章要求

◎ 了解声音特性。

◎ 掌握传声器的基本性能。

◎ 了解录音设备的基本性能、分类和基本功能。

◎ 了解录音用电缆的基本性能和分类。

◎ 掌握声音的表现力、距离感、平衡性、连续性和消除噪声等录音要素。

9.1 声音特性

声音是影视作品中不可缺少的基本元素，是传达信息的重要手段，应该予以足够的重视。对电影和电视工作者来说，取得良好音质效果的基本物质条件大同小异，如所使用的传声器、电缆、接头等都是相同或类似的，尤其是声音的基本原理对任何媒体来说都是相同的。所以，在学习录音技术之前，应该对声音的基本特性有所了解，这对我们在广告制作过程中选择正确的录音设备，是十分重要的。

9.1.1 音高和频率

声波在传播中行进一秒钟所经历的周期总数，我们称之为频率（frequency），其计算单位为赫兹（Hertz，Hz）。声波的周期是固定的，所以其频率也是固定不变的。低频声音每秒钟振动的周期数比高频声音少（见图9-1、9-2）。

图9-1 低频

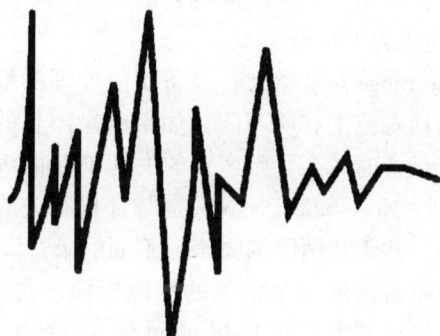

图9-2 高频

不同的频率决定了声音的音高（pitch）。低音的频率和音高要比高音的低。

每种传声器和录音机都有其特定的频率响应（frequency response，可以拾音的频率范围），录音设备应该具有的频率响应范围取决于它们要记录的声音类型。例如，人讲话的音频范围在200 Hz（男低音）到3 000 Hz（女高音）之间，而音乐的音频范围在20 Hz到20 000 Hz之间。录音时就应该选择频率响应范围与录音内容音频范围相当的录音设备。

传声器和录音机并不能做到记录各种频率的声音效果都一样好，因此，厂商一般以频率曲线（frequency curve）标示出录音设备记录不同频率声音的特性。有些录音设备在记录高频和低频声音时，效果不能像记录中频那么理想。因此，这些设备的频率曲线的中间部分就呈凸起形状，出现这种情况有时候是因为设备质量较差，也有时候是特意设计的。比如有些传声器具有语音衰减（speech bump）设计，就是特意要追求一种更适用于人声频率范围的拾音效果，而对其他频率声音的收录效果则相对较差。有些传声器有两档选择，一档用于记录人讲话的声音；一档用于记录音乐。前一档比后一档的频率响应范围要小。那些能够以均等效果收录不同频率声音的传声器，其频率曲线比较平直，所以我们称它具有平线（flat）特征。

当然，控制声音频率特性的方法不一而足。例如，当说话人靠近传声器时，低音频率就会被强化，产生近讲效应（proximity effect），使声音变得模糊不清。一般情况下，我们不希望发生这种现象。但有时候，我们可以利用这一效应来使某些男性的声音显得更富有磁性。所以，我们不能轻易断言哪种频率响应或频率曲线最好。选择何种录音设备，取决于录音的目的。

9.1.2 音量和振幅

振幅（amplitude）是声音的另一个特性，它直接关系到音量的大小。振幅越大，音量越大。分贝（decibels，dB）是音量大小的计量单位。耳语的音量约为 20 dB，正常说话音量约为 55 dB，摇滚演唱会的音量可达到 100 dB，音量的痛阈（threshold of pain）值大约为 120 dB。

动态范围（dynamic range）是指录音设备所能处理的最低音量到最高音量之间的范围，不同的设备的动态范围有所不同。如果所录声音的音量不在录音设备所能处理的动态范围之内，录音时就会导致声音的失真（distortion）。

信噪比（Signal－to－Noiseratio，S/N）是与音量有关的另一个指标。绝大多数录音设备自身都会发出一些无法消除的噪声，不同的录音设备组合后噪声还会增加。信噪比是人们为录音设备规定的一个常见的性能指标，通常应该在 55∶1 左右。这表示每记录 55 dB 的信号，其中就有 1 dB 的噪声。信噪比为 55∶11 的录音设备可以算性能良好，信噪比低于 20∶11 的录音设备的性能很差。通常录音设备越昂贵，信噪比就越高。

9.1.3 音色

音色（timbre）所涉及的声音特性包括它的圆润度、饱满度、清晰度和共鸣效果。分别用不同的乐器以同样的音高演奏同一曲目，我们之所以能将它们区分开来，依据的就是这些特性。

谐音（homophonic）和泛音（overtones）对音色的形成起着重要作用。特定的声音都有一个特定的音高，我们称之为基音（fundamental），与此同时，声音还表现出其他音高，其中频率是基音的整数倍的声音，叫做谐音；频率不是基音整数倍的声音，叫做泛音。基音及其谐音和泛音的结合方式是塑造音色的要素之一。

传声器也可以改变音色，即使两只传声器的频率响应范围和动态范围完全相同，仍然会出现一种牌子收录的声音音色可能比较圆润，而另一种则可能比较清脆的情况。选择适当的传声器改善声音的音色，需要反复尝试，不断从中吸取经验。

录音时的空间环境也能影响音色。在其他条件都相同的情况下，在大空间里记录的声音比在小空间里记录的声音显得更加空旷。

9.1.4 音长

音长（duration）即声音持续的时间，是声音的另一个特性。起音时间（attack）是指音从完全无声到最大音量所用的时间；衰减时间（decay）是指声音从最高音量到持续音量所用的时间；持续时间（sustain）是指声音保持一定音量的时间长度；释放时间（release）则是指声音从持续音量渐弱到完全无声所用的时间。这四个时间长度加起来即为音长。弹拨小提琴和拉小提琴时所发出的声音之所以不同，原因同样也在于音长的不同。

9.1.5　音速

音速（velocity）是指声音的速度。声波的传播速度大约是 340 m/s，这种相对较慢的速度可能会导致相位（phrase）问题。如果两只传声器记录相同的声音，但在时间上稍微错开一点，就很容易使信号产生相位不同步的现象。从微观上说，一只传声器接收声音时声波正处于上升阶段，而另一只传声器接收声音时声波正处于下降阶段，从而导致部分甚至全部声音的信号彼此抵消。

避免产生相位问题的方法之一是遵循三比一规则（three-to-one rule），即两只传声器之间的距离不能小于传声器与声源之间距离的三倍，这样，传声器之间互相发出的回音干扰就会减小到最低程度。比如，当一只传声器离录音对象 1 m 时，另一只传声器与第一只传声器的距离就不得小于 3 m。另一种避免产生相位问题的方法是将两只传声器相向放置，这样，它们才能精确地在同一时间接收到同一声音。即使只有一只传声器录音，有时也可能产生相位问题。假如录音空间是一个墙面完全平行的房间，为了避免产生相位问题，可将传声器斜置于邻接两面墙的不等距之处，切不能放在房间的中央。

9.2　传声器

传声器除了具有不同的频率响应、动态范围及音色外，还有其他一些诸如指向性、结构、阻抗和定位等性能特点。

9.2.1　指向性

指向性（directionality）是指传声器的拾音指向曲线特性（pick uppattern）。按指向性来划分，传声器可分为单指向性（又叫心形传声器，cardioid）、全指向性（又叫无方向性传声器，omnidirectional）和超指向性（又叫锐心形传声器）。

单指向性传声器主要拾取前方的声音，而且避免拾取背景的杂音，这也就是心形传声器之所以能成为影视同期录音利器的原因所在。

全指向性传声器的拾音方向很广，可以很好地收录一群人的声音或是背景环境声，但很难清楚地拾取较远处的声音。如果要拾取相同音量的声音，全指向性传声器与声源的距离必须比单指向性传声器拾音时的距离要更近一些。

超指向性传声器（又叫锐心形传声器，这类传声器在英文中按指向性集中程度由低到高的顺序又细分为 supercardioid、hypercardioid、ultracardioid）的指向性非常强，其拾音范围比一般的心形传声器更狭长。

大部分传声器都有一套拾音指向曲线，一般在器材本身或者在包装盒上都有标示。有些传声器的指向性可以调节，如可以从心形指向性转变为锐心形指向性，从而使不同距离的声音都能收录得很清晰。

9.2.2　结构

按结构划分，传声器一般有两种：动圈式传声器和电容传声器。

动圈式传声器（dynamic mic）通过振膜、磁铁和绕在磁铁上的线圈产生声音信号。振膜在声压的作用下产生振动，并牵引线圈在磁场中做垂直切割磁力线的运动，从而产生感应电动势。

电容传声器（condenser mic）中对声音作出反应的是一个电容器（capacitor）元件。振膜感应到声波产生的振动后改变了极板的电容量，并因此产生很小的电荷。由于给极板充电需要电力供应，所以很多电容传声器都要用电池或其他外接电源。但是驻极体电容传声器（elect ret condenser mic）则不必配电源，因为它的极板永久带电。

动圈式传声器和电容传声器都比较坚固耐用，频率响应范围也都比较宽广。不过动圈式传声器的元件更坚固、结实一些，但电容传声器在频率响应范围上则略胜一筹。动圈式传声器对某些人来说不太适用，因为它有夸大爆破音和咝音的特点，所以遇到"P"这样的发音，它就会记录到"扑扑"声，而遇到"S"这样的发音，它又会记录到"嘶嘶"声。

9.2.3　阻抗

阻抗（impedance）指的是电路对交流电（AC）电流的阻力，它是用来区分不同传声器的另一标准，以欧姆（ohms）为计量单位。

高阻传声器的阻抗可达 10 000 Ω，低阻传声器的阻抗一般在 150~350 Ω 之间，最高不会超过 1 000 Ω。专业人员通常使用低阻传声器，因为阻抗低的时候信号在传输过程中遇到的阻力就小，在连接较长的电缆时仍然能保证信号质量。另外，低阻传声器工作时也不容易拾取电动设备，如吸尘器和荧光灯的静电干扰产生的噪声。录音设备的阻抗性能必须互相匹配：高阻传声器一定要和高阻录音机配合使用，低阻传声器则应该和低阻录音机配合使用。混用高低阻抗的录音设备会降低音质、缩小频率响应范围。专门的转换器可以实现高低阻抗的转换，能够解决传声器和录音机之间阻抗不匹配的问题。

9.2.4　定位

有很多装置可以用来固定传声器。在影视制作中最常用的是吊杆（boom），它把传声器架设在演员上方，当人们在交替说话时还可以随之移动位置。有的吊杆设计非常精巧，配有转轮、齿轮、液压杆；有的则只是一根供吊杆操作员手持的长杆（又称渔竿，fish pole）。通常在吊杆的末端都有一个减震架（shock mount），以防传声器震动。

　　传声器架也可以用来固定传声器，但由于它们会出现在画面中，因此只能视拍摄需要而定。

　　舞台演唱可以用落地式传声器架（floor stand）；播音可以用台式传声器架（table stand）；在新闻节目或纪录片中，新闻人物可以手持传声器，有时又需要用隐藏式传声器（hidden mic）等。

　　在摄影机、摄像机和录音机中一般都配有随机的传声器，但在广告片拍摄中几乎不用它们，因为摄影机、摄像机与拍摄对象之间一般都有一段距离，使用传声器的话容易导致拾音效果不佳，而且容易收录到摄影机本身的噪声。

　　领夹式传声器（lavalieres）比较小巧，属于无线传声器（wireless mic），它们以调频（FM）方式工作，而且可以做成衣服的装饰品，即使出现在画面中，也不影响画面质量，而且能随着人物移动，拾音效果好。

　　在影视广告拍摄过程中，远距离拾音的另一种方法是使用枪式传声器（shotgun mic），属于锐心形传声器。它的拾音距离可以很远，但拾音范围非常狭窄，因此拾音时必须对准目标，而且声源一旦移动，就必须重新定向。糟糕的是，在这个狭窄的拾音范围内，有可能收录到一些如建筑物等表面反射的声音。另外，枪式传声器还有一个特点，就是它能收录到后方的声音，所以定位时应注意把它的后端指向安静的地方。

　　在室外录音的时候，要注意给传声器套上防风罩（windscreen），这样可以阻隔一些轻微的噪音，如风声等，以提高拾音的质量。

9.3　录音设备

　　录音可以按照对声音信号的不同处理方式分为模拟与数字两种。过去，影视制作中的声音都是以模拟方式记录的，模拟录音产生的是一系列连续的电信号，其形状是由它所代表的声波决定的。这样的声音每转录或加工一次，其信号的形状就会发生一些变化，声音质量就要损耗一次。随着数字录音技术的不断发展，许多新型录音设备纷纷面世。数字录音是将声音转换成由一系列通断脉冲组成的电信号，这种信号在转录过程中没有损失，所以其质量几乎不会下降，而且音频效果更加清晰。

　　录音前，导演和录音师首先要考虑的是使用单系统还是双系统，然后才能选择相应的录音设备。音频技术人员必须透彻地了解每种设备的性能、特点及其工作方法，这样才能够提高操作效率，确保声音质量，又能使录音方式与后期编辑设备兼容。

9.3.1 双系统和单系统录音

双系统（double system）录音指用两套设备分别记录画面和声音；单系统（single system）录音则是指画面和声音用同一套设备记录。

双系统录音源于电影，因为在传统的电影制作中，声音是录在与胶片完全分离的录音机上的。电影采用双系统录音的一个原因是因为胶片的编辑是物理剪接，如果要保证剪接效果，声音就必须和相应的那格画面保持一致，但是要做到连续的声音和间歇性的画格在每一点上都完全对应则是不可能的。所以只能声画分别记录，后期再合成。

在电视领域里，从一开始，录像机就具备声音和图像同时记录的功能，所以，单系统录音就成了通行的工作方法，尽管音频磁头和视频磁头不能处在相同的位置，但是视频编辑采用的是电子编辑而不是物理剪接，声音和画面就可以保存在一起了。

在广告片的制作中，对声音质量的要求是相当高的，只有专业的录音师通过控制单独的高品质录音机录制的声音才能满足这一要求，所以，为了更有利于对声音效果的控制，目前不管是用摄影机还是用摄像机拍摄，双系统录音都已经成为一种趋势。

当然，双系统录音存在的问题是如何更好地实现对白与画面的同步合成。最初，人们用一根连线把摄影机和录音机连接在一起，当每一格画面通过摄影机时，脉冲信号就通过这根连线传送到录音机中，在录音带上打上了"电子齿孔"，事后便可以校正。后来给摄影机和录音机安装了一个专门的同步控制器，这样可以精确地控制这两台机器的速度，不会出现不同步的问题了。这两种方法都需要用到场记板，在手柄合拢的时候，摄影机记录到了它的图像，录音机则记录到了它"啪"的声音。到了编辑的时候，只要两者吻合，同一镜头中之后的声音和画面就都可以保持同步了。

在采用双系统录音的电视节目制作中没有使用上述两种同步方法，而是利用时间码。拍摄时，将这种代表地址的时间码同时记录在录像带和录音带上，编辑时，通过这些时间码可以使声画保持同步。后来，在胶片上加了磁条以后，时间码也可以记录在画格的旁边，于是，当一个代表 2 分 5 秒 15 帧（00：02：05：15）的时间码记录到胶片上时，它也同时记录到了录音带上。目前，无论是用胶片还是用磁带拍摄，时间码已成为双系统录音保持声画同步的最主要的方法。

9.3.2 录音机的类型

早期胶片拍摄声音都是记录在模拟式开盘录音机上的，这种录音机以纳格拉（Nagra）品牌为代表，它几乎成了电影制作中声音记录的代名词。该品牌的录音机坚固耐用，而且它的一些特性恰恰都是记录电影对白最需要的。

胶片拍摄中常用的另一种录音机是数字录音带（Digital Audio Tape，DAT）录音机，使用盒式带，体积小，携带比较方便，也比较便宜。最便宜的一种甚至不能记录时间码，不过它仍然能很好地保持同步。专业制作一般不用这种没有时间码的DAT录音机。

用上述两种录音机录音，都需要选用高质量的录音带。录音带的带基是塑料制成的，上面覆盖着一层氧化金属膜。便宜低质的录音带经常因为金属膜剥落造成脱音（dropouts），而且往往非常薄，很容易被抻拉变形，引起声画不同步，也容易出现印透（print – through）现象，即保存过程中相邻带层上的信号互相复印。除此之外，便宜的录音带本身还会带有嘶声（hiss），严重影响录音的清晰度。

现在的影视制作中还可以选择索尼公司生产的微型光盘（MiniDisc）录音机，它使用的光盘看上去很像计算机软盘。这种录音机没有时间码系统，所以很难保持同步，但它本身具有一些音频编辑功能，也可以直接把录到的声音存入计算机硬盘上。这类可以接入计算机（用于非线性编辑）的录音设备将会越来越多，它们记录声音的容量也会越来越大。

摄录一体机也可以用作单系统录音，比如 Hi – 8，S – VHS，M – II，DVCAM等。用摄录一体机和单独的录音机同时进行双系统和单系统录音，这非常有益，可以给后期编辑带来更大的选择余地，加大了工作的保险系数，万一其中一个系统出了问题，还有另一个系统备用。

9.3.3 录音机的功能

用于专业录音的录音机和绝大部分非专业录音机一样有着相同的功能控制键：录、放、暂停、停、快进、倒带等，而且有些机型在倒带和快进时可以监听，便于查找。录音机和录像机一般有两种输入接口：传声器接口和线路接口。传声器输入接口（mic input）用来接传声器，线路输入接口（line input）用来接其他设备，如录音（像）机或 CD 机等。两者之间的区别在于信号的放大程度不同。录音（像）机及类似的设备一般都有音频信号放大功能，而传声器没有这种功能，所以它需要录音（像）机将其输入的信号放大。因此，我们一定要确认传声器插入的是专用接口，而不是线路输入接口，否则录到声音将因为音量不够而无法使用。

高质量录音（像）机都有一个音量表（Volume Unit Meter，VU），这种装置能够显示记录到的声音的音量高低。有些机型以表盘的形式出现，其中一端为红色区域，音量指针不应该在此停留。有些机型的音量表是由一长串闪烁灯组成的，当输入的信号音量过高时，灯的颜色就由绿转红。不管在哪种形式的音量表中，都不应该出现红色峰值（peaking in the red），也叫过调制（over modulation），因为这意味着录到的声音已经失真。当然，音量指示如果始终在较低的那一端徘徊（riding in the mud），也会因为音量过低而造成声音失真。比较理想的音量显示在表上应该处于20% ~80%之间。

为了在录音过程中保持音量的一致，有些录音（像）机配备有音频信号发生器

（tone generator），它能稳定地发出一个音频为 1 000 Hz 的声音信号，作为设定音量控制的基准音。整个音频系统中所有音量表在设定音量控制时都把这个声音信号定为100%，操作人员就可以以此为依据判断不同声音信号的相对音量。比如，如果一个录音机有两个声道，这两个声道的音量控制都先按统一的基准音设定为100%，如果在录音时两个声道的声音在表上都显示为60%，操作人员就能肯定它们的音量是相同的。所以最好在一盘带子的开头先录一分钟的基准音，这样当它被拿来还音时，我们就可以相应设置还音机的音量控制，还音的音量也就可以和录音时的音量保持相同的水平。

高质量录音（像）机的另一项功能是均衡（equalization）功能。它能够消除或强化某些特定频率的声音，也能过滤掉一些高频噪音（例如设备本身发出的噪音）。当然，它同时也会把和这种噪音处在同一频率范围的其他声音过滤掉，所以，在记录对白的时候，千万不能用均衡功能消除语言区域内的高频音。

有些录音（像）机还有自动增益控制（Automatic Gain Control，AGC）功能。打开这个开关时，它可以自动调整增益，保证录到的声音音量适中。关掉这个开关时，操作人员必须手动调节音量控制钮来改变声音的高低。

录音（像）机上的计数器对于查找磁带位置非常有帮助。大部分计数器可以显示磁带已经录了多少时间，如果需要，随时都可以使它归零，重新开始计数。有些计数器还有一个选择功能，利用这个功能可以看到剩下的磁带或光盘还能录多长时间。

录音（像）机一般都配有耳机插口，可以提供录音时的监听功能。

有些录音（像）机，尤其是摄录一体机，录音方面的功能很少。在使用某种视频系统之前，一定要仔细考察它的音频功能，以免录音效果太差，难以编辑。

9.4　电缆和接头

绝大部分传声器（无线传声器除外）都要用电缆和接头把声音信号电脉冲从传声器传送到其他设备上。

9.4.1　平衡和不平衡电缆

传声器电缆内含铜丝导线，外皮通常用塑料制成，可分成平衡电缆（balanced）和不平衡电缆（unbalanced）两种。平衡电缆有三根导线：正极、负极和地线。不平衡电缆只有两根导线：一根用作正极，另一根兼作负极和地线。

平衡电缆有独立的地线，隔离性好，不易被干扰，因而是专业制作比较理想的选择，但价格比较昂贵。家用设备一般使用比较便宜的不平衡电缆。要注意的是，制作中不得将音频电缆和动力电缆平行铺设，以免产生交流干扰。

9.4.2 接头的种类

连接传声器和录音机的接头有许多种。耳机/传声器接头（phone plug）形状细长，有一个套筒和一个伸出的尖头；莲花接头（RCA plug）有一根较短的插脚从外围的一圈金属套中突出；卡侬接头（XLR）则有三个插脚包在一圈金属套内，并有一个引导销和一个固定卡簧。

卡侬是专业用标准接头，它的三只插脚可以分别连接平衡电缆中的三条导线，它的引导销确定了唯一的插入方向，固定卡簧使接头处的连接更为牢固。所有上述各种接头都有插头（male plugs）和插孔（female jacks）两部分。通常插头位于信号线的输出端，而插孔则为录音设备的输入端。

耳机/传声器接头既有单声道（monauralormono）的，也有立体声（stereo）的，只有一圈外接环的是单声道接头，有两圈外接环的是立体声接头。莲花接头和卡侬接头只有单声道的，如果想要立体声效果，那就需要两个接头，分别接左右两个声道。

转接器可以将原本不匹配的插头和插孔连接起来。大部分制作设备都配有各种各样的转接器，因为不同的传声器和录音机往往需要使用不同的接头。

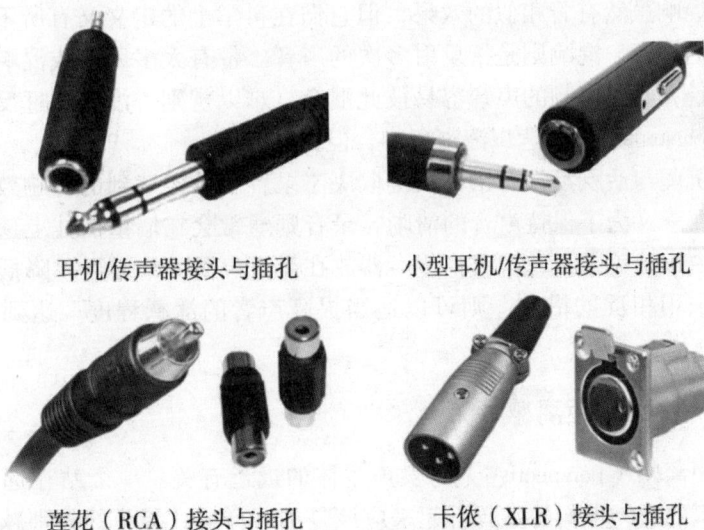

耳机/传声器接头与插孔　　　　　小型耳机/传声器接头与插孔

莲花（RCA）接头与插孔　　　　卡侬（XLR）接头与插孔

图 9 - 3　常用的专业音频接头①

---

① 图片来源：www.it168.com。

9.5　拾音要素

传声器是整个录音工作的中心环节，传声器的拾音方式决定了声音的质量和用途。传声器的设置有一些基本要素，包括：录音时应该保证声音的表现力、距离感、平衡性、连续性和对噪音的消除。

9.5.1　声音的表现力

声音的表现力（presence）是指声音的真实性，即声音必须与画面同步，传达观众所期望的逼真效果。

声音表现力的要素之一是声音的空间感有活跃（live）和沉闷（dead）之分。原因有两方面，一方面在于现场空间的大小，其他条件相同，大房间里的声音听起来就会比小房间里的活跃；另一方面在于物体表面的材质，坚硬的表面会产生反射而使声音变得比较活跃，柔软的表面则会吸声而使声音变得沉闷。换句话说，活跃的声音是因为产生很多的回声（echo）和混响（reverberation），而沉闷、单调的声音则因为被大量吸收。

回声和混响虽然有着相似的效果，但它们在科学上的定义又有所不同。回声是指反射一次的声音，混响则是指反射多次的声音。带有太多回声或混响的声音听起来会很模糊，尤其是高频的声音容易彼此混合，难以辨别。没有经过反射的声音是直达声（directsound），直达声清晰可辨，但比较沉闷。

声音的沉闷与活跃都没有错，关键取决于录音所希望达到的音响效果，这要兼顾画面内容要素。为了保持声音的清晰，录音师通常会在墙壁前挂上毯子，并铺上地毯、放下窗帘、盖上桌布，或将传声器放在靠近声源的地方，以降低室内声音的活跃程度；采用相反的措施，则可以适当提高声音的活跃程度，达到相反的录音效果。

9.5.2　声音的距离感

声音的距离感（perspective）与发声主体的远近有关。一个站在远处的人和一个用特写拍摄的人，他们的声音听起来应该是不一样的，镜头的景别越大，声音也应该传达出更远的距离感，这样才能加强画面带来的视觉感受。

录音过程中，如果想用领夹式传声器表现声音的距离感会很困难，因为领夹式传声器夹在演员的身上，随着演员移动，它所拾取到的声音保持了不变的距离感。用吊杆传声器录音，目前一直是保证声音具有适当距离感的最好方法。

9.5.3 声音的平衡性

平衡（balance）是指声音的相对音量。重要声音的音量应该比次要声音的音量大。人的耳朵可以选择性地倾听，传声器也可以通过对其指向性的选择来拾取想要的声音，心形（单一指向性）传声器比全向（无方向性）传声器更容易达到人耳选择性倾听的效果。保证声音平衡的最佳方式，是将每一种重要的声音元素都以平线（flat）方式记录下来，到后期制作时再调整各种相关参数。也就是说，在录音过程中应该尽可能使每场戏、每个人物、每种音响效果的音量都大致保持一致。而这样做的前提是后期制作阶段有各种先进的设备，可以将不同的声音混录在一起并对它们进行适当的调整。否则，只能在录音阶段再考虑各种声音的平衡问题。

9.5.4 声音的连续性

连续性（continuity）是指在不同镜头之间声音元素的相同性。听觉上的连续性和视觉上的连续性同样重要，如果画面连续流畅而声音跳跃或中断，那么整个视音频片断在感觉上是不真实的。在一组男女交谈的特写镜头中，如果男子特写有滴水的背景声，那么当女子的特写出现时，也应该有滴水的背景声，这样才能使观众在视听感觉上顺畅自然。当同一场景中拍摄的镜头编辑在一起时，声音的表现力因素也应该是连续的，也就是说，不同景别中的声音应该有相近的活跃程度。在整个录音的过程中，如果需要使用不同的传声器，应该尽量选择技术指标相同的，包括频率特性、动态范围和音色，以减少传声器对音声连续性的影响因素。

场记在注意画面连续性的同时，还要注意声音的连续性。能否保持声音的连续性是判断一部作品属于专业水平还是业余水平的标准之一。

9.5.5 噪音的消除

录音时，通常会拾取到一些与主题无关的噪音。对噪音的消除，是专业录音中经常遇到的问题。

噪音之一来自摄影（像）机本身。这一问题在胶片拍摄中更为严重，因为摄影机都有马达，而摄影机的噪声主要是来自其内部的电流声。解决这一问题的办法就是运用一些装置，比如隔音套（barneys）或隔音罩（blimps），将摄影机整体包起来，降低马达噪声；也可以使传声器尽可能地靠近声源，远离摄影（像）机或其他以交流电为动力的电源设备，还可以让摄影（像）机适当远离被摄主体，改用长焦距镜头拍摄。

风声也是室外录音中经常遇到的难题，它会给传声器造成低频噪音。消除这种噪音常用的方法是给传声器套上防风罩（windscreen）。

使用具有均衡（equalization）功能的录音设备，可以选择某固定频率来消除多余的噪音。

大多数均衡器都有消除高频和低频声音的功能，但对有效声和噪声频率十分接近的情况，均衡器就无能为力了。

录音师和场记应留意录音时是否有噪声，如果噪声影响到了整体效果，就应该重新录音。

9.6　录音中的监听与审听

在录音制作过程中以及在广告完成后，人们必须对节目的音质状况进行控制及鉴定。一般情况下，除了通过仪表进行技术检测和控制外，还必须进行聆听，并借助聆听的结果加以判断。它是录音过程中进行音质控制的一种重要手段。只要反映音质状况的客观参量与主观听感尚未建立起良好的对应关系，这种监听与审听音质主观评价就显得格外重要。事实上，到目前为止，监听与审听一直是录音控制与广告节目审定的不可缺少的重要手段。

音质主观评价是一项极其重要的课题，它是一切与聆听有关的部分、设备或系统不可回避的重要问题，又是一项十分复杂且困难的工作，因为它涉及从主观到客观以及它们之间的相互作用的各个因素。在主观方面还涉及生理与心理及其相互影响等方面问题。作为一种评价标准，又必须具有良好的重复性与精确度。尽管如此，近50年来，尤其是通过20世纪60年代初的厅堂音质主观评价和80年代初的影片声音的音质主观评价工作表明，这不是一项可望而不可即的工作，关键在于从一开始就应采取严格的科学态度和协同工作的工作作风。

9.6.1　两个例子

在讨论音质主观评价之前，让我们首先从两个众所周知而又很能说明问题的例子开始。

响度作为听感的重要因素之一，理所当然要首先为人们所重视。寻求这一主观心理量与客观物理量（分贝）之间的关系是弗莱彻—芒森（Fletcher–Munson）的重要贡献，他不仅研究了同一频率的正弦波型的声音响度以及对这一响度的主观评价与客观物理量声压级之间的关系，而且逐一研究了同一客观物理量声压级在不同频率时的主观感受，这就是著名的弗莱彻—芒森等响曲线（后为国际标准化组织［ISO］采纳，并据此制定了推荐标准 R226 的等响曲线）。无须赘言，等响曲线所反映的响度主观评价与客观参量之间的关系是定量的，把客观的声组与主观的响度建立了对应关系。因此，不仅具有极其重要的实用意义和理论价值，而且为音质主观评价树立了典范。

如果说等响曲线反映的只是影响主观听感的某一要素，那么广泛采用的（语音音节）清晰度测试结果则是多种客观因素的综合结果。在这里一方面是反映主观听感的参量（音节清晰度 Z），另一方面则是影响这一主观量的客观因素。例如，在对某一传输系统的清晰度作出评价时，既要对这一系统的清晰度作出总的评价，又要分别对影响这一结果的多个因素进行分析，寻求多种客观因素对这一主观量的影响，从而达到通过对客观参量的控制调整这一主观听感的目的。

9.6.2　音质主观评价的目的

对声音另一要素的音质进行主观评价，尽管比上述的响度或清晰度的主观评价要复杂得多，但其最终目的却是相同的，都是建立音质的主观听感与客观参量之间的对应关系，正如上述两个例子中所说的那样。

在录音制作过程中的监听不同于其他类型的监听，它是以控制节目声音的总体效果为其目的的。必须十分重视的是，聆听者不仅要以实际听到的声音音色及声音效果为满足，而且必须以此为依据，参照监听条件对记录在载体上的声音信号作出客观判断，借以预计在实际放声条件下的声音效果。简而言之，监听中的人的听觉系统所起的作用应类似于其他检测仪表，只不过这个"仪表"检测的是现在仪表难以检测的参量罢了。

9.6.3　影响音质主观评价结果的因素

为了进行音质主观评价，至少应对下列因素加以考虑，并制定相应的标准。将它们用于监听时，就是监听标准。

1. 描述音质主观评价的用语必须统一，含义必须明确，并在此基础上形成规范化的音质主观评价术语

关于音质主观评价用语的探讨，国内外许多学者曾做了大量工作，尤其是在 20 世纪 50 年代末 60 年代初，为了对厅堂音质、乐器音色及录放系统的音质进行主观评价，先后提出了多种不同意见。但无论如何，含义明确的评价用语是进行音质主观评价的先决条件。

就目前的情况而言，音质主观评价用语一般分为艺术语言和音乐两大类。有学者曾建议，艺术语言采用两级评价标准，而音乐的音质评价则可采取三级评价标准。据此，艺术语言可分为良好音质的用语与音质欠佳的用语，共 16 对，即通/不通、有弹性/木，集中/散（以上三组为必要条件），亮/暗，窄、扁、横/空，柔/硬，刚/硬，圆/鼻音、闷、喉音、卡、挤，实/空、飘，（缺）/沙、哑，纯、净/浊，（缺）/炸，润/干，（缺）/抖，亲切、有力度/字音分裂；音乐的音质主观评价用语的三级标准是"不足"的音质欠佳用语/音质良好的用语/"过量"的音质欠佳用语，共 16 组：①明亮度、暗/亮/刺耳、尖；②宏厚度，单薄/厚实/沉闷；③丰满度，干/满/浑（浊）；④柔和度，软/柔和/硬；⑤亲切感，（缺）/亲切/飘；⑥层次感，模糊/适中/太清晰；⑦融合度，松散/融合（抱团）/混；⑧自然度，不自然/自然/不自然；⑨圆润感，木（干）/圆润（有水分）/燥；⑩温暖感，（缺）/温暖

/浊；⑪力度感，纤细/有力度/炸；⑫宽度感，窄/宽/（缺）；⑬平衡感，不和谐/和谐（平衡）/不和谐；⑭集中感，散/集中/（缺）；⑮节奏感，模糊/明确/跳；⑯纯净（嘈杂）感，嘈杂/干净/嘈杂。此外，录音师还常用"怪音"一词来评价声音音色的不正常感。在这种情况下，应说明这种"怪音"的听感特征并以相应的用语描述。常见的有喳声、毗声、嗡声、发破、沙哑、金属声、咔嚓声、抖晃、回声等。对于立体声，还应附加以下用语：①声像宽度感，窄/适中/过宽；②声像虚实感，中空/适中/（缺）；③水平方位感，模糊/明确/模糊；④深度感，靠前/折中/靠后。一般来说，除少数用语外，在录音专业范围内这些用语的含义是比较明确的。

事实上，关于声音的音质主观评价还应包括各种人为创造的声音效果，如"镶边"、"加倍"等等。它们却又与音色相联系。如何进一步统一反映听感的用语是应进一步研究和推广的工作。

2. 评价人的必须保证

人对声音的感受包括初级阶段的生理反应和高级阶段的心理反应。尽管两者之间存在错综复杂的关系，但一般来说，生理反应是相对稳定的，而心理反应，特别是对人审美阶段的审美心理反应，则不仅与主体的文化程度、艺术修养、兴趣爱好、听音习惯等因素密切相关，而且同一主体还受听音时的心情、情绪及环境等因素的影响。作为一种检测手段的音质主观评价应尽可能排除上述种种个体因素的影响，并应以生理反应为基础而不使其完全进入审美心理阶段。必须记住，评价者评定的是声音的客观状况，是通过聆听对声音信号的客观存在作出估计。用广播、电视声音工作者的话说，评价的是声音的音色及声音效果而不是声音形象，正如医生的听诊是为了检查人体的健康状况而不是对被检查者的人体美作出判断一样。

不言而喻，听音人的素质将直接影响评价结果，听力正常并能对不同音色作出正确描述是这种素质的基本要求。尽管听音人可以包括不同专业、不同性别的有关人员，但在年龄选择上则应以青年人为主。这样做，至少在对结果进行分析时要简单得多。众所周知，随着年龄的增长，听力的高频损失是不可抗拒的自然规律。

就广播、电视中的监听而言，诚然，这种音质主观评价的年龄的限制既不现实也不必要，关键在于应对这一客观规律有明确的认识，并不是所有老年录音师制作的节目都发噪，其原因就在于此。事实上，为了通过监听实现对声音信号状况的判定，对实际存在的多种主客观条件均应有明确认识，尤其是在监听尚未标准化的情况下更应如此。

3. 评价素材应具有代表性

这是对传输系统（包括声传播空间、录音系统或放声系统）进行评价而言的。对这一系统或系统中某一环节进行音质主观评价时，素材本身的声学特性将直接影响评价结果。这是容易理解的。举例来说，如果素材本身的频率范围很窄，即使传输系统的频率范围非常宽广，聆听者也不可能听到频率范围很宽的声音。

应当指出，在编制音乐音质评价素材时，有人建议应编制"西洋音乐"和"民族音乐"两种素材，这种意见值得商磋。音乐种类的不同，主要是从审美角度出发的，而作为主观评价，则应从反映音乐音质的客观参量方面进行考虑，即素材应包括反映音乐各种音色的全部客观成分。恰恰相反，为了避免使主体因进入审美阶段而影响音质主观评价的结果，在编制这类素材时采取将完整的音乐分段，甚至是将各段的顺序打乱等措施也许更加适用。

作为控制节目声音效果的监听，素材（节目）则是评价对象，这时传输系统的标准化则成了应当着重考虑的重要因素之一。

4. 传输系统的声学特性必须规范化

在录音制作过程中的音质主观评价，对传输系统规范化的要求主要包括放声系统和声传播空间（录音控制室）。这就是监听标准化问题，否则将会严重影响评价结果，甚至造成混乱。举例来说，同一节目，如果放声声级不同，即在不同监听声级下聆听，其音质将不相同。从等响曲线可知，当声级提高时，听起来低音要丰富得多，而当声级减小时，则感到低音不足；如果立体声放声系统所在的声传播空间混响时间很长、左右声学处理不对称或频率特性欠佳，都将引起声像混乱。因此，录音控制室的混响时间应足够短（一般要求 0.25～0.4 s），声学处理左右对称，频率特性平直一直是基本要求，任何类型的立体声控制室均应满足这一要求。

当然，如果评价的是传输系统的音质，则素材必须具有代表性，这是不言而喻的。

9.6.4 关于监听标准化的若干问题

从以上讨论可知，作为控制节目音质的重要手段之一，监听在录音制作中是十分重要的。在这种情况下进行的音质主观评价，评定的是节目（素材）的音质状况。为了获得正确的评价结果，同时也便于节目交换，至少应对以下一些问题作出相应规定，以求逐步实现监听标准化：

①统一音质主观评价用语，建立相应的标准声带，实现用语的标准化（术语）；

②录音师、音响导演等与音质主观评价有关的人员应进行听力测试，并进行音质主观评价方面的培训，以保证有较高的素质和统一的评价标准；

③放声系统的特性应有统一的规定，特别是电声特性和监听声级应尽快作出合理规定；

④听音环境——录音控制室的声学特性与声学处理应有统一标准，特别是在混响特性、频率传输特性及声学处理等方面应首先作出规定。

此外，还应对监听位置、扬声器系统的设置以及建筑声学与电声系统之间的关系提出相应要求。

9.7 广告片的声音设计与制作

9.7.1 广告片的声音特点

声音是构成电视广告片的极其重要的组成部分，声音与画面是相辅相成、互为补充的两个部分，二者的有机结合，造成了电视广告独特的视觉、听觉的冲击力和感染力。通常我们把电视广告片的声音划分为三个部分，即语言（包括人物对白、解说）、音响（包括各种自然音响和虚拟音响）、音乐（包括广告歌曲和乐曲）。这三个部分构成的声音，在电视广告片的节目成片中，是密不可分、融为一体的，但在节目的制作过程中，往往是各自独立、分开完成的。由于电视广告片的时间有限，通常都在5秒至30秒左右（注：也有2～15分钟左右的电视广告，类属于专题片）。归纳起来，广告片的声音主要有以下特点：

1. 短小精悍、直奔主题

由于电视广告片的播出，一般都是插在正常节目的间隙中的，时间有限，长度很短，不允许有拖沓冗余的叙述，因此，广告片的声音采集和制作要有含金量，即表达要精彩、内容要浓缩。通常我们所见到的电视广告片，大都节奏明快、制作精良、细节饱满、以点带面。那些优美的音乐、动人的语言或是采用某些特定的声音元素，并不单纯是要人们去欣赏艺术，其主要目的是表达广告的主题内容，吸引人们的关切和注意力。在声音的结构上，不追求一般概念上的完整性和全面性，力求在有限的时间里，直奔主题目标，简洁明了地表达诉求信息。

2. 形象鲜明、容易记忆

为了强化受众的印象，广告片的声音和录制要有个性，即与众不同的差异性，注重声音的专有性和概括性。无论是语言、音响或是音乐，无论是实况同期声还是前后期配音，都要有目的地使用声音手段。从听觉上来传递广告信息，要具有鲜明的形象，尽可能增加广告的艺术性和趣味性，以强化人们对广告内容的认知和记忆，力求在人们的脑海中留下良好、深刻的印象。

9.7.2 广告片的声音设计与制作

电视广告片的形式有平铺直叙、开门见山的普通广告，也有利用演员表演或声画特技制作的艺术广告。风格有喜剧的、正剧的、悲剧的、综合的等。在声音元素的使用上，有纯语言、纯音乐、纯动效的，但大多是这二者或三者的结合。表现手法有声画对位的、声画分离的；有写实的、写意的；有直接具体的、间接抽象的等等。无论使用何种声音手段，都应当围绕着电视广告的内容和需要来确定。

声音的设计，应当以能够准确表达广告的中心思想，渲染广告的意境和情趣，贴近生活、富有感染力为原则。

1. 声音的表现形式

（1）语言

有主观语言（画内语言：独白、对白、群声）、客观语言（画外语言：内心独白、旁白）、组合式语言；音色上可分为男声、女声、童声、混合声等。对有些人声或其他声响，还可以使用音频效果器加入不同参量的延时、混响、均衡处理或特殊变化（例如机器人的声音等），进行艺术性的修饰变化或夸张处理。

（2）音乐

有情绪性音乐、描绘性音乐、幽默夸张性音乐等；风格有管弦乐、民族民间音乐、通俗流行音乐（包括电子音乐）、戏曲音乐等；表达方式有歌曲和器乐曲。

（3）音响效果

一般是指自然音响和虚拟音响，前者如风雨雷电声、人和动物的运动声、叫声、各种器械的摩擦碰撞声；后者如合成器模拟出的各种电子太空虚幻声等。

以上所述的各种声音的表现形式，各有所长，一般而言，语言重表意，音乐重表情，音响重表实。在电视广告片中要以具体的内容和风格需要来确定选用，切忌盲目或堆砌。俗话说："浓缩的是精华。"声音的设计和运用一定要精练，这样才会产生好的广告效果。

2. 声音的制作方法

（1）前期录音与制作的方法

先确定好广告片的时间长度，以此时间长度来创作广告歌曲、乐曲或广告词；或选用声音素材，先进行录音制作，然后根据录音作品的风格、节奏和情绪再拍摄、编辑、制作出电视画面。

（2）同期录音与制作的方法

这种方法的好处是声画录制同时完成，主要用于人物的对白和其他需要在电视广告片中呈现出来的特定的现场实况声。这种制作方法可以给人以声画同步的临场感、真实感，但对录音现场的要求比较高，声场环境要符合录音要求，不能有其他杂音。

（3）后期录音与制作的方法

当电视广告片剪辑好之后，根据画面的时间长度和画面内容来进行录音及合成。这个方法的好处是有画面作为基础和参考，可以启发声音创作人员的激情和艺术想象力。由于在对画面进行录音与合成时，可以直接感受到声画结合最后成片后的艺术效果，随时可以根据画面的内容和需要来进行修改或调整，灵活性大。所以，这是一种常用的方法。

实际上，广告片声音的制作最常用的方法是前期、同期、后期录音结合使用，即先做好前期、同期录音，尔后，等画面拍摄制作完毕之后，再进一步地对声音作后期录音、编辑与合成。

3. 声音制作的具体步骤

这里介绍的主要是指广告片的后期声音制作，相对来说，也是较为复杂的制作，使用的音频设备主要是数字音频工作站。主要有以下三个步骤：

（1）看样片，精确记录内容和时间码

在画面剪辑定稿完成以后，首先要对样片反复认真地看几遍，做好记录。主要是记录画面的具体内容和 TC 时间码，内容要细致，时间码要精确到帧（注意一定要记录固定的时间码——TC 码，不能记录随时可以清零的相对时间码——CTL 码）。做好这种精确的记录很重要，一方面，可以详细了解画面上有哪些内容，哪些需要进行声音上的艺术处理，以便进行设计；另一方面，我们可以知道应该将这些声音的起止时间分别放在与画面对应的什么位置。

（2）设计音效，准备声音资料，寻找素材

接下来就是根据所记录的画面内容进行构思和设计，决定采用什么样的声音表现形式，然后寻找所需要的各种声音素材进行加工配置的准备，这就犹如厨师在烹调前准备原材料一样。

如果我们需要的声音素材是为该片专门创作和前期录音的，那就比较方便，拿来直接用即可。但是实际上，在大部分情况下，由于经费和时间的原因，有些电视广告片，除了语言必须进行专门录音外，其音乐和动效只能利用音效资料库里原有的声音素材进行制作，特别是音乐资料的选用常常是这样，这就给制作上带来一定的难度。然而，即使是利用音效库的资料，如果制作手法得当，也完全可以创作出很好的、崭新的广告片声音。有的巧妙制作，甚至会让人以为该广告片的声音是专门组织录音创作的。

（3）结合画面，试听效果，进行混录合成

当我们把各种音效都按照预先设计好的方案一一找好，并且放在音频工作站里各音轨与画面相对应的 TC 码位置上之后，接下来就可以对声音进行总体的混录合成了。这里我们所指的混录合成，是指将音频工作站里的各声轨的音量及音色按照所需比例混合调整好，最后合成录进录像母带上的工作。这时，我们可以利用录像机的预演功能来反复试听，检查声音与画面是否对位，音乐语言效果是否与画面的情绪吻合等，否则，还可以进行修改或调整。当以上的准备工作都调整就绪之后，在进行合成时，主要是对总体电平和各音轨之间声音的音量电平进行控制。在此，一是监看表头（工作站、调音台、录像机），尽量做到总体的最大不失真电平；二是依靠听觉，仔细聆听和感受各声部的音量是否平衡，衔接是否自然流畅。总之，混录合成是最后的一项很重要的工作，一定要认真细致地去做。

4. 广告片音乐的剪辑方法

就电视广告片的音乐来说，其音乐的情绪与画面的内容最好是相吻合的、（头尾）结构完整的、长度与画面正好一致的，这是最理想的情况；但是，如果不能针对画面去专门进行特定的、情趣吻合的、首尾一致的音乐创作和录音，只能从库存的音乐资料中去寻找，那么，有时就会出现音乐与画面的情绪虽然吻合，时间长度却不一致的情况。使用这样的音乐资料为电视广告片配乐，处理的方法有下列三种：

①头部完整，尾部淡出——即音乐的开始部分是完整的，随着画面的结束，将音乐的尾部渐弱隐去。

②尾部完整，头部淡入——与上例正好相反，画面的开始部分音乐是渐起的，画面的结束也正好是音乐的尾部。这种方法需要先计算好画面和音乐的长度，然后采用倒计时法来设定音乐的起始时间，以保证音乐的结尾正好和画面结束相一致。

③头尾拼接，剪去中间——这种处理方法是采用音乐的头部和尾部相拼接，剪去中间多余的部分，但要剪得巧妙，最好是不露痕迹，一般是在句子上衔接比较自然，可以反复寻找和试听剪接点，直到满意；还有一种衔接办法，是将音乐的头部和尾部录入在各自的音轨上，中间重叠的部分尽量多一些，在两轨相重叠的不同部位进行淡入淡出衔接试听，找出最佳点，也可以将衔接点隐藏在广告片中语言较突出的地方。这种方法可以巧妙地获得音乐头尾完整，与画面完全一致的感觉。

当然，也有的广告片并不一定需要从头到尾都配上音乐，可能只是在某个位置用上一段音乐来点缀一下，起到一个画龙点睛的效果，这也是很常见的。

需要提醒的是，我们在使用音效库的资料时，要注意知识产权保护问题，尽可能不使用那些会引起版权纠纷的音乐或语言资料。

9.7.3　音频工作站与广告片声音制作

数字音频工作站的出现，是声音录制技术的革命性飞跃，它集调音台、效果器、多轨硬盘录音机于一体，综合程度高，具备常规的音频设备难有的实用编辑和处理功能，而且声音的各项技术指标好，不仅使声音录制质量大为提高，也使得在传统模拟录制技术中许多复杂的编辑与合成手法变得十分简单、快捷。在电视广告片的声音制作中，音频工作站可以充分发挥出它的优越性，极大地提高工作效率。

1. 数字音频工作站的基本构成

数字音频工作站（Digital Audio Workstation，DAW）是以计算机控制的硬磁盘为主要载体的非线性数字音频系统，由计算机中央处理器、数字音频处理器、软件功能模块、音源外设、存储器等部分构成的一个工作系统（见图9–4）。

数字音频工作站（DAW）是一种硬件与软件的组合系统，具有较好的扩展性，它将复杂的声音信号编辑变成十分方便的文件编辑，同时还可以对声音信号进行新的处理。DAW是在计算机的基础上发展起来的，因此保留了计算机的操作程序，它是靠调用程序来工作的。由于加大了模仿录音机和调音台部分功能的控制键盘，这个控制键盘是把数字音频工作所需的程序按照顺序排列好，存储在一个专用存储器内，并给予控制键盘的某个执行键来执行这个程序，这样就使得对数字音频工作站的实际操作就和操作传统的录音机、调音台一样方便简捷。

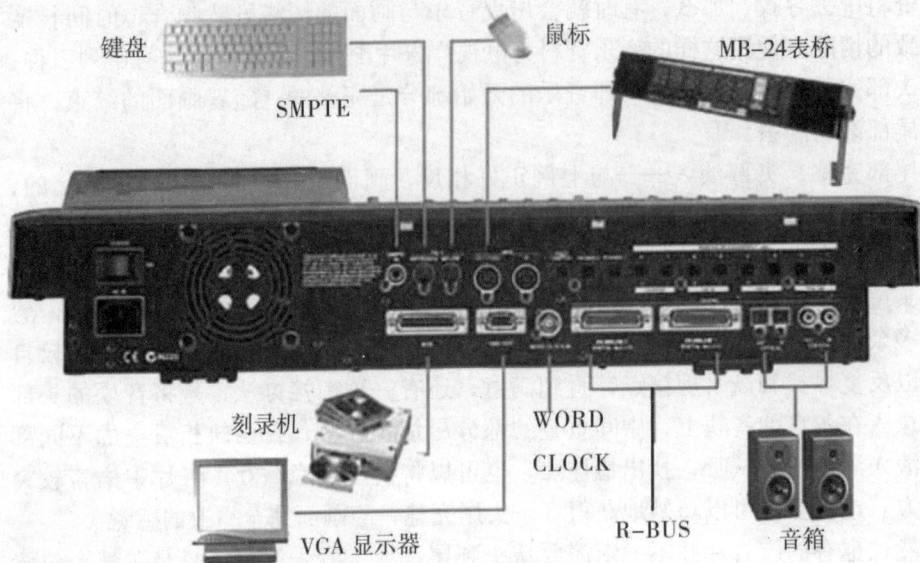

图 9-4　数字音频工作站系统①

　　数字音频工作站的主机已由过去的专用机发展到目前普遍使用的通用微机。采用通用微机的 DAW，主机通常是 MAC 和 IBM 系列 PC 机，系统软件建立在视窗系统 Windows 或 Macintosh 上，也可在 DOS 下运作。

　　DSP 数字信号处理器是数字音频工作站的数字音频处理核心。DSP 在 DAW 中一般配有专用的硬件音频卡，它主要负责音频信号的数字化处理，把输入的音频信号进行采样、量化和加工，并直接将量化后的数字信号送到硬盘储存。在 DSP 的数字音频处理系统内，使用了若干中间存储器，因此，可实现虚轨设置，进行逻辑多轨操作能做到几百声轨的声音节目制作，突破了传统物理声轨的限制，对于每一条虚轨它同样具有物理声轨的可加工、调整和处理的全部操作功能。DSP 数字信号处理器电路板卡上设有音频输入、输出接口，它既可用于录制音频信号，也可进行声音的编辑，同时还可在数字状态下对音频进行降噪、均衡、时间压扩、限幅、混响、延时、声像移动等特技处理。

　　在数字音频工作站中可用硬盘、软盘、光盘等记录设备来存取信息，这种记录也叫无磁带化记录。在存取容量相同的情况下，随机存取的定位速度比以磁带为记录载体的顺序存取的定位速度要快得多。另外，随机存取具有"切下就粘住"的编辑功能以及非破坏性编辑功能。由于硬盘技术得到飞速发展，有存储容量大、存取速度快等优良性能，使它在 DAW 中得到广泛应用。它还采用了阵列盘技术，使其

---

　　① 图片来源：慧聪网，www. hc360. com。

同时记录的轨数已超过 24 轨。随着容量的扩展，而系统轨数及按时处理功能也能相应地得到扩展。轨道数的多少与计算机的速度、硬盘速度及 RAM 的大小有关，RAM 记忆一般为几 MB，可扩展到几十 MB，DAW 一般以采用 1~4 个几 GB 的固定硬盘或移动硬盘为好。如果在信息存储量相当大，硬盘不够用的情况下，还可用备用存储器如 MO 磁光盘等来存储信息。

数字音频工作站设有模拟信号接口，它可通过 A/D、D/A 转换器来连接模拟音频信号的输入、输出。A/D、D/A 转换器的质量，直接决定了 DAW 的电声质量指标。目前较高档的 DAW 均采用 16bit~24bit 的 A/D、D/A，使其音质更优，确保高质量的信噪比与动态范围。DAW 设有标准的 AES/EBU 和 S/PDIF 数字输入、输出接口，具有灵活的 VO 类型数字或模拟转换，这样既可用于模拟磁带录音机对录，也可用于 MD、CD、DAT 等进行数字对录。它还设有 MIDI 专用接口，可用于同步录音，又可互相控制操作，这给 MIDI 音乐的创作提供了极大的方便。

数字音频工作站与数字音频设备采用 MIDI、VITC、LTC、MTC、SMPTE 时间码实现同步录音，以适应特定的时间长度或准确地吻合于视觉、听觉效果。DAW 的采样频率一般为 44.1 kHz、48 kHz。

2. 数字音频工作站的功能

（1）非线性编辑功能

非线性编辑功能改变了以往的按时间顺序进行编辑的录音模式，即线性工作方式。我们在录制一个节目时，用磁带录音所带来的问题就是我们必须按照节目内容的要求依次录制节目，如果在录制过程中有一个素材没准备好，或者已录制好的内容有错误，这样就对我们最终录制好这个节目造成很大的不便。而音频工作站的使用彻底改变了这种状态，它实现的是非线性的编辑，也即我们可以不按照节目内容顺序来录制节目，然后再根据节目内容进行调整、补充、修改、最终完成这个节目的录制。数字音频工作站在非线性编辑方面所提供的录制功能有插入录音、节目调入及粘贴等方式，这些方式对制作好一个节目是很有用的。对于一个正在录制的节目，我们常遇到的是其中的某个素材没有准备好，或者是在已录制的节目中要加入一个素材，遇到这些，如果用磁带录制时，我们就可能要停止正在进行的录音来处理这些问题，传统的做法是通过磁带之间的转换，重新剪接，此方法需要的时间太长，而且有损耗，有时还有"飞带"的危险；而使用音频工作站则不受这种情况的限制，我们可以在录制完这个节目后，利用插入录音、节目调入等功能进行处理。这种录制方式是音频工作站非线性编辑功能的体现，这个功能的实现无疑增加了节目编辑的灵活性，也提高了节目制作的效率。

（2）多轨目视编辑

以前声音的编辑一直是利用听觉来寻找和确定编辑的切入点的，而且是多机操作，作为一名制作人员，要完成一个节目的制作，既要靠听觉，也要凭经验，但对于有些音响的剪接则是很困难的，如一句话中我们要除去其中的某一个字，或者使某一句不完整的话经修改后变得完整。类似这样的一些剪接用过去的方式完成是很困难的，有时几个音连得很近时，就不能随意剪接了，有时一个音剪下来后有明显的人为痕迹，还有时找不准剪接点，甚至还会将原已剪好地带子破坏。数字音频工作站能够很好地解决传统剪辑方式所存在的一些问题，而且改变了过去那种多机同步操作的方式，今日的编辑剪接在一个音频站里就可完成。对于一个正在音频站里编辑的节目，我们既可以听到声音还可以看到声音的波形和位置，可以通过眼观耳听的方式来选择一个编点，用眼睛看声音波形选择编辑点，精确度能达到 24 ms，这样，制作人员在一句话里剪掉一个字或粘贴一个字就变得很方便了。我们在剪接一段采访音响时，常常遇到的问题就是一个剪接点前后的声音不一致，感觉不是一句话说出来的，这样就可以对这个编辑点前后的信号进行适量的电平调整和淡入淡出处理，处理后的效果一般都是很理想的。对语言是如此，对于一段需要剪接的音乐，我们运用音频站的各种编辑功能，仍然能获得满意的效果。音乐剪接较之于语言难度要大，因为音乐信号是连接的，而且某一个点前后的音是相互关联的，剪接音乐要根据这段音乐的特点、旋律、节奏和衔接点前后声音的相关性、融合度来进行。音乐的剪接，最重要的就是编辑点的选择，而音频站的波形可视化和 24 ms 的编辑精度，就为我们提供了很多选择编辑点的手段，选择好编辑点，如果衔接前后音的相关性很好，我们就可以直接剪去不需要的部分，让两段音乐连接在一起，像这样的音乐剪接我们就不会听出剪接的痕迹。但对于相关性不是很好的衔接部分，我们常用的就是利用上、下两轨交叉淡入淡出的方法来处理两段音乐的衔接部分，这样处理，仍然能获得很好的效果。我们运用音频站对语言和音乐的处理，就是计算机技术在音频领域中运用的典范，它的强大功能为节目制作人员提供了更为广阔的创作空间。

（3）资源共享

数字音频工作站可以组成网络系统，能实现节目资源共享，利用网络功能，在制作节目时想要使用某音频资料且网络节目库中该资料已存在，就不需要重新录制，而只需用"调入音频"直接调入即可。而音频站所提供的查寻方式也是多种多样的，我们能很快地查到所需要的资料，这就给我们的节目制作带来了很多方便。

（4）数字声音的高质量

在传统的录音中，磁带磁粉的分布和带基的薄厚是否均匀，会直接影响节目的录制质量。经常遇到的掉磁粉现象是十分令人讨厌的。另外，磁带的本底噪声大，使多轨录音时不得不用降噪技术来处理，但是降噪量远远达不到要求，加之磁带紧切磁头运行，造成磁粉脱落，磁头磨损，使磁带转换灵敏度降低，频率特性变坏，音质下降。如果磁粉糊住磁头缝则更糟。与此相反，在数字音频技术中，对于采样频率为 48 kHz 的音频信号，数字音频工作站的模数转换精度高达 18 bit，模拟信号进入 A/D 转换后，成为信噪比理论值达 108 dB 的高质量声音。频率范围在 20 Hz～20 kHz 通道隔离度大于 80 dB，总失真率小于 0.03%，抖晃率低于可测量的下限值。

如此高的技术指标在模拟领域中是无法实现的，这充分说明了数字音频技术的无比优势。

（5）特技处理的质量保障

数字音频工作站是在数字状态下对音频信号进行均衡、压限、延时、混响等特技处理的。在不变调的同时对声音进行压、扩，从而最大限度地减少了干扰和失真，确保了音频信号的质量。音频工作站与传统模拟式录音设备比较的特点是：声音保真度高；可多次无失真复制和传送（录音室到直播室）；编辑快捷、准确，加入特殊效果方便、多样；可快速编辑播出菜单，并能随时修改和保存，播出极为方便；性价比高。还可根据需要建立起计算机网络系统，组成多台工作站进行分工工作，建立不同的声音资料库，并从资料库中提取所需内容进行合成和播出，寻找内容和自动播出都很方便。

3. 如何利用音频工作站进行录制

采用分轨录音与录像机同步的方法。首先，将音频工作站与录像机进行同步连锁，也就是利用同步器将音频工作站与录像机的时间码完全统一起来，它们之间可以任意设定主机和从机。在这里，应将录像机设为主机，音频工作站设为从机，也就是说录像机为录机，音频工作站为放机，无论录像机的时间码在什么位置，音频工作站都会迅速地自动跟踪。

根据设计好的音乐效果布局以及找好的音效素材资料，来进行具体的制作。第一步，是将各种音效资料一一放在音频工作站内事先记录好的、预定的时间码位置（注意：是分别放在不同的音轨上）。比如，音乐1在第一轨，音乐2在第二轨，对白在第三轨，画外音在第四轨，效果1在第五轨，效果2在第六轨，效果3在第七轨……

当然，如果需要的话，我们完全可以利用音频工作站方便、快捷的编辑功能，对这些音效进行各种编辑处理，如复制、移动、剪切、删除、压缩、扩展、变调、延时、混响、降噪、均衡、淡入、淡出等。在完成了以上的工作以后，我们就可以进行预听，最好是参考画面，这样可以检查出音效与画面的时间对位是否准确，整体感觉是否满意，否则，可以进行修改。最后一步是自动化缩混，这时主要是调整各个音轨之间的音量比例以及总体音量，利用电脑作自动化记忆存贮，然后利用自动化缩混功能，最后将声音直接合成到录像母带上。此外，也有许多人在实际混录合成时，不采用自动化缩混功能，而是习惯用手动调整，直接混录合成到录像机母带上，这也是一种常见的方法。

通常，一个成功的电视广告片，离不开好的声音设计和声音制作。从声音的创造性来说，应当是艺术与技术的完美结合，才能产生出好的艺术作品。既要充分发挥艺术想象、有形象思维，又要善于发掘、利用现代声音制作手段，围绕广告的核心内容，进行渲染和强调，引发人的注意力和联想，刺激人的情绪共鸣和心理需求，这样才能创造出理想的电视广告片的声音。总而言之，无论是什么风格和类型的电视广告片，最终都是希望有最好的、有渗透力的、为目标受众接受度高的传播效果，其中声音所起的作用是非常重要且不容忽视的。

本章小结

电视广告制作中，声音的录制与画面的拍摄具有同等的重要性。本章详细阐述了声音的特性及其拾音要素，并对用于录音的录音设备、传声器和电缆等的特性和功能作了简要说明。其中声音的特性包括：音高和频率、音量和振幅、音色、音长和速度；拾音要素包括：声音的表现力、声音的距离感、声音的平衡性、声音的连续性和消除噪声等，这些都是本章的主要内容。

思考与练习

1. 声音有哪些特性？
2. 简述声音的音高和频率特性。
3. 简述声音的音量和振幅特性。
4. 简述声音的音色特性。
5. 简述声音的音长特性。
6. 简述声音的速度特性。
7. 简述传声器的指向特性及其对录音的影响。
8. 简述传声器的结构特性及其对录音的影响。
9. 简述传声器的阻抗特性及其对录音的影响。
10. 应如何考虑传声器的定位因素？
11. 什么是双系统录音？什么是单系统录音？各有什么优缺点？
12. 专业录音机有哪些类型？各有什么特点？
13. 专业录音机有哪些功能？
14. 什么是平衡电缆？有什么优点？
15. 按种类介绍电缆接头？
16. 传声器有哪些拾音要素？
17. 录音时如何把握声音的表现力？
18. 录音时如何把握声音的距离感？
19. 录音时如何把握声音的平衡性？
20. 录音时如何把握声音的连续性？
21. 如何消除噪音？

10 电视广告编辑技术 ▶

本章要求

◎ 了解电视编辑技术的发展简史和发展趋势。

◎ 掌握典型线性编辑系统的设备构成、编辑程序和编辑方式，并正确认识线性编辑系统的局限性。

◎ 掌握非线性编辑的基本概念、系统组成、结构、工作原理及其编辑过程。

◎ 了解目前流行的非线性编辑系统及其分类。

10.1 电视编辑技术简史

导演詹姆斯·卡梅隆（James Cameron）在评论数字化技术对后期制作的影响时说："从电影制作者的角度来讲，我们很快就要进入一个以新视角重新考虑后期制作的时期。我们不仅要从图像的采集，也就是摄影的角度来考虑，也要从图像处理的角度来考虑——这不只是传统意义上的编辑，而是要改变我们拍到的画面中的各种组成元素，再把它们按照不同方式重新组合起来，就像合成声音一样，现在我们要合成画面了。"后期制作中的数字化革命一直在继续快速地发展，新技术和新名词层出不穷，这在专业领域和人才培养的学术领域都有明显的表现，但为了回顾历史，我们还不得不从过时的内容说起，历史上，电视编辑技术曾经发生过几次重大的变革。

10.1.1 物理剪辑

1956 年，安培公司发明了 2 英寸磁带录像机，电视节目不再像以前那样借助电影胶片进行记录了，但是电视节目的编辑沿用了电影的剪辑方式，先用放大镜对磁带上的磁迹进行定位，然后使用刀片或切刀在特定的位置切割磁带，找出所需的节目片段后，用胶带把它们粘在一起。这种编辑对磁带的损伤是永久性的，剪辑过的磁带不能再使用，同时由于不能在编辑时查看画面，编辑点的选择无法精确，编辑人员只能凭经验并借助刻度尺来确定每个镜头的大致长度。

10.1.2　电子编辑

随着录像技术的发展和录像机功能的完善，电视编辑在 1961 年前后进入了电子编辑阶段。由于能够使用快进和快速倒带功能在磁带上寻找编辑点，以及使用暂停功能控制录像机的录制和重放，编辑人员可以将一台放像机、一台录像机和相应的监视器连接起来，构成一套标准的对编系统，实现了从素材到节目成品的编辑转录。电子编辑摆脱了物理剪辑的黑箱操作模式，避免了对磁带的永久性的物理损伤。节目制作人员在编辑过程中可以查看编辑结果，并及时进行修改，也可以保存作为节目源的素材母带。电子编辑存在的主要问题是精度不高，因为当时的 2 英寸录像机无法逐帧重放。此外，在编辑过程中，由于编辑人员手动操作录像键，掌握录像键按下的时机需要丰富的经验，一般无法保证编辑点的完全精确。而录像机在开始录像和停止录像的时候带速不均匀，与放机的走带速度存在差异，容易造成节目中镜头接点处的跳帧现象。

10.1.3　时码编辑

受到电影胶片的片孔号码定位的启发，美国电子工程公司（EECO）于 1967 年研制出了 EECO 时码系统。1969 年，使用小时、分钟、秒和帧对磁带位置进行标记的 SMPTE／EBU 时码在国际上实现了标准化。此后，在电视节目后期制作领域，基于时码的各种编辑控制设备不断涌现，编辑技术逐步实现了录机、放机同步预卷编辑、编辑预演、自动串编、脱机草编和多对一编辑，为了改善编辑精度，提高编辑效率，专业电视设备的商家在稳定带速和增加搜索速度等方面也作了大量工作，编辑手段日趋完善。但是，由于媒体的固有限制，电视编辑仍然无法实现实时编辑点定位等功能，此外，由于磁带复制造成的信号损失也无法彻底避免。

10.1.4　非线性编辑

1970 年，美国出现了世界上第一台非线性编辑系统。在这种早期的模拟非线性编辑系统中，图像信号以调频方式记录在可装卸的磁盘上，编辑时可以随机访问磁盘以确定编辑点。20 世纪 80 年代出现了纯数字的非线性编辑系统，使用磁盘和光盘作为数字视频信号的记录载体。由于当时的磁盘存储容量小，压缩硬件也不成熟，所以视频以不压缩的方式记录，系统所能处理的节目总长度约为几十秒至几百秒，因此仅能用于制作简短的广告和片头。80 年代末到 90 年代初，得益于 JPEG 压缩标准的确立、数字存储技术的发展以及其他相关硬件与软件技术的进步，非线性编辑系统进入了快速发展时期。非线性编辑技术作为一门新的综合性技术，覆盖了电视技术和计算机技术的主要领域，包括音频、视频、存储、图像处理、计算机图形和网络等相关技术，把数字化、多媒体、交互性和网络化应用到编辑工作中，解决了传统的线性编辑技术存在的缺点，简化了编辑流程，提高了编辑效率，优化了数字特效处理功能，从而把制作人员从繁杂的编辑工作中解脱出来，并给制作者以无限的艺术创造空间，这就是非线性编辑给电视节目后期制作带来的重大变革。由于这种变革，非线性编辑系统的应用范围已经超越了传统的线性编辑系统，成为专业领域后期制作的主流。

10.2　线性编辑系统

线性编辑其实就是电子编辑，是利用具备编辑功能的录像机的放像和录像功能，对前期拍摄的素材进行编辑和合成。由于磁带记录视频信号是按时间顺序记录的，所以整个制作过程也是一个线性播放、录制的过程。要想制作出丰富多彩的视音频艺术效果，除了编辑录像机和监视器外，还应该包括编辑控制器、特技台、字幕机和调音台等有关设备。

10.2.1　典型的线性编辑系统

1.一对一编辑系统

一对一编辑系统也成为基本的单信号源系统，包括两台编辑录像机，其中一台承担录像任务，常称之为编辑录机；一台承担放像任务，常称之为编辑放机。还必须有两台监视器，用来监视编辑放机和编辑录机的内容，如搜索和变速控制，这是一种最常用的编辑系统。在工作时，放机播放素材带中的内容，录机中放入待录的编辑带，由编辑录机的操作面板控制放机和录机的选点和录放行为。当然，有条件时，可以配备一台编辑控制器，用来独立控制两台编辑录像机的行为，简化编辑操作，一对一编辑系统中的编辑器能启动方向及录制录像机，使它们同步，也能确定两台录像机上的入点和切点，并为混音启动音频合成器。编辑人员通过对录机和放机的正确控制，把有用的素材录制合成到编辑录机的磁带中，制作出成品母带。

一对一编辑系统只能实现镜头间的无特技直接切换，而丰富多彩的特技功能必须依赖于更为复杂的编辑系统来实现。

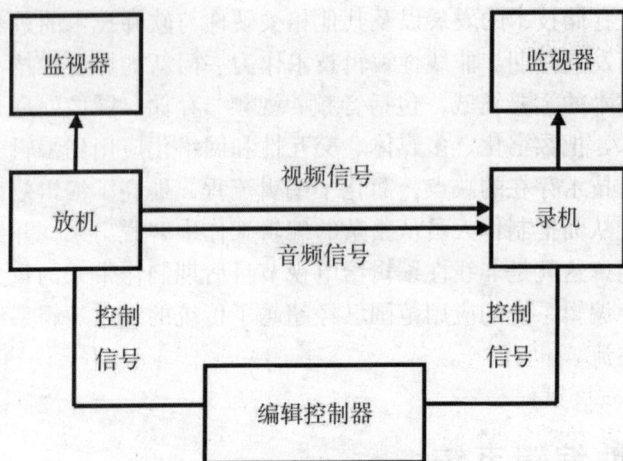

图 10 - 1　一对一编辑系统

2. 二对一编辑系统

二对一编辑系统由一台录像机、两台放像机、三台监视器、编辑控制器及特技台组成。二对一编辑系统既具备一对一编辑系统的功能，又有合成画面特技的功能，能同时处理两路视频信号的编辑通常被称为 A / B 卷编辑，两台放机的放像带分别设定为 A 带和 B 带，利用编辑控制器选定 A 带和 B 带的编辑出入点后，两台放机按照既定的要求交替放像，录机连续录像。该编辑系统中的两台放机为实现特技效果提供了可能，特技台对两路信号进行特技处理，产生了各种各样的特技效果，也大大提高了编辑效率。

二对一编辑系统能编辑来自 A 和 B 录像机的镜头而不用换带，因而该系统的最大好处是不用再受只能切换这样的局限，例如，你能在 A 带和 B 带之间进行不同的转换、溶入、溶出和各种划像。若要在 A 带和 B 带之间实现这种转换，必须将录像素材输送给实际发挥切换功能的后期现场切换台，然后，它输出的信号再被录制到录像机上。

3. 多机编辑系统

多机编辑系统采用两台以上的放像机，这种系统利用程控编辑控制器来操纵放机、录机和特技生成等，具备很高的自动编辑功能，根据编辑指令可进行全自动搜索、预卷和编辑，是一种复杂高效的编辑系统。多机编辑控制器通常是基于计算机的，计算机不仅能记住你的各种命令，而且能让放像机、切换台以及特技机发挥各自的功能。

当然，在这种编辑系统中，虽然计算机在编辑中发挥了重大的作用，但是仍然是线性编辑，因为它用的是录像带而不是非线性存储器装置。

10.2.2 编辑设备

编辑设备是对视音频信号进行有效处理的基本单元，是建构编辑系统的必要组成部分，它们在编辑系统中分担着不同的角色。编辑机主要承担放像与录像及主要的编辑任务；特技主要完成在镜头切换过程中艺术性较强的特技合成；调音台主要完成对音频信号的调解与控制等等。下面介绍五种常用的编辑设备。

1. 磁带录像机

磁带录像机是以磁带为记录介质，通过磁头来读取和记录视音频信号的电视制作设备，它诞生于 20 世纪 50 年代，经历了纵向磁迹录像机、横向磁迹录像机、螺旋扫描录像机的发展过程，产生了 3/4 英寸 U-matic、1/2 英寸 Betacam（SP）、MII 等专业录像机、家用录像机和 20 世纪 80 年代末出现的数字录像机。

根据记录信号的不同，磁带录像机可分为数字和模拟两大类型，并进而分为复合与分量（YUV）格式。复合记录方式是指亮度色度合在一起由一个磁头记录在磁带上，而分量方式是亮度色度信号经调频之后分别记录在不同的磁带上，这种记录方式减少了亮色串扰和色差信号之间的串扰，提高了信噪比，从而改善了视频质量。

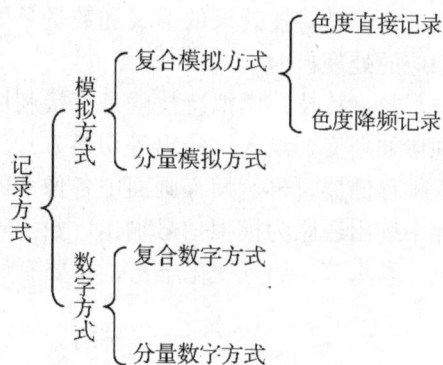

图 10 - 2　录像机分类

目前广为流行的 Betacam（SP）录像机即为分量记录方式，它分为 DVW、BVW、PVW、UVW 四个系列。DVW 是 Betacam（SP）系列中最高级的产品，它记录的是数字分量压缩视频信号，由于数字信号具备多次复制的能力，使得它在经过反复编辑之后仍可保持节目信号的高质量。BVW 为高级型 Betacam（SP）产品，因为采用金属带 Sendnst 磁头，其图像质量优于通用的 Betacam 录像机，产品型号主要有 BVW - 75P、BVW - 70P 等。PVW 系列录像机是标准型 Betacam（SP）产品，能提供广播级质量的信号，由于去掉了一些使用率较低的功能，使整个成本下降。UVW 为普及型 Betacam（SP）系列，简化了操作面板，去掉了搜索盘，取消了 AFM 音频等功能，使价格大幅度降低。

Betacam（SP）系列录像机如使用氧化物磁带记录得到的是 Betacam 格式信号，若使用金属带记录则得到的是 Betacam SP 格式。Betacam SP 与 Betacam 格式兼容，只是提高了亮度色度信号的调频载频，从而使图像质量获得进一步提升。

2. 电子编辑控制器

电子编辑控制器实质上是一组开关控制器，它通过多芯电缆与放像机、录像机、特技台、调音台等设备连接起来，控制录像机的倒带、搜索、放像、录制等动作以及特技转换开始时间、调音台输出信号的选择等内容。在编辑系统中它仅仅起一个遥控作用，不对信号做任何处理，系统是否能够进行编辑取决于录像机是否具备电子编辑功能，而对视频信号、音频信号的处理则分别由特技台、调音台来实现。高级的电子编辑控制器内部装有微处理器、数字存储单元，可以编制编辑程序，储存各种所需数据，实现编辑自动化。利用编辑控制器使操作对象集中在一个控制面板上，操作起来更加方便。

3. 特技切换台

在电视制作过程中，需要用电视特技来增强节目的艺术效果，这就需要用到特技台。特技台是一个特技效果发生器，对输入进来的信号按要求进行处理，如淡变、划变、抠像等，处理后的信号输出到记录设备上。一般特技台的特技效果由硬件电路产生，可以做到实时处理，但其特技效果的形式和数量是固定而且有限的，如想扩充特技，就需要增加相应的处理板卡。

特技可分为模拟特技与数字特技。模拟特技就是直接利用设计好的电路对模拟电视信号进行处理，实现诸如划变、淡入、淡出等切换方式。数字特技是先将模拟信号变成数字信号，存入帧存储器，再对帧存画面中各像素的空间位置、尺寸大小进行变换，完成后从帧存中读出还原为模拟信号输出。数字特技的种类很多，有放缩、裂像、马赛克、拖尾、卷页等，而且变化丰富，只要有好的创意，就能在特技台中设计出来。

4. 字幕机

字幕是电视广告制作不可缺少的艺术手段，在编辑系统中，字幕由字幕机来完成。字幕机主要是由计算机加上图像卡和相应的软件构成。字幕与输入图像卡的视频信号完成叠加后输出，即完成了字幕合成。现在的字幕机具有十分丰富的文字造型、功能强大的图形图像处理和逼真的三维动画创作功能，这给后期制作人员带来了巨大的创作空间。

5. 调音台

调音台是对音频信号进行控制和处理的音响设备。调音台的体积比较大，因为它有较多的端口。在节目制作过程中，用调音台来完成音频信号的放大调整、频率均衡、信号混合与输出。还可以通过它来进行配音、加入效果音、音质加工、音乐录制合成等，加强音响效果，提高节目质量。

利用上述设备，就可以组成典型的后期制作系统。

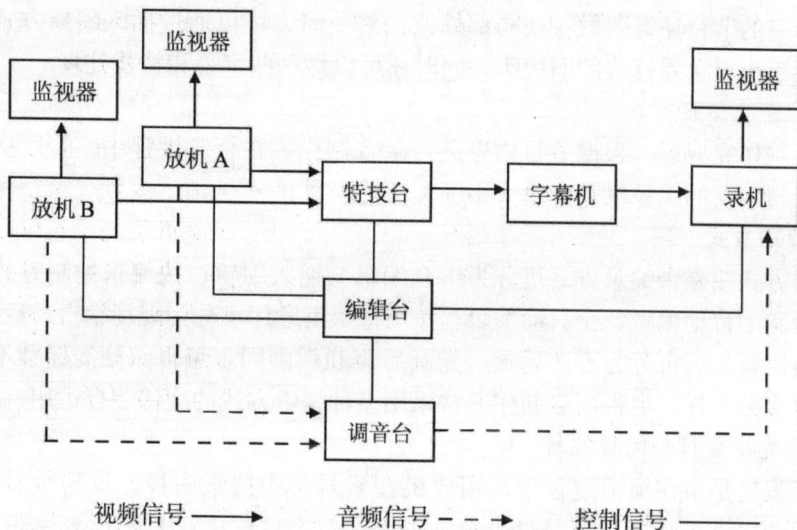

视频信号 ——→　　　音频信号 — — →　　　控制信号 ———

图 10 - 3　典型后期制作系统图

10.2.3　编辑程序与编辑方式

1. 编辑程序

在编辑过程中，需要处理大量的素材，运用多种编辑方式，操作许多编辑设备。要想提高编辑效率，编辑人员必须预先制定合理的编辑程序，这样才能做到事半功倍。

（1）做好准备工作

素材带在放机中反复播放会造成信号损失，为保护素材带的视频信号质量，在编辑之前应该确定采用的编辑方式，准备好空白母带，检查调试编辑设备，保证其工作处在最佳状态。

（2）审查素材

由于前期拍摄了大量素材，而其中的镜头并不是按编辑顺序拍摄的，甚至一个镜头可能拍摄多次，因此制作人员需要在编辑前审查素材，记录各个所需镜头的磁带编号和相应的时间码，以供编辑人员及时查阅。

（3）确定有用镜头

按照稿本中既定的编辑顺序对每个镜头进行取舍，确定编辑中要使用镜头的带号和时间码。

（4）按编辑顺序剪辑

根据所选镜头的时间码把镜头按编辑顺序录制到节目母带上。

（5）局部修改和特技插入

编辑完的节目还需要做一些局部修改。修改时，可以通过插入编辑方式，用要插入的新镜头覆盖要修改的旧镜头，同时还可以做一些字幕和特技处理。

（6）音响合成

画面制作完成后，根据节目构思进行录音制作。在合成过程中，要严格精细地控制声音与画面的关系以及音量大小等关键的因素。

2. 编辑方式

编辑方式按磁带编录方式可分为组合编辑与插入编辑；按编辑控制方式可分为手动编辑和半自动编辑、全自动编辑；按图像摄录顺序可分为现场编辑与后期编辑；按图像与声音先后可分为先声后画、先画后声和声画同步编辑。分类标准不同，编辑方式也多种多样，电视广告制作通常采用多种编辑方式的交错综合运用。

（1）直接编辑和间接编辑

直接编辑是指在编辑过程中，用放机在素材带中搜索内容，找到所需镜头后，按照编辑顺序直接录制到节目母带上。由于在搜索过程中素材带反复倒带、放像，不停地和磁头摩擦，给素材带的质量和编辑放像设备造成了极大损害，并且容易出现编辑点错误，降低编辑效率。

间接编辑克服了直接编辑的缺点，利用时间码的特性，先将素材带连同时间码一起转录到工作带上，然后在低挡编辑设备上选择镜头并进行编辑。工作带上必须录有与素材带相同的时间码。时间码记录了画面在磁带上的绝对地址，而且即使画面信号在反复搜索时损失很大，时间码依然清晰可辨，因此利用工作带选择镜头、编辑并记录下镜头的编辑出入点时间码，整理成编辑决定表（EDL），然后将EDL表和原素材带一起输入到高档编辑设备中，根据EDL表中的时间码，系统自动从素材带中寻找镜头，录制完成最终的节目母带。

（2）控制磁迹与时间码

控制磁迹信号（CTL）是记录在磁带上的控制录像机伺服系统的基准信号。磁头读取磁带时，与磁带有一个倾斜的夹角，在读取过程中，磁头是否能准确扫描磁带上的磁迹，与磁头速度（磁鼓转速）和走带速度有关。由于磁带在走带过程中，两个走带轮根据磁带卷的厚度变化而改变速度，为保证磁头拾取图像信号质量最好，需要有一个基准信号来控制伺服系统使供带马达、磁鼓马达与记录时的状态一致，这就是控制磁迹信号。它由专门的磁头产生，与每条磁迹相对应，这样可以根据CTL信号，掌握磁带运动的准确位置。编辑机通过对CTL信号计数，计算镜头的时间长度，但是在高速走带时，磁头与磁带接触不良，会造成计数不准，因此现在很少用控制磁迹信号方式。

时间码是一组顺序编辑的时序数字码数。每个时间码都与磁带上的每条磁迹一一对应，它准确地记录了每帧画面的绝对地址并且可以以时、分、秒、帧在录像机的计时器上显示出来，在编辑过程中，通过时间码可以准确迅速地找到任意一帧画面。与控制磁迹信号不同，时间码是一种绝对地址，只有在录制时才能改变时间码。目前有两种时间码：LTC（Longitude Time Code）码和VITC（Vertical Interval Time Code）码。LTC码称为纵向时间码，是按声音记录的方式沿磁带纵向进行记录，其长度等于一帧的长度。LTC码又分为SMPTE码（525行/60场）和EBU码（625行/50场），LTC码在磁带为正常记录的+1/32～+100倍的速度变化范围内可正确读出时间，但在低速或静像时，时间码磁头读不出信号，为克服这一不足，引入了VITC码。VITC码把时间码信号插入到图像消隐期的某一行中，作为图像信号记录在磁带上，由旋转同步磁头或旋转视频磁头读出，称为场消隐时间码，又称为帧间时间码。由于VITC码记录在图像信号中，所以只要磁头能读出图像信号，就能得到VITC码。一般有时间码编辑的录像机都有产生和读取LTC和VITC码的功能，在读取过程中，可以自动切换两种读取方式，这样在从静像到高速重放的状态下都能精确读取时间码。

因为时间码与每一帧图像相对应，利用时间码来确定编辑点准确而快速，所以在编辑过程中一般都使用时间码编辑。

（3）联机编辑和脱机编辑

联机编辑和脱机编辑实际上是间接编辑的两个过程。脱机编辑是利用工作带找编辑点、预留特技时间的粗编过程，同时生成编辑清单（EDL）。工作带复制完毕后，将素材带保存起来，利用工作带进行编辑工作。工作带编辑主要在一些低档录像机上进行，如U - matic型录像机等。同一般的编辑过程一样，通过编辑机找编辑入点和出点，将编辑点信息输出到EDL输入输出设备（电传打字机、纸带穿孔器和纸带读出器或者磁盘驱动器等）上。由于脱机编辑没有特技转换功能，设定编辑点时，要预留特技时间。联机编辑是将编辑清单、原版素材带、节目母带同时输入到编辑系统中，录制播出母带的过程。它先将脱机编辑过程中生成的EDL清单输入到编辑系统中，找到编辑点按要求修改后，将素材带、节目母带放入录像机中，设定好连续编辑状态并启动编辑系统进行编辑。

（4）组合编辑和插入编辑

组合编辑和插入编辑是两种基本的编辑方式，无论是直接编辑还是间接编辑都要用到这两种方式。如图10 - 4、图10 - 5所示。

组合编辑（assemble）是把素材带内容（包括视频、音频以及控制信号）按照编辑好的顺序一个接一个地记录在节目母带上。在工作时，将录机设置为组合编辑方式，录机上的总消磁头一直工作，以清除母带上的信号，记录磁头来记录新的视音频信号。因此，使用组合编辑方式时，只需设定好编辑入点，记录完有用的内容后，再重新寻找新的入点进行下一个镜头的编辑。组合编辑比插入编辑的速度快，但是编辑点上的电子不够稳定，其主要的缺陷是无法独立地对视频和音频进行编辑。而组合编辑的好处在于，你不用在实际编辑之前在编辑母带上录制连续地控制磁迹。

磁带走向

素材带　　　　　　　　　A

节目原带　　　　　　　　B

组合编辑　　　B　空白　　A　　B

插入编辑　　　B　　　A　　B

出点　　入点

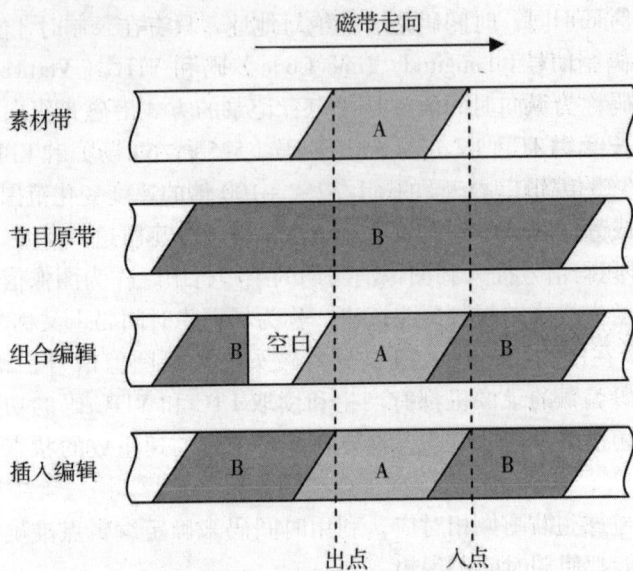

图 10 - 4　　组合编辑和插入编辑

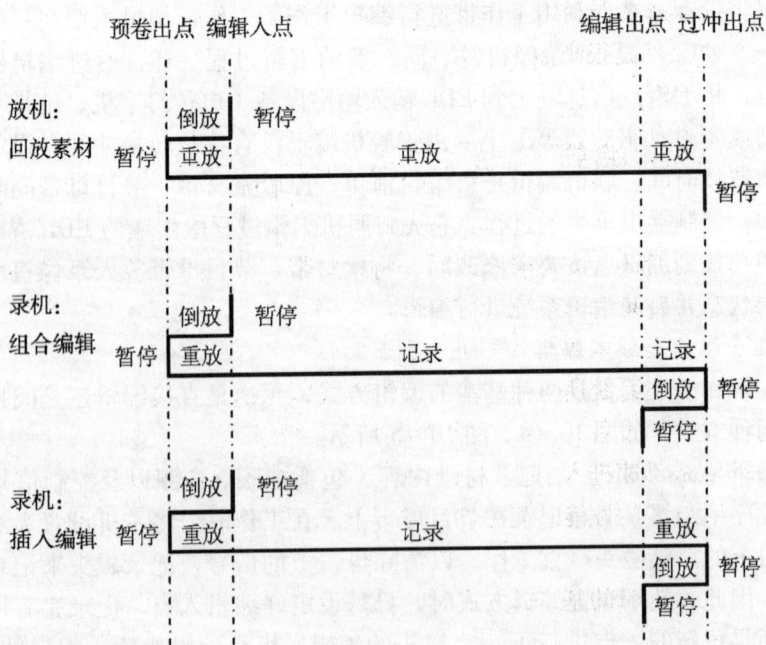

预卷出点　编辑入点　　　　　　　　　　　编辑出点　过冲出点

放机：
回放素材　　　　　倒放　暂停
　　　　　暂停　重放　　　　重放　　　　重放
　　　　　　　　　　　　　　　　　　　　　　　暂停

录机：
组合编辑　　　　　倒放　暂停
　　　　　暂停　重放　　　　记录　　　　记录
　　　　　　　　　　　　　　　　　　　　倒放　暂停
　　　　　　　　　　　　　　　　　　　　　暂停

录机：
插入编辑　　　　　倒放　暂停
　　　　　暂停　重放　　　　记录　　　　重放
　　　　　　　　　　　　　　　　　　　　倒放　暂停
　　　　　　　　　　　　　　　　　　　　　暂停

图 10 - 5　　组合编辑与插入编辑时录机的工作状态

插入编辑（insert）是在已经完成的节目带上修改镜头的方式。节目带上应该已经记录有稳定的控制信号和时间码，在工作时，录机上的旋转消磁头工作，而总消磁头不工作，视频、音频信号可以被单独或同时插入。首先在节目母带上找到要被替换的镜头，确定编辑入点和出点，在放机上选择出替换镜头，然后启动编辑机进行编辑修改。准确的编辑出入点是插入编辑的关键，尽管插入编辑要求保留先前录在编辑母带上的磁迹，但这种编辑模式作出来的编辑高度稳定。此外，插入编辑可以分离音频和视频磁迹。

10.2.4　线性编辑系统的局限性

基于磁带的线性编辑，其主要特点是素材的搜索、录制必须按时间顺序进行，需要反复地前卷或后卷磁带来寻找素材，比较费时、烦琐，同时也增加了磁带与设备的磨损度，降低了信号质量；编辑工作必须按顺序进行，先编前一段，再编后一段，操作复杂；编辑过程中的修改、删除、插入等都严格受到限制；多次编辑会严重影响图像质量，因此进行特技处理比较困难，严重限制了电视艺术的表现力；编辑制作特技、动画、多层画面时，需要多版复制图像内容，这就降低了图像的质量，也增加了制作时间；线性编辑需要多个复杂系统密切配合，经常会出现设备之间不匹配、不同步等问题，编辑人员需要控制字幕、特技、调音台等多个复杂的控制面板，需要好几个操作人员共同协调工作，操作复杂；此外，从性价比角度看，线性编辑系统的成本显然是很高的。

10.3　非线性编辑系统

非线性编辑系统（Nonlinear Editing System，NLES）是使用数字处理平台对数字视音频进行编辑的后期制作系统。它是在高档多媒体计算机基础上构造的专用节目制作设备，除了能完成多媒体计算机的所有工作，还集成了多种传统视音频设备的功能，具有线性编辑系统所无法比拟的优势。非线性编辑系统采用先进的数字压缩技术、高容量的存储设备，以高性能的计算机为平台，以其高画质、低损耗、多功能、低价位的优势迅速进入电视领域，在电视广告创作、管理和播放等方面，非线性编辑系统以其优越的性能、完善的功能以及方便的操作深受各类媒体的青睐，并得到广泛应用。

本章以非线性编辑的基本概念和基本原理为重点进行讨论。

10.3.1　非线性编辑系统发展简史

非线性编辑系统起源于20世纪70年代，70年代初期视频领域主要采用35 mm和16 mm胶片作为记录介质。随着录像带的使用和录像机价格的下降，节目的拍摄和制作越来越多地使用录像带，人们提出了这样一个设想：能不能找到一种方式，结合胶片编辑和磁带编辑的优势，把视频编辑推入一个新阶段？CMX600 的诞生使这个设想得以实现，它标志着非线性编辑时代的开始。

1. 基于磁盘的非线性编辑系统

CMX600 是由 CBS 与 Memorex 合办的 CMX 公司开发出来的，1970 年开始研制，1972 年正式投入使用。CMX600 采用磁盘记录视频信号，把磁带上的模拟视频信号转录到磁盘上，但转换机制不是从模拟到数字的变换，因此 CMX600 不是真正的数字非线性系统，只能说是混合系统。CMX600 系统中包括 12 块 39MB 的硬盘，这在当时可以说是容量非常大的磁盘，每块盘能存储 5 分钟的图像，但图像质量不高。编辑过程中首先需要定位画面，生成编辑时间表，再通过录机生成母带。CMX600 虽然不是真正的数字非线性编辑系统，但是已经具备了非线性系统磁盘方式随机搜索素材的重要特性，为将来非线性编辑的发展指引了方向。

2. 基于磁带的非线性编辑系统

CMX600 出现以后的 10 年里没有更新的非线性编辑系统出现，造价高和技术不完善使 CMX600 没有得到广泛应用。胶片编辑一直被认为是更有效、更廉价的编辑方法，占据着主导地位。这期间，磁带编辑得到了长足的发展，时间码、计算机以及数字特技的应用使磁带编辑趋于完善。80 年代中后期，出现了一系列的基于磁带的编辑系统，如 Montage Picture Processor（1984 年），Ediflex（1985 年），Touch Vision（1986 年）等。这种编辑系统的非线性来自于使用多台放像机。不过，在该系统中，实际并不是随机访问某个镜头，也是通过磁带的顺序搜索找到，从感觉上来说好像是随机访问，这主要得益于多台放机并行工作，有的系统采用多达 27 台放机，以达到随机访问的目的，但是放机的倒带速度有限，效果不佳。

磁带编辑系统具有以下四个特点：

①用播放表回放浏览所选镜头；②用虚拟录制功能检查编辑效果；③可以创建多种版本播放表，从而制作出不同版本的节目来；④该系统已经开始使用图形用户界面，这使操作人员更容易使用编辑工具。

基于磁带的非线性编辑系统虽然还并不完善，但它的出现使非线性编辑的地位逐步稳固，所以人们已经接受了这种编辑方式。到了 80 年代后期，这种编辑系统达到了巅峰。后来，随着计算机技术、磁盘和光盘技术以及压缩技术的发展，该系统才逐步退出了历史舞台。

3. 基于光盘的非线性编辑系统

1984 年，EditDroid 系统的问世标志着光盘编辑系统的诞生，随后出现了 CMX6000 和 Epix 等基于光盘的非线性编辑系统。与磁带系统类似，早期的光盘编辑系统将视音频信号通过调频方式记录在光盘上，然后在一组光盘驱动器上回放，进行编辑。从本质上来说，这仍然是模拟信号编辑系统。光盘编辑系统解决了磁带编辑系统不能随机访问的问题，并且在许多方面提高了系统的性能。

磁带系统的画面搜寻速度慢一直是磁带系统的一个缺陷，影响了编辑速度。光盘的编辑设备也采用多个光盘机作为回放设备，但光盘的搜寻速度大大超过了磁带，当时光盘的寻找速度范围从900毫秒到2秒，这样的速度在回放节目时不会产生感觉上的延迟。

光盘编辑系统包括一系列的预演工具，划像、淡入、淡出、快慢动作、定帧、倒放等特技可以直接预演以观察效果，不需要进行生成。

图形界面能够简化操作，光盘编辑系统对图形界面继续完善，沿用胶片编辑中同步器的思想，产生了时间线界面编辑，将时间码与时间线对应起来了。

光盘编辑系统在音频编辑上也有很大提高，除了可以提供两路声音轨道外，还可以进行声音定位、混音、制作淡入淡出效果。

基于光盘的编辑系统在磁带系统的基础上有了很大提高，特别是素材搜寻的速度明显提高，不断完善的图形界面和时间线编辑成为非线性编辑的重要特征，也为后来的非线性编辑系统的成熟打下了良好的基础。

4. 数字非线性编辑系统

基于光盘和磁带的非线性编辑系统采用的存储介质不同，但记录的都是模拟信号，而且信号的质量差，只能用来生成编辑决定表，再输入到在线编辑机中完成母带的输出，实际上只能算是线性与非线性混合系统。而且由于磁带和光盘自身访问速度慢的缺陷，以致随机访问素材的效果还是不够理想，无法满足日益繁重的编辑工作对设备的要求。随着计算机技术和磁盘技术的成熟，新一代数字非线性编辑系统出现了。数字非线性编辑系统出现于1988年，其数字性体现在把模拟信号转换成数字信号，然后存储在磁盘上进行编辑。磁盘具有高速读取、容量大的特性，特别是其高速读盘性能解决了光盘和磁带存在的问题，使非线性编辑系统发展到新的阶段。数字视频的压缩比例甚至达到无压缩，视频质量也达到广播级。现在数字非线性编辑系统已经成为业界主流，占据了巨大的市场份额。

10.3.2　非线性编辑的基本概念

1. 文件

在非线性编辑系统中，所有素材都以文件的形式存储在硬盘或光盘中。编辑工作中主要用到两种文件：素材文件和工作文件。工作文件包括用来记录编辑状态的项目文件和管理素材的库文件等；素材文件可粗略分为图形、图像、音频、视频和字幕文件等。素材文件除了可记录画面和声音数据之外，还能够保存素材的名称、类别、大小、长度及存储位置等信息，极大地方便了节目的制作和素材的管理。

2. 图像

通常可以用多种格式保存数字化彩色图像文件，而且不同格式的图像文件可互相转换。编辑中较常用的是录制三维动画的 *.tga 格式、平面图像处理用的 *.tif 格式和彩色位图图像 *.bmp 格式的文件。

3. 图形

字幕文件是计算机内部生成的矢量图形文件，它与图像文件的主要区别在于任何时候都可以对图形进行修改。与图像文件相比，矢量图形文件在磁盘上占用的空间比较小。

4. 音频

声音在非线性编辑系统中多以不压缩波形文件的形式保存。在音频数字化时，模数转换的采样频率和采样深度影响系统中存储的声音信号的质量和其占用的存储空间。采样频率越高，采样深度越大，录制的声音质量就越好，占用的存储空间也越大。目前多数电视台播出时都采用单声道电视伴音信号，一般采样频率在 22 kHz 以上，采样深度 16 bit 即可满足要求。大型电视剧和高质量的电视广告对伴音质量要求非常高，往往使用高保真立体声音频信号与视频相配，需要选择 CD 质量的声音处理方式，即以 44.1 kHz 的频率采样，16 bit 记录的立体声信号。

5. 视频

一般用分辨率、帧速率和色彩数等参数作为描述数字视频信号的指标。分辨率反映画面的清晰度。分辨率为 720 × 288 的电视频图像与分辨率为 720 × 576 的电视图像的画面质量有明显的区别，电视广告后期制作中，要求图像分辨率为 720 × 576（PAL 制）；PAL 制电视广告的帧速率为 25fps（帧每秒），制作多媒体光盘出版物时一般选 15fps 的帧速率，电影和 NTSC 制式电视的帧速率分别为 24fps 和 30／29.97fps；描述每一像素的字节数决定了最多可同屏显示多少种颜色，一般为 256 色、65536 色和 16777216 色（即 16 位真彩色），色彩数越多，能表现的彩色层次就越丰富。

10.3.3 组成、结构与工作原理

1. 非线性编辑系统的组成

非线性编辑系统由计算机平台、视频卡、声卡、编辑、特技、动画和字幕软件等组成。

（1）计算机平台

计算机平台可采用专用计算机、开放性工作站或个人机，但它们组建的非线性编辑系统分属于高、中、低等不同档次。

（2）图像卡

图像卡主要用来对视频信号进行编码和解码、A/D 和 D/A 变换、压缩和解压以及实现硬件特技处理功能等，它对系统的图像和声音质量起着决定作用。有单、双通道之分。单通道卡只能对一路视频信号进行压缩记录和解压回放，如果对两路信号进行特技过渡时，需要软件生成。双通道卡可同时对两路视频信号进行处理，可实现硬件特技，并可实时叠加字幕。

不同档次的计算机平台所采用的图像卡不同，而相同档次的平台也有许多类型

的图像卡可供选择。工作站平台的非线性编辑系统以 SGI 为例，也有低价位的 INDY 和档次较高的 ONYX 等产品，近年推出的 O2，采用了统一内存结构，CPU、I/O、图形、压缩、音频处理芯片都直接与内存连接，数据传输率可达 200MB/S，是一种性价比较高的产品。

PC 平台的图像卡主要有 MATROX 公司的 DIGISUTTE、TUREVISION、TRARGA2000 和 DSP 公司的 PVR3500，MIRO 公司的 MIRO VIDEO DC 30 等。MAC 平台的非线性编辑系统有 AVID 公司的 MC 系列产品、DATE TRABSLATION 公司的 MEDLA100、GVG 公司的 VIDEO DESKTOP 等。

（3）系统软件

非线性编辑系统的编辑、特技、动画和字幕等功能主要是靠软件完成的，不同档次的系统支持不同的软件。

SGI 的 INDIGO2 工作站支持 JALEO 或 FLINT 编辑特技软件；O2 工作站可运行 LALEO、ONLINE97；动画软件有 SOFTIMAGE、ANIMATOR、POWER ANIMATOR 等。

PC 平台常用编辑特技软件有：ADOBE PREMIERE、SPEED RAZOR、ULEAD MEDIA STADIO、MCX PRESS 等；动画软件有：3D STUDIO、3DSMAX、LIGHTWAVE、SOFTMAGE 3D、TRUE SPACE 等；MAC 平台的编辑特技系统软件是 AVID 的 MC‐1000、MC‐4000、MC‐800 及 MCXPRESS、MIDEA 的 MIDEA100 系列等，同时也支持 ADOBE PREMIERE，以及 PC 机的部分动画软件。

2. 非线性编辑系统的机构

所有非线性编辑系统都由信号输入接口、多媒体素材存储、信号处理、信号输出接口等几个部分组成，包括计算机操作平台、磁盘阵列存储设备、高性能视音频处理卡、加速卡、特技卡、功能强大的编辑软件以及特技效果软件等。

在非线性编辑系统中，计算机作为基础硬件平台要完成对数据的存储管理、编辑软件的运行、视音频处理卡的工作控制等任务，其性能优劣及稳定性能的高低决定了整个系统的运行状态。

编辑软件一方面要与用户打交道，提供良好的图形界面，使操作者可以轻而易举地完成编辑工作；另一方面又指挥着计算机和视音频处理卡实现非线性编辑所需的一切功能。它直接体现了系统功能的完善程度，因此在同样的系统配置基础上，起决定作用的就是软件设计的好坏。

视音频处理卡是非线性编辑系统的核心。由于目前计算机的性能不足以对高数据量、实时性要求强的视频信号进行直接控制，于是应用了超大规模集成技术把对信号的处理放到板卡上由硬件来实现，这样既减轻了 CPU 的负担，使它能专心于系统控制，又增强了处理的实时性。视音频处理卡主要完成视音频信号的模/数转换、压缩与解压缩、特技混合处理、图文字幕的叠加等功能。

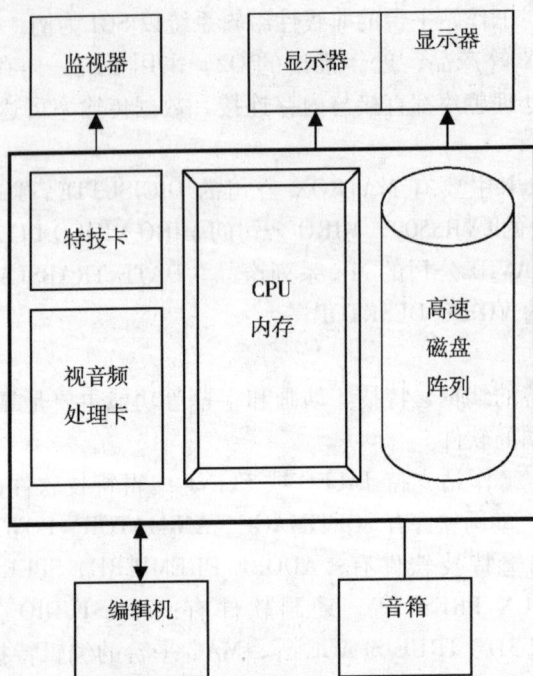

图 10 - 6　非线性编辑系统组成

　　磁盘阵列是非线性编辑系统中的存储设备，采集后的信号要保存到磁盘中，对信号进行特技处理要从磁盘中读取。它的性能体现在两个方面：容量与速度。单个硬盘的容量现在可达到 100 GB，数据传输率基本可以满足编辑过程中对素材的读取要求。但是，为了追求对视频信号处理的高速度，还要对视频信号进行压缩或采用磁盘阵列技术，把若干台硬盘驱动器组合起来，形成一个容量大、响应快速且可靠性高的存储子系统。由于多台驱动器并行工作，大大提高了数据传输率与存储容量。

　　在非线性编辑系统中加速卡、特技卡等硬件主要完成对图形的加速显示和某些三维特技的实时生成等功能。

　　3. 非线性编辑系统的工作原理

　　任何非线性编辑的工作流程，都可以简单地看成输入、编辑、输出这样三个步骤。当然由于不同软件功能的差异，其使用流程还可以进一步细化。以 Premiere Pro 为例，其使用流程主要分成如下五个步骤：

　　① 素材采集与输入：采集就是利用 Premiere Pro，将模拟视频、音频信号转换成数字信号存储到计算机中，或者将外部的数字视频存储到计算机中，成为可以处理的素材。输入主要是把其他软件处理过的图像、声音等导入到 Premiere Pro 中。

　　② 素材编辑：素材编辑就是设置素材的入点与出点，以选择最合适的部分，然后按时间顺序组接不同素材的过程。

③ 特技处理：对于视频素材，特技处理包括转场、特效、合成叠加；对于音频素材，特技处理包括转场、特效，令人震撼的画面效果，就是在这一过程中产生的。而非线性编辑软件功能的强弱，往往也体现在这方面。配合某些硬件，Premiere Pro 还能够实现特技播放。

④字幕制作：字幕是节目中非常重要的部分，它包括文字和图形两个方面。Premiere Pro 中制作字幕很方便，几乎没有无法实现的效果，并且还有大量的模板可以选择。

⑤输出与生成：节目编辑完成后，就可以输出回录到录像带上，也可以生成视频文件，发布到网上、刻录 VCD 或 DVD 等。

简而言之，非线性编辑系统的工作原理就是对模拟视音频信号进行数字化处理，将处理结果再转换为模拟信号输出编辑机记录到磁带中（见图 10 - 7）。

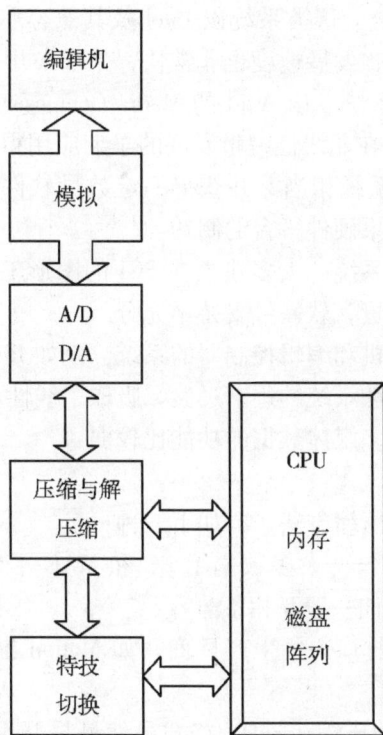

图 10 - 7　非线性编辑系统工作原理示意图

从录像机输出的模拟视音频信号经过 A/D 转换变成数字信号，按照一定的比例压缩后存入硬盘。利用非线性编辑软件生成编辑清单 EDL，输出回放过程中由编辑清单控制从硬盘读取数据，经过解压缩后进入特技切换处理单元，实现叠画、键控、字幕叠加等效果，最后再把数字信号转换为模拟信号输出到编辑机。图中数模转换单元、特技切换单元、压缩与解压缩单元构成了视音频处理卡，它们可以集成为一块卡，也可以是几块卡组成的套卡，如加拿大 Matrox 公司生产的 Digisuite 就由 5 块卡组成。

10.3.4　非线性编辑系统的分类

由于专业电视设备制造领域的激烈竞争，各种新型的非线性编辑系统在最近几年内层出不穷。一般来说，传统厂商致力于整体的解决方案，保证从前期拍摄、后期制作到播出的整体数字化或无录像带化，非线性编辑系统是其总体解决方案中的一个环节。而新型数字视频厂商则着重于单纯的编辑系统或核心硬件及软件。根据不同的方法，我们对常见的系统进行了如下分类：

1. **根据硬件平台划分**

根据硬件平台划分，非线性编辑系统有如下四类：

①基于 PC 平台的系统。这类系统以 Intel 及其兼容芯片为核心，型号丰富，性价比较高，装机量比较大，发展速度也非常快，是未来几年内的主导型系统。

②基于 MAC 平台的系统。以 Avid 的 Media Composer 系列和 Data Translation 的 Media100 等产品为代表，在非线性编辑发展的早期应用得比较广泛。如今其技术先进程度已经与基于 PC 的系统相当，并获得一定数量软件的支持，其未来的发展在一定程度上受到单一的苹果硬件平台的制约。

③基于工作站平台的系统。大多建立在 SGI 的图形工作站基础上，一般图形和动画功能较强。但价格昂贵，软硬件支持不充分。

④基于传统编辑录像机和编辑控制器的系统。例如 Betacam – SX 系列和 ES – 7，这些系统提供了与传统线性系统的逐渐过渡，吸取了线性和非线性两种系统的优点，一般自成体系，处理通用多媒体数据的功能比较弱。

2. **根据压缩方法划分**

主要指对视频信号的压缩方法，有如下三种：

①Motion – JPEG 压缩——大多数基于 PC 和 MAC 平台的非线性编辑系统采用 Motion – JPEG 压缩，但它们一般互相不兼容。

②MPEG 压缩——目前有一些生产厂商，如 Motion 推出基于 MPEG1 帧编辑的板卡。

③DV 及其改进格式的压缩——DV 格式虽然最早开发出来被用于消费级设备，但由于其使用方便，图像质量高，在专业制作领域也被广泛使用。改进后的 DV 格式有 DV – CAM 和 DVCPRO 两类，都各自与 DV 标准兼容。

其他还包括使用小波变换压缩方法的系统以及不压缩系统等。

10.3.5　基本的编辑过程

非线性编辑步骤：非线性编辑完全由计算机完成，由于视频和音频等信息都被压缩在硬盘上，所以可以直接通过时间码地址或者文件名来调用它，而不用将录像带倒来倒去地查找某个镜头的位置。大多系统能显示各种画面，连续播放，因此你能预览编辑，检查镜头是否恰如其分地剪接到了一起。计算机还能显示入点和出点的数字以及镜头长度，一旦找到想要的镜头的确切位置，只需要在节目中给它安排一个具体的位置，将它放回硬盘上的文件里即可。不过，这只是非线性编辑的过程之一，具体来说，非线性编辑还包括以下过程：

1. 素材采集

素材采集是非线性编辑的第一个步骤，这是一个模拟视音频信号数字化的过程。这个步骤对于后期的整个节目制作过程中的视频质量有着决定性影响。

（1）选择恰当的模拟视频信号源

由于视频采集卡提供复合视频输入和分量视频输入接口，因此只要具有复合视频输出或 S－Video 输出端口的设备都可以为采集卡提供视频信号源。这些设备一般包括磁带录像机（VCR）、摄像机（Video Camera 或 Camcorder），甚至激光视盘机（Laser Disc Player）等，这些设备至少带有复合视频输出端口（Composite Video Out），有的带有分量视频输出端口（S－Video Out）。把这些输出端口与采集卡相应的视频输入端口相连就可实现信号的连接。使用 S－Video 端口可以获取更好的图像质量。

用户可以按自己的创意选择要采集的图像，但采集的质量在很大程度上取决于视频采集卡的性能以及模拟视频信号源的质量。根据不同的模拟视频信号源应分别选择相应的设备，如专业编辑机、录像机、摄像机和电视机等。

（2）模拟设备与非线性主机的连接

模拟视频信号源准备好后，下一步工作就是把模拟设备与非线性主机（PC 机、苹果机或 SGI 工作站）上的视频采集卡相连接，包括模拟设备视频输出端口与采集卡视频输入端口的连接，以及模拟设备音频输出端口与系统音频输入端口的连接。要注意复合、分量信号的连接及平衡、非平衡音频的连接。

（3）设置采集参数

根据需要来设置采集信号时的压缩比，低压缩比的图像质量好，但数据量大；高压缩比的图像质量差，但数据量小。如果是对素材进行粗编，选用高压缩比可节省采集时间和存储空间；如果对素材进行精编，并在完成后直接输出到母带上，则须选用低压缩比，保证输出的图像质量。采集后的视频素材数据应该存储在磁盘阵列上，这是因为磁盘阵列的数据传输快，采集时不会因数据交换慢而丢帧，回放时也不会跳帧。采集素材时，一般要遵循以下原则：

①应尽量使用数字接口，如 QSDI 接口、CSDI 接口、SDI 接口和 DV 接口等。如果放像机或非线性编辑系统没有数字接口，可使用分量信号接口、S－Video 接口或复合信号接口。

②对同一种压缩方法来说，压缩比越小，图像质量越高，相应地占用的存储空

间也越大。采用不同压缩方式的非线性编辑系统在录制视频素材时的压缩比可能不同，但也可能获得同样的图像质量。例如 BetacamSX 系统的压缩比是 10：1，但由于采用的是 MPEG 24：2：2P@ ML 的压缩方法，其图像质量要好于采用 3：1M – JPEG 方法压缩的 AVID MC1000 系统。

准备工作做好后，通过遥控接口在计算机上操纵放像机。开始播放素材带后，在监视器或采集窗口上浏览素材内容，发现需要的素材镜头后，点击采集键；采集完所需镜头后，点击停止键，然后继续浏览并采集后面的素材。

2. 素材分类

一旦完成了素材采集工作，应该对这些素材进行分类归档，这对素材的管理和编辑效率的提高都是很有意义的。许多非线性编辑系统以素材箱的形式来管理素材，同一类素材存储在同一个素材箱内，在编辑时需要某种素材，就到相应的素材箱里去找，素材以关键帧的形式存在素材箱内，也就是说，在素材箱窗口里，我们看到的是代表素材内容的一个个图标和相关的提示。

素材箱窗口使编辑工作合理化。如果各种素材文件在窗口中杂乱地堆放着，我们需要有效的办法立刻找到某一个素材，这就必须有一条途径去命名、查找、排序和重新设置每段素材以提高编辑效率，同时能够最有效地利用屏幕上的空间，这意味着素材箱必须能执行以下功能：可以定义关键帧作为素材的图标、允许以不同的顺序重新配置图标、允许多种查找素材的方法；可以按名字、日期、大小和其他各种需要的方法查找，一个高效的素材箱系统能够使制作人员把更多的精力投入节目的编辑制作中去。

3. 编辑制作

当素材采集和归类的工作完成后，我们开始进入编辑阶段。在非线性编辑系统中，使用图形界面可以完成许多复杂的编辑工作，包括进行任意修改和制作多种数字特技效果等。

（1）素材处理

素材的采集只是对素材的初步选择，有时为了给编辑阶段选择镜头留有余地，我们会多采集一些镜头。因此，采集进来的素材不一定都是有效镜头，这就需要对素材进行必要的处理，包括设定编辑点和简单的效果处理（如慢动作、调整颜色等）。

（2）时间线编辑

时间线编辑是非线性编辑系统普遍采用的编辑模式，是非线性编辑的主要特征，各种素材内容按照编辑顺序排列在时间线上。素材的顺序、长短、效果可以随时随意地修改。

时间线编辑是通过时间线窗口实现的。时间线窗口一般包括视频轨道、音频轨道、特技轨道和图文轨道等，它们依次排列在时间线上。一般来说，许多非线性编辑的时间线窗口的最上端是时间刻度，其他几个轨道上的素材内容与时间刻度一一对应，就像录像机上的每个镜头与时间码一一对应一样；用 G 标示的图文轨道是用来叠加字幕和图片效果的；用 V 标示的视频轨道上编排的是图像素材，一般非线性系统都提供至少两路以上的视频轨道，这是特技制作的基础，两个轨道上素材叠加的部分可以做特技切换效果；用 FX 标示的轨道就是特技轨道，叠加部分的特技效果在特技轨道上排列；再下面的轨道是音频轨道，可以对不同时刻的声音素材作修改或进行一些效果处理。在时间线上还有一个游标，游标所在的位置表示当前监视器显示镜头的时刻。编辑时，只需把处理过的素材用鼠标选中并拖放到相应的轨道上，并且随时调整素材所在的位置和素材的长短，在视频叠加的位置做特技效果，在某些镜头上叠加字幕，然后调整音频，编辑好以后，点击播放功能键，在监视器上就可以看到编辑的效果。如果效果不太理想，可以重新进行修改，不会造成信号的损失。

（3）数字特技处理

数字特技是电视制作中追求艺术效果所必不可少的手段。在非线性编辑系统中，后期制作人员不必为数字特技的种类和数量而担忧，因为非线性编辑系统中的特技种类繁多，而且还随着软件系统的升级而不断增加。

在非线性编辑系统中，两路视频信号的实时回放是特技制作的基础。视频处理卡是非线性编辑系统的核心部分，处理卡有单通道和双通道之分，提供双通道的处理卡可以同时处理两路视频，能对来自素材硬盘的两路视频信号做切换和特技处理。单通道处理卡只提供一路视频通道，但仍然可以做两路视频信号甚至两路以上视频信号的切换和特技处理，只不过是通过软件进行混合处理，在速度上远不如双通道处理快。

许多非线性编辑系统都提供了大量特技效果，一般都有淡入、淡出、划像、叠画、滤色镜等二维特技，以及卷页、倾斜、旋转、球化等上百种三维特技和自定义特技，而且每种特技还有各种可调整参数。可以在特技（transitions and effects）栏选择特技类型，用播放功能键，系统会预演特技效果，如果发现并不理想，可以打开参数调整窗口调整参数。可调整的特技参数很多，这是传统的特技切换台所无法比拟的。

在非线性系统中，特技效果基本是由硬件完成的，也有的是由软件独立完成（如 Adobe 公司的 after effect）。一般硬件特技可以做到实时，软件特技则需要生成时间，有时复杂的特技会需要大量的生成时间，但为了丰富多彩的视觉效果，这也是值得的。

（4）字幕制作

非线性编辑系统集多种功能于一身，其中包括制作字幕。一般来说，非线性编辑系统把字幕制作功能归于用 G 标示的图文轨道，该轨道可以制作、叠加图形和字幕。目前有些非线性编辑系统的字幕功能并不成熟，无法实现像字幕机那样的实时字幕叠加播出，只是能进行简单字幕的制作。字幕机之所以能够实现字幕的实时叠加播出是因为它所用的视频卡上有一个独立的图文层和一个图文 Alpha 键，播出时将字幕以图的方式逐屏调入图文层，通过 Alpha 键与背景图像混合叠加。对于单通道处理卡构成的非线性编辑系统，都是借助中文操作平台在图形处理软件中产生字幕，字幕和背景图像合成时要经过软件逐帧计算；对于双通道处理卡构成的非线性编辑系统，有专门的图文帧存和图形加速器用于制作和从字库中读取字幕，视频通道用于从素材盘中回放图像，经过混合器叠加，实现图像和字幕的一次合成。对于这种硬件字幕，在相应的字幕创作和播出软件的支持下，可以做到实时。

（5）音效处理

在电视广告的后期制作中，音频编辑与视频编辑相比同等重要。一般在非线性编辑系统的视频轨道下面有 A1、A2 等这样的 8 条音频轨道，在音频轨道上可以对音频信号进行修改，或作一些其他的效果处理，在音频编辑窗口内还可以对音频素材进行频谱调节。非线性编辑系统可以替代多轨录音机和调音台，完成多个音频轨道的实时合成，对任意轨道实时调整电平和相位，也可以随意增加或删减音频素材，灵活地控制同期声、背景声、效果声、音乐等，并提供配音功能。

音频素材采集和视频素材采集操作基本相同。对于音视频同步信号，在采集视频信号的过程中同时采集了音频信号；如果单独采集音频信号，只需按照视频采集的方式采集音频素材就可以了，但要注意选择好采样频率。一般音频采用 16 bit 量化取样，44.1 kHz 或 48 kHz 采样频率。低于 44.1 kHz 的采样频率，其音频质量达不到专业电视制作的质量。音频数字化标准可参照下表：

表 10 – 1　音频数字化标准

采样频率（kHz）	最大比特数	存储量（KB/min）	声音质量
11.025	8	11	广播讲话，一般语言
22.05	8	22	调频广播音乐
44.1	16	88.6	CD 光盘音乐
48	16	96	数字磁带音乐

除了对音频素材的处理和编辑功能，非线性编辑系统还能读取其他一些标准格式的音频文件，如 AIFF、WAV 和 Sound Designer II 格式的文件，所有这些文件都可以以拖放的方式引入和导出，都不会在转换过程中降低音频质量。

4. 合成输出

完成所有的视音频编辑工作以后，可以预演编辑的结果，如果发现问题，可以随时修改，不影响其他的部分。修改完毕就可以输出到录像带上了。接好录像机，插入空白录像带，选择输出功能键输出节目。注意：输出以后，暂时不要从非线性编辑系统中删除素材和节目，等到录像带审查通过后再作处理。

必须指出，很多台式计算机系统生成的质量达不到编辑母带所要求的水平。实际上，它们根本不能生成真正的视频段落，只是给选定的镜头和转换发出具体的命令。这些系统长生的最终结果不是一盘编号的录像带，而是一个精确的编辑决策列表。

当然，无论什么样的编辑，其结果都要符合一般的标准：图像编辑要求视频全信号峰值为 1 V，不允许超过 1.1 V，图像与同步比为 7 : 3；声音信号包括解说、效果声和音乐，应全部合成记录在电视素材的 2 声道上，便于节目复制以及和广播节目交换。音频信号平均值不应超过 0 V · U 电平。磁带编辑内容安排如下表：

表 10 - 2　成品磁带编辑内容安排表

磁带内容	带　头		电视节目	带　尾
持续时间	60 秒	10 秒	片　长	10 秒
图像信号	彩条	蓝场	片名、内容、单位等	蓝场
声音信号	标准音	无声	解说、效果声和音乐	无声
控制信号	连　续			

非线性编辑与线性编辑相比，有巨大的优点，但是非线性编辑也存在缺点。例如，非线性编辑操作比较复杂，必须学习如何使用编辑软件，而且需要付出很多的努力和实践才能熟练运用。此外，尽管非线性编辑可选取的镜头很多，但要将素材转录到硬盘上非常耗费时间，除非素材带本身就是用数字摄像机拍摄的，而且能将信息直接转录到非线性编辑系统上。即便如此，备份和压缩文件也是一个非常麻烦的缓慢过程。

5. 编辑原则

非线性编辑是选择事件的细节，将它们组合成有意义的序列，这种编排要求对计算机操作熟练。但是，如果想要编排出好的作品，仅仅依靠对机器的操作是不够的，还必须遵循编辑的功能原则和美学原则。

第一，编辑功能原则。编辑功能具体包括组合、删节、修改以及建构。这些功能经常重叠在一起，并且有一种主导性功能决定编辑的风格、镜头的选择、镜头长度和顺序以及过渡方式等。编辑功能原则要求通过以上几个方式，选择重要的事件细节并将它们排成具体的序列，选择最能表达事件本质的镜头，以便简洁而有效地讲述故事。

第二，编辑的美学原则。编辑的美学原则包括连贯编辑的美学原则和复杂编辑的美学原则。连贯编辑原则要求天衣无缝地从一个事件细节过渡到下一个事件细节，从而使故事显得流畅，哪怕有大量的信息被有意地省略掉。连贯编辑的美学原则与故事的逻辑和叙述流畅并没有太大的关系，但与画面和声音的转换过渡方式密切相关。复杂编辑主要是为了强化实践或者赋予其一定的意义，帮助观众更简洁深刻地认识事物，在这种编辑方式中，不一定非得遵循连贯编辑美学原则不可，可以有选择地进行编辑，以加强情感冲击力，甚至不妨冒与观众的构想图相冲突的危险。

附录：流行非线性编辑系统

苹果系列高清非线性编辑系统（HD‑2000）

系统支持基于软件的高质量 8/10 位压缩格式并具有 32 位浮点处理功能，是唯一集非线性编辑、合成和效果于一身的软件包，可以从 DV 平滑扩展到 SD、HD 和电影。Final Cut Pro HD 支持 HDR 渲染技术，能够实现电影质量输出，以 32 位（每通道）浮点色彩渲染所有元素。

系统提供的独具特色的新标题应用 LiveType 使用户能够迅速、轻松地创建动态字幕。LiveType 包括 LiveFonts——一种创建动态字幕的新方法，其中每一个字符都可以独立设置动态效果。借助超过 8 GB 的媒体，包括 LiveFonts、150 个预先配置的效果、定制模板、背景、动画材质和对象，LiveType 使 Final Cut Pro 用户能够重新制作或修改现有字幕效果来定制外观。LiveType 支持 DV、SD 和 HD 格式，允许用户迅速、轻松地创建卓越的具有专业质量的动态字幕和图形效果。

系统中提供了新型音乐创作工具 Soundtrack，使编辑人员能够轻松创建高质量的无须支付版权费的配乐。Soundtrack 自动循环配音，与节拍和音调无关，从而可进行实时组合和混音。Soundtrack 完全集成到 Final Cut Pro 中，支持 Final Cut Pro 的新配乐标记以便实现完美同步，包括由数千个音频环和音效组成的库，支持 AIFF、WAV 和 ACID 文件。

捆绑在 Final Cut Pro 和 DVD Studio Pro 上的新批量代码转换工具 Compressor，可使用户进行批量处理并直接输出多种格式，包括 DVD 用的 MPEG‑2、流式媒体用的 MPEG‑4 或任何支持的 QuickTime 格式。Compressor 包含水印、实时预览和 30 个高质量的过滤器和效果，可为高容量或重复性编码工作提供理想平台。

1. 苹果系统的主要特点

图像质量高：全球公认的高质量的图像引擎，32 位。

稳定性好：采用 UNIX 内核，从全球第一套非编诞生起，苹果就以稳定著称。

功能强大：电影、高清、标清支持。

实时性好：真正的 64 主机和操作系统，可以支持 4 到 8 层实时视频流。

特技丰富：几百种实时特效及无限种第三方特效。

支持编码格式多：支持 DV、DVCAM、DVCPRO、DVCPRO50、高标清无压缩。

兼容性好：导入导出支持 Mpeg 1、Mpeg 2、Mpeg 4、QuickTime、VOB、TGA、AVI、PSD、QuickTime、Mp3、WAV、AFF。

网络编辑：引入存储局域网 SAN 架构，可实现多台 APPLE 非编系统的共享存储。

接口齐全：苹果非编接口最全：数字 DV、数字 SDI、模拟复合、模拟分量。

2. 主要技术参数、系统指标

完全数字 SMPTE −259M 10bit SDI 输入和输出。

可使用 23.976、true 24、25、29.97，或是 30fps 编辑。

可将片段与序列标记输出至 Live Type 供制作标题字幕之用。

Ripple、roll、slip，以及 slide 等特殊效果。

动态 JKL 剪切。

键盘与数值剪切特技。

以软件为基础的弹性规模 RT Extreme 多串流实时特技，与 NTSC/PAL 监视器输出 DV 与 OfflineRT 实时特技。

8 − bit、10 − bit，以及 HDR（32 − bit 浮点运算）算图作业。

FXScript 与 FXBuilder 工具可用以制作专属滤镜工具与特技。

不受分辨率限制，并可自由缩放规模。

支持 AIFF、WAV，以及 Acid 声音格式专业级声音特技。

过 PCI 适配卡支持未压缩 8 − bit 与 10 − bit HD（4 : 2 : 2，YUV）。

兼容的 RS − 422 串行录像机控制接口。

强大的网络功能：可与无卡/移动工作站无缝连接。

视频桌面在标清中，实时将 Adobe Photoshop 输出到标清 SDI 视频。

可支持 PAL/NTSC 制式互相转换，可支持 PAL/NTSC 制式混编。

超高质量的 64 bit RGB 编码在亿万种颜色中渲染。

3. 苹果计算机公司 Final Cut Studio 2 软件

（2007 年 4 月 15 日，拉斯维加斯，NAB）苹果公司的视频制作套件的重大升级版本 Final Cut Studio R2，为剪辑师提供了最新的创意工具套件。Final Cut Studio 2 包括的软件有：Final Cut Pro R6，它引入了苹果公司的 ProRes 422 格式，能以 SD 文件大小提供未经压缩的 HD 品质，并能在同一时间轴中支持不同的视频格式和不同帧频的视频剪辑；Motion 3——提供了直观的 3D 环境、绘画和新的行为动画；Soundtrack R Pro 2——带有数十种用于多轨编辑、环绕混音和音视频一致化的创新工具；Compressor 3——通过点击轻松地对不同格式的编码进行批处理以及用于 SD 和 HD DVD 制作的 DVD Studio Pro 4.2。Final Cut Studio 2 还引入了"Color"——用于确保色彩一致和创建标志性画面效果的专业颜色分级与调色软件。

Final Cut Studio 中的新软件是 Color，使每个 Final Cut Pro 剪辑师可以轻松地进行颜色分级和调色工作。Color 利用先进的色彩校正工具，如 gamma、lift 和 gain 调整以及定制 R、G、B 和 luma 曲线；并应用二级工具对一个图像的特定区域进行软边遮罩和自定义隔离对象，从而轻松追踪。专业的视波器通过波形、柱状图和新的 3D 视镜提供对色度和亮度值的精确监控。Color 包含二十多种标志性色彩效果选择，可以通过自定义为任何既定项目营造独特效果，为个别创作设计特有色调。Color 还提供了一个无缝互通的工作流程，可以直接从 Final Cut Pro 6 把项目发送到 Color，通过 32 位浮点按 4：4：4 图像处理解析度进行颜色分级、润饰和最终渲染。

Soundtrack Pro 2 是 Final Cut Studio 2 中音频编辑软件的全新版本，通过简化的界面提供全新的强大多轨编辑和录制工具，可以全面简化音频后期制作过程。Soundtrack Pro 2 引入了一种创新的 heads up spotting 显示，能让编辑人员精确同步特效和音画。选取先进的管理工具使编辑人员能够快速组合最佳片段，达到最理想的效果。立体声与环绕声混音工具能使用户在同一个项目中制作 5.1 和立体声混音，从而节省时间，避免错误。编辑人员可以使用具有 5 000 多个专业制作的 foley 和音效的免费曲库，其中包括 1 000 多个环绕声音效和令人回味的多声道音乐轨迹。新的强大的 Conform 工具使用户能够同步和跟踪影片与声音编辑之间的变化。

Avid 非线性编辑产品（Avid Xpress Pro HD）

全球几乎所有的电影大片以及黄金时间的电视节目均采用 Avid 系统制作的原因在于：

①独有的端对端、概念到标准的创意的灵活性。Avid Xpress Pro 中内置了完全相同的工具，是一套适合于 HD、SD、DV 以及电影的全功能编辑环境，还是各种 Avid 系统理想的便携式伴侣。

②编辑速度更高，事半功倍，具备最灵活、可定制性最高的编辑工具集以及最好的特技。

③快速、便捷的修剪工具。跨多轨进行修剪监视器的两侧的同时更新。Avid 的开放式时间线支持在同一短片中混合多种 HD 分辨率以及混用 HD 与 SD，甚至还可以对同一片段组进行混合分辨率多镜头编辑。

④在 Mac 与 PC 上同等强大。

⑤使用当今最强大的机器以及所选平台。每套系统均包含两种平台，您可以在工作时采用一种平台，在移动时采用另外一种平台，随心所欲。以后再变换平台只需要随身携带该软件即可。

⑥Avid 管理媒体。由拥有专利技术的动态媒体数据库提供强大支持，Avid 当之无愧的媒体管理无时无刻不被应用在全球最复杂的制作之中，以此来彰显自我。项目之间可以共享素材库、同一项目可以使用多个版本与分辨率，只需轻松移动确实需要的媒体即可在电脑之间移动项目。媒体需要关照，您也需要关照。

⑦电影摄制者的良朋益友。借助获得 Academy 大奖的 Avid Film Composer，您可以便捷地跟踪高级电影元数据，包括 KeyKode 以及多种时码，就在编辑界面之中，无须单独的数据库应用程序。这仅仅只是业界最完整的电影编辑工具集所显露的冰山一角。

⑧无可匹敌的图形与特技。异常强大的色彩纠正功能以及独有的工具，包括曲线与一按式自动纠正意味着图像外观更好、速度更快，适用于业界最完整的整合 2D

与 3D 字幕动画工具集的 Avid Marquee。如果采用 HD 格式，您就需要转化后期制作设计的业界第一款 HD 格式 Avid DNxHD：占用 SD 的带宽来实现未压缩的 HD 的精美。

⑨都与协作关联。借助 Xpress 向全球技艺最精湛的编辑寻求帮助。内置的完整符合意味着您可以通过 Avid Media Composer、Avid Symphony Nitris 以及 Avid DS Nitris 便捷而经济地润饰您的项目，无须恢复至复杂而不完整的工作流程，还可以便捷地将项目发送给 Digidesign Pro Tools 进行音频润饰。

Avid Xpress Pro 技术规格。

Avid Xpress Pro 目前有两种版本：PC 与 Mac 版 Avid Xpress Pro 4.6 以及 PC 版 Avid Xpress Pro HD 5.1，并打算在今后推出 Mac 版 5.1。

Avid Xpress Pro HD 5.1（仅 PC）独有的功能：

纯正的 DVCPRO HD；

Avid DNxHD 编码与编辑；

透过 IEEE－1394 实现 DV50 捕获与输出；

DV25 对 Sony XDCAM 的支持；

Panasonic P2 支持；

10 位 SD 视频支持；

720P/23.976 与 1080p/24 HD 项目类型；

透过 IEEE－1394 实况捕获常规下变换；

利用下变换成 NTSC 来回放 23.976/24 序列；

输出回 NTSC 时选择下变换模态—高级或常规；

透过 IEEE－1394 输出时效果为实时效果；

额外的 16 位效果；

适用于 16 : 9 字幕的新增 Avid Marque 模板；

远程捕获与播放；

色彩纠正以双窗格显示出现在客户端监视器上；

AVX2 高级插件结构体系，支持高级关键帧功能与深度色彩空间，适合于纯正的 Avid 以及第三方插件效果；

改进后的 3 perf 影片跟踪；

改善的记录端监视器的英尺＋画面跟踪；

MPEG－4 AVC（H.264）；

MXF 媒体支持；

Avid Xpress Pro 与 Avid Xpress Pro HD 同时具备的功能可扩展的实时结构体系；

DV25，包括 NTSC、PAL 与 24P；

未压缩的 SD I/O 与采用 Avid Mojo DNA 硬件实施编辑；

同一时间线上实时混合清晰度；

实时的多镜头，点击一下即可编辑多个来源；

透过多视频轨道实时合成多个动画 alpha 通道；

超过 115 种可自定义的实时软件特技与多个同时实时流，可创建和观看层次丰富的特技，无须渲染；

基于 Avid Symphony 的实时专业级色彩纠正，包括一步式自动纠正以及自然色彩匹配；

基于 2D 与 3D OpenGL 的特技；

纯软件预览实时特技，或者通过 Avid Mojo DNA 硬件输出的数码或模拟实时特技；

适用于输出到磁带与 ExpertRender 的专家级实时分析；

实时音频淡入淡出与插入；

适用于多种多样的台式电脑与笔记本电脑的实时性能；

可采用关键帧控制的画中画效果；

采用 Avid Mojo DNA 硬件提升了的实时功能。

大洋 D3 - Edit 广播级非线性编辑系统

1. 与分辨率无关、与格式无关的编辑环境

在先进的灵活可扩展的 SoftCodec 技术支持下，中科大洋一直以来都为客户提供了具备广泛兼容性的创作工具。D3 - Edit 继承了这一优点，支持各种分辨率的同时，几乎兼容所有常用编辑格式，完全无须转码，无须改变文件封装，为用户提供了一个与分辨率和格式无关的高效率编辑环境！

2. 最快捷的编辑流程

D3 - Edit 是迄今为止业内公认的最快捷的编辑系统之一。它针对不同编辑场景的需要提供了与其相适应的编辑模式，并提供了可定制的灵活的后期制作流程……快捷编辑，D3 - Edit 为您着想的更多！

3. 炫目的视觉包装效果

除了便捷的视音频剪辑操作，D3 - Edit 还提供了多种视觉包装工具，足以满足复杂节目的创作。更令人感到兴奋的是，D3 - Edit 提供的 3D Pilot 三维图文制作工具可以轻松实现三维字幕物件的制作和渲染，节目包装正式跨入三维时代！

4. 强大的视音频一体工作站

高质量的画面失去了逼真的声音，将是最大的遗憾。D3 - Edit 不仅提供了强大的视频处理能力，而且对音频的处理能力也同样出色。不仅可以实现 HDTV 所要求的 5.1 甚至更多声道的混音，还可以通过内置的音频制作工具，实现音频素材的修饰以及音效的制作，同时 D3 - Edit 还提供了对 VST、DirectX 等第三方的特技插入的关键特性。

5. 内置 RedBridge III 板卡，拥有顶级的信号处理能力

RedBridge III 卡是大洋久负盛名的 RedBridge 广播级视音频板卡家族中首款支持

HD - SDI 的板卡，也是国内第一块自主研发的支持 HDTV 的广播级视音频板卡，其主要有以下功能：

＊ 支持视频 10 bit，音频 24 bit 量化，专为高清演播室而设计，同时兼容其他量化精度；

＊ 板卡通道指标和电气性能全面超越国家标准，达到国际领先水平；

＊ 板卡内部采用 16 bit 计算精度，以及 4∶4∶4全色度采样格式，轻松应对苛刻的后期制作要求。

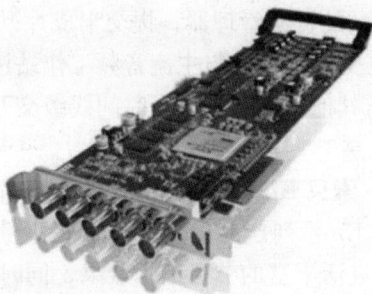

6. Acc. ＋GPU 视频渲染引擎

高清环境下的电视制作，对画面质量要求更加苛刻，Acc 联合 GPU 双引擎渲染，保证了包装级母版输出质量。

7. 带 Z - Buffer 的真三维特效空间

高精度子像素处理，母版级输出质量。

8. 高效的质量控制工具

还在为恼人的黑场、夹帧、幅度超标、响度不一而烦恼吗？D3 - Edit 提供了完整的解决方案，让您在制作时无后顾之忧。

提供示波器、音频表，对信号进行监看。

时间线级视音频检测工具，黑场、夹帧、静帧无所遁形。

视频、音频自动限幅，确保成片标准。

一键式处理，轻松修正画质缺陷。

件的支持，让用户的音频制作更加轻松。

9. 全新三维图文动画创作工具

D3 - Edit 提供的 3D Pilot 三维图文制作工具可以轻松实现三维字幕物件的制作和渲染，让已经厌倦平面图文制作的您对空间充满想象力，激发无穷创意。

所有图文都具备厚度、光源、纹理贴图等三维属性。

提供三维翻板、三维图表等专用图文。

支持从 3DS Max 直接获取三维模型，并可控制其运动方式，使用更灵活。

10. 强大的音频处理能力

高清晰度电视终结了电视伴音单声道的历史，立体声、5.1 环绕立体声都提供更好的声音还原，D3 - Edit 早已为此做好了准备。

内嵌音效处理模块，可完成采样降噪、爆破音去除、EQ、模型混响、声音拉伸、声音马赛克等高级音效处理。

内置调音台全面支持立体声、5.1 环绕立体声的音频输出。

支持 DirectX、VST 等第三方音频特效插件。

11. 开放的工作流程

专业化的后期制作，分工必然走向更加细致和明确。非编必须能具备面向多平台的开放性工作流程，才能满足后期制作对效率的要求。

直接访问高端包装工作站的资源管理器，提交半成片，获取合成文件。

通过 XML、AAF 等标准交换格式，与主流音频工作站进行时间线级交互。

通过 AAF 交换格式，与其他制作系统进行时间线级交互。

索贝 E7 2.0 高标清一体化编辑平台

索贝新一代的桌面系统 E7 系列产品，全新构筑在高性能的高标清非线性图文视频编辑引擎之上，侧重于灵活丰富的节目编辑效果，同时具备节目复杂合成能力。适应于广电级后期编辑设备的各级专业领域。

E7 系列产品采用全开放式的系统构架，良好支持多种国内外先进的高标清 IO 板卡，具备全面的高标清采集和编辑格式。高标清全兼容、全功能、高效率、网络化是 E7 家族共同的核心特征。E7 系列产品，高标清时代的理想的非线性编辑平台。

E7 核心技术。

全新的 CPU + GPU 引擎：基于通用 IT 平台技术的厚积薄发，E7 2.0 采用全面更新的 CPU + GPU 的引擎，为用户提供前所未有的运行效率，以及为多层运动字幕实时渲染提供强大的动力；崭新的 CPU + GPU 引擎可以帮 A 用户实现复杂的视觉艺术创作，具备非常完善的节目制作和包装能力。

全开放式软件架构：E7 2.0 采用全开放的软件架构，提供了前所未有的产品灵活性，支持多种主流 IO 板卡，伴随 IT 主流技术日新月异的发展，轻松获得未来良好的扩展性能。

E7 2.0 核心竞争优势。

CPU + GPU 引擎效率的显著提升：突破性的在通用平台上实现了实时输出达到或者超过 4 层高清画面，以及多区域的颜色校正，曲线变速等多种高运算量的高清素材实时输出。

CPU + GPU 时代最优异的画面质量和效果：全新升级的 GPU 引擎算法，极其合理而优化的 GPU 超强的运算能力，来进行视频以及图文的运算，在有效降低对硬件板卡以及系统资源依赖的同时，极大提升了画面质量以及运行效率。

透明的素材引入，完美地实现了高标清一体化编辑：真正的 ANY IN ANY OUT，优异的软件算法，完美的开放型软件架构，实现了不同分辨率和不同格式的混合编辑。无须关注素材来源，设备接口，完全透明地使用任意素材、任意视音频接口。

像素级的特技编辑：全部采用 YUVA 处理，8～16 bit 颜色分辨率内部处理。特技内部帧、场处理算法增强与改进，实现画面像素级实时处理。从容完成实时动态跟踪，多区域颜色校正等特技。特技编辑的画面细节得到真实完美无与伦比的处理。

超级效果库：全新的 CPU + GPU 引擎提供无限动力与扩展空间，E7 2.0 提供超过 150 种特技工具，实现前所未有的特技效果。动态跟踪、三维转场、曲线变速、超级合成效果。

本章小结

本章从电视编辑技术的发展简史和发展趋势入手，从技术发展的角度对电视编辑作了简要的阶段划分，电视编辑先后经历了物理剪辑、电子编辑和时码编辑以及发展到现在已普遍采用的非线性编辑。本章重点通过介绍典型线性编辑系统的设备构成、编辑程序和编辑方式及其局限性，阐述了电视编辑的基本原理，并和非线性编辑的基本概念、系统组成、结构、工作原理及其编辑过程作对比，展现了后者的优越性和电视编辑系统的发展趋势。

思考与练习

1. 线性编辑与非线性编辑有什么区别？
2. 组合编辑和插入编辑有什么区别？
3. 画图说明组合编辑和插入编辑中编辑录机的工作状态。
4. 简述非线性编辑系统的组成。
5. 简述非线性编辑的工作过程。
6. 用非线性编辑系统完成 5 分钟视音频素材的编辑。要求如下：
（1）主题单一，内容独创；
（2）编辑完成的磁带内容安排应符合一般要求（参见文中有关内容）；
（3）内容要素包括：连续视频、后期配音、配乐、字幕、特技等；
（4）成品为录像带。

11 电视广告编辑艺术 ▶

本章要求

◎ 了解电视广告的编辑思维。

◎ 掌握电视广告的编辑原则。

◎ 掌握电视广告的叙事性剪辑和表现性剪辑。

◎ 了解电视广告中的声音元素及其编辑特点。

好的电视广告往往让人一见难忘，在短短的数十秒甚至数秒内就为之感动，并心领神会。那转瞬即逝的画面把广告的意图表现得淋漓尽致，让人浑然不觉其中人工斧凿的痕迹，反倒觉得广告拍得有一气呵成之感。广告想要达到这种"文章本天成，妙手偶得之"的效果，创意固然是关键，而编辑则是另一个十分重要且不易觉察的制胜因素。与其他的影视作品相比，电视广告的片比（完成片的时间长度与素材时间长度之比）是尤为惊人的——很多时候摄制一个 30 秒的广告片，所耗费的胶片或磁带、所花费的时间或金钱远远超过制作一部影视剧——这就从一个侧面说明了在电视广告创作中，编辑扮演着何等重要的角色。编辑是包括电视广告在内的影视作品创作过程中不容忽视的一个环节，可以说，如果没有好的编辑，即使拥有极佳的广告创意、出色的拍摄素材，也达不到预期的效果，犹如一匹上好的布料遇到了蹩脚的裁缝，不但做不出漂亮的衣裳，而且还是一种巨大的浪费。

无论从事哪一个具体环节上的工作，电视广告从业者都有必要了解编辑及其重要意义，培养必要的编辑意识和思维，掌握基本的编辑技巧，这对于创作优秀的电视广告来说是十分必要且大有帮助的。

本章将就电视广告编辑的概念、特点、思维特征和处理艺术等方面对电视广告编辑技巧的有关知识进行介绍和论述。

11.1　电视广告编辑概述

11.1.1　电视广告编辑概念界定

"编辑"一词一般具有两种含义:一是指一种工种或从事这一工种的人员,是技术层面上的;一是指创作上的一个环节,是艺术层面上的。本文论述所及的"编辑"主要指后者,但有时也同时用来指称这一创作环节的创作者。

和其他影视作品一样,电视广告的编辑与前期的构思、摄像等有着密切的关系,这里我们所论述的主要是创作后期在编辑室里的工作。具体而言,电视广告编辑是指根据广告创意的要求对素材进行选择,寻找最佳剪接点对画面进行组合、排列,对声音(包括语言、音乐、音响等)、字幕等进行设计和处理,使之形成一个完整的、能够准确传达创作者意图的广告作品。

11.1.2　编辑在电视广告中的作用

电视广告从其制作类型上划分,大致可分为实景拍摄型、电脑创作型和素材剪辑型三大类①。无论是哪一类型的电视广告,编辑都是其创作中不可或缺的一环。

素材剪辑型电视广告是通过对广告经营者拥有或购买而来的相关音画样品进行编辑,来表达创意者的意图而形成电视广告作品,如某些企业形象广告,运用山水、风景、特殊场面等恢弘浩大的画面(往往不易拍摄)来体现创意,采用的就是这种方法。

电脑创作型电视广告是由制作人员采用电脑手段将创意表现出来,例如著名的乐百氏纯净水"27层净化"电视广告和七喜汽水FIDODIDO卡通系列电视广告。在素材剪辑和电脑创作两种类型的电视广告中,编辑的作用是显而易见的。

实景拍摄型电视广告是目前最为常见的一类,一般由专业的广告公司或制作公司组织人员组成专门的摄制队伍,根据创意方案进行特定拍摄。有时这一类型的广告也不排除在后期运用已有素材或电脑制作,但总体上主要是由实拍画面组成的。电视广告创作的流程及制作原理在这一类型的电视广告中得到最为充分的体现。因此,了解这一类型电视广告的创作,就能触类旁通,认识其他类型广告的创作。

电视广告创作是一个复杂的过程,包括创意构思、文案写作等前期准备,拍摄(或电脑制作)阶段以及编辑、录音等后期环节。在创意人员完成构思时,其头脑中早就已经有了设想中广告片的雏形。也就是说,编辑意识在这一最初的环节中便已对广告创作产生了影响。文案(包括广告词、脚本、分镜头说明等)写作则具体

---

① 王诗文.电视广告.北京:中国广播电视出版社,2002

体现了这种影响以及初步的编辑要求。实拍（或电脑制作）时大可灵活地作多方面、多角度的尝试，但也不能不考虑后期编辑制作的可行性。进入编辑阶段，在之前种种工作的基础上，系统地、艺术地对各种声画元素进行组合、排列、合成，最终决定一则电视广告的面貌以及它在市场上的影响力。在某种意义上，编辑不但是广告作品创作的最后一关，也是相对于前期创意、拍摄来说的一种再创作。

编辑在电视广告中的作用，即电视广告编辑应负的使命，总的来说，是彻底贯彻和传达广告的意图，具体而言，主要有以下几个方面：

①选择最能体现广告意图的画面，构造完整的叙事情节或表现片段。

②使画面与画面之间衔接自然、顺畅，创造屏幕时空。

③整合语言、音乐、音响和屏幕文字等声画元素，使声画结合。

④运用编辑手段，弥补素材可能存在的不足，或提升素材的表现力。

⑤赋予广告片特有的节奏，强化其个性，深化其意境。

要实现以上功能，并不是仅仅依靠先进的设备和技术条件就能做到的，还对电视广告编辑提出了很高的要求，要求编辑人员既要具备熟练的编辑技术，更要有独特的艺术悟性和创造力。

11.1.3 电视广告编辑的特点

电视的特性决定了所有的电视节目都或多或少必须经过编辑的处理（比较特殊的现场直播，编辑与摄录工作几乎同时进行），而不是有闻必录、不加选择，这样才能在有限的时间内把必要的、重要的画面呈现给观众，营造电视特有的时间和空间结构。

各种不同类型的电视节目，其编辑所具备的特点也不尽相同。例如电视剧，囿于剧情的发展和观众理解的需要，特别讲究镜头之间起承转合的衔接和过渡，强调画面的叙事功能；纪录片、电视新闻等节目的编辑面对的往往是临时抓取的镜头，通过画面对创作意图进行的表达和修正，都在编辑过程中逐步完成，编辑的创作具有较大的空间；谈话节目、综艺节目等则特别要求在编辑中根据节目的时间长度和进程，抓住最能表现节目现场状况和气氛的镜头。

与以上电视节目相比，电视广告有着鲜明的特色，因此也决定了电视广告在编辑上有着特殊的要求。

1. 紧贴主题，充分利用画面

电视广告的规格是以秒或分钟来计算的，一般从 5 秒到若干分钟不等。以 5 秒到 30 秒的广告片为多，近些年来方兴未艾的"电视广告杂志"则往往耗时数分钟甚至更长，但因其发布费用较大，一般在特殊时间段集中播出，播出频率和时段选择都和普通广告有所不同，其结构和剪辑的表现也因此而有一定的特点。本章中所论述的主要是一般意义上的广告作品的创作。

无论是哪种规格的电视广告，都必须在短短的时间里迅速吸引观众的注意，因此广告通常抓住和产品（或服务）相关的一个最重要的信息点加以表现。这是因为广告所负载的信息点必须单一、明了，才能使观众易于理解并留下深刻印象。广告时间稍纵即逝，"卖点"过多，信息量过大的电视广告往往是失败的。广告的这一特点，决定了编辑必须紧紧围绕广告意图，充分利用每一帧画面，避免冗余镜头。其他电视节目当然也讲究合理利用、避免冗余，但同时要关照场景转换、景别过渡等需要，时间对创作的压力也相对较小，对镜头的取舍和编排也就不如电视广告所要求的那么严格。镜头长一秒钟或短一秒钟，对一般的电视节目来说常常不会造成明显的影响，但对于高度浓缩、紧凑的电视广告而言，一秒钟的处理不当可以是致命的。因此，成功的电视广告编辑对画面的选择和编排必须是十分慎重甚至是苛刻的。

电视广告的编辑人员应该充分认识时间对广告创作的压力，并以此要求自己精益求精，精确到每一帧画面，尽量避免瑕疵。

2. 节奏紧凑

这同样是电视广告的时间特性对广告表现的制约，但也因此使广告具有一种独特的美。不同的电视广告呈现出各种各样的精彩，有的如同质感考究、耐人寻味的电影；有的如同真实质朴、说服力强的纪录片；有的则像轻松诙谐、妙趣横生的小品……优秀的电视广告都有同一个特点：节奏紧凑、有条理，结构自成一体，让人丝毫不觉得拖沓累赘。编辑得当的电视广告片，能够营造出独特的节奏美感，令观者感觉酣畅淋漓；反之，即使有好的内容，如果编辑不注重节奏的营造，也会让人顿生突兀之感，不但影响了广告的感染力，而且还会阻碍广告信息的有效传达。

3. 画面编排富有跳跃性

如果说电视剧与小说有相通之处，电视新闻节目就像故事，谈话类、综艺类节目就像散文，那么电视广告就如同短小而精致的诗歌。跳跃性是它最突出的特点。一般电视编辑要求避免景别差异较大的镜头相接，场面转换时适当运用特技予以过渡，落幅要有充分的时间延伸等，电视广告则由于其自身的特点和观众的接受习惯，而允许"打破"这些一般编辑中的惯例。事实上，电视广告的时间限制也不允许镜头之间有过多的起承转合。

值得注意的是，正如诗歌的创作并不因其跳跃性而可以天马行空、罔顾章法一样，电视广告的创作也必须符合逻辑，并遵循一定的规律。电视广告编辑跳跃性的特点使画面组合排列具有一定的自由度，但也正因如此而面临更高的要求。如何在看似自由的形式中把握内容、结构和节奏，是电视广告编辑的艺术造诣面对的主要挑战。

11.1.4 电视广告编辑的基本环节

编辑是电视广告创作过程的后期部分，在这一部分中要对画面进行选择、剪接、组合，以构成有表意叙事功能、有节奏感的画面排列，此外还要对声音等其他元素的效果进行设计和处理，每一步都需要经过不断的推敲，可以说，这一过程本身就是一项复杂的系统工程。编辑工程可以分为准备阶段、编辑阶段、检验阶段这三个主要环节。

1. 准备阶段

电视广告编辑不是一种凭空而来的创作，而是建立在前期已经完成的各种工作的基础之上的。因此，在进入正式编辑阶段之前有必要做好充分的准备。电视广告因其商业性特点，通常具有时效上的要求，作为其中一环的编辑，也是一项时效性极强的工作。前期准备越细致，编辑时思路就越清晰，操作也越省时省力。要做的前期工作有：

（1）调整拍摄计划

电视广告制作通常先有创意并形成脚本，然后根据计划进行拍摄。由于实际情况往往不完全与预期相符。另外，还受摄像人员的创作角度、拍摄过程中出现新的构想等因素的影响，都会使所拍得的素材和原计划有所出入，这就需要在编辑前根据广告意图和已获得的素材对原来的拍摄计划和内容进行调整和修改，以便在编辑过程中有据可依。

如果条件允许，编辑人员可以参与到前期拍摄当中，将有利于从后期编辑的角度对拍摄提出有益的意见，或与拍摄人员共同作出必要的调整，这对减少无用素材、保障编辑顺利进行是大有裨益的。有的编辑由拍摄人员同时担任，减少了摄、编之间的隔阂，在一定程度上有利于贯彻创作意念。

（2）熟悉素材

熟悉可供编辑的素材对顺利完成编辑有着至关重要的作用，包括对拍摄所得的所有图像素材以及现场同期声、可能配用的音乐等声音素材进行仔细的了解和鉴别，并作出必要的记录以作备用，根据修整后的脚本鉴别素材内容，感受哪些素材适宜于表现广告意图，考虑是否需要补拍或搜集更多的音像资料等。

（3）拟定编辑提纲

在熟悉素材的基础上，参考广告脚本，就可以形成一定的编辑构思，并设计出编辑提纲。这是剪接的基本依据，据此将贯穿起所有最能表达广告意图的镜头。严谨的编辑提纲应对广告片的内容、结构、景别等有一个比较精确的设计和表述，它可以保证广告片选用最合适的镜头，强化结构上的完整和节奏感，提高编辑工作效率，保证广告片长度上和表达上的精确性。

（4）准备设备

对于制作高质量的广告片来说，编辑设备的优良与否是极为重要的。只有"利其器"才能"善其事"。为顺利完成广告片的编辑工作，就要选择条件好的制作室和编辑设备，包括器械和相关的软件、耗材等。设备的性能直接影响到成片的质量，相关的设施和技术可以参照本书关于广告后期制作的章节。

2. 编辑阶段

这是正式实际操作的阶段，也是编辑工作中最主要的阶段。包括整理素材、纸上编辑、粗编、精编四个步骤。

（1）整理素材

完成了之前的准备工作之后，就可以着手对全部原始素材加以分类、整理、编码并记录有用镜头的内容、长度、位置等主要信息，这是为了便于剪接的操作及提高效率。

（2）纸上编辑

在根据编辑提纲确定所需镜头的基础上，可以先列出相关镜头的排列、各个镜头的长度，借此完善头脑中的编辑设计并进一步落实镜头的选择和处理

（3）粗编

编辑的方式和习惯因人而异，但一般都把编辑工作分为粗编和精编两个步骤。而粗编的过程又可以分为抽条和初剪。

根据所列的镜头排列表，就可以大刀阔斧地排除那些明显不适用的原始素材，迅速地把经过整理认为有用的镜头一一挑选出来，因为同一个镜头可能拍了很多条，这就是所谓的抽条。

按照编辑提纲把选好的镜头组合起来，反复推敲，编辑成为一个或多个广告片的方案。这一过程需要编辑人员有极大的耐心和创造力，因为不但要反复考虑所选镜头是不是最佳的，排列顺序是否合理，是否能支撑起广告叙事表意的整体框架等，往往还需要反复修改、调整甚至推倒重来。粗编常在挑选镜头的同时进行，经过粗编的片子一般会比完成片时间长一些。

（4）精编

精编是确定广告片最终形态的关键步骤。要一个镜头一个镜头地进行组接，一帧画面一帧画面地反复考量；不仅要注意剪接点的精确，还要注意镜头组合的意义表达以及整个广告的节奏感和氛围的营造。然后在完成画面剪辑的基础上，恰当地选择音乐和音响，配合画面完成录音并进行合成，加入需要的文字或图案，使音、画各元素协调统一，创造出最佳的艺术效果。

精编是最能考验编辑人员的技术能力和艺术创造力的环节。经过一遍又一遍的感受，多方进行创作尝试，不断感受和揣摩，剔除多余的镜头，替换不适用的画面，运用必要的技术手段弥补不足或提升广告片的叙述效果。至此原本凌乱的镜头被化为一个有意义、有生命的有机整体。

3. 检验阶段

检验是编辑必不可少的最后把关工作，正如上文所述，电视广告的编辑是一个复杂烦琐的过程，在以上各个环节中难免有所错漏，认真细致的检查可以有效地发现前期未能察觉的漏洞或纰误，保证广告片的质量和效果。

为及时、准确地发现问题，除了编辑人员自己检查之外，最好还能邀请其他人

观看成片，以便从多个角度提出修改意见。条件许可的话，还可以在完成片"尘埃落定"之前请一些"准观众"（非制作人员）观看片子，以达到集思广益、进一步完善作品的目的。

对编辑后的广告片的检查主要围绕以下几个方面：

（1）逻辑问题

检查广告片的叙述是否符合真实性原则，表达是否合理，条理是否清晰，广告内容及其间的联系是否符合逻辑规律和理解习惯。即便是夸张诉求手法的电视广告，也必须合理自然，予人以意料之外、情理之中的感觉。

（2）意义表达

主要看广告片是否能准确地体现广告创意，是否能传达出创作人员设想的意图，是否易于理解等。

（3）画面质量

要注意镜头间的剪接点是否精确，是否存在影视语法问题，是否符合技术要求，各个镜头影调是否和谐，运动的把握是否流畅，画面的切换是否自然等。

（4）声音、文字效果

考虑声音是否与画面相配，音质是否符合标准，声音连接是否连贯自然，各种音响的配合是否和谐，文字是否规范，字体和大小是否恰当，声音、文字的配合是否一致，是否达到了叙事表意的目的等。

（5）节奏感和整体感

从整体上把握广告片的叙述是否流畅，结构是否合理，是否具备了内在及外在的节奏感，两者是否统一，是否营造出了预期的气氛或意境。

通过以上各方面的检查之后，还可能要加上必要的字幕或标识，进行片头片尾的包装等，至此电视广告编辑的使命就完成了。

11.2 电视广告编辑思维

在电视屏幕上，从客观存在的事物，到现实中本来看不见摸不着的人物心理活动，都可以表现为艺术化的视听造型，这都是由影视思维的作用所致。在影视思维的基础上，在电视节目制作过程中，电视编辑对来自各方面的视音频信息进行剪接、组合和加工等处理时所表现出的高级意识活动，就是电视编辑思维。概括地说，其本质就是电视编辑人员从事后期制作时的高级意识活动，其主要对象（思维客体）是视音频信息，其方法和技术（思维工具）是剪接、组合和加工等处理[①]。具体到电视广告编辑思维，便是电视广告编辑人员在对广告各方面的素材进行处理时所表

---

① 张晓峰. 电视编辑思维与创作. 北京：中国广播电视出版社，2001

现出的高级意识活动。

相对于上文论述过的电视广告编辑流程，相应地，电视广告编辑思维一般包括四个基本环节。首先是选择信息，即调动编辑的注意力、理解力和领悟力，从素材中选择和提炼视听形象信息，构建广告屏幕形象；其次是加工信息，发挥创造力，加工组合信息；第三是储存信息，借助思维法则和思维工具，统一信息内容与形式，运用形象性符号和逻辑性符号对电视广告视听信息进行编排组织，创造出体现编辑思想和符合创作要求的广告作品；最后是输出信息，将存储的信息输出并传递给受众，通过编辑语言传达广告的意图，这是整个电视广告编辑思维的完善阶段和最终检验阶段。

11.2.1　电视广告编辑思维的主体与客体

电视广告编辑思维主体，即思维者，就是电视广告编辑人员，可以是个体或群体，是思维行为的载体，是思维活动的发起者和执行者。基于电视广告编辑思维主体的创作主要有两种模式：

1. 导演指导式

导演指导式是指编辑人员按照导演的意图和要求进行广告片的剪辑工作，在这种情况下，编辑的主动性思维受到了较大的限制，更多的只是起到执行导演创作意图的作用。这种模式在电视广告创作中是较为常见的。

由于导演决定了广告创意电视化的关键环节，即实拍过程，所拍得的画面渗透着导演对广告意图的理解和诠释，在编辑环节中进一步贯彻这种理解和诠释，有利于形成和巩固广告片的个人风格。在这种模式中，导演起着主宰和控制的作用，其意图的阐述是编辑的依据之一。

2. 编辑自主式

编辑自主式则为编辑人员提供了更大的创造空间，编辑具有较多的自主性思维，或者可以说，编辑实际上兼顾了导演的任务。

无论哪一种模式，是在编导的思维支配下也好，还是自主地产生思维活动也罢，编辑阶段的思维行为都是由编辑贯彻实施的，而这一贯彻行为是能动的。编辑能动地按照一定的标准寻找合适的信息，进行过滤和分析，经过加工和组合得以传播。电视广告编辑的自我形象、个性结构、所处的社会环境、群体压力、媒介等各种因素都影响着编辑的思维取向，从而形成电视广告作品的特征和风格。

作为思维主体，电视广告编辑应该具备一定的基本素质，包括全面的思维能力以及思维表达能力。全面的思维能力即宏观意识和全面控制的能力，是在对素材的整体把握和洞察的基础上，创造性地运用各种各样的元素，通过思维的组织表达，编辑者将思维成果外化，艺术地组织和传播电视广告信息，将编辑的想象力、审美情趣等渗透在各种造型因素的组合和编排中，形成独特的编辑风格。

电视广告编辑思维客体是思维主体直接作用的对象物，包括两个层面：思维组织和应用的电视符号系统；思维传达的客观对象即电视观众。

按照电视传播中的思维形态，电视符号系统分为形象性符号和逻辑性符号两大类。画面语言传递形象化的信息内容，字幕、文字、声音语言等逻辑性思维手段完善电视广告的意义表达。

电视广告是直接奔向电视观众的，具有极其明确的目的性，广告创作所做的一切都是为了打动电视机前的消费者。因而观众是编辑思维主体需要的对象，是编辑思维主体传达信息、灌输思想的作用对象。观众是一个庞大复杂的群体，是影响大众传播效果的要素之一，有很多问题值得研究。受众研究在作为大众传播的一个分支的广告传播中是极其重要的，了解观众不但是广告创意人员的首要任务，牵涉到广告定位和策略等方方面面，同时也是电视广告编辑人员不可忽视的工作。电视广告编辑必须对电视观众，即电视广告的接受者有足够的了解，在编排创作中充分考虑受众的特点和需求，以确保将广告信息顺畅地传播给观众，并实现广告意图。

电视广告思维活动是一个完整的实践系统，思维主客体不可分割，相互联系，相互制约，相互依赖。

11.2.2 电视广告编辑思维特征

电视广告编辑思维是一种独特的思维形态，具有独立的思维品质特征，主要有以下几点。

1. 社会性

广告是社会发展到一定程度的产物，电视的出现可以追溯的历史则更为短暂，作为两者的结合物，电视广告则是现代社会的产物，电视广告编辑更是随着广告事业和影视手段的不断发展而产生和发展起来的。电视广告编辑思维方式因而也是特定时代的产物，具有社会性。它不可脱离或超越一定的社会存在而产生和存在，而总是和其所处的时代紧密联系着。另外，电视广告编辑思维主体，即编辑人员也是社会的人，其思维也不可能免受社会的制约和影响，这都决定了电视广告编辑思维必然带有社会性的特点。

随着社会的发展，思维方式也在不断变化。以我国广告为例，20世纪80年代广告复兴时期，多数电视广告都是简单制作而成，广告片的编辑也几乎无技巧可言，往往只是各个镜头"硬切"的简单相加。随着蒙太奇思维的应运而生，电视编辑技术日新月异，非线编、虚拟技术等新事物层出不穷，电视广告发展到今天，其表现手法和诉求类型多种多样，令人眼花缭乱。与此相适应，电视广告编辑也日臻完善，编辑语言的丰富使电视广告表情达意更加细腻，广告对观众的影响和感染更到位，观众对广告的认识水平和思维能力也进一步提高。

可以预见，随着社会发展速度的进一步加快，电视广告和电视广告编辑思维将继续受到社会观念和生产生活水平的制约和影响，也将继续对社会的发展产生作用。

2. 实践性

思维活动是在认识思维客体、改造实践的过程中进行的，在这种实践活动中思维主体的认识和能力也不断地得到改造和提高。电视广告编辑思维活动同样来源于生活实践，形成于实践，但作为一门创造性的艺术它又高于实践，超越实践。编辑思维的不断探索和实践推动着电视广告艺术的向前发展。

3. 运动性

电视节目的魅力在于画面的运动性，电视广告也不例外。电视广告编辑的重要任务就在于组合不同的画面，使之成为一个视觉运动的整体。

画面的流动变换是电视的基本形态。被摄体的动作、镜头的运动和镜头转换的动作是电视广告编辑的运动性得以存在的基础。单个镜头内在的动态、运动摄影手法带来的动感以及因镜头组合而形成的外部动力，无不彰显着荧屏的运动性，给电视广告作品带来生动的形象和深刻的感染力。编辑的重要作用正在于恰如其分地表现这种运动性。

4. 概括性

电视是现实的再现，但又绝不是对现实的简单重复展现。要在有限的电视时间里进行类似于现实的叙述，必然要有选择地抓住主要情节，放弃次要情节，构建出一个具有跳跃性但又符合逻辑、观众在既有观念中能够理解的电视时空。电视广告由于时间比一般电视节目更短，其画面语言的概括性也就更强。

电视广告拍摄时按照创意将整个构思由合到分拍成有代表性的镜头；编辑阶段则是由分到合把单个镜头合成完整的广告作品。在这个过程中对素材进行选择，选用重要的、本质的，能突出重点的画面，通过分切与组接，把一个个镜头合乎逻辑地、有节奏地加以编排，以图给观众一个鲜明准确的印象和感觉，使之在非常有限的时间里正确地了解广告所叙述的情节发展和理念诠释。电视广告编辑水平的高低，体现之一就在于编辑人员对素材和广告意念的概括理解和整体把握。

5. 创造性

广告是一门公认的极具创造性的艺术。电视广告编辑人员以自己的方式，融入其想象、观念、审美能力和艺术追求，继电视广告创意、导演之后进行第三度创作。创造性的剪辑可以简化或繁化素材，弥补不足或删除多余，加快或改变节奏，打散或重构结构，使镜头的组合效果大于各单个镜头意义的简单相加，赋予画面组合更多、更丰富的含义和更强的感染力。

单个画面本身往往没有确切的意义，通过镜头的剪接和加工就能得到明确意义，甚至延伸出比自身更为复杂丰富的含义。这是因为电视观众在编辑创造性思维的引导下，具备了特定的形象思维和逻辑思维方式，通过联想、对比等方式对画面组合整体由体验到理解，实现对信息的解码和接受。

电视画面能够任意地表现最细微的细节或最浩大的景观；最遥远的距离或最接近的形象；最久远的回忆或最神秘的未来……时空在屏幕上具有最大的可能性和最

小的限制。电视广告编辑的创造性则能够将这种种看似天马行空的事物协调一致地统一在一个意念之下，使之具有独特的生命和魅力。

11.2.3　电视广告编辑的时空思维

电视的一个重要特性，是传播的时间性，它必须按照时间的线性顺序，合乎逻辑地进行叙述，但电视时间和现实时间并非是等同的。电视独有的语言系统使它能够营造一个观众自然而然就能理解和接受、类似于现实又超越现实的时空世界。蒙太奇的产生和发展大大丰富了电视的表达，也形成了观众理解电视的心理习惯。任何两个相连的镜头都会使人以为它们有空间或时间上的关系，或者同时具有这两种关系。这个前提有着根本性的影响，观众会以为几乎任何两个接连出现的形象之间都存在着某种联系，而不追究它们之间是否真有联系。

在符合逻辑和观众视觉观念及心理习惯的前提下，电视广告编辑中的时间和空间是无限与有限、主观与客观、多样与统一的融合。有限的数十秒可以表现一天、一年、一生甚至千万年的事情，也可以跨越千里万里，翱翔于无限宇宙。电视广告编辑体现着导演或编辑人员的主观意图，广告所呈现的都是经过主观选择和安排的画面，但是这种主观表现必须建立在客观理解和认可的基础上，即便是荒诞夸张的情节、虚幻缥缈的表现，也必须符合观众的思维规律，而观众的思维是以合乎客观规律为依托的。因此，电视时空又必然存在着客观的一面。此外，电视时空以二维的平面表现出三维空间的各种事物的各种情态，现实生活中的各种形象都能在电视屏幕上展现出来，连人头脑中的思想、虚构的形象也可以通过电视画面表现出来，但电视的多样表现必须统一在生活逻辑和观众理解范围之下，也要考虑风格和节奏的统一和协调。

基于电视广告编辑时空思维的以上特点，电视广告创作人员应当合理运用电视广告编辑的时空创造手法，营造广告中逼真生动而又令人信服的时空世界。

1. 时间的处理

真实的时间是线性的、不可逆转的；电视叙事时间呈现在屏幕上却灵活得多，通过镜头的分切、组接和加工可以改变观众对时间的感觉，达到使时间延伸、压缩、停滞、颠倒、变速等效果。过去、现在、未来和假设的时间都可以在有限的真实时间内在屏幕上一一表现而让观众理解和接受。

运用交切镜头可以形成不同的时间概念。如"御苁蓉"的一则电视广告，就通过画面的转换，展现"父亲"从年轻时组建家庭、生儿育女，为家中大小事情操劳，到如今步入老年的不同时期的场景，倡导用"御苁蓉"关爱父辈的广告主题。此外，光学效果的运用不但可以连接场面，而且直接影响到观众的时间观念。声音等因素也是处理电视广告时间和空间的有效手段。

2. 空间的处理

电视空间的构成形态分为再现空间和构成空间两种。前者指的是真实还原现实世界行为空间，主要针对摄像机的记录功能而言，属于纪实性空间；后者指的是将记录了真实空间的片段，经过选择、组合和加工构成新的空间形态，是一种创造性的表现性空间。

电视广告利用电视的特性、人的视觉错觉和心理使空间得以扩展、延伸，构造戏剧空间（情节展开和发展的环境空间）、心理空间（人物内心活动和情感的物化空间）和观念空间（传达某种理念或认识的意境空间），把观众带进一个精彩纷呈的奇妙世界。这三种空间并不是截然分离的，常常是互为依托，相互交汇的，无论是再现或是构造、外显或是内隐，都是人的思维活动的空间化、形象化，也使得广告作品具有一种情感冲击力、穿透力和节奏感。

构造电视空间要特别注意空间组合的方向性。编辑必须合理安排画面空间关系的方向性，即遵循场面调度的轴线规律，使观众在观看时形成统一、完整的空间概念。这一点，在电视广告编辑中并不因为电视广告画面语言跳跃性强的特点而可以掉以轻心。

轴线是指由被摄对象的运动方向、视线方向和对象之间的关系所形成的一条假想直线，有关系轴线和方向轴线两种。电视拍摄和编辑都必须遵守轴线规律（相关的论述详见本书关于电视广告拍摄的章节），简而言之，就是要画面中的被摄对象之间的运动关系在观众眼中显得合理、自然。在电视广告中，为了在短时间内表现内容的需要，常常采取一定的方法突破轴线，显示镜头调度的灵活性和多样性。在编辑中，常用来充当"越轴"镜头的过渡的镜头手段有以下几种：

（1）运动镜头

在违反轴线规律的两个镜头之间插入一个越过轴线的连续运动镜头，明确被摄对象位置和关系的变化，形成连贯流畅的画面方向感。

（2）特写镜头

通过表现被摄对象的某一部分，转移观众的注意力，淡化违反轴线规律导致的视觉跳动。由于特写镜头把被摄体的局部充满屏幕，方向性不强，因而适宜用作"越轴"的过渡。

（3）中性镜头

被摄主体正面或背面角度拍摄的镜头称为中性镜头，也属于无明显方向性的镜头，用来作为过渡可以有效地缓和"越轴"造成的不和谐。

（4）空镜头

插入空镜头，能够造成时空的间隔和停顿，从而使"越轴"画面的转换显得流畅。

（5）俯拍全景或远景

这主要适用于被摄主体运动速度较慢的情况。变换视点，使组接不显突兀。

（6）动作剪接点

被摄主体动作幅度较大的时候，选好动作剪接点，就可以自然流畅地转换画面了。

（7）借助人物视线

被摄主体向某一方向运动时，插入表现人物视线的镜头，随视线方向的相反运动就因此与上一镜头有了逻辑联系，冲突感得以减弱。

以上几种突破轴线的方法，在编辑中的应用并不是机械的，而是应该根据广告意念表现的需要灵活运用，保证空间统一的方向性和合理的顺序及结构。

11.3 电视广告编辑原则

每一门艺术或学科的形成和发展都源于一定的基本规律和法则。电视广告编辑要达到良好的效果，也必须遵循一定的原则。

11.3.1 根本原则

如前文所说，电视广告编辑最根本的任务是贯彻和传达广告的意图。离开了广告意图的电视广告，无论内容如何充实，形式如何精美，都是毫无意义的。因此，电视广告编辑最根本的原则是为广告意图服务，忠于广告创意。如上文所述，电视广告编辑的依据一是广告创意文案及其分镜头脚本；二是导演的意图阐述。尽管编辑在自己的领域里有一定的创作自由度，但这种自由不是任意的，而是必须紧紧围绕着在前期就已设定的创意方案。即便在编辑阶段发现原有方案的错漏，也必须与创意人员和拍摄人员进行沟通后作修改，这样才能确保广告意图的准确传达。

11.3.2 技巧原则

电视剪接技术发展至今，形成了一系列方法和规则，大多是影视工作者和理论家在多年的实践和研究中积累的经验成果。尽管随着电视叙事观念的更新，不断有一些原来被视为金科玉律的常规被修改甚至打破，人们对这些规则的认识也不尽相同甚至存在争议，但任何一种语言形态的存在必然是由一定的规则支撑着的，而在电视广告语言的表达中，一些编辑的基本原则在实际操作中也被证明是实用的。

1. 逻辑匹配原则

画面的魅力在于变化，这种变化包括形态、动作、色彩、影调等因素，但必须符合视觉心理习惯和生活逻辑。一般情况下，镜头转换最基本的要求，就是要使观众的注意力从一个镜头自然顺畅地转移到下一个镜头，而不至于产生视觉间断和突兀感。也就是说，画面的组接要有一定的逻辑性，遵循一定的匹配原则。

匹配原则指的是镜头中人物的位置、动作、视线应该前后协调或呼应。电视屏幕的画框是固定存在的，人们通过这一画框观察到的事物动态与现实生活中的观察有所不同。因此，在剪接中就要利用不同镜头的造型关系，使不同镜头被摄体的相对位置、视觉注意中心和运动的方向等的转接变换符合观众的日常心理体验。

根据一般的构图原则，被摄主体应处于画框中视觉中心的位置，以便使观众的注意力集中在主体上。在剪接时要力求把观众的注意力从一个形象吸引到另外一个形象上。当上下镜头中的主体是同一主体时，注意两个画面景别有明显的变化（如表现一个人在说话时，从全景衔接到他脸部的特写）。既能保持视觉注意力位置相对固定以使感觉连贯，也能使观众的注意力不易觉察地被吸引到这一形象上来。当上下镜头中主体不同时，在角度变化后其位置及与相关参照物的关系要一致，这样才能保持画面空间的统一性。

由于屏幕边框的限制对画面的空间起了分割作用，加上大多数镜头都是从不同角度拍摄出来的，因此要使上下镜头的内容之间建立起一种逻辑关系。另一个要注意的问题是方向的匹配。主体在连接的两个画面中运动或注视要保持一种假定性的方向，方向的匹配使上下镜头产生特定的逻辑联系，在视觉注意力产生跳动的情况下，也能造成一种心理平衡，形成一种整体上的连贯感。在屏幕上，一旦设定了某一主体的运动方向，就应该把这种方向感贯彻下去。若是两个或多个主体相向运动，无论画面切换多少次，角度如何变化，都应该在特定的运动段落中（有时是整条广告片）保持一致的方向模式。遵守轴线规则或运用适当画面过渡是保持方向匹配的有效方法，例如上文提到的特写镜头、中性镜头等就是适用于过渡的方式。

要符合逻辑匹配的原则，就是要建立上下镜头的逻辑联系，保持视点相对固定，使画面变化符合观众的收视认知。

2. 景别安排的和谐原则

景别和角度实际上是摄像机在模拟观众的视角和注意范围及方位。不同的景别有着不同的描述重点和表现功用。电视编辑关于景别处理的和谐原则一般包括以下三点，对于一般情况下的电视广告编辑也同样适用。

首先，相同主体、相同机位、相同景别镜头不能相接。这是因为这样的镜头组合会产生较明显的视觉跳动，破坏造型因素的连贯，构图也显得缺乏变化。针对这一问题，可以通过插入其他相关镜头予以过渡，或者将上下镜头进行叠化或白场处理。一般来说，用不同景别的镜头组成蒙太奇句子或段落，是为了清晰而有层次地描述过程或表现事物，并营造一种视觉上的流畅感。

其次，景别角度的变化和内容的节奏要一致。广告内容的叙述和节奏的推进根据创意的要求有的平稳缓慢，有的快速活泼，有的对比强烈。景别的变化要与之相适应，例如很多房地产的广告，为了充分展示楼盘的全貌和细节，景别变化往往在悠扬的音乐中循序渐进，上下镜头之间的景别差异不会太大也不会太小，采用前进式、后退式或循环式的蒙太奇句子，使观众可以由整体到局部或由局部到整体地了解到楼盘的大环境和设计亮点。

第三，可以使用非常规的景别变化安排，营造特殊的效果。这一点，在电视广告中相对来说比较多见。因为电视广告常常要凸显某种特定的情绪氛围，或要表现某种情感的突变、空间的突变，采用差异小或跳跃性的景别组合，能够传达奇特的情绪和感染力，产生强烈的刺激，引起观众的注意和共鸣。例如，2004年第十一届华文广告金像奖年度最佳影片大奖的获奖作品——"可护儿"优酪乳TVC"水龙头篇"，其景别处理就是采用"全片一镜到底"的非常规做法：同一个场景，即校园公共洗手槽前，一个小男孩走近水龙头前（面朝镜头），洗手后随手关上水龙头后走了。接着又走过来一位男教师，在同一个位置准备洗手，费尽九牛二虎之力却怎么也拧不开水龙头。全片始终是同机位，同景别的镜头，但"细节丰富……表演、道具、画面、色彩、音乐、字幕都经过反复推敲打磨"①。广告片通过特别的镜头语言达到了"平中见奇"的效果，不但能紧紧地吸引住观众的注意力，而且营造了一种幽默的气氛，画面衔接自然而不落俗套。

3. 运动表现的连贯原则

从剪辑的角度看，造成屏幕运动感的因素有三个：被摄主体的运动、摄影机的运动及剪接频率。其中剪接频率也称剪接率，即在单位时间内镜头变换的多少。要使主体的运动在屏幕上表现出具有真实感和艺术感的运动形态，不仅要从主体的位置、视线等方面的匹配来塑造，使镜头外部结构的连续和镜头间的节奏流畅，还要使镜头的运动、组接的运动与主体的运动达到内在的协调和一致。

为了创造连贯的动作，一般情况下，编辑中要注意的基本原则包括：

（1）"动接动"

即用具有明显动感的镜头相切换，可以是主体运动的镜头之间、（摄像机）运动镜头之间或这两种镜头之间的切换。运用"动接动"技巧时，要抓住人物、景物和镜头运动的动态造型因素，同时应注意前后镜头动态因素的运动方向和速度的协调，外在节奏和内在节奏的一致。2004年奥运会期间在各大电视台播出的可口可乐电视广告（由刘翔、滕海滨出演）就是一个"动接动"的突出例子。

运动镜头之间相接，应作"动接动"处理，要保持运动方向的一致。如前一镜头是从左向右的摇镜头，后一镜头最好也是同样方向的摇镜头；推拉镜头最好是把一系列推的镜头和拉的镜头相连接。保持了镜头运动方向上的一致，就无须过多考虑运动镜头的起幅和落幅，也能保持画面动感的连贯，有一气呵成的效果。如一则普利司通（Bridge Stone）轮胎电视广告，在歌手陈明的歌声中，所有镜头都保持着向前推进的感觉，观众如同坐在车上一路前进，穿过都市大道、原野乡路、林荫坦途……尽管镜头切换速度较快，镜头中的景象也各不相同，但全片给人视觉上十分流畅的感觉。

两个固定镜头相接，如果前一个镜头里主体是静止的，而后一个镜头里主体是运动的，为了使衔接连贯，也应该按"动接动"的原则处理，把剪接点放在前一个镜头中主体由静转动的那个瞬间。

---

① 大市场广告导报，2004（7）。

（2）"静接静"

指视觉上没有明显动感的镜头相切换的方法。电视屏幕上的"静"只是相对而言，多数情况指的是镜头切换前后的部分画面所处的状态。两个静态镜头（主体都没有明显运动）衔接固然不会产生视觉跳动，而对于前一个镜头主体有动作而后一个镜头是静态的情况来说，也应按照"静接静"的原则，简单而言，就是选择前一镜头主体由动变静的那一刻来切入下一个主体静止的镜头。例如电视公益广告"父母是孩子最好的老师"中，"妈妈"推开门的镜头与房间里不见了小孩的镜头衔接时，编辑选择了"妈妈"推开门后，站定在门口，神情惊讶那一个相对"静"下来的瞬间，来切入下一个固定镜头：房间里只有小孩的物品但是空无一人。这样的切换既避免了视觉上的跳动，又由于人物的视线使上下两个镜头有了逻辑联系，显得自然、连贯。

如果是运动镜头与固定镜头相接，也应按照"静接静"的原则，留出运动镜头的起幅画面或落幅画面，以便与固定镜头相衔接。

（3）"静接动"

指视觉上无明显动感的镜头与有明显动感的镜头相切换。这样的连接会造成节奏的突变，有效地压缩屏幕时间。上一镜头往往蕴藏着强烈的内在情绪，试图通过下一镜头节奏的突变，使内在情绪得以迸发，造成强烈的视觉冲击。例如，中央电视台广告部的 30 秒形象广告"舞台篇"，一开头是年轻女子准备起舞的静止姿势（仰拍特写），下一个就接上女子在雪地上转圈舞动的镜头（远景），音乐适时而起，很好地抓住了观众的注意力，渲染了气氛。在这里，景别的变化和镜头的衔接都是跳跃的，但在视觉上画面转换仍然是流畅的。

（4）"动接静"

即视觉上有明显动感的镜头与无明显动感的镜头相切换。这种组接会在视觉上和节奏上造成突然停顿的效果，往往可以使观众从突变中更强烈地感受到某种情绪和内在张力。

4. **影调色调的协调原则**

画面上由颜色的深浅和色彩的配置而形成的明暗反差称为影调，它是塑造画面造型和构图、营造气氛、创造风格的主要手段之一。色调是画面的色彩组织和配置以某种颜色为主导而形成的色彩倾向，是表现情绪、创造意境的重要手段。一组镜头里各个画面的影调和色调一般要求协调统一，如果反差较大，就会造成不和谐的视觉冲突，影响观众的注意和理解。

影调和色调的协调首先体现在相邻镜头画面中调子的统一。即使是转换到不同场景，镜头组接点附近画面的影调、色调、光线的变化也不宜过分强烈。对于影调和色调对比强烈的镜头，可以采用介于两者之间的中间影调和色调的画面作为过渡，使视觉流程连贯流畅。

对于电视广告来说，影调色调的协调还体现在整个片子的调子和广告内容、情绪的统一。例如，麦当劳的大部分电视广告都致力于表现一种欢快的气氛。因此一般都使用亮色调和暖色调，如果把冷、暗色调的画面穿插其中，就会显得很扎眼，破坏整体的统一性。

当然，有时广告要表现某种对比的效果或情感的渲染，就需要利用影调、色彩、光线的强烈反差来达到特别的目的。

11.3.3　艺术原则

以上论述属于电视广告编辑的"机械"原则，是在一般情况下应该注意的操作常规。然而电视广告是一种非常灵活多变的创作形式，因此，要从广告的创意出发灵活运用，而不是机械地套用各项条条框框。

镜头的组接除了要遵循以上各种基本原则之外，还要注意背景、服装、道具等细节的协调统一。此外，还应该考虑广告片的情调、气氛和美感。事实上，镜头的转换就是一种注意的转换，决定任何两个镜头是否可以组接的根本标准应当是：这一转换是否出于内容和主题的需要。各种各样造型因素的功用和艺术效果都不相同，但电视广告编辑处理的艺术原则应当是统一的。电视广告编辑人员依据自己的艺术素养，因自己的审美和经验影响着自己的风格，赋予广告以艺术感和感染力。

11.4　电视广告画面编辑

电视广告编辑中最重要的工作就是画面编辑。电视广告画面编辑从根本上受到电视编辑原理的影响，很多电视编辑的原则和技巧都适用于电视广告编辑，尽管由于电视广告具有自己的特点，其编辑也不能完全沿用一般电视编辑理论。电视编辑理论中的蒙太奇理论对电视广告画面编辑有着根本性影响。粗略划分，电视广告可以分为两大类，一类是通过描述某个情节或过程来传达特定意图；一类是通过营造某种意境或氛围来表现主题，以达到宣传的目的。因此，可以分别从这两个角度去考察电视广告画面的编辑，即叙事性剪辑和表现性剪辑。

11.4.1　叙事性剪辑

叙事蒙太奇是镜头语言中最为基本的一种类型，以交代情节、展示过程为主旨。叙事性剪辑依据情节发展的时间顺序、逻辑顺序及因果关系来分切组合镜头，推动情节的发展和动作的连贯，表现人与事物的运动及其过程。

1. 叙事性剪辑的依据

叙事蒙太奇对人与事物运动及其过程的描述和表现，并不是原始的再现，而是通过对连续的人的活动和事件的过程，包括时间和空间进行分解和重新组合，以镜头组合的形式来实现的。要使这一描述和表现能给观众完整的、真实的感觉，叙事蒙太奇的剪辑必须存在一种内在的依据，那就是逻辑性。以生活的逻辑为依据，剪辑就不需要把事件的全过程展现在屏幕上，而是通过取舍和组合，表现一种屏幕特有的时空连贯，使观众从中可以获得完整的、有真实感的印象。生活的逻辑通常包括连续性和联系性两个方面。

连续性主要表现在时空关系上。剪辑实际上是通过一系列零星的片断组合创造出一个完整动作或过程的"印象"，其中既有直接的再现空间（存在于各个片断中），同时也是一种集合的构成空间，即一种人为的、经过组织和加工创造而成的美学空间和艺术空间。要从这个"零星片断的组合"得出一个完整的印象，就必须通过联想中的生活经验去填补其缺省了的空间的空白处和动作的切断处，才能得到一种真实的空间感和连续感。这就要求编辑人员要时刻注意时空的统一，在剪辑中能够给人一种感觉上和想象中的连续，并能妥善处理屏幕空间中被摄体之间的关系、位置和方向等造型因素，营造出一个特定的空间范围。

电视广告所营造的时空通常是人为设计的，剪辑中总是会或多或少地改变了原有的时间流程或空间构成。例如，以上海为大背景的广告片，可能其中某个或多个镜头是在广州的摄影棚里拍成的，但由于画面组合中有关镜头起到了交代背景的作用，观众就会认为广告片中的事件都是发生在上海的。有时是先拍模特坐着的镜头后拍其走路的镜头，但在编辑中把这两个镜头顺序颠倒来组接，也不会破坏屏幕的正常叙述。然而这并不代表设计可以任意为之，而是必须以特定场景中的一个完整动作的线性连续为前提的。因此，在剪辑中，一个画面就是一个元素，它本身具有一种不可破坏的内质，也就是生活的内在依据。要实现叙事目的，任何设计的叙事性剪辑里的时空，都必须以生活的本真为逻辑起点，符合生活的内在依据，统一的时空关系和真实感才得以成立。

至于联系性，简而言之就是事物之间的相互关系。人们根据经验了解到生活中事物间的种种逻辑联系，例如，看到一个人在地上来回搜寻，观众就会认为他丢失了什么东西；根据他脸上的表情，观众会判断那样东西对于他的重要程度，这就是通常所说的因果关系。又如，当两个人并肩而行，他们的对话和神态会形成一种交流，这便是一种对应的关系。事物之间本身存在的这些联系，导致观众在观看电视时会根据自己的经验猜测未知的镜头会出现什么状况，这种心理恰好就是叙事剪辑得以成立的逻辑依据。

借助这种联系性，电视广告剪辑就可以制造悬念，有条理、有层次地推进事件或过程的叙述。但剪接所描述的必须要以生活的内在逻辑性为依据，符合观众的认知和生活规律，这样才能获得观众的认可和信服。

2. 过程的分解与组合

如上所述，叙事蒙太奇对人与事物运动及其过程的描述和表现，是通过镜头组合，对连续的人的活动和事件的过程，包括时间和空间进行分解和重新组合来实现的。当电视广告创意确认之后，在拍摄阶段，把现实中活动着的人和物拍成一个个镜头。这些镜头的全部或部分必须是在完整动作或过程中具有一定代表性和相关性的镜头，以便编辑时把它们组接在一起，这就是过程的分解。

过程的分解在实践中又称分镜头。拍摄阶段是分解过程的关键环节。如果在这一环节中掌握不好分解的要领，没能选择有代表性又相互联系的动作点进行拍摄，就会给编辑造成困难。最常用的分解方法有两种：一种是解析法，将相对完整的事件过程解析成不同的片断，选择其中最主要、最有代表性的片断，省略次要的，从而建立起一个完整的事件的印象；另一种是插入法，用一个全景将过程完整地拍摄下来，作为主镜头，再选择主要的部分变换景别重复拍摄，在编辑时作为插入镜头替代主镜头中相同内容的部分。

过程的组合则是把有代表性的分解镜头按照一定的顺序重新组合，以构成连续的视觉形象整体。这种重新组合经过了一定的省略而变得更精练，但又不破坏视觉流程的连贯性。正如上文提到的那样，有些镜头的组合可以有不同的顺序，而采用任何一种都不会有明显的破坏性。但肯定有一种是最佳的，那就是最能为内容和创作者意图服务的那一种组合。"任何两个画面都可以接在一起，但只有当两个镜头的内在性质连在一起而出现一种实际的或哲学上的关系时，它们之间才会有一种有目的的连贯性。"

3. 叙事性剪辑的结构方式

用镜头叙事要全面考虑内容、景别、动作的连贯、人物关系、人物与事物以及环境的关系，在此基础上，确定叙事的思路和镜头结构方式。电视剪辑的结构方式通常有前进式、后退式和片断集合式。具体到电视广告的剪辑来说，镜头的句式往往并不那么严谨，反而有很大的跳跃性。

但是了解这几种基本的结构方式，对广告编辑灵活运用镜头语言是很有必要的。

前进式就是由远到近的组接方式，是一种从大环境逐渐深入的叙述方法，一般先用全景交代事件的环境背景或展示动作的总体形态，再用中景说明各种结构因素及其关系，然后用近景和特写把观众的注意力引向具体的活动和细部特性。

与前进式相反，后退式则是从近到远地叙述，一般由特写开始，再慢慢拉开，交代关系和背景或全貌。与前进式相比，这种叙述方式更能创造视觉上的悬念，更加吸引观众的注意力。

片断集合式是选取一个完整运动过程中的几个主要片断组合在一起，建立一个完整事件过程的印象。这是一种更简洁精练、具有概括性的叙述方式。

以上三种方法不单单是景别变化的方法，更重要的是应该把它理解为一种叙述的思路。在剪辑中不能机械地套用固定的句式来表达，而应该根据内容意义的需要，以一种清晰的、有层次的、能准确阐述含义的思路来进行叙述。在编辑实践中，通常是先分析内容，然后确定表现的重点，再确定镜头连接的方案。编辑的思路和创意体现在镜头顺序、景别、镜头长短及运动方式和节奏等因素的全面设计当中。

11.4.2　表现性剪辑

表现性剪辑是通过不同镜头的对列形成冲击来产生比喻、象征、联想等艺术效果的一种蒙太奇类型。其目的不是叙述情节，而是表现一种比所描述的现象更为深刻的意义或情绪。表现蒙太奇可以把描写性的、内容平常的镜头对列组合成为一个思想深刻、意味深长的新的结构，表达特定的感情、心理、情绪或思想。

1. 表现性剪辑的特性

表现性剪辑也即表现蒙太奇，具有如下基本特性：①它以镜头的对列为基础，相连镜头中的主体不同；②它的目的是通过视觉的冲击力来表达某种理念、情感或深刻意义，时间在其中不再是重要的结构形式；③它以镜头间的联系意义为依据，无须严格遵守时空的逻辑顺序；④致力于创造隐喻、象征、暗示的效果；⑤它的意义和作用主要依靠调动观众的联想力来获得，需要观众的创造性参与。

了解了表现蒙太奇的这些特性，在剪辑中就应该妥善地加以利用。例如，选择镜头时可以采用那些时间因素不明显、视觉冲击力较强、对比强烈、含义丰富的画面，在组接画面时注意给观众留下联想的空间。

2. 表现性剪辑的结构形式

表现性剪辑通过内容不同的镜头的对列创造一种大于画面简单相加的联系意义，常见的镜头结构形态主要有对比、平行、积累、隐喻、象征等五种。

（1）对比的剪辑

对比的剪辑是通过镜头之间在内容和形式上的强烈对比产生相互映衬的作用，从而表达某种寓意的剪辑形式。在内容上，现实生活中的喜怒哀乐、美与丑、老与少、善与恶等相关现象形成对立；在形式上，光线明暗、景别大小、色彩冷暖、角度高低等导致差异。在剪辑中把这些对立因素进行创造性地组接，从镜头的相互作用中激发出一种情感或思想，产生某种强烈的感染力。例如20世纪90年代碧桂园房地产的一则电视广告，把"昔日"在乡间早出晚归、辛苦劳作的场景，和"今天"开名车、住豪宅、踌躇满志的场景进行对比组接，表达了"努力打拼获得成功之后，就应该好好享受生活"的理念。这种对比，勾起了那些曾经生活艰苦，然后在改革开放中取得成就的人们对过去时光的回忆及对现在生活的感慨，从而与广告宣扬的观点产生了共鸣。

（2）平行的剪辑

平行的剪辑又称平行蒙太奇，指把有逻辑关系的两条或两条以上不同时空、同时异地或同地异时的线索交替展现，平行发展，从而产生一种相辅相成的效果，以深化某种意蕴。平行的剪辑有时可以通过两组形象交叉来构成一种画面结构的变化，有时还可以把两种或多种场面交替组接而最后会合在一起而形成强烈的高潮。肯德基近两年推出的一则电视广告就是一个突出的例子：片中把祖父母、孙子、父亲、小叔叔等人各自从肯德基购买的"外带全家桶"套餐并带着愉快的心情回家的不同情景分别组接，交替展现，最后当大家一起分享的时候，晚下班的妈妈也抱着一个"外带全家桶"进门了，至此镜头汇集成了一个高潮，全家人不约而同的默契和对肯德基的钟爱也由此表现得淋漓尽致，并传达了"肯德基带来欢乐"的画外含义。

（3）积累式的组接

积累式的组接是通过在某种因素上有联系的、内容不同的镜头的对列，形成一种不断叠加的积累效果，从中凸显一种观念或主题，因而又称为主题蒙太奇、"主题的剪辑"。从曾获得台湾广告金像奖的"来一客"速食面电视广告中可以领略这种剪辑方式的作用和效果，如表11-1所示：

表11-1　电视广告积累式组接分析

内　容	字　幕
一群年轻男孩在雨中的篮球场上，共同撑着一张雨布，抬头张望	等雨停
背着行李的青年在路上招手试图搭便车，汽车扬长而去	等回家
一个女孩坐在行李箱上无聊地张望，身边还有大包小包的东西	等人
一男孩在电脑前，握着鼠标，表情无奈	等下载
汽车里，罪犯和警察的手铐在一起，罪犯欲挣脱，警察斥责	等分手
浑身泡沫的人站在浴缸里，伸手触碰没有水出来的莲蓬头。等水来的一对恋人并肩站在一起，男孩欲吻女孩，羞涩的女孩躲开了	等接吻
房间里，一女孩坐在地板上涂脚趾甲油	等约会
正在考试的教室中，一男生愣愣地托着腮帮	等奇迹
街口交通灯下，一个骑着摩托车的男子抬头看灯，神情呆滞	等绿灯
"来一客"产品，背景是模糊但快速移动的人群	来一客，不要等

广告时长一分钟，分别展现了十组不同内容的画面，配以节奏单调而缓慢的音乐，使观众在种种生活中、熟悉的场景中感受"等"的焦灼心情，最后突出主题"不要等"，又使观众在情绪的释放中领会到广告的意图，并可能因情感的共鸣而产生对产品的认同感。

这种类型的剪辑，旨在在镜头组接的积累中，确立起镜头之间的一种内在逻辑联系并产生一种含义、一种观念或一种情绪。组接的依据不是时空或情节上的连贯，而是画面内涵或外在形式的一种类似的因素。由于是为了在镜头的组接后形成一个意义，因此在剪辑时就必须选择那些与主题紧密相关、具有表达主题的内在潜质的镜头，用主题无形的线索贯穿这一系列的镜头。积累式剪辑的重点不在于细节的表现，而在于产生一种综合效应，使观众在镜头的积累中形成一个总体的印象，这种印象可以是一种情绪、感觉、思想、观念或意境等，从而使广告产生一种感染的力量。

（4）隐喻式剪辑

隐喻式剪辑是通过镜头的对列或交替，将具有某种相似性的不同事物进行类比，含蓄而形象地表达某种寓意，在运用时讲究贴切、自然、含蓄、新颖，不可牵强附会。

（5）象征式剪辑

象征式剪辑则是通过镜头间的对列让形象本身的意义隐去，同时经过观众的联想和想象产生另一种引申出来的新的意义。这两种剪辑类型都带有一种主观色彩，然而也都必须具有合理的依据，才能使镜头语言的描述言之有物，达到表达的目的。

以上各种剪辑类型各有特点，实际上其形式与广告的内容紧密相关，往往与广告创意的诉求方式相一致，并不是编辑人员任意选择的。例如上文所举的"来一客方便面"电视广告，就是先有文案的内容规定，然后在编辑中也相应以这样的形式来表现。也就是说，使用哪一种形式应由主题和内容的表达需要决定，而不能为了形式而形式。

11.5　电视广告声音编辑

现代电视广告几乎都离不开声音，因为声音是电视双通道立体表达的重要组成部分，是传达电视广告创意的重要手段。声音与画面相得益彰，构成一个协调的有机整体，共同营造电视广告的艺术效果。完全没有声音的电视广告目前在电视屏幕上已经十分少见，除非创意绝妙，有"此时无声胜有声"的奇特效果，否则，声音的缺失势必给广告的整体效果带来或多或少的不必要的损害。电视广告声音的编辑和画面的组接一样，要求为广告的内容服务，与之连贯、协调。声画有机结合，相互作用，才能创造出优秀的广告作品。

和电视剧等节目追求同期声效果的趋势不同，目前大多数电视广告的制作都仍然采用声画分离的录制方式，在后期编辑的过程中对画面和声音分别处理，再进行整合。因此，通常情况下，声音的编辑讲究的是如何与画面配合。电视广告中的声音元素一般可以分为语言声、音乐和音响三种类型，下面就分别来认识各自的编辑特点和情况。

11.5.1　语言声的编辑

电视广告通常可能配有解说词或对白，或两者兼有，有时也可能两者皆无。对白就是人物（或拟人）对话，在广告中多数是后期配音，有些则是同期声。解说词、对白（为了论述的方便，这里的"对白"专指后期配音的对话，以示与同期声有所区分）和同期声就是电视广告语言声编辑中要处理的三个主要组成部分。

1. 解说词的剪辑

解说词作为电视广告词的一部分，它是表明电视广告创作意图，诠释创意并最终作用于观众听觉的一种重要的语言形态。

由于电视广告篇幅短小的特点，解说词也要求言简意赅，高度凝练。因此，电视广告中的解说词相对也比较简单，但并不因为简单就可以随意处置，它和画面所形成的声画合一或声画对位的关系及其表现效果同样富于变化。解说词和画面之间是一种辩证关系，一方面，解说词源于画面，受到画面内容的制约；另一方面，它并不被动地从属于画面，不是画面简单的重复，而是在表达意义和感情时具有较强的主动性，对画面有概括的作用。

解说词在电视广告中的重要作用具体表现如下：

（1）传递信息

电视广告画面传递直观的、具象的信息，解说词则承担着传达概念性、抽象性、理念性的信息。例如，产品的功能、特点等信息就需要解说词来对观众作出必要的介绍和解释，这在理性诉求类型的电视广告中尤其重要。

（2）深化主题

画面语言形象化地表现主题，但往往需要观众的主动参与才能领会。配合恰当的解说，可以起到揭示创作思想，深化主题的作用，使观众更深入地领略广告的妙处。

众多脍炙人口的广告语的广泛流传就是明证，如轩尼诗XO贯穿于几乎每一则广告的"世事无绝对，另有新情趣"，就总能使广告饶有深意，令人回味。

（3）创造意境

画面语言固然是营造广告诗化的艺术境界的重要手段，而解说词则有助于观众更深切地感受到其艺术氛围和韵味。

结合解说词以上的特点，其剪辑的关键就在于处理好解说词与画面的关系，找准两者的结合点，充分发挥它的作用。

2. 对白的剪辑

从后期制作声音配合画面的需要出发，对白的剪辑也要以画面中人物的"语言动作"及对话内容为基础，结合特定情境中人物情态、语速、情绪等因素，选择恰当的剪辑点进行组接。

人物对话的剪辑分为平行剪辑和交叉剪辑两种表现形式。前者是将对话声和画面同时切换，声音和画面同时出现，达成一致。这种剪辑具体表现为三种可能的形式：

（1）时空舒缓法

即当前一个镜头的声音结束后以及后一个镜头切入时，声音与画面都留有一定的时空，例如有些广告中，画面先出现演员的动作，然后再面对镜头说话。如一则"百服宁"感冒药的广告中，一个镜头是工作中的女子稍作停顿，转向镜头说"白天吃日片",接着"走"进下一镜头,已经转换为晚间的场景和服装,女子接着说"晚上吃夜片"。在这里,上个镜头声音结束后和下个镜头声音切入前都有画面存在,形成一定的缓冲。

（2）情绪呼应法

上个镜头的声音与画面同时结束,下个镜头则留有一定的时空,再出现声音。例如对话中,一个人话音一落,就切入另一个人的反应。如"生力"啤酒由香港影星周星驰出演的电视广告"网友见面篇"中,一个镜头是美女问:"哪一位是型英帅靓正啊?"下一个镜头是周惊讶的表情,然后问:"你就是如梦?"这种剪辑方法比上一种更为灵活,往往也更适应情节的推进和情绪表现的需要。

（3）内容紧凑法

上个镜头声音与画面同时切出后,下个镜头中声音和画面就立即同时切入。例如一则"血尔"健康食品的广告（创意优劣暂不评价）中,上一镜头男子转过头来说:"你妈妈脸色好像不太好。"然后马上切换到下一镜头,女子嗔怪道:"你都不会做。"这种方法在电视广告中也是常见的,能造成较强的节奏感。

3. 交叉剪辑

交叉剪辑法则是对话声与画面不是同时切换,而是相互交错地切出、切入,具体有声音滞后和声音导前两种方式。前者是在上个镜头画面切出后,声音仍然持续至下一镜头;后者是上个镜头声音结束后,画面仍在继续,并已出现逻辑上本应属于下一镜头的声音,有未见其人、先闻其声的效果。交叉剪辑法的作用是形成人物情绪上的呼应和交流,营造流畅、生动的戏剧效果,常见于电视剧中人物对话的处理,在广告中相对较少使用。

不管是哪一种剪辑方法,都应从广告内容的需要出发,与情节和画面人物动作、情绪等相吻合,与画面造型因素相匹配。

11.5.2　音乐的配合

音乐是一种富于感染力和想象力的表现手段,音乐运用在电视广告上,可以帮助受众在看和听的时候有不同的解读方式,可以使品牌有情感性延伸,还可以在消费者心中建立情感的层面。据有关资料表明,从1923年广播首次开播始,音乐就已经成为广告中一个十分突出的元素。到20世纪50年代,带有音乐的广告从广播过渡到电视媒体。在Stewartand和Furse（1986）所分析的1 000多个电视广告中,音乐的使用超过42%。有学者指出,在黄金时段,60%的电视广告采用音乐。

的确,在我们每日所见的令人眼花缭乱的电视广告中,作为一种长于抒情、表现力丰富、感染力强大的艺术形式和信息符码,音乐在广告中扮演着引人注目的角色。音乐具有吸引性强,记忆度高的特点,而且具有易受性,即无论男女老幼,文化程度如何,只要有听觉,接受音乐都比较容易。对于电视广告来说,善用音乐可以深化主题、推进情节、渲染气氛、描绘情景、刻画形象、扩展时空、协调作品的结构，使广告的综合表现力大大增强。广告中音乐与影像结合的成功案例举不胜举，例如，广东"太阳神"集团早期的一则形象广告，以雄浑有力、壮阔动人的歌声——"在太阳升起的地方，我们的爱地久天长"，配合众人合力托起巨型的"太阳神"企业标志的画面内容，形成了广告强烈的震撼力，不但在当时的广告市场上引起了巨大反响，而且给广大观众留下了难以磨灭的印象。在相当长的一段时间里，许多人一听到这由专人创作的广告音乐的旋律，就会想起相关的广告和企业名称，以至于广告发布多年之后，台湾某著名流行歌星的一首新歌，由于开头的一句与上述广告音乐的旋律十分相像，故一推出即引起了广泛的注意和联想。最后，企业以抄袭侵权为由控诉该歌手所属的唱片公司并获得胜诉。广告音乐的影响力由此可见一斑。

音乐在广告中不但能增强广告的表现效果，还发挥着重要的补充作用，如吸引注意、传达信息、协助记忆、激发联想等。例如，有些企业在不同的广告片中使用相同的主题音乐断句，配以容易记认的歌词，唱出与企业、产品的形象或理念紧密相关的口号，使之深入人心，广泛流传。如"麦当劳"的"更多选择更多欢笑，尽在麦当劳"和"东芝"电器的"Toshiba，Toshiba，新时代的东芝"。还有很多广告借用观众熟悉的乐曲，填上广告词，利用观众对音乐的熟悉加深其对广告信息的认知。如"宝宝金水"的广告借用儿歌"找朋友"的旋律，"蒙牛"牛奶借用民歌"草原上的家"，"喇叭牌正露丸"更是多年的广告都使用同一首 JUNGLE 音乐，使这一旋律在消费者心目中几乎与"喇叭牌正露丸"画上等号。姑且不论这些广告的创意如何，毋庸置疑的是音乐带着广告信息进入了消费者的记忆。研究表明，音乐比文字更具有记忆上的效果，这就是为什么人们常常记得某首歌的旋律却忘记了歌词的原因。作为一种有效的回忆提示，音乐在广告中时而浓墨重彩，时而蜻蜓点水，时而隐于背后，时而大行其道，为广告增添了更多的力量。

因此，在剪辑中善用音乐这种元素，发挥它的作用，就显得十分重要。而要有效地发挥音乐的妙处，其编辑的主要依据是广告内容的表达以及内在节奏的创造的需要。

音乐在电视中的表现，就其手法而言，有写实和写意两种。写实音乐，即画面上可见其声源的音乐，又称为有声源音乐或客观性音乐。写意音乐又叫做无声源音乐或主观（导）性音乐，能够独立而充分地发挥表现作用。两种音乐在电视上的使用分别表现为声画同步和声画对位。电视广告中的音乐一般是写意音乐，以画外音的形式出现，根据内容的需要，配合广告画面传情达意，创造意境。

电视广告的音乐可以是根据画面内容专门创作的，也可以利用现成的音乐资料。无论是哪一种来源，关键都要从广告表达的需要出发，充分考虑旋律、调式、节奏、乐器、音色等因素，选择能与画面配合良好的音乐，找准声画的结合点进行剪辑。按照音乐的配制方式，音乐在电视广告中出现的形态有以下几种：

（1）整体式

指在广告片中从头到尾都配上音乐，有时配合解说或高或低，起映衬的作用；有时贯穿全片，成为表达情感的主要手段之一。

（2）分段式

指在广告片的某一段或多段里配上音乐，起点缀的作用。

（3）零星式

指在某些镜头或一个镜头的某一画面上配置音乐，对画面起强调或烘托作用。

如片头音乐在广告片开始时进行铺垫，揭示主题，把听众引入广告情节和氛围；片尾音乐可以对广告主题或情节进行概括和总结，或者造成某种气氛或意境。

（4）综合式

广告的音乐依据主题和内容灵活地配置，如在某一段落配乐的同时也在其他地方零星式地配乐，完全视表达的需要而定。

从音乐的表现作用来划分，电视广告音乐有抒情性音乐、描绘性音乐、喜剧性音乐、气氛性音乐、说明性音乐、幻想性音乐、效果性音乐、模拟性音乐等。按音乐风格划分，还可以分为古典音乐、民族音乐、通俗音乐、戏曲等。总之，正如咖啡伴侣之于咖啡，音乐伴侣若能与电视广告这杯咖啡恰如其分地融合在一起，就能产生更浓郁的味道。电视广告编辑应该充分调动艺术触觉，根据内容的特性和观众的口味，调出一杯诱人而又令人饮之难忘的咖啡来。

11.5.3　音响的处理

音响包括现实世界中各种各样的响声，运用在电视广告中，其主要功能是写实，在特定情况下也可以写意。在广告作品中，音响能够烘托气氛，增强真实感，加重戏剧性，是视听语言的整体结构元素之一。

1. 音响编辑的依据

（1）增强画面真实感的需要

音响最大的作用是创造声音环境，增加画面的真实感和生活气息。例如，很多牙膏广告就常常采用适当的音响来增强画面的表现力。如"中华"牙膏的一则电视广告，祖孙二人比赛吃麻花，在他们分别咬动麻花的时候，清脆的响声使观众深切体会到他们牙齿的坚固，从而也更容易相信广告所传达的信息。又如"冷酸灵"牙膏的一则广告：画面是一个装着柠檬片、冰和水的玻璃杯，先是杯中的水被吸光了，然后冰块也消失了，最后连卡在杯子边沿的柠檬片也不见了。整个过程中完全没有人物出现，也没有语言，只有相应的"咕噜咕噜"的喝水声、"咔嚓咔嚓"嚼、咬冰块的声音和"啧啧啧"作响的咀嚼声。广告仅仅依靠简单的画面和生动的音响效果，就使观众感同身受，非常到位地传达了产品"冷、酸都灵"的效用，饶有新意。

（2）烘托环境气氛的需要

音响可以突破画面容量的限制，扩大信息的总体容量，延伸画面，从而使环境气氛更具感染力。例如，2004年奥运期间"波导"手机的一则广告：田径赛场上的黑人运动员遥遥领先，在即将冲刺的时刻忽然停下来，拿出波导手机自拍冲刺时的英姿。伴随着这一过程，鼎沸的欢呼声、众口同声的惊呼和最后此起彼伏的喝彩声，使人如同身处万人体育馆之中，目睹了这一"冠军风采波导拍"的场面。

（3）发挥结构功能的需要

利用前后两个场景中相关联的音响，可以自然而紧凑地衔接画面和转换场景。音响转场常能营造出一种较强的戏剧效果，给人干脆利落之感。例如，笔者1998年为汕头某别墅创作的电视广告"井蛙篇"，把居于闹市之中比喻为坐井观天，在对比中突出该房地产的优点。在男主角于高楼大厦密集的包围中振臂呐喊之际，"砰"的一声，画面轰然碎裂倒塌（电脑制作效果），即刻切换至下一镜头别墅区开阔的全景，借用音响的连接功能，使上下镜头衔接紧凑，并与广告所表现的气氛相符。

此外，音响的运用还能起到刻画人物情感、创造戏剧效果等作用，在电视广告中发挥写实或写意的功能。

2. 音响在剪辑中的运用

音响的运用有写实运用和写意运用，即声画合一和声画对位两种。

（1）音乐的写实运用

写实的音响主要指现场效果音响，即画面中各种发声体所发出的声响。在选择和使用音响素材时应力求做到与画面相配合，有真实自然之感。具体来说，要求音响素材的发声体与画面中的发声体一致和相近，发声数量、环境、距离等要与画面显示的相一致，音响素材的声效要与广告特定的内容、情绪及气氛等相符合，并合乎自然规律和生活规律

（2）音响的写意运用

即声画对位，指音响的画外处理，具体用法包括：

①延伸法。就是将上个镜头的音响效果向下一镜头延长，使音响效果保持完整，上下画面的情绪或气氛得以连贯。

②交替法。一般运用在相连镜头中有多个形象都发出声音的情况下，利用多声道使相应音响声交替出现，保持各效果声的尾音完整，并利用各效果声的重叠丰富画面声音的内容使之有现场感。

③预示法。将后一镜头的效果声放在前一镜头画面中开始，使观众对下一镜头的内容产生期待和预感。

④渲染法。根据内容、情节的发展配上某些与画面相协调的音响，这些声响往往不是画面主体所发出来的，但可以加强画面本身的表现力，营造某种情绪或气氛的效果，并使画面产生创造性的意义。

11.6 营造电视广告的结构和节奏

电视广告剪辑并不仅仅是把镜头简单相加组合在一起，其终极意义在于创造一个完整的、生动的、富有艺术感染力的广告作品。影响电视广告感染力的因素是多方面的，画面内容固然是决定性的因素，另外多种综合因素中还有两个方面特别值得重视，那就是广告整体所呈现出来的结构和节奏。

11.6.1 电视广告剪辑中的结构

电视广告虽然篇幅短小，但若创意独到，制作精良，往往广受欢迎，成为经典，因此有人把优秀的电视广告等同于一部微型的电影。和电影一样，好的电视广告能在数量极少的镜头中表现丰富的内涵，广告片的整体意义超越了一系列单个镜头的含义相加的总和。这种效果，是通过广告完整的叙述系统体现出来的。而构造完整的叙述系统正是电视广告编辑的主要目的，这个叙事系统就是所谓的结构形态。

电视广告的结构就是指广告作品在内容层面上的组织方式，即镜头的编排，画面的组合，叙事表达的方式等。和其他电视作品一样，广告作品的结构也有两个层次，一是整体布局，即剪辑对整体形式的把握；二是内部构造，即对广告叙事表达系统内各要素、各局部的构成和转换的把握。

1. 电视广告作品结构的基本要求

随着电视手段的日益完善，多数电视广告都做到了画面精美，但有调查表明，目前观众对电视上的广告满意度普遍较低。创意低劣是主要原因，另外一个原因是很多广告忽视了塑造广告的内在统一和外在完整的结构形态，只是画面的堆砌，给人散乱无章的印象。除了创意之外，电视广告的成功很大程度上还取决于它的创意是如何传达的。广告是否能准确地表达其意图，是否能在观众心目中留下明晰的印象，与广告的结构技巧有着密切的关系。

广告的结构形式较之其他电视作品有更大的自由度和随意性，也因此对结构的技巧提出了更高的要求。广告作品的结构并没有一个固定的标准形式，但基本上都要求做到完整严密、自然而新颖。

（1）完整严密

完整性是电视作品结构最基本的要求。一般来说，电视广告往往没有一个始末圆满、跌宕起伏的故事，即使是情节式广告，也通常表现为一个短小的故事片段。因此，广告就要善于在一个清晰主题的统领下，以情节或过程作为结构框架，选择能代表情节或过程发展中的主要高潮点的片断或材料，将其组织起来，构成一个脉络清晰、连贯统一的结构形态。如果是情节式的广告，要通过串联各代表性镜头，把开头、发展、高潮、结尾在短短的叙述中交代清楚，使观众对事件的因果关系或动作过程有一个完整的认识。如果是表意式广告，也要循着清晰的线索，按照一定的逻辑顺序有条理地加以描绘或表现，使观众对广告的主题有总体的把握。例如房地产广告，要展示楼盘环境的优美，并不是东拉一点、西扯一点地把精美的画面拼凑起来就可以了，而是应该要么从局部到整体或从整体到局部，要么遵循一定的方向或逻辑线索来进行描述，从而使观众能对该楼盘有一个清晰的总体感觉，不至于只有浮光掠影的印象。结构凌乱或残缺，都会影响观众的理解，严重的还会让观众如坠云里雾里，摸不着头脑。

广告作品的结构在做到完整之余，还要严密，也就是要工整，有条理，层次分明，逻辑性强。这是编辑思维逻辑严谨性的体现。结构严密的广告作品会给观众以内涵丰富而又滴水不漏的感觉。当然，要求结构的严密，并不是提倡过分地追求刻板的严谨，过于注重结构的规整可能导致广告的表现呆板，缺乏真切之美。

（2）自然

生硬做作的广告是难以打动观众的，内容或形式处理不当都可能导致广告作品缺乏自然感而引起观众的心理排斥。结构不单是一个形式问题，也关乎内容。广告的结构方式带有很强的主观性，同样的素材可以有不同的组接加工方法。这就要求编辑者从生活逻辑出发，找准各种造型元素之间的联系和结合点，使各部分的编排自然流畅，合情合理。要做到这一点，编辑人员需要有高超的技巧，也需要具备较强的艺术直感。在剪辑中要刻意求工，但在观众的眼里则要不露斧凿痕迹，剪辑的艺术和功力就体现在这个看似矛盾的统一之中。

（3）新颖

新颖性是广告重要的特性之一，这是对创意包括内容和形式两方面的要求。可以设想，如果所有的电视广告都以同样的方式来表现，即使内容各有特色，也会使广告世界显得单调乏味，广告要突出自己，吸引受众就更加困难了。因此，就要使作品的结构既符合表达内容的需要，又能形成独特的个性风格，给人新鲜感。有时候，广告的新意很大程度上是通过赋予它一个与众不同的结构形式来产生的。例如，很多饮料广告都是按照其选料、制作、包装、品尝的顺序来表现的，但也有的啤酒广告会反其道而行之，以"倒退"的形式把上述过程反过来描述，内容和其他同类广告相比没有太多独到之处，但新颖的结构方式却更好地传达了广告意图，也营造了广告独特的风格。然而值得注意的是，结构上的创新应以为内容服务作为出发点，避免走进为形式而形式的误区。

2. 电视广告作品的结构形式

电视广告是一种求新求变的艺术，电视广告作品的结构形式也呈现出多样化的特点。各种各样的结构模式单就其本身而言，并没有优劣之分；对于任何一个广告作品来说，也没有固定的套路必须遵循。电视广告作品结构的选择和设计，应当以广告创意构思为依据灵活运用，为广告意图及其表达服务，体现对各种造型元素的总体把握。参照电视作品常见的几种结构形态，我们可以对电视广告作品的结构形式作一个粗略的分析。

（1）顺序式

顺序式是依照事件进程、动作过程或认识事物的逻辑顺序来组织、安排作品层次的方式。这种结构形式一般呈线性态势，符合现实生活的逻辑和顺序，循明显的因果链或发展线索进行叙述，因此顺序式结构也称为"单线结构"。

顺序式结构可以依照时间的发展线索把事件或过程的内容逐渐展示出来。以时间的进程为线索，一种情况是事实本身发展的时间顺序直接决定结构的安排；另一种情况是根据内容的逻辑关系创造一条时间线索来串联内容，其蒙太奇的结构性时序与现实生活没有严格的对应关系，但在叙事上符合时间逻辑。另外，也可以以认识事物的逻辑顺序为线索，即由表面到本质逐渐深入，不断深化主题。

顺序式结构的叙述符合现实生活的逻辑发展特性和人们认识事物的习惯，容易为观众所理解和接受。

（2）交叉式

将不同时空中的两条或多条有着内在联系的线索交叉组合，推动结构的整体发展。这种结构方式打乱了时间和空间的连续性，然而一般是同一主体在不同情境下的对列比较，其交叉的线索之间是有相关联系的，并能在对列或对比中造成一种冲撞或加强，在共同的作用下形成具有一定深度和广度的网状结构，拓宽延伸主题意义。交叉式的叙述结构通常能形成更丰富的变化，也需要观众更主动地参与。

（3）板块式

板块式结构也是由两条或多条线索组成，但不是交叉安排，而是相对独立地各自发展，每一块内容中的小结构是一种顺序式结构。各板块相对独立，但之间具有一种统领于主题思想之下的主观化的联结，多角度多层面地展现一个总的主题或事件，具有集纳的整合效应。运用这种结构时，要注意保持各个板块的相对完整和思路的清晰，同时要注意各板块之间的转换，使之在一个主题或意义的统领下成为一个综合的整体。

11.6.2　电视广告剪辑中的节奏

"节奏，谓或作或止，作则奏之，止则节之。"这是《礼记·乐记》中关于节奏的记载。音响交替出现，一作一止，合乎一定规律，就形成节奏。节奏是一种连续而又有间歇的运动形式，它诉诸各种艺术形式，作用于人的感观。关于节奏有很多种不同的说法，但没有人会否认节奏是艺术必不可少的一种形式美，是富于表现力的一个艺术元素。

在电视广告作品中，节奏既表现在时间的流程中，又表现在空间的运动形态上，既依附于活动的影像中，又依附于声音里。色彩的组合，景别的变换，明暗的对比，角度的转变，音乐的起伏和强弱，镜头的运动和长度变化，语言、音响、影像造型等因素都能体现广告的节奏。因此，节奏是一个复杂的综合体，它的表现形态也是多重的。

1. 节奏形态的分类

（1）内部节奏和外部节奏

对影视作品的节奏，最基本的分类方法是把它分为内部节奏和外部节奏。电视广告作品的情节或过程的内在发展进程或者人物的情感变化而产生的节奏就是内部节奏；外部节奏则是由画面上一切主体的运动以及镜头的转换及其速度产生的。内部节奏可以通过人物的语言动作、场面调度和蒙太奇手法等产生，通过审美直觉去感知。一个广告作品的内部节奏和外部节奏，有时是一致的，有时则在局部形式上有所不同，两者都必须依据广告的主题和内容的要求来安排，在深层次的结构上达成有机统一。这种统一主要是在剪辑这道工序上得以实现的。

内部节奏和外部节奏是不可分割的，外部节奏以内部节奏为依据，内部节奏以外部节奏为表现形式。处理节奏时，必须对作品的内容、人物的情感、环境的氛围和调子的性质等进行仔细揣摩，深切体会，把握广告作品的内在节奏的脉搏，在剪辑中找到一种与之相匹配的节奏，创造作品的节奏美感。

（2）总体节奏和局部节奏

总体节奏是指作品整体上的一种结构性的节奏，全片各个单元段落或部分的具体节奏在它的统领之下被统一组织起来。在电视广告中，很多作品并不能分离为明显的各自相对独立的部分或段落，但有时一些篇幅比较长（如广告杂志）或采用板块式结构的作品，对于作品节奏总体和局部的关系也要特别留心，妥善处理。电视广告作品的节奏可以表现为平稳、跳跃、流畅、凝重、对比、反复等形态。处理节奏时要设计好一个总的基调，把各部分的具体节奏统一起来。

（3）视觉节奏和听觉节奏

电视广告的节奏是作用于人的感官而转化为一种内心感受的。在此意义上节奏可以分为视觉节奏和听觉节奏。视觉节奏通过画面形象表现出来，诉诸场面调度、主体的动作表情、镜头的变换和长短变化等。画面形象的交替出现所形成的远近、长短、快慢、张弛等合乎规律的运动，都可以构成富于变化的视觉节奏。听觉节奏则来自于听觉元素的轻、重、强、弱、缓、急等声音层次的有规律变化。在广告中，音乐是营造听觉节奏的重要手段之一。

视觉节奏和听觉节奏在影视语言表达中它们总是相辅相成，相互作用的，因此，在剪辑中应当依据内容表达的需要加以综合运用。

（4）简单节奏和复杂节奏

从叙述的结构上节奏还可以分为简单节奏和复杂节奏。简单节奏是由镜头比较规则的组接产生的，例如，镜头内部运动由远及近或由近及远形成的节奏，镜头长短大致相近或逐渐减短产生的节奏等。复杂节奏则是由规则镜头和不规则镜头交叉组接形成的节奏，一般由平行交叉蒙太奇剪辑形成，有时是形成一种对比，有时是在一种关系中共同制造一种气氛。

2. 节奏的创造

电视广告作品的节奏尽管与广告中各种视听造型元素都有关系，但主要是从按不同长度和幅度关系将镜头连接起来的过程当中产生的。也就是说，节奏主要是在编辑组接中形成的。决定电视广告作品节奏的因素主要是镜头的长短以及由此造成的不同的剪接率，主体的动作和镜头的运动以及音乐和音响等。

一般来说，一条广告片由多个镜头编辑而成。由于视距的不同导致景别的变化，也使镜头的内容有繁有简，观众看清和理解其内容所需的时间也就不同，因此镜头的长度相应地就有长有短。镜头的长短在电视语法中构成不同的叙述语速，镜头的每一处组接都相当于电视语言中的韵脚，是创造节奏的基本方法。需要指出的一点是，由于电视广告篇幅的限制，其镜头的长和短是相对的，很少有一般电视剧中动辄数分钟的所谓长镜头。

一般情况下，景别大的镜头反映的内容较为复杂，不能剪得太短，以便让观众可以看清；景别小的镜头反映的内容较为单纯，镜头就应该剪得短些，以免显得拖沓。因此，在剪辑中首先要注意视觉规律，依据景别来确定镜头的长度。但景别大小并不是决定镜头长度的唯一因素，由于画面内各种元素的复杂程度不一，吸引观众注意和观众看清画面所需的时间也并非与景别大小绝对挂钩。在剪辑中，必须综合考虑各种因素来决定镜头的长短，镜头的这种有效长度，称为镜头的叙述长度。

把各个长短不一的镜头连接起来的速度可以创造一种节奏，同时还可能形成一种意味。快速度的剪辑使影像一个接一个地迅速转换，往往会加强故事的兴趣，产生较强烈的冲击效果。然而把镜头削减到最低限度的长度（即为了让观众理解该镜头所表达的全部意义而使之在屏幕上停留的最少时间，由景别的大小、镜头内容及其包含的变动量和上下情节的复杂程度等因素共同决定），并不是造成快速节奏的唯一方法，有时变换速度比持续不变的最快速度的剪接更能凸显快的感觉。前后镜头在速度上的对比往往可以给观众一种持续的紧迫感，造成的印象也可能更为强烈。例如，在表现一个人夺路狂奔的一系列短镜头中，插入一个奔跑动作的慢镜头，会给观众一种更难按捺的紧张感。如果镜头的长度变化与各个镜头的内容紧密关联，形成合适的节奏，观众就很难去留意镜头长短上的那种细微的变化，而会在一种下意识的节奏感觉中忘却了节奏本身的存在。因此，营造广告作品的节奏，要考虑把内容叙述清楚的需要，适当确定镜头的长度。

除了考虑把内容叙述清楚之外，节奏的营造还要顾及镜头长短与叙述的感染力之间的关系。影视作品的感染力可以用"感动调子"来描述，它由内容调子和剪接调子两个感动因素决定。内容调子由画面的内容和造型元素产生，剪接调子则是由剪接率造成的。剪接率是指镜头转换的速率，由单位时间内包含的镜头个数来表示。镜头时间长，一定时间里放映的镜头就少，剪接率较低；反之则高。在一定长度的镜头组合中，镜头越来越短，称为"剪接率加速"；反之则是"剪接率减速"。通常剪接率高，节奏就显得快；剪接率低，节奏就较慢。不适当地使用长镜头会产生冗长沉闷的感觉，而过多运用短镜头，又可能造成琐碎、仓促的印象。因此，剪接率的确定应该充分观照内容的叙述和总体节奏，做到既符合视觉心理规律，又富于变化。

运用剪接率创造广告的节奏可以增强对观众的感染力。例如，2004年8月"耐克"运动用品推出的电视广告，主要内容是著名钢琴家李云迪赶赴表演现场的过程。片中，李云迪身穿西服、脚踏破旧自行车的形象与身穿运动服、驾驭专业自行车穿越大街小巷的幻化形象（由国际知名自行车运动员阿姆斯特朗出演）交替切换，使用了一系列的短镜头，镜头的切换频率越来越快，营造了一种紧张的气氛，充分调动了观众的期待心理，并使这种兴奋的收视心理保持至李最终及时走上舞台，弹响第一个音符的时候，悬念的释放带给了观众愉悦的心理感受，也很好地贯彻了品牌"你能比你快"的理念。由此可见，一定长度镜头的连接形成的特定节奏可以造成视觉和心理的冲击，产生对观众的刺激和震撼。一般要在第一个镜头给人的刺激消退之前及时地接上第二个镜头，使刺激感在第二个镜头中得以持续，依次妥善地连接第三、第四个甚至更多的镜头，就会获得一种积累效果，产生特定的剪接调子，营造递增、高潮、回落的心理曲线，强有力地抓住观众的注意力，使之受到作品的感染，获得美妙的心理体验。当然，并非只有快节奏的剪接才具有感染力，根据作品内容表达的不同需要，有时也需要剪接率低的编排来营造某种特殊的效果。更多的情况下，广告作品的剪接率并不是自始至终一成不变，而是张弛结合，以丰富作品的表现力。

除了镜头长短和剪接率之外，电视广告的节奏还体现在镜头本身的运动和镜头内主体的运动上。镜头推、拉、摇、移等运动的速度快，节奏自然就快，反之就慢。而被摄主体的动作幅度和速度不同，也会产生不同的节奏感。因此，在剪接中，要充分考虑这些因素，做到内在节奏和外在节奏的统一。

音乐是电视广告中增强节奏感的另一个重要手段。这是因为音乐的节奏相对而言更有规律，更容易被观众感知，感染力也更为明显。在广告中，音乐往往起着配合画面的作用。广告作品的整体节奏在音乐的旋律中得到进一步的统一和强化。因此，与一般电视节目相比，音乐的剪辑和编排在广告作品的编辑中占有更为突出的地位。

综上所述，节奏和结构都是复杂的综合体。由于镜头内容，多种造型因素以及电视广告语言的复杂性等问题，电视广告作品结构和节奏的创造技巧难以在简单的分析和论述中完全掌握，还需要在了解了各种综合因素及其运用的基础上，结合个人的生活经验、艺术直感和创造力，在编辑实践中加以完善。

本章小结

无论从事哪一个具体环节的工作，电视广告从业者都有必要了解编辑及其重要意义，培养必要的编辑意识和思维，掌握基本的编辑技巧。具体而言，电视广告编辑是指根据广告创意的要求对素材进行选择，寻找最佳剪接点对画面进行组合、排列，对声音（包括语言、音乐、音响等）、字幕等进行设计和处理，使之形成一个完整的、能准确传达创作者意图的广告作品。

编辑意识在最初的环节中便已对广告创作产生了影响。在某种意义上，编辑不但是广告作品创作的最后一关，也是相对于前期创意、拍摄来说的一种再创作。电视广告有着鲜明的特色，包括紧贴主题，充分利用画面，节奏紧凑，画面编排富于跳跃性等。

电视广告编辑可以分为准备阶段、编辑阶段、检验阶段这几个基本环节。准备阶段包括调整拍摄计划、熟悉素材、拟定编辑提纲、准备设备；编辑阶段包括整理素材、纸上编辑、粗编、精编；检验阶段主要围绕逻辑问题、意义表达、画面质量声音、文字效果、节奏感和整体感等问题对完成片进行检查。

电视广告编辑思维是电视广告编辑人员在对广告各方面的素材进行处理时所表现出的高级意识活动。电视广告编辑思维一般包括选择信息、加工信息、储存信息和输出信息四个基本环节。电视广告编辑思维主体，即思维者，就是电视广告编辑人员，可以是个体或群体，是思维行为的载体，是思维活动的发起者和执行者。电视广告编辑应该具备全面的思维能力以及思维表达能力。电视广告编辑思维客体是思维主体直接作用的对象物，包括两个层面：思维组织和应用的电视符号系统；思维传达的客观对象即电视观众。电视广告思维活动是一个完整的实践系统，思维主客体之间不可分割，相互联系，相互制约，相互依赖。

电视广告编辑思维是一种独特的思维形态，主要有社会性、实践性、运动性、概括性、创造性等特点。在符合逻辑和观众视觉观念及心理习惯的前提下，电视广告编辑中的时间和空间是无限与有限、主观与客观、多样与统一的融合。电视广告创作人员应当合理运用电视广告编辑的时空创造手法，营造广告中逼真生动而又令人信服的时空世界。

电视广告编辑要达到良好的效果，必须遵循一定的原则。电视广告编辑最根本的原则是为广告意图服务，忠于广告创意。技巧原则包括逻辑匹配原则、景别安排的和谐原则、运动表现的连贯原则、影调色调的协调原则等。电视广告编辑人员依据自己的艺术素养，因自己的审美和经验影响着自己的风格，在统一的艺术原则下综合运用各种各样的造型元素，赋予广告艺术感和感染力。

电视广告编辑中最重要的工作就是画面的剪辑。叙事性剪辑依据情节发展的时间顺序、逻辑顺序及因果关系来分切组合镜头，推动情节的发展和动作的连贯，表现人与事物处在运动及其过程中。表现性剪辑是通过不同镜头的对列形成冲击来产生比喻、象征、联想等艺术效果的。

电视广告声音的编辑和画面的组接一样，要求为广告的内容服务，连贯、协调、声画有机结合，相互作用，才能创造出优秀的广告作品。电视广告中的声音编辑一般包括语言声、音乐和音响三个方面的处理。

电视广告剪辑并不仅仅是把镜头简单相加组合在一起，其终极意义在于创造一个完整的、生动的、富有艺术感染力的广告作品。结构和节奏是影响电视广告感染力的重要因素。

电视广告的结构就是指广告作品在内容层面上的组织方式，即镜头的编排、画面的组合、叙事表达的方式等。广告作品的结构有两个层次，一是整体布局，即剪辑对整体形式的把握；二是内部构造，即对广告叙事表达系统内各要素、各局部的构成和转换的把握。广告作品的结构并没有一个固定的标准形式，但基本上都要求做到完整严密、自然而新颖。电视广告作品的结构形式一般有顺序式、交叉式、板块式等类型。

节奏是一种连续而又有间歇的运动形式，它诉诸各种艺术形式，作用于人的感观。节奏是一个复杂的综合体，它的表现形态也是多重的。决定电视广告作品节奏的因素主要是镜头的长短以及由此造成的不同的剪接率，主体的动作和镜头的运动，音乐和音响等。电视广告编辑要做到内在节奏和外在节奏的统一。

在了解了各种综合因素及其运用的基础上，电视广告编辑应该结合个人的生活经验、艺术直感和创造力，创造有效的、感染人的电视广告作品。

思考与练习

1. 什么是电视广告编辑？其作用是什么？

2. 电视广告编辑有什么特点？包括哪几个基本环节？

3. 结合最近看到的某个电视广告作品，说明电视广告编辑中时空的表现。

4. 电视广告编辑应该遵循哪些原则？考察记忆中的广告作品是否达到了这些要求。

5. 选择一则电视广告，评价其画面和声音的编辑有何优点或缺点。

6. 在你看过的电视广告中，你认为哪一则在结构的营造上是成功的？该广告主要是通过什么手段来创造其结构的？

7. 在你看过的电视广告中，你认为哪一则在节奏的营造上是成功的？该广告主要是通过什么手段来创造其节奏的？

12 电视广告效果测评 ▶

本章要求

◎掌握电视广告效果测评的主要指标。

◎掌握电视广告效果测评的方法。

◎掌握如何选择电视广告效果测评的时机。

12.1 测量电视广告传播效果的主要指标

12.1.1 电视媒体自身指标

1. 电视机普及率

电视机普及率是指一个地区拥有电视机的家庭（或人口数）占家庭（或人口）总数的比例。特定地区或人群电视机普及率的高低是决定电视媒介广告投放的首要依据（见附录1）。

2. 电视媒体覆盖率

电视媒体覆盖率是指在一定时间内和特定地区中，以各种方式接触电视节目的人口占该地区总人口的比例。它强调的不是收看工具即电视机的拥有情况，而是实际的收看行为，只要在指定时间内收看过电视节目，都称为电视媒体覆盖人口。电视频道覆盖状况一方面制约着节目的收视率，另一方面也决定着频道所承载广告信息的传播广度、范围、影响规模和结构，是频道参与电视媒体市场竞争的硬性指标。覆盖率的高低在很大程度上决定着电视频道的传播价值及影响力。可用如下公式表示：

电视媒体覆盖率＝特定时间内看电视节目的人数/总人口×100%

12.1.2 收视行为指标

1. 开机率

开机率是指在一天之中某一特定时间打开电视机的家户的百分数。开机率会随季节、一天之中的各个时段、地理区域以及市场状况而有所不同。一天内不同的作息安排也有不同的开机率。这些差异都是人们工作习惯与生活形态的某种反映。一般来说，寒冷地区、隆冬时节开机率要稍微高些，而在热带地区和夏日，由于阳光充足，人们户外活动增加，留在家中看电视的机会相对减少。开机率可用以下公式表示：

开机率＝某一时段打开电视机的家户数(或人数)/总电视家户数(或人数)×100%

2. 收视率

收视率是指接收某一特定电视节目或广播节目的人数（或家户数）的百分数。收视率是电视媒体中最重要的术语之一。如果 10 户电视家户中的 4 户在看节目 A，节目 A 的收视率便为（4÷10）×100%，即 40%；如果 10 户电视家户共有 20 人，只有 2 人在看 B 节目，则节目 B 的收视率为（2÷20）×100%，即 10%。

3. 占有率

占有率是收视占有率或视听众占有率的简称。这是指收看某一特定节目开机率的百分数。它说明某一节目或电台在总收视或收视听众中有多少百分数。节目视听众占有率并不表示拥有电视机的总家户数，而只是在某一特定时间那些"正在看电视的"家户数。

节目视听众占有率＝视听节目的户数/视听开机户数×100%

收视占有率和收视率的区别在于，收视率并不考虑人们是否打开了电视机，而收视占有率则是考虑在打开电视机的观众总体中，收看某台节目的观众所占的比例。正因为收视占有率是针对实际打开电视机的观众而言的，了解其中某一节目观众所占的份额，它更能表明一档节目（或频道）在视听市场上的竞争力。

从广告投放的角度讲，考察一个节目或频道的收视占有率和收视率同样重要。黄金时段节目收视率高，但占有率有可能并不高，也就是说节目竞争力并不强。而有些非黄金时段如午夜时段的节目收视率并不高，但是占有率却可能不低，其竞争力较强，受众群也更稳定。对于某些体育用品的广告商而言，午夜时段的足球直播赛事节目的观众群可能比晚间新闻播报节目的观众群更能与其目标消费对象重叠，在这一时段投放广告可能广告传播效果更明显。

12.1.3 信息传递范围指标

1. 广告到达率

广告到达率这是指不同的个人（或家庭）在特定期间中暴露于某一媒体广告排

期表下的人数，一般均以百分数表示。到达率考虑的是人数而不是人次，也就是说，不管观众在特定时间段内收看这个频道或节目几次，到达率只计算一次观看该节目的人数百分比。在电视广告界，人们经常用特定时间段内某一广告节目的总收视率（总收视点）与重复收看人数百分比之差来表示到达率。如：

到达率 = 总收视率（总收视点）- 重复收看人数百分比

例如，某电视台于晚上黄金时段播放一则广告，在8点和9点两个时间档分别插播一次，收视率分别为15%和10%，该广告在此时段内的总收视率为15% + 10% = 25%。如果这个广告片在9点插播时，收看的观众中有一半人，亦即5%的观众，在8点时已经看过一次，则这个广告的到达率就是8点时的收视率加上9点时的收视率，减去其中重复看过两次的观众百分比，即到达率 = 15% + 10% - 5% = 20%。

2. 视听众暴露度与毛评点

视听众暴露度是指全部广告暴露度的总额。它以个人数目来表示，而与百分数不同。

视听众暴露度的计算方法有：

视听众暴露度 = 人口群体的人数 × 送达给某特定人口群体的毛评点

视听众暴露度 = 广告排期表中每一插播的广告所送达的视听众（人数）累计加总

毛评点（Gross Rating Points，GRPs）是指特定个别广告媒体所送达的收视（听）率总数。毛评点提供说明送达的总视（听）众，而不关心重叠或重复暴露于个别广告媒体之下，因此，使用毛额（gross）这个词。对于个人或家户，他们暴露于广告下多少次就计算多少次数。毛评点的计算方法是：

毛评点 = 播出次数 × 播出时的收视（听）率

3. 广告接触频次

广告接触频次是指个人（或家庭）暴露于电视的"平均"次数，它是以一个人（或家庭）所看节目相加之和与个人（或家庭）数做比值而产生的。广告接触频次概念在广告排期中运用较多。

接触频次 = 观众个人（或家户）观看总次数/总人数（家户数）

12.1.4　衡量信息传递经济效率指标

1. 千人成本

千人成本 CPM（Cost Per One Thousand Impressions 或 Cost Per Thousand）是衡量广告信息传递给受众所花费的成本指标。由某一媒介或媒介广告排期表所送达1 000人所需的成本。

广告主通过比较媒体的千人成本选择媒介。千人成本是比较同类媒体不同载具或不同的媒介组合信息传递经济效益的重要指标，通过对比千人成本，能够找出在获得相同信息传递效果的前提下，哪种媒介载具或媒介组合经济投入低，经济效益好；广告发布后通过广告信息到达情况而计算的千人成本能够有效地评估不同媒介广告信息传递的经济效益，从而为制定新的媒介计划提供依据。

2. 收视点成本

收视点成本（Cost Per Rating Point，CPRP）是用平均每个收视点需要的成本来计算，电视在不同时段、不同频道的收视率不同，在媒介组合时，需要考虑购买不同频道不同时段的经济效益，平均每个收视点成本将是非常好的参照指标。

$$收视点成本＝时段广告播出费/时段收视率$$

时段收视率可以用总人口收视率或目标人群收视率表示。在进行媒介计划的比较时，比较不同频道不同时段的投放效益，需要选择相同的统计口径（见附录2）。

12.2 电视广告传播效果测评方法

12.2.1 日记法

日记法是指通过由样本户中家庭成员填写记录表来收集收视信息的方法。这是使用历史比较长的方法，在电视媒介效果监测的早期主要采用这种方法。在欠发达的地区，这种方法目前仍被广泛使用。

它的基本做法是事先设计好标准化记录表格，通常情况下按照随机抽样原则抽取一定的样本户，样本户家中每个人一个单独的记录表，通常将4岁以上成员纳入调查范围，以15分钟为一个记录单位，要求每个成员把每天收看电视的情况（主要指收看的频道和时间段）随时记录在自己的记录表上。为了帮助样本户直观地识别其正在观看的频道，通常会给样本户准备包括所有频道台标的提示卡。访问员每周送去新记录表，让对方记录其未来一周的收视行为，并收回上周的记录进行数据处理。这种方法相对而言成本比较低，更换样本户也比较容易，被很多媒介研究公司采用。日记法内强调有效收视时间为8分钟，在某个具体时段内，收看某个频道的累计时间若少于8分钟，则不必填写记录栏对应登记。但是日记法有它不可回避的问题：完全依赖样本户的填写，由样本户判断，每个记录单位的15分钟内连续收看某个频道8分钟以上才可以登记，样本户记录的是收看的节目和时段，期间插播的广告是否被看到了无法知道，因此根据日记计算的是节目收视率或时段收视率，无法知道广告的收视率。样本户要每天判断家庭内每个人看电视的情况，同时还要记录家里临时来的客人情况，这本身就是一件非常烦琐的事情，准确的填写需要随时记录，这几乎是不可能的。样本户通常会根据一天的回忆来填写，甚至在周末才集中填写一周的情况，根据回忆经常出现的误差是"马太效应"，一些著名的栏目或频道收看情况被夸大，一些知名度不高的栏目或频道的收视情况被忽视，这是日记法面临的最大问题。日记法在电视媒介环境简单的市场容易被采用，对于复杂的市场，如可以收看频道非常多的情况下，人们经常更换频道，按照15分钟的记录单位，样本户在频繁更换频道中，通常面临难以判断究竟该归属哪个频道的困难局面，而以 15 分钟的节目收视情况判断期间的广告收视情况相对误差也难以避免。尽管日记法面临诸多问题，但是对于经济欠发达地区，尤其是电话普及率比较低的农村和中小城市，日记法仍然是收集连续的收视率资料非常有效的方法。相对其他方法而言，采用日记法收集资料是比较经济实惠的方法。

12.2.2　人员测量仪法

人员测量仪法是利用"人员测量仪"来收集电视收视信息的方法，是目前国际上最新的收视调查手段。它是安装在样本户家庭电视机上的一种自动记录电视是否打开，收看哪个频道的仪器。它可以准确地自动记录每一分钟电视正在收看哪个频道，因此被大型媒介研究公司广泛采用。但是人员测量仪只能记录"电视机是否打开，正在播放哪个频道"，不能自动记录是否有人看电视、哪些人在看电视。为了克服上述缺点，人员测量仪配有类似电视遥控器的按钮，事先给样本户家庭的每一个成员编号，规定在几号按钮上，同时将每一位成员的个人背景资料按照编号输入按钮，样本户家庭成员每次收看电视节目时就按下自己的按钮，离开时关上。这样，电视机在自动记录每一分钟收看的频道的同时，也记录了哪些人在收看。在按钮键上留有一定数量的空白按钮，是专门留给客人的。若样本户家庭有客人一同看电视，要求客人按下指定按钮，并按照内容输入个人资料。

样本户定时拨通监测公司专线电话（这种电话通常是由媒介研究公司付费的电话），就可以将资料自动传送回媒介研究公司。因此人员测量仪可以在最短的时间内监测到电视节目的收视率，它可以准确地记录每一分钟的收视情况，甚至可以以秒为单位记录，因此能准确地记录每一次广告播出时收视情况的变化，根据人员测量仪的资料可以准确地计算广告收视率。即时性和对开机率的准确记录是人员测量仪最大的优点，在电视收视率研究领域受到广泛青睐。但是这一方法也有它的局限性，主要表现在：

①必须依赖样本户的认真配合才能完成。样本户的家庭成员每次看电视都要随时按下属于自己的按钮，时间长了会产生厌烦情绪，不按按钮或离开电视机前没有关上属于自己的按钮，产生错误记忆。

②成本高，更换样本户不易。专门的监视设备成本比较高，长期使用电话线路传送资料也不是可忽视的成本，因此使用人员测量仪方法通常在一个城市选用的样本容量比较小，如在中国两个最大的电视媒介监测机构 AC Nielson（尼尔森）公司和央视—索福瑞公司在各城市的样本户都是 300 户，在有上百个频道可以选择的媒介环境下，300 个样本户如果收视分散，如果同一时间有 50 个频道被选择，每个频道的期望值平均只有 6 户，用这 6 户的收视率来推断，显然样本容量过小，统计上不具有推断的要求，而节目占有率低的频道可能根本无法推断，这是使用人员测量仪面临的最大挑战。

另外，由于人员测量仪需要在家庭电视机上安装监视设备，通常每个样本户家庭需要连续监测一段时间，但是时间长了人们会产生厌烦情绪，抽样的随机性也要求定时按照一定的比例更换样本户，不断的拆装使媒介研究公司人力资源成本付出比较高。

③对于流动人口比较大的地区，会遇到很多意想不到的困难。如在深圳，由于流动人口占总人口的六分之五以上，样本户的选择不可能避开流动人口，但是他们居住非常不稳定，随时都可能搬迁，媒介公司随时面临着被动地更换样本户的情况，甚至搬迁前没有通知媒介公司，发生样本户丢失的情况，大大增加了工作的难度。

④人员测量仪的普及有赖电话的普及，对于电话没有普及的地区，使用人员测量仪无法随时传送资料，功能的发挥就受到了限制。

美国从事电视收视率调查最有实力的是 AC Nielson 公司，该公司成立于 1945 年，是 Dun 和 Bradstreet 公司的附属公司，总部设在伊利诺伊州的北布鲁克。该公司是世界最大的市场研究公司之一，电视和有线电视收视率调查是其业务的一部分。该公司主要使用日记法和人员测量仪法收集资料。AC Nielson 公司每年 2 月、5 月、7 月、11 月举行四次全国性受众调查，同时调查 200 多家电视市场。AC Nielson 公司在全美 18 个市场采用人员测量仪收集连续的电视收视率资料，与 AC Nielson 公司同时从事电视收视率调查的还有隶属于美国研究调查局（ARB）的 Arbitron 公司，该公司同时从事广播及电视的视听率调查，每年也在同期展开全国性受众调查。美国电视网和广播电台的广告收视率主要以这两家公司每年四次的调查资料为标准。AC Nielson 和 Arbitron 公司在人员测量仪的基础上发展出了一套"单一来源数据测量仪"（Scan America）系统，这套系统在收集电视收视率资料的同时还能收集家庭日常用品的购买资料。样本户购买商品回家后，用测量仪对商品上的条码扫描，就能将购物信息存储在测量仪中，同时收集广告的暴露度与商品消费情况的资料，对于研究广告暴露效果在商品消费上的反映非常有价值。

使用人员测量仪监测电视广告效果在中国内地还是近几年的事情。我国采用仪器法进行广告监测的主要有三家公司：上海广播电影电视信息咨询有限公司、央视—索福瑞媒介研究公司和 AC Nielson（中国）公司。前者调查范围仅限于上海地区，后两家公司则分别在北京、广州、上海三个大城市及其他数十个城市安装了数以千计的测量仪系统。

成立于 1995 年的央视调查咨询中心将媒介研究与广告监测作为首要任务开展起来，与索福瑞公司合作建立的央视—索福瑞媒介研究公司专职于媒介传播效果研究，电视媒介是其研究的核心，央视—索福瑞媒介研究有限公司（CSM）目前是中国规模最大的收视率调查专业公司，至 2003 年 6 月份，CSM 在全国建立了一个人员测量仪全国调查网，70 个城市日记式观众调查网，北京、上海、广州、成都、深圳、杭州、重庆、长沙、西安、常德、衡阳、韶关、珠海、中山、潮州、苏州等 16 个城市测量仪调查网，样本总规模达到 27 900 户，对全国近 700 个主要电视频道的收视情况进行全天不间断的监测。央视—索福瑞媒介研究公司计划：分级分层地扩大测量仪样组，使全国测量仪样本规模从 2 000 户扩大到 4 500 户，省级测量仪样组从 1 个扩大到 3 个，城市测量仪样组从 16 个扩大到 20 个。

AC Nielson（中国）公司 1996 年首先在上海采用人员测量仪，目前尼尔森在中国最大的 11 个城市使用个人收视记录仪提供收视监测数据。2003 年 6 月尼尔森宣布，计划把收视监测研究拓展到中国 100 多个城市，并且建立省网监测，提供真正意义上的省份收视率报告，同时计划在 70 多个城市以及 17 个省份建立日记法研究样本框，以监测城区以及乡镇的收视习惯。

12.2.3　电话访问法

电话访问法是通过打电话访问被调查者收看电视的情况。该方法通常用于在节目播出的同时进行访问的同步调查和节目播出后通过被调查者回忆完成调查的过后调查两种情况。

电话调查包括普通人员访问和计算机辅助电话访问两种形式。普通电话访问是由调查员根据事先设计好的问卷或表格访问被调查者，并根据被调查者的问答由调查员填写问卷，通过数据录入、统计分析等正常的问卷调查步骤完成。

电话访问法在几种方法中时效性最好。电话访问能够快捷而有效地采集收视资料。特别是同步电话访问，在一定时间段内，同时用多部电话分别拨号至样本户家中，询问观众当时的收视情况，数据采集通常在几分钟之内便可完成。如果采用"电脑辅助电话访问系统"（Computer Assisted Telephone Inerview，CATI），由一台主机和 20 台左右个人电脑组成，每台电脑旁都装有一部电话。访问时，首先电脑可以帮忙抽样，将设计好的问题事先输入电脑，只要输入命令，电脑屏幕上便会自动显示受访者电话号码和问题，访问者只需拿起电话，按照电脑屏幕上的提示拨号和发问即可，可以边提问边将受访者的答案输入电脑，并传给主机，直接进行统计分析，省去了编码和登录程序。当样本规模在 500 ~ 1 000 之间时，一般性收视情况调查在 2 ~ 3 小时内便可全部结束。

电话调查法在非连续性收视率调查中应用广泛，尤其是针对专门的节目或特定的广告，由于其访问是由调查员直接访问被调查者，因而能够最大限度地了解被调查者收看的情况及他们对相关节目或广告的认知、记忆及感受，同时也可以了解被调查者对相关产品的认知与消费等情况，将媒介消费与产品消费资料收集有机结合起来，是广告效果研究非常有效的收集资料方法。

12.2.4　实验法

实验室测评的具体方法非常多，在实验室中常采用的测评方法可以分为三大类，其一是模仿实际刊播情景，测试目标消费者接触广告后可能产生的效果，包括广告记忆、广告认知、广告理解等方面的效果；其二是利用心理学的某些量表测评，主要是用于测评广告的理解与评价效果，通过这样的测评确定哪个作品诉求更明确、目标消费者对哪些信息能准确理解，目标消费者对广告各构成要素的评价等是否与广告诉求一致；第三类方法是借用医学、心理学的某些仪器设备测量目标消费者在接触广告信息时产生的不同生理反应，通过目标消费者的生理反应来决定哪些构成要素更有效，或者哪个作品更能引起目标消费者的注意。

在实验室进行的测评经常采用的方法包括"试验法"、"语义差异量表"、"联想法"、"意见测试"、"瞬间显露测试"、"瞳孔测试"、"皮肤电反应测试"等。有时为了避免实验室的特殊环境干扰，也采用实际刊播的方法来比较不同广告效果的差异。

1. 实验法

实验法是纯粹针对广告表现因素的测量，多在实验室完成。具体做法是邀请目标消费者的代表性人群，在实验室中测量广告上述各个方面的内容。为了减小实验室这种非正常情景的影响，实验室尽可能做成近乎自然接触广告的场面，把所要测量的作品插进陪衬的其他作品中，使参加者不知道哪个是要测量的广告。

2. 语义差异量表

语义差异量表是一种心理学的量表，主要用来衡量同一个概念对于不同的人所具有的不同含义。最初由美国心理学家 C. 奥斯古德等在他们的研究中使用。语义差异量表的形式由处于两端的两组意义相反的形容词构成，每一对反义形容词之间分为七个等级，依次赋予不同的分数，来测量人们对广告文案及各级要素的态度或看法。

3. 联想法

它包括自由联想法、文字联想法、图片联想、补充句子等。自由联想法在测量产品形态、包装，以及宣传材料的效果等方面使用比较多，这种方法通常对被调查者不作任何暗示，对于给定的测量材料，可能是文案、图片，甚至是广告作品，要求被调查者随意回答想到的东西。

4. 意见测试

对于同一个项目，广告创意设计人员可能完成了几个备选的广告文案，通过测试的方式研究目标消费者对不同文案建立的偏爱度差别，以确定哪种文案更适合目标消费者。通常的做法是邀请目标消费者参加测试，将几组广告表现不同但商品完全相同的广告稿提供给被测试的目标消费者看，同时让接受测试者回答一系列问题。

5. 瞬间显露测试

瞬间显露测试是一种专门测试广告各构成元素注目程度的设备。它能够通过控制广告暴露时间的不同来测试广告各元素的"显眼程度"，事实上能够测量人们在最短的时间内会看到广告的哪些部位，研究如何将广告最核心的信息在"最显眼的位置"表达出来。瞬间显露测试的功能包括：①平面广告各要素的"显眼程度"。②平面广告各种构图的"位置效果"，以确定广告语、图片、细文、公司名称等的位置。③广告文案的易读、易认程度。④广告色彩搭配语构图。

同时这种设备还有其他许多功能，用于不同目的的测试。这种测试的基本方法是将待测试的广告文案事先放到要测试的机器中，设定不同的显露时间，例如暴露时间以1秒、2秒、3秒、4秒、5秒这样5次，每一次让测试者记录下看到什么，在事先准备的测试纸上将广告的各元素登记，每次暴露后看到了什么就记录什么，最后算出每个元素的平均被看到的程度，这样就可以知道在整个广告文案中各元素显眼的程度，能够预知不同阅读程度的受众按触广告信息的程度。

6. 瞳孔计测试

瞳孔计是由英格兰科学家发明的一种主要用于医学的仪器，它的工作原理与普通照相机相似，但是它具有内置的透镜和反射镜，使两眼的图像能够同时显示在所连接的电脑上。瞳孔计经外线照射眼睛，既可以在普通光线下测量，也可以在黑暗中测量。广告界使用这种仪器测量目标受众对广告各构成元素的反映，测量依据是瞳孔收到明亮光线刺激要缩小，在黑暗中要张大，对感兴趣的信息长时间关注要张大。瞳孔计测试法（Pupil Dilation Response，PDR）就是通过测量眼睛中瞳孔的扩展情况来测量受众对广告中不同元素的注意力集中和感兴趣的程度的。这是通过人体生理反应的情况来判断广告信息对其刺激的情况，但是生理反应会受很多其他因素的影响，因此要具体问题具体分析。

7. 皮肤电反应测试

皮肤电反应测试（Galvanic Skin Response，GSR）是心理测试的一种典型形式在广告效果研究中的应用。它是反应人交感神经兴奋性变化的最有效、最敏感的生理参数，它通过测量人手心发汗的程度而直接反映出人心理紧张状态的变化，反应幅度大、灵敏度高，是国际上应用最早、最广泛并得到普遍承认的心理测试指标。

在广告测试中根据接受测试者在观看广告过程中皮肤电流变化的情况来判断广告对其的刺激作用。理论基础是当一个人受到感兴趣的信息刺激时，体内电流脉冲会变得活跃，广告研究人员借用这种设备监测广告对人的刺激情况，这种设备能够测量受众对信息的反映情况，但是无法知道这种反映是正面的（喜欢这个广告而产生的兴奋）还是反面的（不喜欢这个广告而产生的身体变化）。

在电视媒体收视率的大规模调查中，传统的日记法虽然有它的局限性，但其优势受到普遍关注，并被广泛采用；人员测量仪法也得到了一定程度的普及，研究人员经过长期对日记法与人员测量仪法在相同市场得到数据的比较研究，发现了两者的差异，并找到了修正两种测量方法之间误差的依据，相信两种方法的配合将会取得更好的效果。但是也必须看到，无论哪种方法，在全国性的测量中，都存在区域性样本户数量有限，分布在各个城市的全国样本户覆盖率非常小，推断区域收视率时，样本代表性面临挑战问题，所以全国调查作为统一的比较结果价值大于单独推断某个区域的结果，而开发特定区域时，最好配合区域性样本资料。

12.3 电视广告效果测评的时机选择

广告效果测评的时机选择具有重要的意义。根据广告效果测评的过程又可划分为前期测评和后期测评。前期测评是指对广告活动之前的测评，后期测评方法包括销售效果测评、心理效果测评和传播效果测评等。

12.3.1 前期测评

广告在创作过程中，为了给操作提供指引，它们往往被演化为一套套以供遵循的原则、规律或公式，而在广告效果测评中，它们又被量化为一项项可供测量、检测的具体的指标。在电视广告中，因表现形式丰富和元素众多以及制作环节复杂而被划分成为细致、形成众多的测试指标。其中前期最重要的就是概念测评和文案测评。

1. 概念测评

概念测评的目标是确定"广告该说些什么"。测评重点是创意内容本身，即广告该表达什么内容。产品的特性往往表现在多个方面，广告将表达什么不是单纯由产品的特性决定，而是要由目标消费者关注的方向和市场的空间等多种因素决定。明确在特定的时间和空间环境下，广告面对特定的目标消费者要沟通的内容是广告设计的前提。

（1）概念测评的时间

在广告整体策略已经制定，广告目标消费者分析已经完成（包括目标消费者的行为方式、媒介习惯、消费心理等，主要通过广告市场调查来完成），此时要确定的是影响目标消费者选择消费品牌的因素，在各种因素中筛选出最主要的因素。

（2）概念测评的内容

概念测评是针对广告要集中表达的信息的测评，通过概念测评决定广告所强调的主题。任何产品都会有许多主题，广告创意人员根据产品的特点能提供多个创意，但是哪个创意才是有效的、对产品营销最有帮助的，这些都需要通过概念测评作出选择。通过概念测评找出一个主题作为广告的核心概念（concept）。一般而言，消费者只能从一个广告中记住一个最强烈的主题，主题过多可能会使消费者无所适从，也难以相信，概念测评正是解决广告诉求的主题。诉求方向的测评方法通常是将各种可能的方向并列起来，通过对目标人群进行实地问卷调查或开座谈会，看看哪一方向是最有效的诉求方向。

（3）概念测评的主要指标

在概念测评的不同阶段，有不同的测评宗旨和目标。

第一，概念产生阶段。其测评宗旨是寻找广告的核心诉求。对于已经上市的产品，需要测评的指标包括：

① 商品的知名度。目标消费者对商品的知晓程度以及商品在同类产品中的知名度排名，以确定商品的市场地位。

② 商品的美誉度。以往消费者对商品的美誉度综合评价，以确立商品在目标消费者心目中的形象位置，创意人员需要建立起对商品形象的全面准确认知。

③ 商品的购买意图。对于以往消费者和潜在消费者，测量他们的购买意图，预测商品在未来一定时期内可能的市场占有情况，寻找最大的优势和潜在的危机，以确定广告该向什么方向诉求。

④ 商品特征评价。商品的特征通常表现在多个方面，创意设计人员需要知道商品在目标消费者中建立的主要是什么特征印象，这种特征印象对产品品牌定位与长期发展是否有利，如果符合品牌特征，广告如何强化现有的品牌特征，如果品牌特征不明确或者与长期品牌定位不完全符合，广告如何突出或者在消费者心目中如何重新定位品牌特征，这是广告概念测评中寻找广告"该说什么"的重要过程。

⑤ 品牌市场定位。通过对品牌知名度和品牌市场占有率的分析，确立品牌市场地位，在此基础上提出在新的营销策划中对品牌市场地位的构思，完成这种构想广告所扮演的角色，以此确定广告的具体目标。

在概念产生阶段的测评中，从方法上需要结合前期的市场状况分析、消费者调查的相关结果，辅助以专项的研究。专项研究多数通过小组座谈会的方式完成，包括以往目标消费者座谈会以及创意设计人员创意会等。通过一系列的研究，确定广告诉求的核心内容，并列出为完成广告诉求可备选的一系列创意构想甚至具体的广告文案。

第二，概念筛选阶段。对于创意人员提出的若干广告诉求进行直接的筛选，找出广告最主要的诉求。

第三，概念评价阶段。对于拟好的"传达内容"或者"广告表现"，直接提供给目标消费者，让他们评价各个方案的优缺点。包括下面各项：

① 内容认知：目标消费者从不同的方案获得了哪些信息认知，不同方案传递内容有什么不同，以确定信息传递的准确度。

② 易懂性：目标消费者对哪个方案更容易理解，对各方案所包含的不同元素是否能轻松理解其传递的信息内涵？

③ 好感度：不同的广告方案或者表达给目标消费者带来了什么样的情感波动，目标消费者对不同方案的好感度如何。

通过目标消费者的筛选测评，选择最能准确表达的诉求，并且能在目标消费者群中建立良好评价的内容或设计作为可采用的方案。

（4）概念测评的主要方法

概念测评由于包括了概念构想、概念筛选和概念评价三个阶段，且每个阶段目标和需要的资料不同，测评使用的方法非常多，但是不同方法又各有侧重。

在概念产生阶段，采用的资料包括：前期宏观环境调查资料、竞争对手分析资料、目标消费者调查资料、创意焦点小组访谈。

这一阶段采用了大量市场宏观环境分析阶段的调查资料，属于对项目前期调查资料的运用，同时专门针对这一创举测评采用比较多的是"焦点小组访谈"法，包括针对以往消费者组织的焦点小组访谈、针对潜在消费者组织的焦点小组访谈、由广告主创人员参加的焦点小组访谈等。

针对以往消费者和潜在消费者组织的焦点小组访谈主要围绕对产品的认知和购买动机、需求满足等问题展开。广告主创人员通过聆听消费者的反映获取广告创意、理解消费者的语言、了解消费需求与动机、掌握消费心态。

广告创意焦点小组座谈会是根据被访者的反应来确认其中最有效的诉求点。有时为了慎重起见，可以对用座谈会确定出来的广告诉求进一步用问卷调查方式进行定量分析。创意表现评价阶段是确定广告应该如何去说的问题，这也会通过小组座谈会来进行。

目标消费者的焦点座谈会经常采用"自由记述法"，使参与者充分表达自己的观点，并从中发现商品的优点与不足。

2. 文案测评

文案测评是对广告设计能否准确表达广告诉求的测评。它回答的是广告"该如何表达"，测评重点在广告的表达方式上。

科学的文案测评需要具有信度（reliability）和效度（validity）。

第一，信度即可靠性，它指的是采取同样方法对同一对象重复进行测量时，所得结果一致的程度。它反映的是测量工具的稳定性，要求测量工具能稳定地测量所要测量的变量。

第二，效度是指测量的有效度或准确度。它指测量工具能否准确地测出所要测量的变量的程度。它要回答的是所测量的是否是想要测量的东西。效度的高低反映的是测量指标能够如实反映某一概念真正含义的程度，它关系到测量指标是否能准确地反映所要测量的信息。

（1）文案测评时间

根据广告诉求和前期市场分析、媒介分析等确定了媒介组合及媒介刊播档期，并根据广告诉求及媒介组合进行了广告设计，在设计过程中或在设计基本完成，正式刊播前进行"文案测定"。

（2）文案测评内容

测定广告设计是否准确表达了广告诉求。分析目标受众对广告表达的诉求内容的理解与广告创意的一致程度，即目标受众从广告中得到的信息是否是广告真正要表达的信息。

文案测试的内容包括对广告语、广告细文、广告设计等的测评，这种测评经常是将广告各组成要素分开，单独测量目标受众对广告语、广告细文内容、广告图片、色彩、音乐等构成要素的理解和建立的联想，确认大部分目标受众对广告各构成元素的理解是否与广告诉求一致，它能够使广告设计人员清楚所使用的文字是否被目标消费者准确地理解和接受，有没有误解的存在，或者目标消费者对广告各构成元素的理解是否集中、是否明确、是否有利于使目标消费者形成广告所期望的品牌认知。通过这样的测量，修正广告各构成元素中容易引起目标消费者误解或不清楚的部分，使广告各要素所表达的信息能最大限度地让目标消费者理解和接受。

（3）文案及作品测评指标

广告文案及作品测评经常难以严格区分，文案测评更多侧重广告各单项构成要素的测评，作品测评则更倾向于对广告作品整体的测评，但整体是由各个部分组成的，因此通常很难区分文案测评与作品测评。这两个阶段测评采用的方法也基本一致，包括对不同备选广告的测评，以选出最合适的广告，也包括对广告内部各元素的测评，以确认其可能带来的传播或理解效果，因此测评的指标非常多，对应广告发布后效果测定的许多指标在文案及作品测评中都可以用到，如广告认知度、理解度、好感度、促购度等。

美国 21 家广告公司在改善文案测评方面共同认定了一些原则，被称为 PACT （Positioning Advertising Copy Testing）原则，此原则的主要内容有：

第一，要能衡量出广告的目的。

第二，在测试之前，对测试结果如何使用应有一致的看法。

第三，提供多种衡量标准，因为单一的衡量不足以衡量广告的效果。

第四，以"人类对于沟通所作的反应"为基础，也就是衡量"对刺激的认知"、"对刺激的理解"以及"对刺激的反应"。

第五，考虑到"广告刺激的暴露不止一次"的问题。

第六，确信不论制作得多么精美、多么创意的广告文案，均可以被确实地加以衡量。

第七，对于文案内容产生的偏差效果，可以加以控制并避免。

第八，可以在实证上测试其信度与效度。

文案测试几乎贯穿于电视广告效果测评的全过程。通过仔细审视整个广告信息，进而仔细审视具体的各个元素，在广告播出前、后和中间判断它们作为销售传播载体的效果。文案测试的主要目的在于诊断——判断广告信息的健康程度或探明广告信息的健康状况。尽管现在没有任何一种测试方法能够做到完全准确，但发展得越加成熟的文案测试不仅要判断什么文案有效，还要进一步判断在哪种条件下特定的诉求和技巧会取得成功。文案测试正逐渐形成一个资料库，为更好地提供广告效果测评提供坚实基础。

12.3.2 后期测评

1. 市场销售效果测评

在整合行销传播时代，人们更多关注广告对销售的作用，品牌的知名度、美誉度、独特诉求等所有目标都是为销售服务的，都是为了提高品牌的市场占有率、增加品牌的销售。增加销售额是所有广告的终极目标，中期测评是在广告活动期间对广告效果进行的测定。方法主要有实验调查法，包括纵向实验和横向实验。纵向实验是选定某一特定地区和特定时间推出广告，然后对被确定的广告因素做推出前后的销售状况的对比调查，以考察广告活动的效果；横向实验是选定一个市场推出广告的同时，设置一个比较市场，两者条件相似，经过一个较长时间实验后，比较其销售差别，以此测定广告活动的效果。

在中国目前的市场形态下，各行业除少数领头产品逐步走入品牌化经营时代，大量企业还没有意识到或者没有能力将自己的产品以品牌化的思路进行销售和管理，它们更多关注的是短时间之内销售额的变化，这是其保持生存与发展的关键。因此大量的广告目标直接指向对销售量的影响，事实是将广告目标与企业的营销目标等同起来，将广告对销售额的影响作为企业决定广告投入的依据，并将其作为判断广告效果的最主要指标。广告只是影响销售额变化的诸多因素之一，因此要研究广告对销售额的影响，必须在控制其他变量的前提下，只有"广告"一个变量发生变化，然后观察销售额的变化，才能发现广告与销售额之间的关系。这在理论上容易解释，但是在实践中，市场环境随时都在发生变化，要控制影响销售的各种因素几乎是不可能的，因此研究广告对销售影响的指标或者模型都只能在某种特定条件下成立，或者只是一个相对的比较概念，不可能精确计算出广告对销售情况的绝对影响。

判断在一定时间内广告投入带来的经济效益，可以从广告资金投入与销售额变化比较的角度进行；也可以单纯从广告前后销售额变化的角度进行；还可以从消费者角度，研究接触过广告信息的消费者与没有接触过广告信息的消费者的购买情况的变化。

根据广告资金投入与销售额两者关系来评价的思路是，通过比较不同时期广告资金投入与该时期销售额的变化来判断广告的经济效益。短期效果可以是以一周或者一个月为单位；长期效果可以是一个季度、半年或者一年，以此可以选用的指标就包括"广告费用率"、"千元营业额广告费"、"广告费用销售度"及"千元广告费用销售额"等指标。

根据广告前后销售额的变化来比较广告投入的经济效益，其基本思路是通过比较广告投放前与广告投放后销售额的变化来判断广告投放的经济效益，基本前提是以广告投放前的销售额作为基数，分析一定时期内广告投放带来的销售额的变化。这一角度的评价可以用"单位广告费销售额增长率"及"千元广告费增加的销售额"两个指标来衡量。

从消费者的购买情况来比较广告投放的经济效益的基本思路是，通过对接触过广告信息的消费者和没有接触过广告信息的消费者在购买率上的差异来判断广告信息对消费者购买情况的影响。NETAPPS 模型、PFA 模型和 AEI 指数模型比较有影响。

2. 心理效果测评

研究目标消费者接触广告信息的刺激后产生的心理变化测评指标主要集中在有关品牌美誉度和品牌独特认知等方面。以提高美誉度及建立独特的品牌认知为核心目标的广告，效果追踪测量的对象主要是针对看过广告的目标消费者，测量的指标是目标消费者对广告的理解程度和对品牌的态度，即目标消费者是否理解了广告诉求，是否按照广告诉求所期望的方向建立了对品牌的认知。

认可测试是研究消费者在与有关广告接触刺激后心理变化的一个行之有效的方法，它的主要内容是向观众展示广告并问他们是否记得曾经见到过它。最早使用的方法之一是沿用发明者丹尼尔·斯达迟的测试方法。

斯达迟测试在电视上的运用由布鲁宗尼研究公司提供。布鲁宗尼测试是通过邮件进行的。消费者接到询问，这些询问是关于从电视广告中拍摄到的场景并配以剧本，但却略去了品牌名称的内容。问卷询问他们是否还记得以前曾经看到过问卷中呈现的每一则广告，如果回答是，回答者被要求对品牌加以识别并在一个形容词汇总目录的基础上评价该广告。这一程序对每一则广告产生一个认可评分，并提供关于有多少回答者喜欢它，有多少回答者认为它说出了与他们的需求相关的事情的评价。布鲁宗尼测试的优势在于它所产生的结果是相当可靠的，与其他的电视文案测试方法相比，它较为便宜，研究工作提供者也已经积累了有助于广告主解释结果的规范。

其二，还有广告对象记忆测试，是在这样的假定基础上进行的：广告可以影响消费者的行为，广告必须给曾经暴露在它的人身上留下心理"痕迹"。因此，测试一则广告效果的方法是与消费者取得联系并得出他们对这则广告记住了什么。

最普通的回忆测试是一日后回忆测试，这种测试用来显示哪一则广告最好地俘获和抓住了人们的注意。回忆测试结果通过检查逐字记录的答案来进行分析，以确定有多少观众记住了一些有关广告的具体内容。如果答案显示某位观众只是在猜测或回忆广告，那个观众就不能算作回忆得分之列。而且，即使一些回忆测试逐字记录惊人地详细，而其他的却十分粗略，也很难确定回答者是在记忆哪一具体的广告。一般来讲，对以一则穿插在一系列的同类产品广告之中的长达 30 秒钟的广告的平均回忆测试得分大约是 20%。

3. 传播效果测评

有关广告信息传播效果的指标主要包括广告媒体对目标消费者的覆盖率和广告刊播频次两个方面，尤其需要研究具体的广告刊播时段消费者节目视听众占有率，以确定广告信息在恰当的时机和媒体与目标消费者沟通，事实上是在检验媒介计划的科学性。

有关广告信息到达效果的指标主要包括广告信息在目标消费者中的到达率和到达频次。这两个指标是从广度和深度两个角度测量目标消费者与广告信息接触的情况的。

有关广告信息记忆效果的指标主要包括对广告产品品牌的记忆、对广告诉求的记忆等。测量方向是目标消费者接触到广告信息后是否记住了广告的信息，包括广告的图片、音乐、广告语等构成广告的要素，同时更要测量目标消费者是否记住了产品的品牌。

广告效果测评是一个十分复杂的概念。对广告进行测评的形式和方法虽然很多，但是却没有一种方法能够完全准确地衡量广告的效果。在广告效果的测评中，除了市场销售效果、广告心理效果和广告传播效果，实际上还应包括对广告社会效果的测评，这是一种更为隐蔽的、对人们和社会能造成潜移默化影响的因素。因此，还需要对各种由此而相应产生的社会现象、人们的价值观念、行为态度等作出更深入和全面的调查、分析和研究。

附录1

电视机普及率 单位：%

年份 国家和地区	2000	2001	2002	2003	2004
世界	79.23	79.59	84.46	—	
中国	86.12	87.25	89.17	90.00	91.00
中国香港	97.95	98.98	99.56	99.00	99.00
中国澳门	79.21	78.00	80.09	—	
孟加拉国	20.05	23.72	29.00		
印度	30.00	31.60	33.00	35.00	37.00
印度尼西亚	56.00	59.00	61.00	64.00	66.00
伊朗	67.84	67.38	76.58	—	
以色列	92.18	92.59	92.60	—	
日本	99.00	99.20	99.30	99.40	
哈萨克斯坦	92.00	93.00	93.50	94.00	94.50
韩国	93.84	93.08	92.07	93.00	93.00
马来西亚	84.00	88.00	91.00	94.00	98.00
蒙古	28.40	28.43	28.99	—	
缅甸	2.96	3.05	3.06	—	
巴基斯坦	37.37	38.50	39.34	—	

（续上表）

年份 国家和地区	2000	2001	2002	2003	2004
菲律宾	52.76	61.48	76.41	—	—
新加坡	98.00	98.00	98.00	98.00	98.00
斯里兰卡	22.35	20.56	31.64	—	—
泰国	90.61	90.60	91.93	92.00	92.00
土耳其	95.63	97.65	—	—	—
越南	77.64	79.59	82.78	—	—
埃及	89.40	89.86	88.60	94.80	
尼日利亚	25.60	25.60	25.60	—	—
南非	55.03	53.81	53.81		
加拿大	98.90	99.20	99.20	99.00	—
墨西哥	89.55	91.76	93.56	92.50	91.70
美国	96.88	98.59	97.84	—	97.00
阿根廷	95.10	96.97	97.00	97.00	97.00
巴西	87.20	87.70	89.95	90.00	—
委内瑞拉	79.35	79.83	82.92	90.40	—
白俄罗斯	86.63	87.99	89.00	90.00	91.00
保加利亚	91.67	—	—	97.00	97.30
捷克	89.19	87.91	—	—	—
法国	93.66	94.72	95.00	—	—
德国	94.13	94.20	93.88	94.40	—
意大利	97.56	97.26	—	—	—
荷兰	94.91	95.73	99.42		
波兰	92.25	92.29	92.33		
罗马尼亚	96.43	86.58	—	—	—
俄罗斯联邦	89.42	94.00	98.03		
西班牙	98.99	98.91	99.49	—	—
乌克兰	—	—	97.34	—	—
英国	99.00	99.00	99.00	—	99.00
澳大利亚	96.55	96.31	96.16	96.00	96.00
新西兰	97.04	97.81	98.12	98.00	98.00

（资料来源：世界银行数据库。）

附录 2

[案例 1]

收视指标分析

一个在东方台连续剧档播出的 30 秒的广告价格为 15 000 元，它可提供 25 个收视点。

每收视点成本 CPRP ＝ RMB 15 000/25 ＝ RMB 600。

时间	女性 18～35 岁	女性 25～45 岁	小孩 4～11 岁
17：30	5 464	9 563	598
18：30	1 079	946	2 028
19：00	2 524	2 880	4 533
19：30	1 347	1 700	3 570
20：15	2 198	2 550	5 464
21：00	4 500	4 935	38 250
21：45	7 247	8 606	137 700
22：45	15 300	12 240	N/A

65%——65% 目标受众看 1 次或以上（65%1 +）。

Eff. 55%——55% 目标受众看广告 3 次，而 3 次广告已设定为最有效的（55%3 +）。

1440TARPs——要到达设定的到达率及频次，广告所需要投放的分量。

CPRP——接触 1% 的 25～45 岁的女性所付出的价钱。

[案例 2]

跨国专业媒体公司介绍

随着跨国广告公司在中国业务的开展，为跨国公司服务的媒体购买公司也纷纷进入中国，成立了多家具有雄厚实力的媒体购买公司。2002 年这些跨国媒体购买公司在华业务已经占据了国内广告市场总额的半壁江山，是未来影响中国媒体及广告公司之间产业链的重要一环。比较著名的媒体公司包括：

1. 实力媒体（Zenith Media）

该公司隶属于法国最大的广告与传播集团——阳狮集团，该集团创建于 1926 年，下属主要公司包括阳狮中国、盛世长城、李奥贝纳、实力传播和星传媒体等。

实力媒体由盛世长城和达彼思组成，于 1996 年进入中国。实力传播是全球顶尖和最具影响力的媒体服务公司之一。阳狮集团和科迪传播集团分别拥有其 75% 和 25% 的股份。在全球 60 个国家和地区设有 161 个办事处，总投放额逾 180 亿美元。其 2001 年在中国市场的媒介承揽额为 6.09 亿美元，位居行业榜首。目前实力传播正从领先的媒体专家转为通过整合传播，帮助客户提升投资回报的营销传播专家。

实力传播主要国际客户有阿尔卡特、Allied Domecq、Verizon、英美烟草、英国电信、Campbell's、Continental、Darden Restaurants、埃克森—美孚、Europcar、General Mills、汇丰银行、翠丰集团（Kingfisher）、卡夫食品、Mars、Pharmacia、宝洁、飘马、MG Rover、Salvatore Ferragamo、精工、丰田/凌志及联合航空公司等。中国本土客户有上海通用汽车、广州宝洁、中国移动、西安杨森和光明乳业等。目前，该公司在上海、北京、广州、香港和台湾都设有办事处，大中华区超过 500 人。

2. 传立媒体（Mind Share）

传立媒体隶属于全球广告业收入排名的第 3 位、英国最大的广告与传播集团——WPP 集团。由上海奥美和智威汤逊—中乔媒介部门合并而成的传立媒体（Mind Share）中国公司成立于 1997 年 11 月，统管奥美、智威汤逊、尚扬媒介、灵立媒体与 Maximize 的媒介购买。为避免可能存在的利益冲突，WPP 分别成立了尚扬媒介、灵立媒体，由传立媒体统一负责媒体购买。

该公司开发了适应中国市场的媒体专用软件 Ad Network 与戏剧收视率分析软件 Drama Database，以减少人为误差。传立媒体在 2002 年以 180 亿美元的承揽额成为全球第二大媒介购买公司。

3. 尚扬媒介（The Media Edge）

尚扬媒介隶属于麦肯集团，麦肯集团是美国第二大广告与传播集团 Interpublic 集团内一家具备明确国际拓展政策、率先收购二线代理公司品牌以实现市场业务多元化的广告商。不包括专业市场公司，麦肯 2002 年收入 12 亿美元，排名全球第二大广告代理公司。"优势麦肯媒体"对媒介投放有自己开发的一套监测方法。2003 年 3 月，"优势麦肯媒体"被《广告时代》（Advertising Age）和《广告周刊》（Adweek）推选为 2002 年"年度最佳媒体代理商"。麦肯集团 1999 年正式在全球陆续启动新的媒体运作理念，将全球的媒体业务整合在一个专业的媒介公司"优势麦肯媒体"下，随后在中国花了 6 个月时间部署、策划引进"优势麦肯媒体"独有的"Media In Mind"调研工具。Media In Mind 是综合媒体消费者的品牌意识、情绪、思想以及行为进行测试的一项单一数据来源调查，用以了解消费者对媒介及品牌的使用情况及相互关系。这些真实的市场数据能够充分地理解和量化消费者、媒体、品牌和人们的日常生活，并且这种调查结果已经被地区性地乃至全球性地采用。

4. 星传媒体（Starcom Media Vest Grovp）

星传媒体是全球最大的品牌传播公司之一。它不仅包含专业的消费者沟通公司，而且拥有全球整合的网络系统。星传媒体的全球机构中的策略营销传播机构，专长于媒介管理、媒介赞助、互联网及数字营销，集合了多种文化、娱乐营销、游戏行销、体育赛事和赞助活动等。星传媒体隶属于全球四大广告集团之一的法国阳狮集团（Publicis Groupe），在全世界 76 个国家设有 110 个分公司或者办公室。在中国的北京、上海和广州均设有分公司。

5. 浩腾媒体（Optimum Media Direction，OMD）

成立于 1996 年的浩腾媒体，总部位于纽约，是全球最大的媒体购买公司之一，服务于奥姆尼康下属的天联、恒美和李岱艾三大广告代理商，2002 年承揽额超过 180 亿美元。1999 年，浩腾媒体中国公司在天联、恒美和李岱艾三家广告公司媒介部门的基础上合并而成。

6. 凯络媒体（Carat Media Services）

2002 年 11 月，Interpublic 下属的全球最大专业从事媒体广告谈判的盟诺公司（Magna）成立中国公司，这家掌控着 400 亿美元年广告投放量的公司预计在中国市场投放约 20 亿美元。

盟诺公司将自己定位成一家 4A 级广告公司的服务商，集中麦肯·光明、灵狮和博达大桥手中掌握的广告投放，利用三合一的规模优势和各类媒体谈判，以获得更好的价格、时间段、版面和优惠。和业界专事媒体购买的机构不同，盟诺公司在完成框架性谈判后，具体的下单购买仍由三家广告公司自己完成。

盟诺公司的另一项职能是综合各媒介公司的资讯，完成调查和模型，并提供相应的分析报告。这些报告除供给自己的三家公司外，也提供给其他公司。此外，他们还参与电视节目制作，在节目中恰当地让客户的产品出现。

［案例 3］

广告事前测评目前还没有形成统一的方法和标准，在应用领域，一些有实力的广告研究公司分别研究设计了不同的测评方法和模型。其中国际市场研究集团、盖洛普和罗宾森以及日本电通公司、博报堂等都研制了自己的测量模型。在这里简单介绍前两个公司的测评系统。

1. 国际市场研究集团的测评方法（Research International，RI）

国际市场研究集团，1973 年创建于英国，它是目前世界最大的专业市场研究集团，总部设在英国伦敦，目前已经在全球 50 多个国家设有办事处。

国际市场研究集团设计的广告事前测评系统——Publitest，将定性分析与定量分析相结合，可以对品牌回忆、广告记忆、了解广告或消费者相互作用过程的认知反映分析、沟通要点、对广告的喜欢程度、对广告的提示反应、对广告的理解及对品牌的总体评价、品牌形象引发的购买意向等进行测试。该系统结合了认知反应模型（Cognitive Response Analysis，CRA），认知反映分析的引入使该系统与其他绝大多数广告事前测评方法有一定的区别，它将重点放到消费者与广告的相互关系及相互作用上。

认知反映模型的基本操作是：当被访者接触过广告后，要求他们写下在看广告过程中出现在脑子里的各种想法、意见和反应。所有这些评论（想法、意见、反应）以表格形式逐字逐句写出来，每一点写在一个格子内。将所有这些评论罗列出来，再要求他们将这些评论分别按"正面"、"负面"或"中立"进行分类及评分。然后从不同的角度对这些评价进行分析，判断广告的各构成要素的信息传递力度是否均衡，广告说服效果怎样等。

2. 盖洛普和罗宾森公司的文案测试

盖洛普和罗宾森公司是由乔治·盖洛普（George Gallup）博士和克拉迪·罗宾

森（Claude Robinson）博士于 1948 年共同创办的广告与市场研究公司。该公司将检验调查方法（proven survey research methods）应用于广告效果研发。为广告主和企业提供广告效果及效率测量。该公司开发的广告文案测试系统（Copy Testing）囊括了电视广告、广播广告、报纸、杂志以及多媒体组合广告的专门测试系统。该公司开发的概念测试系统（Concept Testing）通过定量测量与定性测量相结合的方法，在广告投放前测量文案或创意可能产生的潜在作用。

本章小结

不论是作为营销学的广告还是传播学范畴的广告，效果问题一直是备受关注的领域，人们对广告效果进行过多项研究并取得了丰硕成果，其中一项重要内容就是对广告效果的检测。广告效果测评的标准和方法种类多样，测量电视广告传播效果的主要指标包括电视媒体的自身指标、收视行为指标、信息传递范围指标、衡量信息传递的经济效率指标等。电视广告传播效果测评方法主要有日记法、电话访问法、实验法等。广告效果测评的时机选择具有重要的意义，根据广告效果测评的过程可划分为前期测评和后期测评。

各种测试目标、检测方法都是为了有效检验创意的可行性和执行情况而制定出来的，掌握这些规律性的方法和科学的检测能为广告创作带来有效的参照和指引。我们应该科学地看待广告的效果测试，由于受不同的调查方式、调查技术以及广告表现形式等各种因素的影响，每一种方法都有各自的优点和局限，没有哪一种方法能够完全准确地衡量广告的效果。片面地迷信测试容易造成广告主的短视和使广告人员创造力受到束缚。

在广告效果的检测中，除了市场销售效果和广告传播效果，实际上还应包括对广告的社会效果的检测，这是一种更为隐蔽的、对人们和社会能造成潜移默化影响的因素。因此，还需要对各种由此而相应产生的社会现象、人们的价值观念、行为态度等作出更为深入、全面的调查、分析和研究。

思考与练习

1. 电视广告效果测评有哪些主要指标？各指标的具体含义是什么？
2. 电视广告效果测评有哪些主要方法？各种方法是如何运用的？
3. 电视广告效果前期测评主要包括哪些内容？
4. 电视广告效果后期测评主要包括哪些内容？

后 记

　　《电视广告创意与制作》是教材编写组历经一年多的时间，罄尽所有智慧，在暨南大学出版社 2005 年出版的高等院校新闻传播学系列教材之《电视广告创作基础》一书的基础上修订编著完成的。这是一部体例较为完整，内容较为精简，语言相对精练的教材，旨在为广告学专业的学生和广告从业者及爱好者提供电视广告从创意理论研究到制作技能训练的系统思维和方法。

　　本教材的修订与编撰有以下特点：

　　1. 重新设定教材体例。原《电视广告创作基础》的创意与制作两大部分在内容上有一些重复，导致教材在体例上有所欠缺，使用不便；新的《电视广告创意与制作》虽然在书名上体现了教材所涉及的创意与制作两大核心内容，但在体例上保证了各章节内容的相对独立，遵循了教育学先修后续的一般规律，即从创意到制作，从理论到实践，既便于教学，也便于阅读。

　　2. 重新整合编写者队伍。新的《电视广告创意与制作》的编写者队伍主要是长期从事广告教学和业务的一线教师、专家，他们有着深厚的传播学理论研究功底和丰富的广告实战经验，这使得教材的修订与编写在理论上更加系统，在操作上更加贴近业务实际。

　　3. 重新编写案例。根据内容特点更新了教材中的案例，增强了新教材内容的实用性和可读性，除了能为课堂教学提供丰富翔实的资料外，还能为电视广告业务提供可以借鉴的经验。

　　4. 充实了实践教学环节。新的《电视广告创意与制作》比较科学地处理了电视广告创作理论与实践的关系，适当加强了实验实践教学环节，扩充了实验教学内容，加大了实验实践教学比例，有利于训练学生的电视广告创意思维，培养学生制作电视广告的技能。

　　本教材编撰和修订分工如下：张印平：第二章，第八章；李苗：第四章；马持节：第一章，第三章，第六章；韩丙祥：第五章，第十章；郑臣喜：第七章，第九

章，第十一章；李雨婷：第十二章；审定稿：张印平，马持节。

　　本教材的编写得到了学院领导的支持和指导，出版社编辑认真细致审稿，多次提出修改意见，在此表示衷心感谢。同时也感谢原《电视广告创作基础》教材的所有编写者以及本教材所引参考资料的所有作者！

　　由于编者水平有限，错漏之处在所难免，我们期待读者提出宝贵的意见和建议，使本教材更加完善。

编者
2009 年 5 月